소비자주권시대의 소비자의사결정

김정숙 유두련 김정희 채정숙 공저

신정

머리말

우리의 소비생활은 의사결정의 연속이다. 소비자의 합리적이고 효율적인 의사결정은 개인의 삶의 질 향상에 기여할 뿐만 아니라 국민경제의 발전은 물론 소비자복지의 증진과 소비자주권 실현에 이바지하게 된다. 소비자는 일상생활을 영위하는 동안 무수한 소비자의사결정 상황에 직면하게 된다. 일상용품 구매와 같은 사소한 의사결정에서부터 주택이나 금융 상품 구매와 같은 복잡하고 신중한 의사결정에 이르기까지 광범위하고 다양한 유형의 의사결정을 한다. 소비자의사결정 상황에 직면하게 되는 소비자들의 주요 관심사는 '어떻게 하면 보다 합리적이고 효율적으로 의사결정을 할 수 있을까' 하는 문제이다.

21세기는 소비자가 합리적이고 효율적인 의사결정을 통해 소비자복지를 실현해 나가는 소비자주권시대이다. 그러나 오늘날의 시장 환경은 소비자가 의사결정을 통해 삶의 질을 향상하고 소비자복지를 증진하며 소비자주권을 실현하기 어려운 상황에 놓여 있다. 급속한 기술 발전으로 계속 새로 개발되는 제품들, 무역 장벽 없이 물밀듯이 밀려오는 외국 상품들, 넘쳐나는 정보 홍수, 충동구매를 부추기는 기업들의 교묘한 판매 전략 등 소비자의사결정을 방해하는 요소들은 무수히 많다. 뿐만 아니라 소비자입장에서도 기업의 판매 전략에 쉽게 현혹되는 심리적 약점, 정보 처리 능력 부족, 시간 제약 등 여러 요인들의 영향으로 의사결정을 합리적으로 하지 못하는 경우가 많다.

소비자 개인의 의사결정 행동은 그 사회의 문화적 가치나 규범에 의해 영향을 받는다. 한 사회의 소비문화는 소비자 개인의 의사결정 행동이 표출된 결과로 형성되며, 소비자주권은 소비자 개인의 의사결정 행동을 통해 실현된다. 이와 같이 개인과 사회는 끊임없이 상호작용을 하게 되므로 한 사회가 건전하게 발전하기 위해서는 바람직한 소비문화가 조성되고 소비자주권이 실현되어야 한다. 바람직한 소비문화 조성과 소비자주권의 실현은 소비자의 합리적이고 효율적인 의사결정 행동을 통해 이루어질 수 있다.

이러한 필요성에 부응하여 저자들은 대학생들이 변화하는 시장 환경에서 소비자의사결정에 대한 이론적 지식을 토대로, 실제 소비생활에서 의사결정을 통해 소비자권리를 올바르게 행사하고 소비자주권을 실현할 수 있도록 교육하기 위해 이 책을 저술하게 되었다. 이 책은 3부 12장으로 구성되어 있다. 1부에서는 합리적 소비자의사결정을 위한 기초와 관련된 내용으로, 소비 환경의 변화에 따른 소비자역할, 소비자의사결정의 의의와 당면 과제, 소비자의사결정에 관한 이론, 소비자의사결정의 유형과 소비자의사결정에 영향을 미치는 요인 등에 대해 다루고 있다. 2부에서는 소비자의사결정 과정과 관련된 내용으로, 문제 인식, 정보탐색, 대안평가, 구매, 구매 후 행동 등 소비자의사결정 각 단계에 대해 구체적으로 다루고 있다. 3부에서는 소비자의사결정의 적용과 관련된 내용으로, 소비자의사결정의 뉴트렌드에 대해 소개하고 실제 소비자의사결정 상황에 의사결정 과정을 적용한 사례들에 대해 소개하고 있다. 네 명의 저자들이 공동으로 집필하였으며, 1, 2, 3장은 유두련 교수가, 4, 5, 6장은 채정숙 교수가, 7, 8, 9장은 김정숙 교수가, 10, 11, 12장은 김정희 교수가 집필하였다.

이 책은 소비자학을 전공하는 대학생들을 위한 전공 교재로 저술되었으나, 이외에도 소비자의사결정에 관심이 있는 대학생들을 위한 교양 교재나 일반인들을 위한 참고 서적으로 활용될 수 있을 것이다. 또한, 청소년 소비자교육을 담당하는 교사들이나 평생교육 기관에서 소비자교육을 담당하는 강사와 국가기술자격증인 소비자전문상담사 시험을 준비하는 사람들을 위한 참고 서적으로 활용될 수 있을 것이다.

책의 내용을 이해하기 쉽게 하기 위하여 필요한 부분에는 '용어설명'과 관련 사진을 삽입하였고, 소비자들이 알아야 할 상식이나 최근 자료들은 '읽을거리'를 통하여 제시하였다. 그리고 본문 내용의 이해를 돕고 실제 소비자의사결정 과정에 적용할 수 있는 능력을 개발하기 위해 각 장 마지막에 '생각해 볼 과제' 코너를 마련하여 다양한 학습 활동을 할 수 있도록 하였다. 그러나 저자들의 능력 부족과 여러 가지 제약 요인으로 미흡한 점이 많을 것으로 생각된다. 앞으로 더욱 충실한 내용이 될 수 있도록 지속적으로 수정 · 보완해 나갈 것을 다짐하며, 아울러 이 책을 접하는 모든 분들의 건설적인 비평과 의견들이 있기를 바란다.

끝으로 이 책이 나오기까지 각별한 관심과 애정을 쏟아 주신 도서출판 신정의 최용구 사장님과 편집부 여러분께 진심으로 감사의 말씀을 드린다.

2014년 7월

저자 일동

차례

CONTENTS

C O N T E N T S

CHAPTER 09 구매

CHAPTER 10 구매 후 행동

CONTENTS

PART 1
소비자의사결정의 기초

CHAPTER 1

소비환경의 변화

1. 시장환경의 변화 2. 소비자가치관의 변화

Consumer Decision Making

1장

소비환경의 변화

소비자는 제한된 자원으로 최대한의 욕구충족을 위하여 시장에서 의사결정을 하게 된다. 시장개방과 과학기술의 발달로 소비시장 환경이 복잡 · 다양해지고 있으며, 소비자가치관의 변화로 말미암아 의사결정이 더 어려워지고 있는 실정이다. 이 장에서는 소비시장환경과 소비자가치관의 변화에 대하여 살펴보고자 한다.

1. 시장환경의 변화

1) 시장개방

(1) 시장개방과 FTA

21세기 우리의 소비생활 환경에 직접적인 영향을 미친 경제환경의 변화로는 시장개방을 들 수 있다. 시장개방은 소비시장의 국경을 없애고 생산체계의 국제적 경쟁을 초래하는 '소비와 생산시장의 새로운 경제적 혁명'으로 불리고 있다.

1947년에 전후 세계 경제질서를 재편하기 위해 관세와 무역에 관한 일반협정Gdneral Agreement on Tariffs and Trade: GATT가 창설되었는데 이는 공산품에 관한 자유무역 협정을 합의한 기구이다. 그리고 1987년 우루과이라운드UR를 통해서 전 품목으로 확대하기로 하고 1995년에 그 결과물로 세계무역기구World Trade Organization: WTO가 출범하였다. 우루과이라운드 이후의 적극적인 시장개방은 다양한 부분에서 나타나며 이것은 소비생활의 여러 측면에서 직 · 간접적으로 소비자에게 영향을 미치게 된다.

또한 전후 유럽 경제의 복구 및 경제문제 해결을 위해 경제협력개발기구Organization for Economic Cooperation and Development: OECD가 설립되었다. OECD는 회원국 간의 경제성장 도모 및 세계 경제발전에 기여하고 개발도상국 원조를 통해 세계경제발전에 도움을 주며, 세계자유무역 확대에 공헌함을 목적으로 설립되었다. 설립 초기에는 주로 거시 경제정책과 국제무역 등에 초점을 두었다. 그러나 점차 산업 구조조정, 개발 원조, 에너지 정책, 환경보호, 첨단 기술개발, 경쟁정책, 소비자보호, 노동자보호, 삶의 질과 관련한 사항 등으로 확대되었다. 따라서 국제경제 질서 및 국제무역만을 담당하는 과거의 GATT 체제나, 지금의 WTO체제와는 구별된다. 회원국 간의 관세 및 기타 제한적 통상 규제를 완화 내지는 철폐하여 무역자유화를 추구하고자 하는 자유무역협정Free Trade Agreement: FTA이 지역경제 통합의 한 형태로 추진되고 있다.

FTA는 회원국 간의 관세 및 기타 제한적 통상 규제를 완화 내지는 철폐하여 무역자유화를 추구하고 이를 통하여 자원의 효율적 배분과 시장 확대에 따른 공동의 경제적 이익을 향유하고자 하는 국가 간 협정이다. 최근에는 상품교역과 관련된 비관세 장벽의 철폐, 서비스 교역의 자유화, 투자자유화, 외환거래 규제 등으로 논의 대상이 확대되고 있다.

WTO가 모든 회원국에게 최혜국 대우를 보장해 주는 다자주의를 원칙으로 하는 세계무역체제인 반면, FTA는 양자주의 및 지역주의적인 특혜 무역체제로서 회원국에만 무관세나 낮은 관세를 적용하게 되므로 개별 국가의 입장에서는 가시적인 무역자유화의 성과를 거둘 수 있다. FTA가 형성되면 단기적으로 지역 내 비교우위에 있는 상품의 무역 및 투자의 활성화를 기대할 수 있으며, 장기적으로도 시장 확대, 경쟁 촉진, 자원 배분의 효율성 제고 등으로 경제성장의 효과가 발생한다. 반면 무관세화에 따라 정부의 재정수입 감소와 협정 대상국에 비해 경쟁력이 낮은 산업부문의 타격, 실업증가 등이 단점으로 지적된다.

정부는 세계적인 FTA 확산추세에 대응하여 안정적인 해외시장을 확보하고 개방을 통해 우리 경제의 경쟁력을 강화하기 위해 FTA를 적극적으로 추진하고 있으며, 그 결과 칠레와의 체결을 시작으로 하여 싱가포르, EFTA, ASEAN, 인도, EU, 페루, 미국, 터키 등 46개국과의 FTA가 발효되었다(2014. 03. 11. 기준). 또한 타결되었거나 협상진행 중인 국가 또는 협상준비 중인 국가도 다수 있다(그림 1-1).

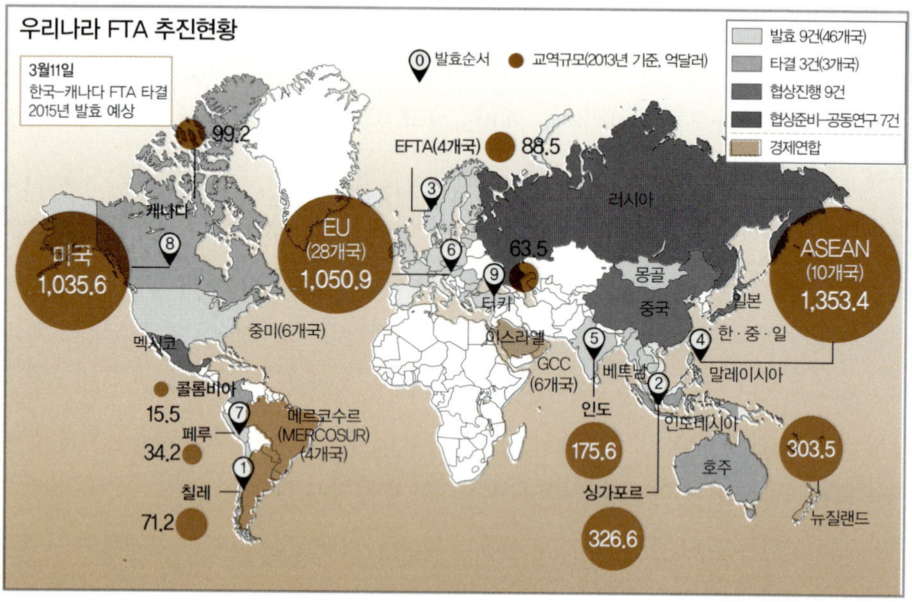

[그림 1-1] 우리나라 FTA 추진현황

출처: 산업통상자원부, 한국무역협회.

(2) 시장개방이 소비자에게 미치는 영향

시장개방으로 인하여 소비자는 예전보다 더 많은 상품과 서비스를 접하게 되므로 다양한 소비자욕구를 충족할 수 있는 기회가 될 수 있으며, 다른 한편으로는 새로운 소비자문제에 당면하게 된다. 시장개방이 소비자에게 미치는 영향을 긍정적인 측면과 부정적인 측면을 살펴보면 다음과 같다.

① 소비자에게 미치는 긍정적인 측면

- 경쟁 촉진으로 소비자지향적 구조 정착
- 가격과 품질경쟁으로 인한 소비자이익의 증대
- 소비자선택의 권리 실현
- 서비스 질의 향상
- 규모의 경제 이익 발생

② 소비자에게 미치는 부정적인 측면

- 과소비, 사치성 소비 등 비합리적 소비조장
- 수입제품의 소비자피해 발생: 수입상품의 가격, 안전, 표시, 애프터서비스의 부재, 원산지 또는 조립국 표시 부실 등 소비자불만 및 피해 급증
- 일부 경제 주체의 대외 의존도 심화
- 국제경쟁에 의해서 각국의 비교열위산업의 퇴출
- 국가 간, 계층 간 소득의 양극화 확대

2) 정보기술 환경: 웨어러블 기기Wearable Device의 시대 도래

정보기술Information Technology: IT이란 정보의 수집 · 가공 · 저장 · 검색 · 송신 · 수신 및 그 활용과 이에 관련되는 기기 · 기술 및 기타 정보화를 촉진하기 위한 일련의 활동과 수단을 말한다. 즉, 데이터 통신에서 컴퓨터에 의한 정보의 가공 및 처리 부분을 강조하면서 데이터, 음성, 화상, 영상뿐만 아니라 이들을 통합한 멀티미디어 정보까지 전달 및 처리하는 종합적인 기술을 의미한다. 정보통신 산업이 급속도로 발전하면서 '정보혁명'을 주도하게 된 정보기술은 컴퓨터 · 소프트웨어 · 인터넷 · 멀티미디어 · 경영혁신 · 행정쇄신 등 정보화 수단에 필요한 유형 · 무형기술을 아우르는 새로운 개념의 기술이다.

많은 정보를 가진 나라(또는 개인)가 그 정보를 바탕으로 많은 부를 축적하게 되고, 정보를 빠르게 공급받고자 하는 집단이 늘어나면서 정보기술 개발에 관심이 높아지고 있으며, 이로 인하여 급격하게 발전하는 추세에 있다. 정보기술의 다양한 분야는 다음과 같다.

- 정보통신(유선/무선) 서비스
- 정보통신 기기 및 솔루션
- 네트워크(기기/보안/관리) 서비스/솔루션
- 소프트웨어 개발업 및 시스템 통합
- 인터넷 서비스/게임 서비스

- 생활전자/산업전자
- 반도체 및 부품

정보기술의 발달로 소비시장 환경에도 많은 변화가 나타났다. 소비지출 측면에서는 전자상거래들 통한 재화의 구입, 디지털 방식의 가전 · 기구 등 내구제의 등장, 사이버 교육, 디지털 건강검진, 이메일의 사용, 사이버 게임 등 다양한 변화가 급속하게 나타나고 있다. 거래 측면에서도 인터넷을 통한 정보검색 및 전자결제 시스템이 점차 등장하고 있다. 또한 생산 측면에서도 상품의 기획에서부터 제조, 판매에 이르기까지 네트워크화되고 있으며 소비자들은 사이버 공간에서 가상공동체를 형성하고, 필요한 경우에는 사이버 소비자운동도 전개하고 있다.

정보기술의 발달은 e-시대를 지나서 u-시대로 접어들고 있다. 복잡한 컴퓨터가 미래에는 소형화되면서 모든 제품 속으로 들어가 사람들이 컴퓨터의 존재를 전혀 의식하지 못할 것이라고 한다. 즉 유비쿼터스 컴퓨팅, 생활 속의 컴퓨팅, 눈에 보이지 않는 컴퓨팅 등의 개념으로 설명될 수 있는데 이는 무선 주파수 인식 칩으로 불리는 극소형 전자 태그Radio Frequency Identification: RFID가 나타나면서 가능해졌다.

읽을거리 ❶

제4의 유비쿼터스 혁명

농업혁명, 산업혁명, 정보혁명과 더불어 제4의 혁명이 바로 유비쿼터스 혁명이다. 과거의 농업혁명이나 산업 혁명은 인류문명의 기반인 물리 공간의 혁명이고, 월드와이드웹 서비스가 확대되면서 절정기를 맞은 정보화 혁명은 사이버 공간의 혁명이었다. 이에 반해 유비쿼터스 혁명은 물리 공간과 사이버 공간의 지능적 결합을 통한 통합 공간에서 이루어진다, 가상공간이 자연스럽게 생활공간과 결합되어 새로운 통합 공간을 창출한다. 그 공간은 아직까지 인류가 경험하지 못한 미지의 세계이자 무한한 기회 공간이다. 정보기술은 시대에 따라 끊임없는 화두를 만들어 왔다. 1970년대는 대형 컴퓨터 시대, 1980년대는 PC 중심의 컴퓨터 네트워크 시대, 그리고 1990년대는 인터넷이 그 시대를 대표하는 키워드였다. 그러나 곧 다가올 미래의 사회는 컴퓨터 기능이 인간의 활동 공간 어디에나 스며들어 있듯이 이른바 유비쿼터스 컴퓨팅(Ubiquitous Computing)이 존재하는 세상일 것이다. 유비쿼터스(Ubiquitous)는 '편재한다' 또는 '어디든 존재한다'는 의미의 라틴어이다. 즉, 컴퓨터가 도구에서 환경으로 변하는 것을 의미하는 것으로 물리 공간에 컴퓨터를 보이지 않게 하여 모든 사물과 대상이 지능화되고 언제 어디서나 제한 없는 접속(Ubiquitous access)이 이루어진다.

출처: 정창덕(2004. 10). 유비쿼터스 패러다임의 이해, 소비자시대. 한국소비자원. pp.1-4.

컴퓨터가 전화기, 카메라, 워크맨, 시계, 볼펜, 냉장고 등 모든 생활용품 속으로 파묻히게 된다. 더 작고 더 싸게 칩을 만드는 포스트 PC 제품들이 급부상할 것이다. 예를 들면, 휴대전화에 RFID 인식기를 붙이면 루이비통 가방이 모조품인지의 여부를 즉시 확인할 수 있다. 가방에 붙은 RFID 내 정보를 읽은 다음 무선 인터넷을 통해 루이비통 웹사이트에서 즉시 확인하는 방식이다. 휴대전화가 신용카드, 카메라, 캠코더, 교통카드 등을 모두 수용하는 '올인원ALL-in-One' 시대가 도래할 것이란 주장이다. 책가방 없이 등교하고, 텔레비전을 통해 해외 유명 강의를 수강하며, MP3 재킷을 입고 걸으면서 음악을 감상하고, 주머니 속의 명함 크기만한 퍼스널 서버 컴퓨터로 정보를 검색하는 등 생활혁명이 도래할 것이라고 한다.

유통업계에서 RFID의 도입에 가장 적극적이다. 냉장고가 알아서 부족한 식음료를 자동 주문해 주고, 쇼핑 점에서는 바코드 대신에 RFID를 설치하여 무선으로 다량의 정보를 동시에 읽을 수 있기 때문에 지갑을 열고 현금이나 카드를 꺼낼 필요가 없어진다. RFID는 식품안전에 대한 소비자들의 공포감을 덜어 줄 수 있다. 농수산물, 공산품의 원산지나 재료, 유통기간 정보 등 기타 상품정보를 1~2초 안에 정확하게 알려주기 때문이다. 자동차 회사, 유통업체, 축산업체들은 RFID 기술을 이용하여 물류비용을 대폭 줄일 수 있고, 광우병, 환경폐기물을 추적할 수 있게 된다.

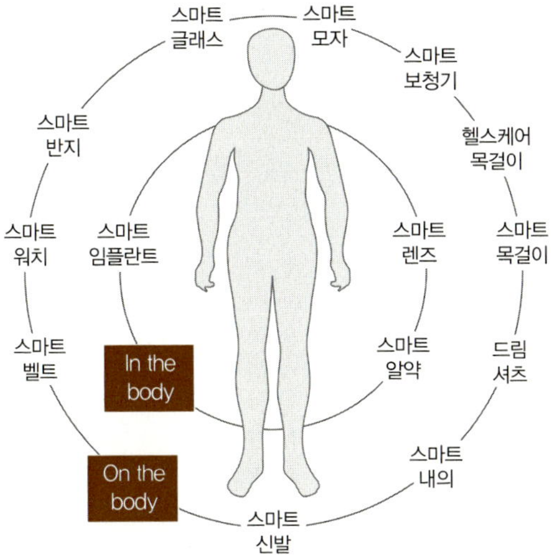

[그림 1-2] 웨어러블 기기의 종류 및 다양한 폼팩터

출처: 이종근 · 정재운(2013). 웨어러블의 미래, 패션에서 길 찾아야. LGERI 리포트. p.3.

웨어러블 시대가 시작되면서 개발되고 있는 기기는 기존의 스마트폰, 태블릿 등과 같은 모바일기기와는 그 특성이 다르다. 모바일기기는 어느 정도 정해진 틀Foam Factor 내에서 약간의 디자인을 다르게 하고 그립Grip감을 향상시키는 등의 부분적인 차별화를 반영하였다. 이에 비하여 웨어러블 기기는 '웨어러블'이라는 사전적인 의미처럼 몸에 착용할 수 있는 모든 형태 및 디자인이 가능하게 된다(그림 1-2). 기존의 틀을 벗어나 완전히 오픈된 기기형태를 두고 'Out-of-the-Box' 경쟁을 하게 되는 것이다. 예를 들면, 손목에 차는 기기만 하더라도 작은 디스플레이가 있는 시계, 디스플레이가 없고 LED 조명만 있는 밴드형태, 센서만 있는 밴드형태 등 다양한 폼팩터가 가능하다. 손목 이외에도 웨어러블 기기는 온 몸에 걸쳐 적용될 수 있다는 점을 고려해 본다면 매우 다양한 폼팩터가 가능한 것이다(이종근 · 정재운, 2013).

읽을거리 ❷

스마트 벨트 덕택에 척추건강 이상무

장시간 컴퓨터를 이용해야 하는 사무직 종사자인 OO은 몇 년 전부터 스마트 벨트를 구입해서 쓰고 있기 때문에 그의 허리와 목 척추는 매우 건강하다. 생긴 모양은 일반 벨트와 같지만 작은 감지센서가 벨트 안에 적용되어 있어서 자세가 장시간 흐트러지거나 바르지 않으면 진동을 통해 경고해 준다. 단순한 기능이지만 평소에 자세를 지속적으로 교정해 주기 때문에 사무직 종사자들은 스마트 벨트를 착용하는 것이 대세이다. 자세교정에 대한 수요가 초등학생부터 어르신들에 이르기까지 다양한 연령층에서 크게 증가하고 있으므로 스마트 벨트 제조 기업들은 생산라인을 대폭 확대하게 될 것이다. 반면에 웨어러블 기술이 적용되지 않는 벨트 제조 기업은 점차 설 자리를 잃게 될 것이다.

출처: 이종근 · 정재운(2013). 웨어러블의 미래, 패션에서 길 찾아야. LG Business Insight. p. 12.

3) 유통환경의 변화

유통시장은 국내외에 여러 이유로 급속하게 개방되고 있다. 국내에서는 도소매업의 경쟁력과 생산성 향상을 도모하려는 목적으로, 대외적으로는 UR협상의 결과 1996년 국내 유통시장을 전면 개방하게 되었다. 이에 선진국의 다국적 유통업체들이 유통경영 기술과 자본력을 기반으로 국내에 적극적으로 진출하고 있다. 이미 1990년대 초

반부터 외식, 생활용품 등 대형 유통 관련 외국 기업들의 한국시장 상륙이 두드러져 100여 개 이상의 다국적 기업들이 국내에 진출해 있다. 한국에 진출한 대부분 외국 전문 유통업체는 할인점, 회원제 창고형 매장Membership Warehouse Club: MWC, 하이퍼마켓 등 대형 할인 신업태에 집중되는 경향을 보이고있다. 한국에 진출한 대표적인 외국 전문 유통업체는 다음과 같다. 이들 업체의 경우 국내업체와 기술 제휴나, 합작관계 또는 기술 도입으로 진출을 꾀하고 있다.

유통시장은 서비스 업종에도 활발하게 개방되고 있다. 국내에 진출해 있는 서비스 업체들은 외식업, 미용실 체인, 영어학원, 아동놀이방, 빨래방, 비디오 대여점, 버스 대여업 등 다양하다. 이외에도 의류업체, 화장품업체, 식품업체에 직접적인 국내 진출이 두드러지게 늘어나고 있다. 예를 들면 미국의 리바이스, 이탈리아의 필라, 프랑스의 랑콤, 미국의 에스티로더, 엘리자베스아덴, 프랑스의 크리스찬 디올, 영국의 바디샵 등은 국내에 단독 법인을 설립하거나, 직판체제를 구축하고 있어서 국내 업체들에 미치는 영향이 적지 않다.

유통업은 3차례의 변화단계를 거치면서 진화 발전해 왔다. 가장 먼저 백화점이 정찰제로 상품판매를 시작하면서 큰 변화가 시작되었으며, 그 다음은 우리나라의 경우 1990년대에 할인점이 전국적으로 확산되면서 유통업은 소비생활에도 영향을 미치게 되었다. 그리고 1990년대 중반 이후에 인터넷쇼핑몰 등 새로운 업태가 등장하면서 유통에 엔터테인먼트 개념이 부가된 엔터테인먼트 쇼핑몰, 체험전문점들이 각광을 받게 되었다. 다음 [그림 1-3]은 감성과 온라인이 주도하는 신유통혁명의 다양한 콘셉트를 보여 주고 있다.

감성과 온라인이 주도하는 신유통혁명

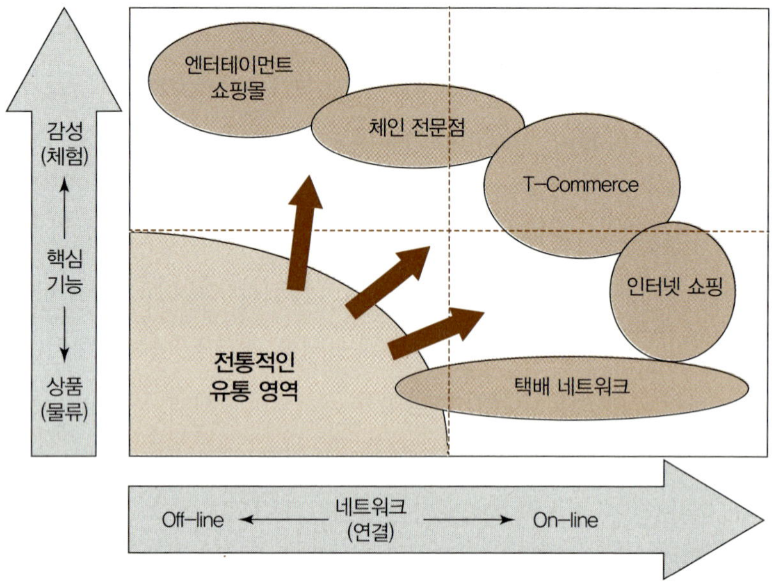

	기본 컨셉트	주요사례
엔터테인먼트 쇼핑몰	전톤적인 소매 기능과 엔터테인먼트 요소를 동일 공간에서 실현 체험과 재미로 집객력을 극대화하는 미래형 업태	코엑스몰 Mall of America
체험 전문점	소비자는 직접적인 체험을 선호하고 브랜드를 보다 중시 감성적인 소비성향 강화	스타벅스 바디샵
TV 홈쇼핑 (T-Commerce)	도 · 소매 유통과 미디어(스마트 TV)의 만남	CJ39쇼핑, GS홈쇼핑, QVC
인터넷 쇼핑 (M-Commerce)	디지털 혹은 아날로그 재화를 온라인을 통해 판매	삼성몰 라쿠텐
택배 네트워크	전통적인 택배기능의 종합화 · 다양화 노드(nod)를 연결하는 네트워크 업	세븐일레븐 퀵서비스

[그림 1-3] 신유통혁명의 5대 분야

출처: 정연승(2001). 신유통혁명의 전개와 대응. CEO Information 제299호, 삼성경제연구소. p. 6.

4) 기업환경의 변화

글로벌 시대, 정보사회, 디지털 사회로 불리는 오늘날, 시장에서 나타나는 큰 변화

중 하나는 생산자중심에서 소비자 중심의 시장활동으로 변화되고 있다는 것이다. 또 다른 하나는 기업의 사회적 영향력이 커진 현대사회에서 기업의 의사결정이 경제 원리에만 국한되지 않고 각종 소비자문제, 환경문제, 부의 편재문제, 정경유착문제 등의 측면에서 기업의 사회적 책임 즉, 기업윤리를 강조하게 되었다.

(1) 고객만족경영

고객만족경영Customer Satisfaction Management: CSM이란 기업이 소비자의 욕구를 충족시키면 반드시 재구매로 이어지고, 따라서 소비자의 만족 여부가 기업의 성장 여부를 좌우하게 된다는 인식하에서 제품의 기획 · 생산 · 유통 · 판매 · 판매 후 관리에 이르는 전 과정에 걸쳐서 고객만족을 중심으로 의사결정을 하고 그 결과 또한 고객의 입장에서 평가하는 것을 의미한다. 고객의 만족은 특정 제품이나 서비스에 대한 소비자의 사전기대보다 실제 평가가치가 높을 때 가능하다. 소비자가 느끼는 종합가치는 구매시점 가치value in purchase, 사용가치value in use, 사용 후 가치value in disposal 등 세 가지로 구성된다.

- 구매시점 가치: 디자인 · 스타일 · 포장 · 매장 디스플레이
- 사용가치: 품질 · 성능 · 편리성 · 안전성 · 내구성
- 사용 후 가치: 폐기 이용성 · 대체/수선 가능성 · 잔존가치 등으로 구성된다.

이외에도 제품의 구매과정에서 소비자가 경험하는 기업의 판매활동이 있다. 판매활동을 함에 있어서 기업문화는 특정상품을 구매하는 고객의 만족에 영향을 미치므로 이들 각 요소는 종합적으로 관리되어야 하며, 그렇지 못할 경우에 고객만족은 지속적으로 유지되기가 어렵다. 고객만족경영을 지속적으로 유지하기 위하여 정기적인 고객만족도 조사를 수행하는 것이 바람직하다. 이를 위하여 고객의 소리를 계량화하는 정량적 분석과 함께 고객의 말과 행동 하나하나를 직접 관찰하고 분석하는 정성적인 분석방법이 병행되어야 한다.

최근에는 고객의 요구를 제품개발 단계에서 적극적으로 참여시키는 프로슈머 마케

팅이 여러 산업 분야에서 도입되고 있다. 고객의 입맛과 원하는 바를 정확히 읽어 내는 메뉴와 서비스가 아니면 고객을 끌 수 없기 때문에 각 업체들은 고객을 일반적인 소비자에서 가치를 창출하는 생산자로 격상시키고 있다. 외식업계와 식품업계를 중심으로 활발하게 전개되고 있는 프로슈머 마케팅의 예를 살펴보면 '고객제안 메뉴' 제도를 실시하는 것이다. 또한 홈페이지에 '고객을 위한 문의 및 제안 코너'를 운영하면서 메뉴나 매장 운영 변경에 대한 고객의 의견을 적극 활용하고 있다. 또한 상품의 실제 사용자인 학생, 주부를 대상으로 프로슈머 사이버 모니터를 모집하여 신제품 개발뿐만 아니라 품질관리를 위해서도 기업과 소비자 간에 '핫라인'으로 활용하기도 한다.

읽을거리 ❸

굿모니터링, 4개 도시서 프로슈머 양성 교육 무료 실시

굿모니터링(대표 박유경)은 3차 프로슈머 양성교육을 오는 6월 말부터 4개 도시에서 시행한다고 22일 밝혔다. 부산, 대전, 광주, 서울 수도권에서 열리는 이번 교육은 주부 프로슈머를 대상으로 무료로 실시한다. 교육 내용은 하반기에 집중되는 기업의 프로슈머 모집에 대비한 모집정보, 프로슈머 활동법, 이력서 및 자소서 작성법, 면접 통과법 등이다. 특히 3차 프로슈머 양성교육 중 기업의 프로슈머 활동을 실습할 수 있는 '프로슈머 체험 Time' 프로그램이 주목을 끈다. 이는 기업의 제품 컨셉, 신제품, 브랜드, 서비스 등을 직접 체험해보고 설문작성, 평가, 리뷰 등 모니터링 활동을 실습하는 것이다. 교육에 참가한 프로슈머는 순수한 소비자의 입장에서 모니터링 실습을 하며, 기업 입장에서는 제품, 브랜드, 서비스에 대한 소비자 의견을 청취, 소통할 수 있는 기회다.

출처: 세계파이낸스(2013. 05. 22).

(2) 기업의 사회적 책임

현대사회에서 한 기업의 존속 여부는 그가 속한 사회가 요구하는 역할을 수행하는가에 의해 영향을 받는다. 기업은 대내적으로는 기업을 유지 발전시켜야 하는 책임과, 대외적으로는 수많은 관계자들의 이해 조정을 해야 하는 책임, 사회발전에 대한 책임, 자연환경 보존의 책임, 그리고 소비자가 원하는 상품을 생산하고 안전하게 사용할 수 있도록 해야 할 책임이 있다. 최근 들어 기업에서는 기업윤리를 최우선 기업 가치로 생각하는 움직임이 구체적으로 실천되고 있다. 예를 들어 2004년 3월 신세계가 윤리경영 캐릭터를 도입하였으며, 뒤이어 포스코에서도 2004년 6월에 윤리경영의 생활화와 긍정적인 이미지 확산을 위하여 윤리경영 캐릭터와 모토를 도입하였다. 또한 앤알커뮤니케이션NRC에서도 모든 업무활동의 기준을 윤리규범에 두고 투명하고 공정한 합리적인 업무수행을 추구하면서 온오프라인을 통한 회원 윤리강령 교육을 실시하고 외부 기관과의 협력을 통한 교육 프로그램을 마련하여 회원들의 위법 · 불법행위를 사전에 차단하는 데 주력하고 있다. 기업의 사회적 책임을 구체적으로 살펴보면 다음과 같다.

① 소비자에 대한 책임

기업의 가장 우선적인 책임은 소비자의 욕구를 충족시켜 줄 수 있는 제품과 서비스를 생산하여 소비자에게 제공하는 것이다. 또한 기업은 제품의 품질을 유지하고 향상시킴으로써 소비자를 만족시키는 것이다. 뿐만 아니라 기업은 부적절한 소비자정보로부터 발생되는 소비자문제와 위험으로부터의 소비자문제 등을 개선하기 위하여 자발적으로 참여해야 할 책임이 있다.

② 사회발전에 대한 책임

기업은 기본적으로 이윤극대화를 추구하는 집단이지만 그에 상응하는 사회적 책임이 따른다. 기업은 그동안 산업화를 이룩하는 데 큰 역할을 담당했으나, 이익의 극대화라는 목표를 달성하기 위하여 반윤리적이며, 반사회적인 불법행위도 서슴지 않았던 것이 사실이다. 이제는 기업이 이러한 행위를 지양하고 사회적으로 책임 있는 기업으로 거듭나야 할 것이다. 그렇게 하기 위해서는 기업으로 하여금 사회에 대한 책임을 의식하는 기업활동을 하도록 적극적으로 유도하는 소비자의 역할이 중요하다.

③ 환경보존에 대한 책임

오늘날 산업은 물질적인 풍요를 안겨 준 반면에 우리를 위협하는 환경문제를 유발해 왔다. 심각한 사회문제로 대두되고 있는 환경오염과 자원고갈 문제는 인간의 건강과 생존을 위협하는 상황에 이르렀다. 이러한 환경문제의 많은 부분은 기업활동과 관련이 있다. 이제는 기업들이 환경을 보호하는 '그린 기업'이라는 이미지로 거듭나기 위해 노력해야 할 것이다.

④ 이해관계자의 이해 조정에 대한 책임

기업의 의사결정은 수많은 이해관계자와의 다양한 기대와 요구에 의해 영향을 받는다. 이들 이해집단은 각각의 이익을 우선으로 추구하므로 집단 간의 이익충돌은 불가피하다. 예를 들면 노사 간의 갈등, 제품의 가격결정 문제 등 서로 다른 이해관계로 인하여 발생될 수 있는 문제들을 사전에 조정하여 최소화할 책임이 있다.

⑤ 기업의 유지발전에 대한 책임

사회는 가정, 학교, 각종 단체 그리고 기업 등 다양한 조직으로 구성된다. 이들 각 조직은 각기 고유한 기능과 목적을 가지고 사회 안에서 존재하며 발전을 도모하고 있다. 그 중에서 기업의 목적은 제품과 서비스를 능률적으로 생산하여 적정하게 배분하는 것이다. 이를 위하여 기업은 사회를 구성하는 일원으로서 자원의 낭비와 손실이 없도록 기업을 합리적으로 경영하고, 유지 발전시켜 나감으로써 사회적 안정을 도모해야 하는 책임이 있다.

〈표 1-1〉 윤리경영지표(KoBEX) 공동지표(CI)

조사 대상	세부 지표	주요 내용
CEO(4)	윤리경영 의지(원인)	CEO에 대한 정기적 윤리성 평가
		CEO가 수강한 윤리 교육시간
		CEO Communications
	CEO의 솔선수범	CEO의 부정행위 처벌 여부
건전한 작업환경(13)	고용평등	남녀평등: 전사원 대비 여성 관리자 비율
		장애인 고용비율
	인적개발	인적자원 투자비용
	안전보전	산업안전교육 실시 여부
	노사관계	노사협의회의 활발한 운영 및 경영진 참여도
		노동법 위반 적발 건수
	윤리경영제도	윤리강령 제정 및 수정 여부
		윤리 전담부서 유무, 규모, 최고책임자
		연간 윤리 교육시간

건전한 작업환경(13)	윤리경영제도	종업원의 윤리적 성과 평가 여부
		사내 윤리경영 지원제도
		준법 감시 시스템 유무
		공익신고자 신분보장 규정
기업 지배구조(1)	이사회의 건전성	이사회의 활발한 운영
공급망(3)	거래 시스템	인터넷 거래(공개 입찰) 여부
		사내 거래부정행위 처벌 기준 여부 및 내용
	불공정거래	리베이트, 덤핑, 지적재산권 침해, 기업비밀 침해 등 불공정거래 적발 건수
고객(5)	소비자보호제도	소비자 상담실 유무, 부서 규모 및 최고 책임자
		소비자 불공정 약관 적발 건수
		허위 과대광고 적발 건수
		소비자 피해구제 비율
		홈페이지 내에 소비자신고 게시판 운영 여부
건전한 재무보고(3)	건전한 재무보고	감사인의 감사 의견
	분식회계 및 부실감사	분식회계 및 부실 감사에 대한 적발 유무(금감원의 감리 지적 및 법원 판결)
	분식회계지수	영업이익–영업 현금 흐름/매출액
지역사회(7)	대지역사회 관계	뇌물 및 탈세 적발 건수
		회사 차원의 사회봉사활동 지원
지역사회(7)	환경	환경법규 및 기준 위반 적발 건수(누적)
		환경사업의 지속적 운영
		환경정책
		환경 전담 부서
		환경투자 집계, 공시

※ 공기업은 상기 일곱 개 조사대상 항목 중에서 '자본시장'을 제외한 여섯 개 항목 적용

출처: 산업통상자원부 산업정책과(2003. 12. 19). 한국 기업문화에 적합한 윤리경영지표 개발 및 한국 기업의 윤리경영 수준 조사결과.

읽을거리 ❹

윤리경영지표

산업통상자원부는 산업정책연구원과 공동으로 한국의 기업문화에 적합한 윤리경영지표를 개발하고, 주요 민간기업과 공기업을 대상으로 윤리경영 수준을 조사하고 있다. 윤리경영지표(Korean Business Ethics Index: KoBEX)는 종업원, 고객, 협력업체, 자본시장, 지역사회 등 기업의 주요 이해관계자별 윤리적 성과를 측정한 것으로, 수차례에 걸친 평가회의와 전문가 토론회 등을 거쳐 작성되었다.

산업자원부와 산업정책연구원이 지난 2004년 10월~11월 33개 공기업과 121개 민간기업을 상대로 윤리경영 실태를 조사한 결과에 따르면 2003년 1차 조사 때보다 공기업은 16.65%, 민간기업은 6.64% 개선된 것으로 나타났다. 공기업의 윤리경영 점수는 10점 만점에 7.59점으로 지배구조, 고객, 작업장, CEO, 지역사회, 협력업체 등 항목에서 6.33% 개선되었다. 민간기업의 윤리경영 점수는 7.28점으로 CEO, 지배구조, 협력업체, 자본시장, 자역사회 등이 개선되었다. 민간기업의 경우 작업장, 고객 항목에서 아직 윤리경영이 미진한 것으로 조사되었다.

3차 조사는 2005년 12월 말부터 2006년 2월 초까지 46개 공기업과 220개 민간기업을 대상으로 설문조사를 통해 이루어졌다. 04년과 05년도 공기업의 윤리경영 개선도를 살펴보면, 6.86점('04) → 7.86점('05)으로 상승되어 14.7% 개선되었으며, 같은 기간에 있어서 민간기업의 윤리경영 개선도를 살펴보면, 6.15점('04) → 6.65점('05)으로 상승되어 8.01% 개선되었음을 알 수 있다.

출처: 조선일보(2005. 02. 04.). 공기업 16%, 사기업 6% 윤리개선; 산업통상자원부(2006. 03. 10.) 보도자료.

2. 소비자가치관의 변화

소비환경의 변화는 소비자의식과 소비자가치관의 변화에 영향을 미치고, 더 나아가 소비생활에 반영된다. 그러므로 소비자가치관을 살펴보는 것은 의사결정을 함에 있어서 소비자가 무엇을 중요하게 생각하는가를 이해하는 데 도움을 주며, 소비자행동을 예측 가능하게 하므로 중요하다.

정보화 사회에서 나타나는 소비자가치관의 변화는 크게 두 가지 특징이 있다. 하나는 소비자가치관이 양적 · 물적 풍요로움을 추구하는 단계에서 질적 풍요로움을 추구하는 경향으로 바뀌어 가고 있다는 것이다. 다른 하나는 오늘날 우리는 각자 서로 다른 다양한 가치관을 가지고 있는 다문화multicultural 사회에 살고 있다는 것이다. 많은 사람들은 다양한 여가생활, 취미생활을 영위하고 있으며 최근에는 개인의 건강과 복지에 대해 더 많은 가치를 부여하면서 웰빙 시대 또는 웰빙족이라는 새로운 용어가 등장하고 있다. 뿐만 아니라 자연환경 보존을 중요하게 생각하는 소비자집단의 적극적인 환경보호 운동은 소비자들의 구매결정에 큰 영향을 주고 있다. 다음에서는 오늘날 새로이 나타나는 다양한 소비자가치관의 경향과 그에 따른 의사결정의 결과 나타나는 소비생활 양식에 대하여 간략히 살펴보고자 한다(채정숙 외, 2004).

읽을거리 ❺

다문화사회, 한국인은 갑?

다문화는 세계적인 큰 추세이다. 지구촌의 빈부격차, 환경파괴, 내전, 종교분쟁, 정치갈등, 그리고 선진국들의 저출산 고령화와 개발도상국의 인구 증가, 일자리 부족이 세계화와 맞물리면서 전세계가 다문화사회로 변화하고 있다. 우리 한국에도 이제 이주민과 귀화자를 합하면 170만 명의 외국 출신자들이 살고 있으며 이주민의 가족까지 합하면 200만 명이 넘는다. 그렇다면 이제 한국은 다문화사회로 진입하고 있다고 봐야 하고 한국인도 당연히 다문화사회 구성원이기에 다문화가족이라고 할 수 있다. 그런데도 아직 우리 한국인들은 여전히 단일 민족의식을 갖고 타 민족에 대한 강한 배타성을 드러내고 있다.

사실 우리 한국인이 단일민족이라는 것은 역사적 사실이 아니라 만들어진 신화이다. 현재 한국인의 약 286개 성씨 중 136개 성씨는 귀화 성씨이다. 이들 귀화 성씨는 북방민족을 비롯해 일본계, 여진계, 몽골계, 위구르계, 아랍계, 베트남계, 심지어 인도계까지 망라돼 있다. 이러한 사실은 이미 생물학자들의 유전자 조사에서도 증명된 바 있다.

사실 따지고 보면 세계 어느 나라도 단일민족으로 구성된 나라는 없다. 중국의 경우 56개 민족으로 구성됐고 러시아는 100개 민족, 미국 · 호주 · 캐나다 등도 수백 개의 민족으로, 인도는 무려 3,000개의 민족으로 구성돼 있다. 특별히 호주는 270개 민족이 260개의 언어를 사용하는 다문화 국가임에도 2012년 경제협력개발기구(OECD) 행복지수 평가에서 세계에서 가장 행복한 나라로 평가 받았다.

출처: 이투데이(2013. 06. 14). 다문화사회, 한국인은 갑?

1) 탈물질주의적 가치관으로 변화

여기에서 중요한 것은 지금까지의 단일화된 가치관이 미적 감각, 지적 관심, 개성 창출, 사회적 귀속감, 자아실현 등과 같은 다양한 가치로 발전되어 존중되고 있음을 의미하는 것이다. 이에 대하여 문화인류학자들은 미래지향적 핵심가치 중의 하나로 '풍요Riches'를 들고 있다. 이는 경제적인 부의 축적이나 과잉소유, 과잉소비, 고액 · 고급

중심의 과시소비를 뜻하는 것이 결코 아니며, 단순한 물적 소유 중시로부터 소비자의 납득을 전제로 한 '고품질 지향', '사용상의 만족감 지향'과 같은 '질적 충실 추구' 그리고 상품의 다양성을 통한 '소비자선택의 확대'로 이행해 가는 것을 의미하는 것이다. 소비자들은 물질의 소유를 통하여 자아를 확립하고, 이는 소비를 통하여 발전되어 간다고 생각하던 것에서 의미 있는 삶을 추구하는 방향으로 옮겨가고 있다. 더 많은 소득을 위하여 일하는 것보다는 가족과 함께 더 많은 시간을 보내기를 희망하고 있으며, 쾌락보다는 건전한 가치를 더 생각하고 사회적 지위보다는 공동체를 더 생각하는 신중한 소비자가 되고 있다(박명희 외, 2013).

2) 소비의 다양화 · 개성화 · 고도화 추구

소비자는 정보사회로 진행될수록 보다 많은 상품과 서비스정보를 쉽게 획득할 수 있어서 개인적 기호와 취향에 따라 소비생활은 다양해지고, 자신의 개별적인 기준을 가지게 된다. 또한 자기표현을 중시하는 개성적인 소비를 지향함으로써 소비생활도 더욱 자유스러워질 것이다. 이에 따라 이전의 대량생산체제에서 다품종 소량생산방식으로 바뀌어 가고 있다.

소비의 고도화에 있어서도 기술의 향상과 질적 중시에 관한 가치관이 사회의 보편적 성향으로 자리 잡으면서 많은 진전을 보이고 있다. 오늘날의 소비자는 국경이 없는 지구촌 시장 속에서 소비의 다양화 · 개성화 · 고도화가 서로 맞물려 동시에 진행되는 새로운 시대를 맞이하고 있다고 할 수 있다.

3) 정보통신생활, 레저형 여가생활의 비중 증가

정보통신기술의 발달로 첨단기술을 이용한 새로운 상품이 등장하고, 동시에 위성통신 · TV 등 뉴미디어 서비스를 소비자에게 제공하면서 새로운 소비생활 패턴이 나타나고 있다. 즉 정보의 획득 · 교환 · 통신 및 이를 통한 개인의 이미지 전달을 위하여 정보통신 소비에 대한 중요도가 크게 증가하였다. 또한 첨단기술 제품과 서비스는 소비생활을 더욱 편리하게 하고 가사노동 시간을 단축시키는 결과를 가져오게 되었으며, 소득이 향상되고 주 5일 근무제가 시행되면서 여가생활에 점점 더 많은 비중을 두게 될 것이다. 이에 따라 소비자들의 관심은 직장과 가정 이외의 생활, 즉 레저스포츠 활동, 취미 클럽, 문화 활동과 같은 레저 활동으로 바뀌고 있다.

4) 직장과 가정의 개념 변화

정보사회에서 사회경제 환경 변화는 직장 선택 기준과 가정에 대한 기본적 인식을 변화시키고 있다. 젊은이들은 직장을 선택할 때 '연봉'의 많고 적음보다는 자신의 적성에 부합되는가를 설명하는 '기업의 종업원 만족지수Employee Satisfaction Index'를 중요시하고 있다. 이것은 직장을 추상적인 조직으로서가 아니라 '자율 인간으로서의 개인 교류', '실질적인 인간관계 형성', '자기성취'를 목표로 하는 인격적 만족을 실현하는 구체적인 공간으로 받아들이고 있음을 뜻한다.

가정도 많은 가치관의 변화를 겪고 있다. 종래에는 가정이 '가족부양을 위한 필수적인 기본 단위'라고 인식되어 왔다. 그러나 이제는 가족중심의 생활에서 가사외적인 일이 더 중요한 과제임을 볼 때 이러한 가정관에 있어서 변화를 짐작할 수 있다. 가정의 형태에 있어서도 전형적인 부부-자녀 중심에서 독신가정, 무자녀 맞벌이 가정Double Income & No Kids: DINK, 노부부 중심의 가정Two only No Kids: TONK 등이 다양하게 나타나고 있으며, 이는 우리들의 생활가치관에 있어서 변화를 반영하는 것이다.

5) 소비의 사회적 상징성 증가

정보사회에서는 상품의 사용가치 이외에 사회적인 상징적 가치가 차지하는 비중이 증가한다. 상징적 소비를 충족시키기 위하여서는 '타인과 같아지려는 소비' 뿐만 아니라, '타인과 어떠한 차이를 둘 것인가'에 대하여 소비자들이 많은 관심을 가진다. 예를 들면, 무엇을 먹고, 어떤 옷을 입을 것이며, 어떤 놀이나 오락을 즐길 것인가에 대하여 모방과 차별화를 시도하고자 하는 것이다. 이러한 소비행위는 단지 젊은이들에게서 만이 아니라 기성세대에서도 현대화의 상징이나 경제적 및 사회적 지위의 상징으로 인식된다. 따라서 모든 계층에서 세계적 유명브랜드 상품 및 서비스를 소비함으로써 이러한 모방과 차별화에 대한 욕구충족을 시도하고자 한다.

6) 웰빙 소비 확산

웰빙well-being에 대한 통일된 개념은 아직 찾아보기 어렵다. 값비싼 유기농제품을 먹고, 최고급 스파를 즐기는 고급화 소비로 정의를 내리는가 하면 다른 한편에서는 명상음악, 요가 등 정신적인 차원을 웰빙의 기본이라 여기기도 한다. 또한 고급스러운 피트니스센터에서 운동을 하며 땀 흘리는 것뿐만 아니라 집에서 맨손체조를 하고 명상을 즐기는 것도 웰빙이라 한다. 혹은 지역사회 봉사에 적극적이고 건전한 생활을 하는 것도 웰빙이라 한다. 이러한 관점에서 볼 때 웰빙의 적절한 정의는 자신과 가족의 건전하고 건강한 삶을 위한 소비라고 보는 것이 타당할 것이다(김상일, 2004). 정치사회 불안, 일자리 창출 미흡, 신용불량 해소 지연 등으로 미래가 불투명해지면서 나와 가족을 중심으로 스트레스 없는 생활을 추구하려는 경향이 두드러지게 나타나고 있으며, 이러한 가운데 건강과 환경에 관한 소비자의 관심이 높아지고 있는 것으로 분석할 수 있다.

웰빙 라이프는 10여 년 전 미국에서 시작되어 우리나라에서는 2003년부터 사회적으로 붐을 타기 시작하였으며, 글로벌 트렌드라고 할 만큼 전 세계적으로 확산되고 있다. 신 소비트렌드 흐름으로 대중적 특성을 지닌 웰빙은 개인주의 성격이 짙은 여피yuppie나 보보스bobos와는 달리 정신적인 측면을 중요시 하며, 과시소비나 경제적인 부가 드러나는 명품족과는 달리 건전성을 보인다. 출세지향의 숨 가쁜 생활에서 벗어나 몸과 마음의 평화를 추구하고 가족과 사회에 대한 봉사도 잊지 않으며, 물질적 가치나 명예를 얻기 위한 삶보다는 몸과 정신이 건강한 삶을 행복의 척도로 삼는 사람들이 웰빙족이다. 이러한 특성에 비추어 볼 때 친자연적이며 건강을 중시하되 정신적 · 사회적 건강과 조화를 이루는 삶의 자세가 곧 웰빙으로 통하는 길이라고 볼 수 있다(한국소비자원, 2004.3).

7) 헬스케어 3.0 시대의 도래

오늘날 의료 소비자들은 단순히 오래 사는 기대수명을 추구하는 것이 아니고 건강하게 오래 사는 건강수명을 추구하고 있다(고유상, 2012). 이에 따라 헬스케어 패러다임은 18세기에 전염병 예방을 중심으로 이루어지던 1.0시대와 20세기 이래로 질병치료로 기대수명을 연장하던 2.0시대를 거쳐서, 21세기 이후 예방과 관리를 통한 건강수명 연장이라는 3.0시대로 변모하고 있다. 헬스케어 3.0시대의 등장배경은 다음의 3가지로 설명할 수 있다. 고령화에 따른 기대수명과 건강수명의 차이가 커지면서 의료비가 급증하게 되었으며, 질병의 예방과 일상생활 가운데서 건강관리에 대한 니즈가 증가하였으며, 유전공학기술 등의 발전으로 건강수명 연장을 위한 맞춤형 헬스케어 니즈와 기회가 확대되었다는 것이다. 현재 전개되고 있는 헬스케어 3.0 패러다임은 질병예방과 일상관리를 통해 건강수명을 대폭 연장하고, 정보의학에 기반한 예방, 일상관리, 맞춤형 치료 등을 통해 의료비의 과도한 증가를 억제하는 것을 목적으로 하고 있으며, 이는 인간 지놈genome 해독, 기술융복합 등으로 가능하게 되었다.

〈표 1-2〉 헬스케어 패러다임의 시대 구분

구분	1.0(공중보건의 시대)	2.0(질병치료의 시대)	3.0(건강수명의 시대)
시대	18~20세기 초	20세기 초~말	21세기 이후
대표적 기술혁신	인두접종 개발	페니실린 발견	인간 지놈 프로젝트
목적	전염병의 예방과 확산 방지	질병의 치료치유	질병 예방 및 관리를 통해 건강한 삶 영위
주요 지표	전염병 사망률	기대수명, 중대질병 사망률	건강수명, 의료비 절감
공급자	국가	제약의료기기 회사, 병원	기존 공급자 + IT, 전자, 건설, 자동차 회사 등
수요자	全 국민(시민)	환자	환자+정상인
헬스케어 산업의 주요 변화	– 예방접종, 상하수도 보급 – 청진기, 엑스레이 발명 – 의사 양성체계 확립	– 제약/기기/병원 산업화 – 신약 및 치료법 개발	– 유전자 조기 진단 – 맞춤 치료제 등 – 유헬스의 보급

출처: 고유상(2012). 헬스케어 3.0 건강수명 시대의 도래. SERI 연구보고서. 삼성경제연구소. p. 2.

헬스케어 3.0시대로의 변화에 따라 의료서비스는 만성질환 관리, 노인과 장애인 등의 건강관리뿐만 아니라 정상인의 심신건강을 관리해 주는 웰빙 서비스 까지도 포함되는 넓은 의미의 건강관리 서비스로 이해되고 있다. 또한 IT기술을 의료기술에 접목하여 시공간적 제약을 받지 않고 의료소비와 공급이 이루어지는 유헬스U-health와 같은 신개념의 헬스케어 산업이 등장하고, 제약-의료기기-의료서비스 기술융복합을 통해 차세대 신사업이 선도적으로 개발될 것으로 예측된다.

정부의 헬스케어 정책목표에 있어서도 변화가 필요하다. 정부는 건강수명 연장을 헬스케어 정책의 목표로 설정할 필요가 있다. 이를 위하여 예방의학기술을 개발하고, 기술융복합 패러다임에 맞는 인재양성과 제도정비에 필요한 투자를 확대해 나가는 것이 중요하다.

8) 스마트 컨슈머 등장

스마트 컨슈머smart consumer로 변모하고 있다. 스마트 컨슈머들은 일반소비자들에 비해 시간적, 공간적, 수단적 측면에서 차원이 다른 소비를 보여주고 있다. 과거 알뜰소비자는 제품이나 서비스가 필요할 때 다양한 유통기관에서의 가격을 비교해 보고 구입했다면, 스마트 컨슈머는 구매하고자 하는 제품 및 서비스에 대하여 먼저, 장기적으로 계획하여 해당 제품의 가격변동을 파악한다. 할인기회를 기다리고 할인도구를 적극 탐색하여 연중 가장 저렴한 시기에, 국내뿐만 아니라 해외의 각종 인터넷쇼핑몰까지 가격을 비교해 보고, 결제를 위하여서는 현금 또는 카드 등의 실제 화폐를 사용하면서 각종 포인트와 마일리지와 같은 가상화폐까지 복합적으로 활용하여 결제를 한다는 것이다(김성표, 2013; 김종대, 2012).

이러한 스마트 컨슈머의 등장은 과거에 비해 풍부한 정보공유 활동 및 네트워크 내의 축적된 정보의 활용을 통해 제품 및 거래지식의 비약적 증가와 커뮤니티를 통한 소비자 간의 연결성이 강화되어 규모에 따른 협상력이 크게 증가하였기 때문이라고 본다. 소셜 미디어, 스마트폰, 무선 인터넷 등의 정보통신기술의 발전에 힘입어 소비자들이 과거에 비해 정보에 대한 즉각적인 접근이 가능해졌으며, 인터넷 등을 통해 기업과

소통할 수 있는 기회가 증가하였다. 더 나아가 소비자들 간의 활발한 상호작용을 통해 과거에 비해 소비자들의 집단행동이 용이해졌다고 할 수 있다. IT화, 스마트화가 전 세계적으로 지속적으로 진행되고 있으며 글로벌 저성장 기조가 단시일 내에 해소되기 어려울 것이라는 전망이 보고되고 있는 현실이다. 따라서 스마트하게 소비하고자 하는 소비자들의 요구는 일시적 유행이 아니고 장기적으로 이어져 트렌드로 자리매김될 전망이다. 스마트 컨슈머의 등장을 이끈 주요 동인들을 나타내면 다음 [그림 1-4]와 같다.

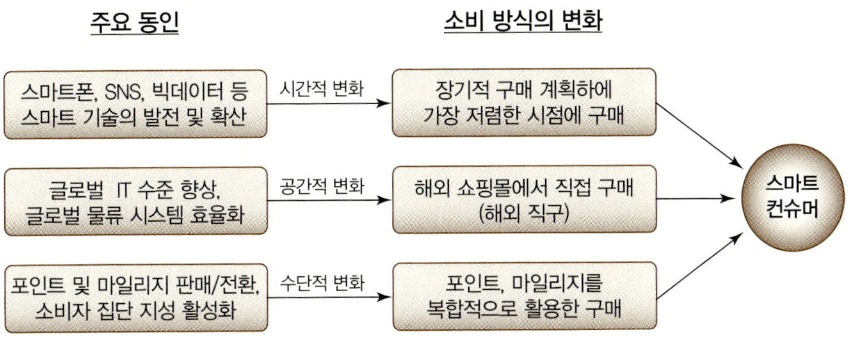

[그림 1-4] 스마트 컨슈머 관련 주요 동인

출처: 김종대(2012). 스마트 컨슈머가 이끄는 특별한 소비트렌드, Weekly 포커스. LG Business insight. p. 32.

생각해 볼 과제

1. 국내에서 운영되고 있는 엔터테인먼트 쇼핑몰에 대하여 조사해 보고, 각 시설의 주요 콘셉트를 비교해 보자.

2. FTA가 지역경제에 미치는 장점·단점에 대하여 논의해 보자.

3. 대학생 소비자들의 특징을 설명할 수 있는 소비자가치관의 예를 찾아보자.

CHAPTER 2

소비자의사결정의 의의와 당면과제

1. 소비자의사결정의 의의 및 중요성 2. 의사결정과 기회비용

3. 소비자의사결정의 합리성과 효율성 4. 비합리적 소비행동

Consumer Decision Making

2장

소비자의사결정의 의의와 당면과제

1. 소비자의사결정의 의의 및 중요성

1) 의사결정의 의의

시장에는 우리의 특정한 욕구를 충족시키는 데 필요한 여러 제품이 있다. 예를 들면, 가족을 위한 휴가는 어디로 갈 것인가, 부모님의 생신 선물은 어떤 것으로 살 것인가, 이사는 어디로 갈 것인가, 어떤 디자인의 정장을 구입할 것인가 등의 경우에 여러 가지 대안들을 비교, 검토한 후 자신의 욕구를 최적으로 충족시킬 수 있다고 판단되는 것을 선택하게 된다. 이와 같이 어떠한 욕구충족을 위하여 여러 가지 대체 방안을 비교 · 검토한 후, 그 가운데 한 가지를 선택하는 것을 의사결정이라고 하며, 최종적으로 하나를 선택하기까지 일련의 과정을 의사결정 과정이라고 한다.

의사결정은 아주 간단하고 쉽게 하는 경우도 있는 반면에 여러 가지 상황들을 고려해서 신중하게 심사숙고한 후에 이루어지기도 한다. 왜냐하면 우리가 가지고 있는 금전, 시간, 에너지 등의 자원은 한정되어 있으나 우리의 욕구는 무한할 뿐만 아니라 욕구를 충족하기 위한 방법도 여러 가지가 있기 때문이다. 즉 소비생활을 통하여 얻고자 하는 것은 궁극적으로 인간이 가진 욕망충족의 극대화이며, 이를 위하여 최선의 선택을 해야 하기 때문이다.

오늘날 소비자들은 복잡하고 다양한 시장환경에서 일상생활을 영위하면서 수없이 많은 의사결정을 해야 하며, 다음의 여러 가지 측면에서 소비자의사결정은 점점 더 어려워지고 있는 실정이다.

- 제품의 종류, 상표, 모델 등이 과거에 비하여 많이 다양해졌다. 소비자들이 시장에 나와 있는 제품을 미처 알기도 전에 또 다른 새로운 제품이 수없이 많이 생산되고 있다. 선택할 수 있는 상품의 수가 많아지고 서비스가 좋아진다는 것은 소비자입장에서는 의사결정을 할 때 더 많은 정보를 필요로 하며, 이를 위한 시간과 탐색비용이 발생된다.
- 다양한 생활기기들의 발달로 인하여 생활은 편리해지고 있으나 소비제품들의 구조가 점점 복잡해짐에 따라 소비자는 전문가의 도움 없이는 제품의 품질, 안전, 성능, 구조 등을 이해하기가 어려워지고 있다,
- 시장에서 상품을 비교, 선택하기 위해서는 많은 시간이 필요하지만 현대인들에게 있어서 시간자원은 제한되어 있으므로 상품 비교를 통한 효율적인 의사결정을 하기가 현실적으로 쉽지 않다는 것이다.
- 소비자가 가장 손쉽게 구할 수 있는 소비자정보는 대부분 상업적 원천에 의한 정보다. 이들 정보는 특성상 판매를 목적으로 제공되므로 소비자가 의사결정을 위한 정보로서 활용하는 데 한계가 있다. 소비자가 필요로 하는 객관적인 정보를 얻기가 어려운 현실이다.
- 소득수준과 교육수준이 높아지고, 성능이 우수한 상품에 대한 광고를 자주 접하게 됨에 따라 제품에 대한 소비자의 기대수준도 높아졌다. 이는 소비자들이 더 신중한 의사결정이 필요하다는 것을 의미한다.

2) 의사결정의 중요성

소비자가 의사결정을 어떻게 하느냐에 따라 소비자 자신의 복지뿐만 아니라 기업의 경쟁력 향상과 국민경제의 발전에도 중요한 영향을 미치게 되므로 대단히 중요하다.

우선 소비자복지 측면에서 살펴보면 의사결정은 소비자 자신의 욕구충족을 위하여 행해진다. 최소의 비용으로 욕구충족의 극대화를 도모하고자 하는 효율적인 의사결정은 개인과 가계의 실질구매력을 향상시키는 효과를 얻을 수 있다. 또한 효율적인 의사

결정은 사업자의 불공정한 거래로부터 발생되는 소비자 피해를 줄일 수 있을 것이다.

기업의 경쟁력 향상 측면에서 소비자의 효율적인 의사결정은 기업의 자율경쟁을 촉진시킨다. 즉, 제품의 가격, 품질 등에서 우수한 상품을 생산하게 되며, 이러한 기업은 경쟁력에서 우위를 차지하며 계속적인 발전을 기대할 수 있을 것이다. 더 나아가 효율적인 소비자의사결정은 사회경제 발전과 국가경쟁력 향상에 기여하게 되며, 반면에 비합리적이고 무분별한 소비는 국민경제를 악화시키고, 사회적 위화감을 조성할 수도 있으며, 궁극적으로는 소비자 개인에게도 바람직하지 못한 결과를 초래하게 되는 것이다. 시장개방에 따른 국내산업의 경쟁력과 소비자이익의 증대는 건전하고 합리적인 소비자선택에 달려 있다고 해도 과언이 아니다. 가격과 품질, 그리고 서비스에 상응하는 합리적인 소비자선택이 결국에는 소비자이익과 국내 기업의 경쟁력을 향상시키는 데 가장 기본적인 힘이 된다는 것이다. 따라서 소비자들은 의사결정의 중요성을 이해하고, 효율적인 의사결정을 위한 역량을 갖추어 나가는 것이 그 어느 때보다도 필요하다.

시장개방과 정보기술의 발달, 유통환경의 변화는 소비자에게 보다 다양한 상품선택의 기회를 제공해 주고 있으나, 다른 한편으로는 무분별한 과소비와 사치성 소비로 인하여 우리나라 상품의 국제경쟁력 측면에서 매우 심각한 결과를 초래할 수도 있으며, 무분별한 과소비와 사치성 소비에 의한 사회문제 발생도 간과해서는 안 되는 것이다. 과소비와 사치성 소비와 같은 비효율적 소비가 계속된다면 물가상승과 국제수지의 악화뿐만 아니라 사회적 위화감, 상대적 박탈감 등과 같은 소비의 외부불경제가 나타날 것이다. 그러므로 세계경제환경의 변화 가운데서 사회적으로 바람직한 소비자행동이 무엇인가를 생각하고, 이에 대처해 나갈 수 있는 소비자역할에 충실해야 할 것이다. 바람직한 소비자선택은 가장 먼저 소비자이익을 가져올 수 있으나 잘못된 소비자선택은 소비자만족을 저해할 뿐만 아니라 궁극적으로는 국가경제 위기를 초래할 수도 있다는 사실을 충분히 이해하고, 책임 있는 선택을 해야 할 것이다.

2. 의사결정과 기회비용

1) 희소성의 법칙

사람은 살아가면서 의식주 및 여가 등에 관련된 수많은 재화와 서비스를 소비한다. 인간이 가지고자 하는 재화와 서비스에 대한 욕구는 다양하고 무수하지만 이를 만족시켜 줄 수 있는 수단인 자원은 상대적으로 부족하다. 이러한 자원의 상대적인 부족을 경제학에서는 희소성scarcity이라고 한다. 경제문제가 발생하는 근본적인 이유도 이와 같은 자원의 희소성 때문이다, 각종 재화와 용역을 모든 사람이 만족할 만큼 생산해 내기에는 자원이 상대적으로 부족하다는 것이다. 이와 같이 사회 구성원들의 욕망에 비하여 그 욕망을 충족시켜 줄 수단인 자원이 상대적으로 부족한 현상을 희소성의 법칙law of scarcity이라고 한다.

의사결정자로서 소비자가 시장에서 당면하는 문제도 소비자의 무한한 욕망을 만족시키기 위해 상대적으로 유한한 자원을 어떻게 적절하게 사용할 것인가 하는 선택의 문제이다. 그러므로 사용 가능한 최소의 자원으로 다양한 욕망을 최대한 충족시키기 위해서는 자원의 선택적 배분이 이루어져야 한다. 선택적 배분이란 욕망의 우선순위에 따라 자원을 사용함으로써 욕구충족의 극대화를 도모할 수 있게 된다는 것이다. 이상에서 살펴본 바와 같이 선택자로서 소비자가 시장에서 당면하는 경제문제는 소비자의 욕망이 무한하고 다양하며, 그에 비하여 욕망충족을 위한 자원은 상대적으로 부족하기 때문에 자원의 선택적 배분이라는 경제문제에 부딪히게 된다는 것이다. 희소성의 문제는 사람들이 돈을 많이 가지고 있느냐 그렇지 않느냐에 관한 문제가 아니고, 억만금을 가지고도 자원의 부족으로 갖고 싶은 것을 소유하지 못할 수 있다는 것이며, 이러한 근본적인 문제가 자원의 희소성이 가지고 있는 원래의 의미이다.

2) 선택과 기회비용

희소성은 선택의 문제를 야기하며, 선택은 기회비용을 발생시킨다. 일정하게 주어진 자원을 가지고 얻을 수 있는 만족의 크기에는 한계가 있다. 어떤 한 가지 욕구충족에 자원을 이용하게 되면 다른 욕구충족은 포기해야 한다. 예를 들면, 50만 원의 현금으로 디지털 카메라를 구입하여 일상생활에서 유용하게 사용할 수 있다. 그러나 같은 돈으로 다른 무엇을 할 수 있는가를 생각해 보았을 때 휴가 비용으로 사용할 수도 있고, 마음에 드는 옷을 한 벌 살 수도 있을 것이며, 또는 저축을 하여 예금이자를 받을 수도 있을 것이다. 이중에서 어떤 한 가지 목적을 위하여 돈을 사용하고 난 후에는 다음번에 사용할 현금은 없을 것이다. 이와 같이 기회비용opportunity cost은 어떤 것을 선택했을 경우 선택되지 못한 차선의 대안이 가지는 가치를 말하는 것이다. 디지털 카메라 구입이 가장 우선순위가 되고 그 다음은 휴가라고 가정하자. 이 경우 기회비용은 휴가에서 얻을 수 있는 휴식과 즐거움 등이 되는 것이다.

기회비용을 이해함에 있어서 유의할 것은 여러 가지 대안 중에서 포기해야 하는 차선의 대안이 가지는 가치라는 것이며, 포기한 대안의 가치들을 모두 합한 것은 아니라는 것이다. 소비자의 일상생활은 선택의 연속이다. 한정된 구매능력으로 최대한의 만족을 얻기 위해 어떤 재화와 용역을 어느 정도씩 구입할 것인가를 두고 끊임없이 결정하고 선택해야 한다. 선택을 할 때마다 기회비용이 발생되므로 선택하는 순간 무엇을 얻고, 반면에 무엇을 잃게 되는지를 분명히 파악해 보는 습관을 가질 필요가 있다.

한편, 선택은 개인에게만 국한되는 것이 아니다. 산을 뚫고 터널을 만들 것인가, 아니면 환경을 보존하여 주민들에게 쾌적한 자연환경을 제공해 줄 것인가를 결정할 경우에도 선택문제와 기회비용의 관점에서 검토될 수 있다.

3. 소비자의사결정의 합리성과 효율성

1) 합리적 소비의 개념과 유형

(1) 합리적 소비의 개념

합리성rationality의 개념에 대한 어원을 먼저 살펴보면 그리스 시대까지 거슬러 올라가며 오늘날 서구문명을 있게 한 중심적인 개념으로서 철학, 사회학, 심리학, 경제학 등에서 중요하게 다루어졌음을 알 수 있다. 이중에서 개인적인 수준에서 합리성을 논의하는 경제학, 특히 신고전 경제학에서 인간을 합리적인 경제인homo economicus이라는 개념으로 보고 활발하게 논의되어 왔다. 호모 이코노미쿠스에는 두 가지 의미가 포함되어 있다. 인간은 내적으로 일관된 선호를 가지고 있다는 점과 자기 이익의 극대화maximization of self-interest를 위하여 자원을 가장 효과적으로 배분한다는 것을 전제로 하는 것이다.

따라서 합리성의 개념은 소비자가 시장에서 의사결정을 할 때 어떤 등급체계가 있는 선호에 따라 일관성 있게 행동을 한다면, 그 결과 소비자에게 가장 큰 이익을 가져온다는 것을 의미한다. 그러므로 합리적 소비여부를 판단함에 있어서 개인의 선호가 무엇인가 하는 주관적인 개념과 자신의 선호를 주의 깊게 파악하고 이를 충족하는 구매결정을 하였는가가 판단기준이 된다. 이와 같이 합리성의 개념을 설명할 때 소비자가 윤리적 가치판단을 하였는가의 여부는 문제 삼지 않고 있으며, 개인의 선호에 의한 소비자선택을 비합리적이라고 판단할 수 없다는 것이다. 이러한 관점에서 본다면, 지금까지 비합리적 소비라고 간주해오던 충동구매, 유명상표 선호, 중독구매 등도 소비자의 가치관이나 선호에 의해 구매하였다면 합리적인 소비의 범주에 들어갈 가능성이 있다는 것이다(김기옥 외, 2001). 따라서 의사결정 과정에서 합리적인가 여부는 개인적 선호에 의해 판단하는 것뿐만 아니라 개인의 목표, 즉 소망desire이 합리적인 것인가에 대해서도 판단해야 할 필요가 있다. 실제로 소비자행동의 합리성 여부를 객관적으로 판단하는 데는 상당한 어려움이 있다.

(2) 개인적 합리성과 사회적 합리성

개인의 입장에서 합리성의 개념을 판단할 것인지, 사회 전체의 입장에서 합리성의 개념을 판단할 것인지에 관한 것이다(박명희 외, 2005). 개인적 합리성이란 개인의 일관성 있는 선호에 따라 의사결정을 통해 만족의 극대화를 얻고자 하는 것을 의미한다. 어떤 한 사람의 선택기준이 다른 사람의 선택기준에 적용될 수 없다는 것이다. 예를 들어 광고를 보고 충동구매를 하거나 과소비를 하더라도 나름대로의 타당한 이유가 있다면 개인적 합리성에 근거한 행동으로 볼 수 있는 것이다. 여기에는 희소가치를 추구하는 속물효과snob effect, 다른 사람의 소비성향을 따라가는 밴드웨건 효과bandwagon effect, 유한계급의 소비습관을 따라하는 베블런 효과veblen effect 등도 개인적으로 타당한 이유가 있다면 합리적 행동으로 볼 수 있다는 것이다. 그러나 개인적 합리성은 타인과 사회에 대한 책임을 배제한 것으로서 경우에 따라서는 사회가 지향하는 가치와 상반되는 선택이 이루어지는 경우가 생길 수도 있다.

이에 비하여 사회적 합리성이란 사회 전체가 추구하는 가치에 따라 의사결정을 함으로써 공동체적인 책임과 동시에 사적인 책임을 조화시켜 나가는 거시적인 의사결정을 의미한다. 예를 들면, 번거롭고 귀찮더라도 제품의 구입, 사용, 처분의 과정까지 환경친화적인 소비행동을 실천하기 위하여 노력하는 것은 사회 전체가 추구하는 가치에 따라 개인의 의사결정을 조화시켜 나가는 것이다. 경우에 따라서 개인적 만족 추구와 사회적 책임 사이에 갈등이 수반될 수도 있으나 소비자 시민으로서의 책임과 역할을 다할 때 사회적 합리성에 의한 의사결정이라고 볼 수 있다. 개인적 합리성과 사회적 합리성에 있어서 중요한 것은 소비자의사결정이 개인만 관련된 것인지, 지역사회 전체와 관련된 것인지를 판단함으로써 구분이 가능하다.

(3) 동기적 합리성과 인식적 합리성

동기적 합리성motivational rationality이란 개개인이 자기 자신의 효용(만족)을 극대화할 수 있어야 함을 의미한다. 자기 보존적 동기가 기본이지만 이기와 구별되는 것은 대중의 복리증진도 함께 추구할 줄 안다는 점이다. 이것이 결여되었을 때 나타나는 비합리적 소비현상은 과시지향적 소비와 자포자기로 인한 과소비를 들 수 있다. 과시지향적 소비는 다른 사람보다 우월하고 싶다는 욕구를 충족하려고 하는 사치성 소비로서 지위나 경제력을 과시하고 우월감을 나태내기 위한 소비행태로 나타나게 된다. 자포자기로 인한 과소비는 좌절감으로 인한 이상과열소비로서 자허(自許)적인 심리가 원인이 된다. 자신에게 필요한 것은 별도로 있지만 실현하기 힘들기 때문에 자포자기하여 정작 자기에게는 불필요한 것을 되는 대로 구입하는 감정적인 소비행태를 의미한다. 빈부 격차가 심한 사회일수록 저소득층의 상대적 박탈감은 커지게 되고, 성실하게 미래를 준비하기보다는 우선 쓰고 보자는 자포자기의 소비행태가 만연해지게 될 것이다.

인식적 합리성cognitive rationality이란 외부로부터 전달되는 상품 관련 정보들을 적절하게 처리할 수 있는 능력을 의미한다. 즉 자기 이익이 무엇인지 알고 그것을 효과적으로 달성할 수 있는 기본적인 수단을 스스로 강구할 수 있는 최소한의 능력이다. 인식적 합리성 부족으로 나타나는 비합리적인 소비행태는 비록 저가의 재화와 서비스를 구매하더라도 자신의 소득을 초과하는 과소비와 사전계획 없이 소비하는 충동적 소비가 있다. 예를 들면 오늘날 신용카드의 보급으로 신용불량자가 급증하고 있으며, 가계부채가 심각한 사회문제로 대두되고 있는 현상은 인식적 합리성의 부족으로 나타나는 과소비 현상으로 볼 수 있다. 충동적 소비는 사전계획 없이 구매 현장에서 다양한 형태의 구매자극을 받아서 구매가 이루어지며, 대부분의 경우에 불필요한 재화 및 서비스를 구매하게 되며, 이는 구매효율을 저하시키고 과도한 소비로 가계경제에 부담을 주게 된다. 인식적 합리성은 저절로 생기는 것이 아니고 훈련을 통해 길러지는 것이다.

자신이 합리적인 소비자라고 할 때 동기적 합리성은 갖추고 있을지라도 엄청난 양의 정보를 자기이익의 극대화를 위해 소화해 낼 수 있는 인식적 합리성은 갖추고 있지 못한 경우가 있다. 그러므로 자기이익이 무엇인지 알고 이를 효과적으로 달성할 수 있는 능력을 갖추는 것이 바로 합리적인 소비자에게 필요한 절대 요건이다(정준, 1997).

2) 효율적 소비와 측정방법

(1) 효율성의 개념

효율성은 투입과 산출의 측면에서 최소의 희생으로 최대의 효과를 얻는 경제성을 의미한다. 효율적 또는 경제적이라는 것은 동일한 결과를 얻기 위해 최소한의 자원을 사용하든지 또는 동일한 자원을 가지고 최대의 결과를 얻었을 때 달성되는 것을 의미한다. 개인소비자의 주관적인 선호에 따른 일관성 있는 행동인가의 여부가 판단기준이 되는 합리성과는 달리 효율성은 객관적인 판단으로 이루어질 수 있다. 즉 경제적 이득과 함께 소비자가 소비를 통하여 심리적으로 만족할 때 효율적인 소비가 이루어졌다고 할 수 있다(박명숙, 1991). 소비자효율성은 자신이 지불한 돈만큼의 가치를 획득했느냐 또는 가치를 획득하기 위해 어떻게 해야 하는가와 관련이 있는 것으로서 국민경제의 차원에서 대단히 중요한 문제이다.

(2) 효율적인 소비

효율성은 투입과 산출의 경제 원리를 기본 전제로 하고 있으며, 주체에 따라 개인적 차원의 소비효율성과 시장 차원에서의 소비효율성으로 구분할 수 있다. 개인적 차원에서 소비효율성은 구매의사결정 과정에서의 효율성과 결과에서의 효율성으로 나누어 볼 수 있다. 시장 차원에서의 효율성이란 시장구조적 측면과 소비자정보 획득의 측면에서 시장조직이 소비자들로 하여금 효율적인 소비행동을 할 수 있는가에 관한 것이다(박명숙, 1991).

소비자가 의사결정을 위해 논리적으로 심사숙고하여 결정을 내린다면 구매의사결정 과정에서 효율적으로 의사결정을 했다고 보는 것이다. 효율적인 구매의사결정 과정이란 정보 요소 및 정보원의 수, 시장 탐색 및 대안평가 등에 사용된 시간의 양에 의해 결정된다. 소비자가 최소한의 정보탐색을 한다든가 간결한 정보를 사용한다면 구매의사결정 과정은 효율적이라고 평가할 수 있다는 것이다. 그러나 결과에 있어서는 상품의 성과가 좋지 않을 수도 있기 때문에 반드시 효율적일 것이라고 예측할 수 없다. 따라서 구매의사결정 과정의 효율성과 결과의 효율성이 반드시 일치하지는 않는다.

구매의사결정 결과에 대한 효율성이란 소비자가 상품의 가격이나 품질에 관한 정보를 충분히 탐색하고 그 축적된 정보에 의거하여 구매결정을 함으로써 한정된 자원 투입의 범위 안에서 최대의 구매이득을 얻는 것이다(박명숙, 1991). 즉, 소비자가 소비를 통하여 심리적으로 만족을 얻을 때 효율적인 소비가 이루어졌다고 할 수 있다.

효율적인 의사결정을 하기 위하여 적극적인 정보탐색과 활용이 가능하고, 경쟁적인 시장구조 확립이 전제되어야 한다. 그러나 허위 · 과장 · 기만 광고가 범람하는 정보환경의 현실 속에서 소비자가 올바른 정보를 수집하기란 대단히 어려울 뿐만 아니라 자유로운 경쟁의 제한, 독과점적 시장구조, 소비자와 사업자 지위의 불평등성 등과 같은 자본주의의 구조적 문제가 만연하는 현실에서 효율적인 의사결정을 내리기가 어렵다.

효율적인 의사결정을 내리기가 어려운 이유에 대하여 가이스펠드 등은 시장정보가 불완전하기 때문이라고 분석하고 있다(Geistfeld et al., 1990). 정보측면에서 불완전한 시장은 제품에 대해 필요 이상의 돈을 지불하게 함으로써 소비자들의 복지수준을 감소시키게 되는 것이다. 그러므로 효율적인 구매의사결정을 하기 위해서는 올바른 정보제공이 이루어져야 하며, 소비자들의 적극적인 정보탐색과 활용이 이루어져야 할 것이다. 일반적으로 정보탐색은 탐색으로부터 기대되는 총이득이 탐색을 위해 소요될 것으로 기대되는 총비용을 능가할 때까지 즉, 순이득이 보장될 때까지 하는 것이 바람직하다고 한다. 기대되는 이득이 클 때는 탐색비용이 들더라도 탐색을 광범위하게 하는 것이 효율적이며, 반대로 기대되는 이득이 적을 때는 간단한 정보탐색이 효율적이다. 일반적으로 정보탐색을 많이 하는 것이 바람직한 경우는 다음과 같다(Maynes, 1976).

- 장기적인 가계 예산에서 상대적으로 단위 가격이 큰 품목일 때
- 시장에서 가격 분산이 큰 경우
- 시간과 노력을 포함한 탐색비용이 적을 때
- 가격이나 품질 면에서 기대되는 탐색이득이 클 때

〈표 2-1〉 합리성과 효율성의 개념 비교

	합리성	효율성
의미	선호의 내적 일관성에 따른 자기 이익의 극대화	최소의 비용으로 최대의 효과를 얻는다는 경제성
판단 기준	주관적 개념	객관적 개념
핵심 문제	'무엇을 원하는가?' 하는 개인의 선호에 관련된 문제	'어느 것을 택할 것인가?' 하는 소비기술의 문제
구매 후 평가	자신의 선호, 가치관을 바탕으로 논리적이고 계획적으로 구매했는지 여부에 의함.	구매결과 경제적 이득과 함께 심리적 만족이 수반되었는지 여부에 의함

출처: 박명희 · 송인숙 · 박명숙(2005). 토론으로 배우는 소비자의사결정론. p. 160.

(3) 효율적 소비의 측정방법

효율성이 투입과 산출에 대한 분석으로부터 최대의 효과를 얻는 경제성을 의미할 때, 소비자효율성이란 시장 활동에서 소비자가 상품을 얻기 위해 투입한 것과 그로부터 받은 것 즉, 산출된 것에 대한 인식을 기초로 한 총체적인 효용평가를 통하여 측정하는 것이다. 소비자가 상품을 얻기 위해 투입한 것은 금전적 가격(비용)뿐만 아니라 여러 가지 시간적 · 심리적 비용까지 포함된다. 그러나 가격 이외의 비용들은 그 가치의 산정기준을 정하기 매우 어려우며, 소비자가 제품을 구매할 때 실제로 가장 민감하게 반응하는 것은 가격이다. 그러므로 소비자효율성에 대한 측정은 가격–품질관계와 가격분산에 따른 소비자 구매이득을 통해 살펴보고자 한다.

① 가격–품질 관계에서 효율적 소비

일반적으로 가격이란 수요와 공급에 의해 결정된 상품의 교환가치가 상품에 표시된 표시가격으로서 이는 객관적인 가격을 의미한다. 그러나 시장에서 구매 전 혹은 구매 시에 상품에 대해 수반되는 다양한 서비스나 편익에 따라 소비자 각자가 다르게 느끼는 주관적인 가격이 있다. 이러한 측면에서 가격이란 상품과 이에 따르는 서비스가 결합된 화폐의 양이다.

품질은 상품의 종류에 따라 다르고, 소비자 개인마다 다른 평가기준이 있으므로 그 개념을 규정하기가 어렵다. 지금까지 연구자들의 개념 정의를 살펴보면, 품질이란 우선 상품이 원래의 제조 기준을 만족시키고 있으며, 동시에 소비자가 요구하는 상품의 기능을 잘 수행하는가에 관한 기능적 차원에서 설명할 수 있다. 이외에도 성능, 내구성, 신뢰성, 서비스 가능성, 미적 요인과 같은 많은 요인들이 품질을 결정하게 된다. 더 나아가 재화의 기능적 차원으로만 설명되던 것이 점차 기능 이외의 요인, 예를 들면 서비스 수행 여부에 따르는 서비스 품질까지 포함시켜서 보다 확대되어 설명되고 있음을 알 수 있다. 이러한 가격과 품질의 구성 요인을 정리하면 다음 〈표 2-2〉와 같다.

〈표 2-2〉 가격과 품질의 구성 요인

가격	품질
객관적 가격 (표시 가격)	객관적 품질평가 (실험실 평가를 기초로 한 전문가의 평가)
주관적 가격 (소비자가 상품에 대해 인지한 가격, 심리적 가격)	주관적 품질평가 (소비자들이 실질적으로 상품을 사용해 본 후의 경험적 평가, 품질에 대한 만족 정도로서 심리적 평가)

출처: 박명숙(1991). 소비자효율성에 관한 연구. 동국대학교 대학원 박사학위 논문. p. 27.

소비자가 지불한 화폐만큼의 가치, 즉 구매이득을 얻을 수 있을 때 소비자효율성이 있다고 볼 수 있다. 구매를 통한 금전적 이득이 소비자만족을 줄 수는 있지만 소비자만족이 이루어졌다고 해서 반드시 금전적인 구매이득이 발생했다고 볼 수는 없다. 품질에 대한 만족은 금전적 이득 이외에 다른 주관적인 요인에 의해서도 영향을 받을 수 있기 때문이다. 상품 소비를 통하여 얻고자 하는 최종 목적이 소비자만족에 있다고 볼 때 품질만족이 곧 소비자효율성이라고 생각할 수 있을 것이다(박명숙, 1991). 결국 소비자효율성을 측정하기 위해서는 구매의사결정 결과에 대한 구매이득과 품질만족이 결합된 개념을 중심으로 평가해야 한다. 따라서 구매 시 구매이득과 품질만족의 충족 여부를 가격-품질 관계를 통해 살펴볼 때 두 가지 접근이 요구된다. 즉 객관적 가격과 객관적 품질평가의 상충관계를 통해 구매이득 정도를 평가하는 경제적 접근방법과 주관적 가격과 주관적 품질평가의 상충관계를 통해 품질만족 정도를 평가하는 심리적 접근 방법이다. 이를 그림으로 나타내면 다음 [그림 2-1]과 같다.

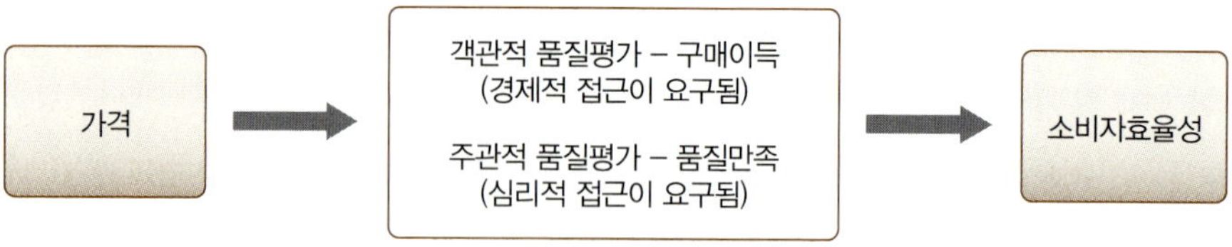

[그림 2-1] 가격 · 품질 · 소비자효율성의 관계

출처 : 박명숙(1991). 소비자효율성에 관한 연구, 동국대학교 박사학위 논문. p.29.

② 가격분산에서 효율적 소비

가격분산이란 동일한 품질의 제품이 상점마다 다른 가격이 부과된 것을 의미한다. 따라서 소비자들이 동일한 품질의 상품에 대해 상대적으로 가격을 더 지불했다면 그만큼 비효율적인 구매를 했다고 볼 수 있다.

가격차별이 발생하는 원인은 첫째, 판매비용의 차이와 소매상인의 가격차별정책에서 찾아볼 수 있다. 상점의 규모가 클수록 판매의 단위 비용이 낮으므로 상품에 대하여 낮은 가격을 책정할 수 있다. 둘째, 시장의 불안정성과 시장 규모의 차이에서 기인하는 것으로 볼 수 있다. 새로운 판매자의 출현, 기존 판매자의 퇴거, 다양한 상품의 가격경쟁 등이 소비자시장의 불안정성 원인이 되어 가격분산이 발생될 수 있다. 또한 시장 규모가 클수록 불안정성의 요인은 증가하고, 따라서 가격분산이 더 크게 일어날 수 있다. 셋째, 소비자들의 가격과 품질에 대한 잘못된 인지가 판매자에게 유리한 제품차별의 적용 기회를 제공하여 가격분산이 발생된다.

가격차별화와 제품차별화 용어설명

- 가격차별화Price Discrimination: 수요를 기초로 해서 최종 가격을 조정하는 것이 가격차별화이다. 기업들은 소비자의 능력이나 협상력의 차이에 따라 다른 가격을 책정할 수 있다. 서비스산업 등에서는 고객이 집중되는 시간과 한가한 시간에 따라 서로 다른 가격을 책정한다. 가격차별로 얻어지는 이득은 생산자의 이윤 증가, 이윤 증가를 통한 생산량 증가, 그리고 가격차별로 발생한 소득의 재분배로 인한 후생의 증가 등이 있다.
- 제품차별화Product Differentiation: 자사제품과 경쟁사 제품간에 실질적 혹은 심리적 차이를 강조하는 것이다. 제품차별화 전략은 시장에서 비가격 경쟁 수단으로 적용되고 있으며, 제품판매량을 증대시키기 위한 방안이다. 제품특성, 디자인, 색상, 포장 등과 같은 물리적 특성과 상표, 광고, 서비스 등과 기타 촉진 활동을 통해서 제품을 차별화할 수 있다.

실제 가격분산과 소비자가 인지한 가격분산, 소비자정보 탐색활동, 구매결과 일어날 수 있는 구매이익 등과의 관계에 대하여 실시한 어슘과 메인즈Assum & Maynes(1983)의 연구결과를 살펴보면 〈표 2-3〉과 같다. 실제 가격분산이 작은 상황인 A와 C는 정보적으로 완전한 또는 효율적인 소비자시장을 나타내고 있음을 알 수 있다. A의 경우 실제 가격분산과 인지된 가격분산이 모두 작은 경우로써 구매이득을 얻게 되어 소비자복지는 극대가 되며, C는 구매이익은 발생하나 필요 이상의 정보탐색으로 자원을 낭비하게 된다. B와 D는 비효율적인 소비자시장을 나타낸다. B의 경우 실제 가격분산이 큰 시장에 직면하고 있으나 이를 과소평가하여 정보탐색을 적게 하게 되고 결과적으로 필요 이상의 가격을 지불하게 된다. D의 경우 실제의 가격분산과 인지한 가격분산이 모두 커서 지나친 정보탐색과 적절치 못한 구매로 구매이득은 달성하기 어렵게 된다. 이와 같이 가격에 대한 소비자들의 잘못된 인식은 정보적으로 불완전한 시장을 만드는데 기여하게 되고 소비자 구매이득을 감소시키는 결과가 된다.

〈표 2-3〉 실제의 가격분산과 인지한 가격분산 간의 관계에 따른 장보탐색과 구매이익

		실제 가격분산	
		작을 경우	클 경우
인지한 가격분산	작을 경우	A 1. 적은 탐색 2. 매우 낮은 가격으로 구매하여 이득을 봄. – 매우 효율적인 시장 – 소비자복지: 극대	B 1. 필요 이하의 탐색 2. 필요 이상으로 가격을 지불하여 손해를 봄. – 비효율적인 시장 – 소비자복지: 불량
	클 경우	C 1. 필요 이상의 탐색 2. 매우 낮은 가격으로 구매할 가능성이 높음 – 효율적인 시장 – 소비자복지: 양호	D 1. 많은 탐색 2. 탐색의 효율성에 따라 이익 또는 손해를 봄 – 매우 비효율적인 시장 – 소비자복지: 극소

출처: 송미영 · 김기옥(1991). 소비자가 인지한 가격분산과 실제의 가격분산. 소비자학 연구, 2권 1호. p. 39 재인용.

4. 비합리적 소비행동

소비는 우리들에게 일상적인 일이지만 항상 합리적이고 효율적으로 이루어지는 것이 아니고, 미시경제학적인 면에서 설명할 수 없는 사회심리적인 특성이 있다. 예를 들면 충동구매, 중독구매, 과시소비, 보상소비 등은 개인의 선호에 따라 주관적으로 구매결정을 하지만 객관적인 평가기준에 의한 구매결정이 아니므로 비이성적, 비합리적 소비행동으로 분류하기도 한다.

이러한 소비습관은 직접적으로는 개인의 재정을 어렵게 할 뿐만 아니라 가정과 더 나아가 국가경제 측면에서도 투자의 위축, 국제수지 약화를 초래하고, 사회적으로는 건전한 사회분위기 조성이 어렵게 되므로 바람직하지 않다. 다음에서는 충동구매, 과소비, 중독구매 등에 대한 의미와 원인, 그리고 문제점 등에 대하여 알아보고자 한다.

1) 충동구매

(1) 충동구매의 특성

충동구매는 사전구매 계획이 없이 구매 시에 외부로부터 다양한 구매자극을 받아 신중하게 생각하지 않고, 즉흥적으로 제품 및 서비스를 구매하는 것으로 비합리적인 구매행동으로 설명하고 있다(조갑, 2010). 충동구매 행동을 설명함에 있어서 스턴 Stern(1962)은 충동구매를 비계획적인 구매와 동일하게 보고 있으며 다음의 네 가지 유형으로 나누어 설명하고 있다.

- 순수 충동구매pure impulse buying: 단순히 다양성이나 진기하다는 이유로 구매하는 것
- 계획된 충동구매planned impulse buying: 특정 상품 구매를 마음에 두고 상점을 방문하기는 하나 특정 제품을 구매하는 것은 가격할인이나 쿠폰 제공과 같은 정보로 인해 비계획적으로 이루어지는 것
- 제안 충동구매suggested impulse buying: 지금까지 어떤 상품에 대해 사전 지식이 없었

으나 상점 내에서 촉진적 요소에 의해 구매하는 것으로, 주로 상품의 기능이나 질적인 측면이 결정의 원인이 된다.

- 상기 충동구매reminder impulse buying: 사전에 계획된 것은 아니나 상점 내에서 상품을 보고 보충의 필요성을 생각해 내고 구매하는 것이다. 이때는 제품에 대한 사전 지식이나 경험이 중요한 결정 요인이 된다.

그러나 이러한 충동구매 모두가 부정적인 것은 아니다. 계획된 충동구매는 구매시점에서 주어진 정보를 통하여 구매결정을 한다는 점에서 효율적인 의사결정이 될 수 있다. 비계획적 구매는 제품의 필요성이 사전에 인지되어 있으면서, 상점에 들어갔을 때 자극 요인에 의해 제품과 그에 따른 상표 등을 고려하여 구입하는 형태로 충동구매보다 정형화된 행동양식으로 볼 수 있다. 이는 계획 없이 상점에 들어가는 것은 같으나 충동구매처럼 감정을 수반하여 충동적 · 반사적으로 구매하는 것과는 다르므로, 충동구매와 비계획적 구매는 서로 차이가 있다.

소비자의 입장에서 볼 때 내적인 관점에서 충동구매의 결과가 외적인 관점에서의 충동구매보다 소비자 자신에게 구매 후에 후회할 가능성이 더 많기 때문에, 엄격한 의미에서 충동구매는 내적인 관점에서의 충동구매만으로 정의하는 것이 더 타당한 것이라고 볼 수 있다. 충동구매와 비계획적인 구매의 차이를 비교하면 다음과 같다.

〈표 2-4〉 충동구매와 비계획적 구매의 차이점

	충동구매	비계획적 구매
사전의 구체적 계획 여부	없다	없다
필요성 인식 형태	욕구 환기(need arousal)	욕구 상기(need remind)
행동 양식	충동적 · 반사적(impulsive, reflexive)	정형적(routinized)
구매시점 관여	상대적 고관여	상대적 저관여
심리적 갈등	크다	작다

출처: 박명희(1996). 소비자의사결정론. 2판. 학현사. p. 414.

읽을거리 1

직장인 지름신 유혹 경험 물어보니…

취업포털 커리어(대표 강석린, www.career.co.kr)가 직장인 432명을 대상으로 설문조사 한 결과 75.7%가 지름신의 유혹을 당한 경험이 있는 것으로 나타났다. 지름신의 유혹은 월 평균 3회인 것으로 조사됐다. '월 1~2회 정도'가 41.9%로 가장 많았고 '월 3~5회' 38.5%, '항상 그런 느낌이다'도 11.0%였다. '월 9~10회' 4.9%, '월 6~8회'는 3.7%였다. 지름 품목의 종류(복수응답)는 '패션 · 잡화'가 60.9%로 1위를 차지했다. '맛집 · 여행' 39.8%, '스포츠 · 레저'가 35.2%, '공연 · 영화' 31.5%, '도서 · 음반' 24.5%, '문구 · 완구' 13.5% 등이 있었다. 가장 지름신이 많이 내리는 순간은 34.9%가 '관심 있는 분야에 신상품이 등장했을 때'를 꼽았다. '월급이 들어왔을 때' 22.9%, '업무로 인한 스트레스가 쌓일 때' 20.2%, '계절이 바뀔 때' 13.8%였으며 이외에도 '인간관계로 힘들어 질 때(3.4%)', '지인이 새로운 물건을 샀을 때(3.1%)'가 있었다. 지름을 위한 소비 규모는 평균 22만 9천 원으로 집계됐다. '월 20만 원 이내'가 26.9%, '월 10만 원' 18.3%, '월 30만 원' 17.1%, '마음에 든다면 가격은 상관없다'도 15.9%였다. '월 50만 원' 9.8%, '월 50만 원 이상' 8.6%, '월 40만 원'은 3.4%였다.

출처: WOW한국경제TV(2013. 03. 21).

(2) 충동구매의 영향 요인

충동구매는 합리적인 의사결정의 관점에서 보면 비합리적이며, 과소비의 원인이라고 간주한다. 그러나 다른 한편으로 보면 신제품을 개발하는 제조업자나 유행에 민감한 제품관련 생산업자의 입장에서 보면 높은 혁신성, 위험 감수성, 가격에 대한 낮은 민감도 등과 같은 충동구매자의 심리적 특성은 시장을 세분화하는 데 매우 중요한 기준이 될 수 있다.

충동구매 행동에 영향을 미치는 요인에는 충동구매 촉진 요인과 인구통계학적 요인이 있다. 충동구매 촉진 요인에는 광고와 같은 판매촉진 요인, 유행성 · 상표의 유명도 등의 제품 요인, 저가격 · 할부 · 신용카드사용 등의 가격 요인 등을 들 수 있다. 인구통계학적 요인에는 연령, 성별, 가계규모 등이 유의한 요인으로 밝혀지기는 하였으나 연구결과가 연구자에 따라 상이하게 나타나고 있다(김수영, 2000). 스턴(1962)은 충동구매 행동에 영향을 미치는 요인들에 대하여 다음과 같이 설명하고 있다.

- 저가격low price: 가격은 충동구매에 가장 직접적인 양향을 주는 요인이다.
- 제품에 대한 한계욕구marginal need for item: 제품에 대한 욕구가 클 때 나타날 수 있다.
- 짧은 제품 수명short product life: 이러한 제품들은 자주 구매하므로 계획구매의 필요성을 덜 느끼고 충동구매가 일어날 가능성이 높다.
- 보관의 용이성ease of storage: 보관, 저장이 용이할수록 충동구매가 일어나기 쉽다.
- 대량유통mass distribution: 제품 취급점이 많을수록 소비자가 제품을 접할 기회와 함께 구매할 기회도 많아진다.
- 셀프서비스self-service: 판매원 없이 소비자가 직접 제품을 고르는 경우 쇼핑을 빠르고 자유롭게 하며, 충동구매의 기회도 증가한다.
- 대량광고mass advertising: 광고의 회상 효과는 소비자의 충동구매를 증가시키는 요인이 된다.
- 탁월한 상점 진열prominent store display: 알맞은 선반 위치, 상점 내 촉진활동, 세련된 포장과 진열 등의 자극에 의해 충동구매를 하게 된다.

이 외에도 충동구매는 자아존중감과 같은 소비자의 심리적인 요인에 의해서도 유의미한 차이가 있으며, 자아존중감이 높을수록 충동구매 경향성은 낮은 것으로 나타났다(이희경, 2000). 또한 기분이 침체되거나 스트레스가 쌓였을 때 이를 해소하기 위하여 쇼핑을 할 경우에는 충동구매 가능성이 높아지는 것으로 나타났다(Young-ju, 2007).

읽을거리 ❷

실속 있는 예비부부의 알뜰살뜰 결혼하기 10계명

다양한 결혼식을 원하는 요즘 예비부부들은 더 이상 화려한 일류호텔에서의 결혼식만을 선호하지 않는다. 겉으로 보이기 위한 결혼식에 많은 돈을 쓰기보다는 실속 있게 생활에 필요한 혼수를 준비하거나 집을 마련하는데 돈을 보태는 젊은 남녀들이 늘어가고 있다. 의미 있게 결혼식을 치르려는 커플들이 잊지 말아야 할 10계명을 살펴보면 다음과 같다.

1. 남들보다 튀어라: 저렴한 결혼준비를 원한다면 성수기를 피하는 것이 좋다. 특히 호텔 예식의 경우 비수기 특별 메뉴 혹은 특별 할인 등의 혜택이 주어진다. 평일 예식의 경우에도 예식장 무료 사용, 식대 10~15% 할인이 가능하다.
2. 예산을 짜라: 사전에 결혼 예산을 짜 놓으면 충동구매를 예방할 수 있다. 예상하는 실제 소요비용은 전체 금액의 90%정도로 정하고 예산의 초과될 때를 대비해 10% 정도의 예비비를 미리 책정해 두는 것이 좋다.
3. 공짜 예식장을 이용하라: 이런 예식장은 이용하려는 사람들이 많기 때문에 경쟁이 치열하다. 사전 예약은 필수!
4. 현금보다 선물을 챙겨라: 친한 친구들이나 지인에게는 현금보다는 선물을 요구하는 것이 현명하다.
5. 품목별 순위를 매겨라: 혼수는 꼭 필요한 품목만 정해서 목록을 만들고 품목별로 우선순위를 매긴다. 물건을 구입한 후에도 구입 시기와 구입처, 서비스 받은 내용 등을 꼼꼼히 적어 놓는다.
6. '헌 것을 가장한 새 것'을 노려라: 가구나 가전의 경우 매장 전시용 제품과 새 제품은 말 그대로 '겉 비닐 한 장 차이'뿐이다. 전시용 제품은 기능이나 디자인 면에서 절대 하자가 있을 수 없다. 운이 좋으면 최대 50%까지 저렴하게 구입할 수 있다.
7. 구입처를 차별화 하라: 똑같은 제품일지라도 시장의 성격에 따라 가격 차이가 있을 수 있기 때문이다.
8. 낮에는 새, 밤에는 쥐가 되라: 백화점, 대형 매장, 기업 등의 세일, 고객 행사 등의 정보에 예민해야 한다.
9. 발품 대신 손품 팔아라: 인터넷 문화가 확산되면서 최근에는 오프라인보다 온라인 시장의 물품 가격이 더 저렴한 경우가 많다.
10. 전문가를 믿어라: 정보 수집에 약하거나 직접 뛰어다니며 결혼 준비를 할 수 없는 사람들은 웨딩전문 업체를 이용하라. 웨딩매니저는 이 분야에서는 프로다.

출처: 파이낸셜뉴스 웨딩뉴스팀(2012. 11. 20.).

2) 중독구매

(1) 중독구매의 특성

현대사회가 복잡해짐에 따라 사람들은 다양한 스트레스 상황에 노출되어 일중독,

운동중독, 그리고 쇼핑중독 등이 나타나고 있다. 쇼핑중독이란 '통제할 수 없는 구매 욕구이며, 이 욕구는 내적인 요인으로부터 발생되는 심리적 긴장에 의해서 강요되어 지며 또한 행위의 중독에 의해 안도감을 수반하는 것'이라고 정의하고 있다(이정민, 2003). 또는 쇼핑중독자는 구매하고 싶은 충동, 통제력의 상실, 그로 인한 생활기능 장애 등의 일반적인 특징을 가진다. 만성적인 충동통제 상실로 중독구매자는 불안 · 긴장 · 우울감 등의 부정적인 감정을 일시적으로 전환시키기 위해서 물건을 구매하고, 이를 통하여 일시적으로 감정이 고조되는 것을 느끼지만 곧 바로 후회하고 우울한 감정이 되는 반복적인 구매형태를 통하여 중독적 구매행동 발달을 초래한다. 중독적 구매행동이 일단 발달되면 소비자가 지나치게 구매에 이끌려 자신의 구매충동을 억제하기가 어려워진다는 것이다. 필요하지도 않은 제품을 구입하고, 자기가 구입한 제품을 제대로 기억도 하지 못하며, 쇼핑을 못하게 되면 심리적 · 육체적 부작용이 일어나는 상태가 바로 쇼핑중독증이다.

중독구매자는 지나친 구매로 결국은 지불능력을 초과하는 수준까지 이르러 마침내 금전적 문제, 신용문제를 일으키게 된다. 이는 가정문제, 금전문제, 법적 문제, 사회문제, 감정적 문제 등의 원인이 되어 중독구매자 본인에게만 국한되지 않고 가족에게도 심각한 문제를 일으킨다. 그러므로 미국의 경우에 쇼핑중독자는 단순한 과소비 차원이 아니라 알코올 중독, 마약 중독 차원과 같은 정신질환의 일종으로 취급하고 있다.

쉐르혼Scherhorn(1990)에 의하면 구매중독자의 쇼핑은 대부분 사전계획 없이 이루어진다는 점에서 행동 특성상 충동구매와 공통적 현상으로 설명하고 있다. 그러나 충동구매는 특정 시점에서 단일구매에 대한 특성을 기준으로 구매행동을 판단하는 것이고, 그 충동구매의 원인은 주로 점포나 제품 요인 등 마케팅 자극 요인에 의한 것이다. 이에 비하여 중독구매는 소비자 내면에 구매충동이 일상적으로 보편화되어 지나치게 소비하는 상태라고 한다. 따라서 소비자 개인의 구매행동에 대하여 단일구매 행동에만 관심을 가지는 것이 아니라 보다 더 소비자의 내적 요인에 초점을 두면서 중독구매 여부를 판단하는 것이 바람직하다(송인숙, 1993).

(2) 중독구매의 영향 요인

중독구매의 개념 정의에서 살펴본 바와 같이 중독구매자의 대부분이 구매를 통해 불만이나 불안 · 긴장 · 우울감 등을 해소하거나 대리만족을 주요 원인으로 들고 있다. 따라서 중독구매 행동의 원인을 규명하려는 연구에서는 이러한 심리적 불만이나 불안의 인과관계를 밝히는 데 초점을 두고 있다.

송인숙(1993)은 중독구매의 발달 원인과 과정을 설명하는 연구에서 다음과 같은 연구결과를 제시하고 있다. 자본주의 체제가 지향하는 소비지향적, 물질주의적 가치가 마케팅 활동이나 광고를 통해 소비자에게 전달되며, 다른 한편으로는 부모의 양육태도를 통해 자녀에게 전달된다. 소유나 소비를 주된 행복의 기준으로 삼는 물질주의적 가치와 쇼핑을 선호하는 태도가 형성된 소비자는 여러 가지 스트레스 상황에서 충족되지 못한 욕구를 구매를 통해 대리충족하게 된다. 이와 같은 대리만족이 반복되면 지나치게 구매욕을 느끼게 되고, 마침내 이러한 구매에 대한 통제력이 부족해지며 중독적 구매가 형성된다고 한다. 그러므로 중독구매에 대하여 통계적으로 유의한 영향력이 있는 변인으로는 어린 시절의 소비와 물질적 보상 경험, 보상구매 성향, 내적 공허감, 쇼핑 선호, 물질주의 등으로 나타났다(송인숙 · 이기춘, 1994). 중독적 구매에 미치는 영향과 요인을 조사한 박광희(1995)의 연구에서도 부모상실이 불안, 우울, 노여움 같은 정서적 발달에 영향을 미치는데 이를 극복하기 위하여 중독적 구매행동을 하게 된다고 설명하고 있다. 이는 어린 시절의 가정환경이 어린이의 정서 발달에 영향을 미치며, 이 시점에서 부정적 우울증과 부정적 자아존중감이 형성된다고 설명하고 있다. 이러한 부정적 자아존중감을 없애고 자신에 대하여 긍정적인 감정을 고취시키기 위하여 중독적 구매행동을 하게 된다고 설명한다.

우리나라에서도 신용카드의 사용이 확대되고 케이블 TV의 홈쇼핑, 통신판매 업체 등 다양한 쇼핑 방법이 도입되었고 소비자들의 구매충동이 구매중독으로 이어지게 되면서 구매중독 증세를 보이는 소비자들이 증가하고 있다.

3) 과소비

(1) 과소비의 개념

과소비excessive consumption의 개념에는 개인적 차원과 사회적인 차원의 개념이 함께 내포되어 있다. 개인적 차원에서 과소비란 자신의 소득수준이나 한정된 예산을 초과하여 지출하는 것을 의미한다. 개인의 소득수준이 다르므로 과소비에 대한 평가는 절대적인 소비지출의 크기 보다는 상대적인 비율에 근거를 두어야 한다. 과소비의 내용에는 양적인 측면에서 소비를 많이 하는 과다한 소비와 사회적 신분이나 경제적 상태와 비교하여 볼 때 소비를 많이 하는 과분한 소비도 포함된다. 또한 특정 항목에서 필요 이상으로 지출하는 것도 과소비의 기준이 된다. 우리나라의 경우 사교육비 또는 혼수용품의 지출에서 과소비 현상이 두드러진다.

그외에 과소비를 사회적인 차원에서 이해할 때 과소비를 유발시키는 과시소비conspicuous consumption, 충동소비, 모방소비 등의 비합리적인 소비행태까지도 포함되고 있다. 그러므로 과소비를 줄인다는 것은 이러한 비합리적인 소비를 극도로 자제해야 한다는 것이기도 하다. 과시소비란 타인에게 보이기 위한 소비, 즉 '소비를 통해서 타인에게 자신의 사회적 지위를 인정받기 위함'이라는 뜻이 내포되어 있다. 따라서 과시소비는 실용적인 측면보다는 이미지에 더 높은 가치를 부여하는 경향이 있으며, 자신의 가치를 더 우월하게 보이기 위하여 과시적인 상품들을 구매하여 자신의 가치를 드러내고자 한다. 이러한 과시적 소비의 일환으로 고가의 명품소비가 이루어지고 있다.

과소비란 한정된 소득과 예산의 범위 내에서 자원사용의 경제적 효용성 측면에서 바람직하지 못한 소비행동을 의미하고 있으며, 우리 사회에서 나타나고 있는 과소비 현상을 그 영역별로 살펴보면 다음과 같다.

- 자기 생활비에 맞지 않는 과다한 지출 형태로 나타나는 생활과소비
- 상위계층에 대한 열등의식이나 과시욕의 보상심리로 나타나는 사치적 과소비
- 귀중한 수출대금을 치르며 최고급의 사치품을 수입하여 폭리를 추구하는 무역과소비
- 접대비 명목으로 왜곡된 음주문화를 조성하는 기업과소비

- 경제를 정치적인 면에 이용하려다가 경제를 망치는 정치과소비
- 예산의 비효율적 낭비가 심한 행정과소비
- 소비자의 눈을 현혹시키기 위해 불필요한 소비를 하는 사업적 과소비
- 동료집단과 유행에 맹목적으로 동조하는 청소년 과소비

(2) 과소비의 영향 요인

물질적 소비생활의 향상과 동시에 생활의 질에 대한 관심도 서서히 증대하면서 소비생활의 다양화 · 개성화 · 고급화가 가능해지고 소비자복지에 기여하기도 하였으나, 다른 한편으로는 물질만능주의라든가 비합리적인 소비행태가 사회문제로 등장하고 있다.

선진국들의 경우 수백여 년에 걸쳐 서서히 자본주의의 발전, 경제발전, 소비문화가 이룩되었던 반면, 우리나라의 소비자는 정부 주도에 의한 급속한 경제발전 과정을 겪었다. 따라서 올바른 경제의식, 경쟁의식, 자율의식, 비용의식, 소비의식 등이 충분히 형성되지 못했고, 이러한 이유로 앞서 언급한 사회문제들이 나타나고 있다. 더구나 빠르게 정보사회로 진입하고 있는 현대사회는 소비자들을 더욱 혼돈상태로 몰아가고 있으며, 이는 소비에 대한 사고방식, 태도, 의식 등에 혼란을 초래하면서 과소비 현상이 나타나고 있다. 더구나 부유층의 과시적 소비, 광고 등에서의 상업적 자극, 신용카드로 인한 구매의 용이성 등이 과소비를 부추기고 있다. 소비는 일의 대가이자 생산의 원동력으로서 인간의 삶에 있어서 필연적이다. 그런데 소비를 보는 우리 사회의 눈은 그리 곱지만은 않다. 더구나 과소비 양상은 사회적 비난의 표적이 되고 있으며, 또한 그러한 과소비를 모방하는 세태가 만연되어 있어 이를 우려하는 목소리가 높다. 과소비 현상이 사회적으로 만연해짐에 따라 개인 및 가계뿐만 아니라 더 나아가 국민경제에도 심각한 영향을 미치고, 궁극적으로는 국가경쟁력의 약화를 초래하게 된다.

과소비가 개인 및 가정에 미치는 측면에 대하여 살펴보면, 과소비는 개인의 심리를 자극하여 절약정신을 희석시키고, 개인소득 이상의 과소비로 말미암아 개인 부채가 증가하고, 신용카드 남용으로 인한 신용불량자를 양산하고 있다. 과시 욕구에서 비롯된 과소비는 선량한 개인들을 위축시키며 상대적 빈곤감을 느끼게 한다. 정직하게

애써서 번 돈으로는 결코 과소비를 할 수 없으므로, 그들이 '나'보다 잘나게 된 것이 공평한 기회와 정당한 경쟁이 아닌 사회의 부조리에 의한 것이라고 믿고 분노하는 것이다. 따라서 이러한 심리적 결핍감으로 인하여 긴장되고 무거운 사회 분위기를 조성하게 되고, 다른 한편으로는 그러한 부류의 사람들을 은근히 부러워하기까지 하는 경향도 찾아볼 수 있는데 이는 사회적으로 문제가 되고 있다. 예를 들면, 결혼준비 과정에서 나타나는 갈등의 대부분은 예단예물 문제, 신혼집 선택, 결혼 비용이 원인이며 결혼식이 끝난 후에도 가정불화로 이어져서 불행해지는 경우들이 있다.

사회적 측면에서 살펴보면, 과소비로 인한 사회적 위화감은 가진 자에 대한 맹목적 테러로 이어질 수 있다. 결국 가진 자의 향락과 사치, 과소비에 대한 반감에서 비롯된 사회범죄가 야기된다. 또한 정상적인 방법으로 돈을 벌 수 없는 사람들에게 심리적 좌절감을 심어주어 '한탕주의'에 물들거나 범죄의 유혹에 쉽게 빠져들게 한다.

국민경제적 측면에서 살펴보면, 개인 부채 증가와 저축 감소를 야기하고, 이로 인하여 소비위축과 기업투자 감소로 말미암은 내수부진 현상이 발생하게 된다. 궁극적으로는 국가경기 위축으로 인한 국가의 수출경쟁력을 약화시키는 결과를 초래하게 된다.

건강한 사회로 발전하기 위해서는 그에 걸맞은 성숙한 시민의식과 합리적 소비자로서의 자질을 키워나가야 한다. 특히 어릴 때 습득한 바람직한 소비의식은 평생 동안 개인과 사회의 발전에 크게 기여할 것이다. 그러나 우리나라에서 나타나고 있는 총체적인 과소비 현상은 과시소비, 모방소비, 체면 유지, 물질만능주의가 원인이 되어 나타나는 것임을 고려해 볼 때, 돈에 대한 귀중함을 인식함으로써 이러한 비합리적인 소비행태를 개선해 나가야 한다. 어릴 때부터 돈에 대한 가치 교육과 돈 관리 교육, 재무 설계교육을 철저히 할 필요가 있으며, 아울러 기성세대들은 건전한 소비생활을 솔선수범하고 소비의식 개혁과 신용사회에 대한 정확한 인식도 필요하다.

읽을거리 ❸

백화점 이용 소비자 8계명

경기가 좋지 않다고 해서 무조건 아끼고 보자는 식의 무분별한 절약 심리가 때로는 가계와 지역경제에 해가 되기도 한다. 할인판매를 통해 불필요한 상품까지 무분별하게 구입하는 충동구매와 과소비를 피하고, 가계와 전체 경기순환에도 도움이 되는 합리적 소비를 위하여 바겐세일을 100% 활용할 수 있는 소비자 8계명을 소개하면 다음과 같다.

1. 쇼핑 전 메모하는 습관을 가지라.
2. 한정판매에 현혹되지 마라.
3. PB 상품을 노려라.
4. 기획상품 또는 이월상품 등 유통 용어를 알아두면 도움이 된다.
5. 부가서비스를 충분히 활용하라.
6. 광고전단도 잘 살피면 돈이다.
7. 쇼핑 전에는 반드시 배를 채우라.
8. 나 홀로 쇼핑은 피하라.

출처: 대구일보(2005. 01. 13.).

생각해 볼 과제

1. 최근 구매한 상품과 서비스를 나열해 보고, 합리적 소비 또는 비합리적 소비측면에서 설명해 보자.

2. 비합리적 소비를 하였다면, 그 이유는 무엇인지 설명해 보자.

CHAPTER 3

소비자의사결정의 이론

Consumer Decision Making

3장 소비자의사결정의 이론

소비자선택의 문제는 소비자가 주어진 소득으로 만족을 극대화하기 위하여 구입할 수 있는 여러 상품 중에서 어떤 상품을 얼마만큼씩 구입할 것인가를 결정하는 것이다. 가계소득 및 소비자들의 의식수준이 높아지고 시장환경이 변화됨에 따라 소비자욕구와 라이프스타일이 계속 변화되면서 소비자선택은 더욱 다양하고 복잡해져 가고 있다. 소비자선택에 관한 학문적 관심은 먼저 신고전학파 경제학자들에서부터 시작되었다. 소비자가 어떤 재화와 서비스를 선택하며, 이러한 선택에 미치는 영향과 요인이 무엇인가에 대한 관심은 경제학자들뿐만 아니라 사회학 · 심리학 · 경영학 등 여러 학문 분야에서 공통적인 관심사가 되고 있다. 이 장에서는 소비자선택을 설명하는 다양한 이론적 접근에 대하여 살펴보고자 한다.

1. 소비자의사결정 이론의 전개

자본주의 경제현상을 체계적으로 분석하고 설명하기 위한 이론적 토대는 고전 경제학자들에 의해 마련되었다. 대표적인 고전경제학자인 애덤 스미스A. Smith(1723~1790)는 그의 저서 ≪국부론≫에서 국가의 부를 증진시키는 데 있어서 생산행위의 중요성을 강조하고 있다. 그러나 1870년대에 들어오면서 과거 경제학이 가지고 있던 사회적 관점이 개인주의적 관점으로 전환되면서 효용원리에 입각한 경제학이 수립됨으로써 제번스jevons(1835~1882), 맹거Menger(1840~1921), 왈라스Walras(1834~1910) 등을 중심으로 하는 신고전경제학파가 등장하게 되었다. 특히 맹거는 사회의 경제현상은 어떤 사회적 힘의 표현이 아니라 개인 행위의 결과이므로, 전체 경제과정을 이해하기 위해서는 개인의 경제행위를 분석하는 것이 중요하다고 하였다. 이러한 개인 즉, 경제인wirtschaftend mensch의 경제행위의 동기는 욕구충족에 있으며, 이것의 본질은 효용이라고 보았다. 신고전경제학에서 개인 소비자의 선택은 주어진 소득의 제약 하에서 어떤 방법으로 물품을 구입하면 소비자만족이 최대가 될 수 있느냐에 관한 것이다. 즉, 최적소비행태를 분석하는 것으로 소비자균형이론이라고도 한다.

신고전학파는 소비자선택은 상품의 가격과 소득에 의해 결정된다고 하였다. 더 나아가 새로운 소비자선택이론은 소비자가 제품 자체에서보다는 제품의 특성이나 속성을 통하여 효용을 얻게 된다고 설명하고 있다. 따라서 소비자가 상품의 특성에 의해 선택을 결정한다는 특성이론characteristics theory이 있다.

또한 1960년경 게리 베커Gary S. Becker를 중심으로 인적 자본에 대한 연구가 본격적으로 시작되면서 효용을 극대화하기 위해서는 소득의 제약뿐만 아니라 희소한 자원으로서 시간 제약이라는 개념을 제시하였다. 즉, 효용의 극대화를 위한 선택 문제에 수반되는 화폐비용과 시간비용의 도입은 특히 가정에서 이루어지는 비시장 활동을 설명하는 데 큰 기여를 하였다. 개별 가계 또는 가족 구성원들은 시장에서 구입한 상품으로부터 곧바로 효용을 얻는 것이 아니라 가족원의 시간이 할애되어야 하고, 이 과정에서 새로운 생산품을 최종적으로 소비함으로써 효용을 얻는다고 본다. 이와 같이 가정 내에서 의사결정을 할 때 효용을 극대화하기 위해서는 가계소득과 시간자원이 중요한 요소라고 설명하는 가계생산이론theory of household production이 있다. 가계생산 활동의 결과, 생산되는 일용품commodities을 사용하고 얻게 되는 만족감을 가계생산효용으로 설명하고 있다. 일용품이란 가족원에 의해 시간과 기술, 시장상품의 조합에 의해 생산된 것으로서 예를 들면, 영양이 풍부하고 맛있는 식사, 깨끗한 옷, 편안하고 청결한 주거 분위기 등이다.

경제학자들에 의한 소비자선택이론은 효용과 소비자의 합리성만을 전제로 하고 있으며, 현실적으로 소비자의사결정에 영향을 미치는 사회적 · 심리적 요인을 전혀 고려하지 않고 있다는 문제점이 지적되었다. 기존의 전통적 소비자선택이론에 포함되지 않았던 사회적 가치와 문화적인 요소 등의 비경제적 요인도 의사결정에 영향을 미치고 있다고 강조하는 제도학파institutionalism가 있다. 베블런Veblen을 중심으로 미국에서 형성된 제도학파에 의하면 인간은 관례적이고 습관적인 행동방식을 따름으로써 본능적인 욕구를 만족시키고자 하는데, 이것이 곧 제도의 근원이 된다고 설명하고 있다. 제도학파에 의하면 인간의 경제활동은 사회적 · 인위적으로 창조된 제도들 예를 들면, 사유재산제도 · 상속제도 · 개인이 속한 집단의 성향(예: 부모의 성향) · 관습 · 사회적 규범 등에 의한 영향을 많이 받고 있으므로 소비자행동을 연구할 때는 이러한 측면도 함께 고려해야 한다고 강조하고 있다.

소비자선택에 있어서 경제학적 이론에서 제시하고 있는 구매능력뿐만 아니라 심리학적 요소인 구매의도도 중요하므로, 심리적 요인이 추가되어야 한다는 소비자선택이론으로서 심리경제학psychological economics이 있다. 카토나G. Katona(1906~1981)는 제1차 세계대전이 끝난 뒤 ≪경제행위의 심리적 분석≫에서 지금까지 시도하지 않았던 심리경제학의 이론과 실체를 발전시켰다. 국가의 정책이나 중대한 사건이 개인으로 구성된 집단의 신뢰감, 기대, 계획에 미치는 영향과 궁극적으로는 집단의 행동에 미치는 영향에 관심을 가지고 이를 연구하고자 하였다. 변화하는 경제사회에서 소비자는 상품에 대한 가격기대에 따라 예견적 태도를 형성하며, 이에 따라 소비자의 구매의도는 변화하게 되므로 경제이론만이 아니라 심리이론도 경제행위를 분석하는 데 포함시켜야 함을 강조하고 있다(박장환, 2000). 더 나아가 사회심리학적 측면에서 태도연구가 있다. 소비자는 특정 제품에 대하여 부정적 혹은 긍정적 평가, 즉 태도를 형성하고, 이를 통하여 일상의 소비생활 의사결정에서 활용하게 된다는 것이다.

지금까지 경제학, 사회학, 심리학 등의 이론적 배경에서 다양한 학문영역에서 소비자선택에 관한 연구가 이루어져 왔으나 소비자행동을 포괄적으로 설명하는 데에 한계점이 대두되었다. 20세기에 들어오면서 소비자행동을 보다 통합적으로 설명하고자 개발된 모델로서 행동주의적 이론 또는 다변수 모델multiple variable model이 있다. 다변수 모델에서는 소비자선택 과정을 설명함에 있어서 소비자의 경제적 · 사회적 · 심리적 · 문화적 측면뿐만 아니라 소비자의 상황적 측면도 종합적으로 고려하고 있다.

이하에서는 신고전학파의 소비자수요이론, 경제학적인 측면에서 새로운 소비자선택을 설명하는 특성이론과 다속성 태도모델에 대하여 살펴보고자 한다. 더 나아가 통합적으로 소바자행동을 설명하는 다변수 모델에서 소비자선택 과정을 살펴보고자 한다.

2. 소비자의사결정의 제 이론

1) 소비자수요이론

소비자수요이론에서 소비자는 주어진 소득의 범위 내에서 자신의 효용을 극대화하는 합리적인 선택을 한다는 가정을 한다. 이를 설명함에 있어서 가장 기본적인 개념은 효용이다. 효용utility이란 소비자가 재화나 서비스를 합리적으로 소비함으로써 얻게 되는 주관적인 만족도를 의미하며, 총효용total utility은 소비자가 일정기간 동안 일정한 양의 상품을 소비함으로써 얻게 되는 만족감의 총량을 의미한다. 한계효용marginal utility이란 특정제품의 소비량을 한 단위 증가시킴으로써 생기는 총효용의 증가분을 말한다. 한 재화로부터 얻게 되는 총효용은 소비가 증가함에 따라 무한히 증가하는 것이 아니라 제품의 소비가 늘어날수록 효용증가의 폭이 줄어든다. 한 상품의 소비량이 증가할수록 그 상품의 한계효용이 감소하는 것을 한계효용체감의 법칙이라고 한다. 효용이란 주관적인 소비자만족이기 때문에 그 크기를 객관적으로 측정한다는 것은 어렵다.

그러나 경제학의 최적소비행태 연구에서는 효용의 크기를 측정할 수 있다고 가정한다. 이러한 최적의 선택은 욕망을 극대로 충족시키는 상태를 소비자균형이라고 하며, 소비자균형이론에는 세 가지 접근방법이 있다.

- 첫째: 효용을 기수적으로 측정할 수 있다는 전제하에서 소비자선택이론을 전개하는 한계효용이론theory of marginal utility이다(표 3-1).
- 둘째: 효용이란 주관적이기 때문에 다만 서수 적으로만 측정할 수 있다는 무차별곡선이론theory of indifference curve이다.
- 셋째: 효용은 주관적이고 모호하기 때문에 기수적이든 서수적이든 측정할 수 없으며, 시장에서 관찰할 수 있는 상품의 가격, 소득, 상품 수요량에 관한 시장정보를 활용하여, 소비자선택을 설명하고자 하는 현시적 선호이론theory of revealed preference이 있다.

〈표 3-1〉 X재의 소비에 따른 소비자의 효용표

X재 소비량	0	1	2	3	4	5	6	7
총효용	0	10	18	24	28	30	28	24
한계효용	0	10	8	6	4	2	0	-2

한계효용이론에서는 소비자균형이 달성되는 법칙으로서 한계효용균등의 법칙을 설명하고 있다. 한계효용균등의 법칙이란 소비자가 현실적으로 주어진 소득으로 재화를 구입함에 있어서 한계효용이 체감된다는 원리에 따라 각 제품의 소비에 지출하는 비용의 한계효용이 서로 같아지도록 소비할 때 총효용은 극대가 된다는 것이다.

무차별곡선이론에서 소비자는 일련의 상품조합에 대하여 어느 수준의 효용인가를 서수적으로 느낄 수 있다고 설명하고 있다. 무차별곡선indifference curve이란 소비자에게 동일한 수준의 효용을 주는 두 가지 재화(X재, Y재)의 모든 상품결합combination을 나타내는 점들을 연결한 곡선을 말한다(표 3-2).

〈표 3-2〉 X재와 Y재의 상품조합

조합	X재	Y재
A	1	6
B	2	3
C	3	2
D	5	1

소비자효용을 극대화하기 위한 최적의 선택은 예산제약선과 무차별곡선이 만나는 접점이 되며, 이 점을 소비자균형점이라고 한다(그림 3-1). 주어진 소득범위 내에서 어떤 한 제품을 더 구매하면 다른 제품의 구입을 어느 정도 포기해야 하는 기회비용의 개념을 제시하게 된다.

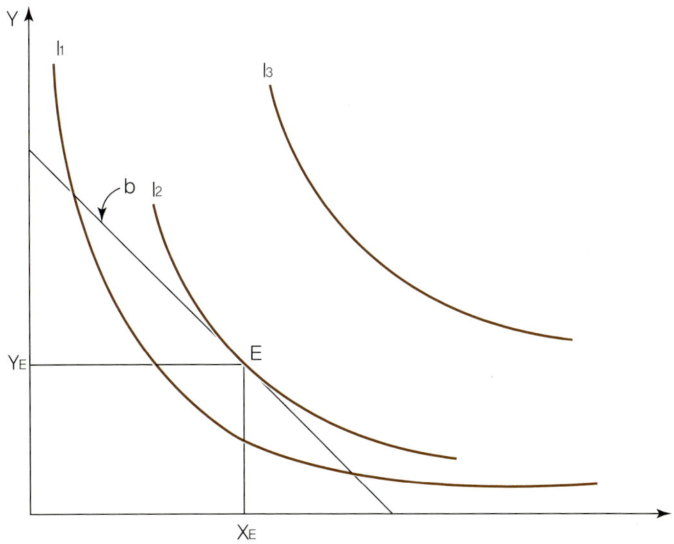

[그림 3-1] 무차별곡선과 예산선, 소비자균형

현시적 선호이론에서는 기존의 소비자이론에서 실제로 관찰 불가능한 선호, 효용 등의 개념을 버리고 단순히 시장에서 관찰 가능한 소비자행위만을 가지고 한계대체율MRS의 감소를 통해 무차별곡선과 수요곡선을 도출해내는 이론이다. 이 때 소비자는 단지 소비행위에 있어 합리성과 일관성을 가진다는 가정을 한다. 예를 들면, 소비자가 재화의 묶음bundle을 특정하게(예: 사과 2개, 바나나 3개) 선택하면서 다른 묶음(예: 사과 3, 바나나 2개)도 살 수 있지만 선택하지 않았다면, 이것은 첫 번째 묶음이 두 번째 묶음보다 현시 선호preferred되었다고 할 수 있으며, 이는 첫 묶음이 둘째 묶음보다 언제나 선호된다는 것을 뜻한다. 또한 소비자가 두 번째 묶음을 선택했다면, 첫 번째 묶음은 소비자가 살 수 없는 상황이었음을 뜻하기도 한다. 만약 A, B, C, ⋯, Z의 묶음들이 있고 A가 B보다 현시 선호되고 B는 C보다 현시 선호되고 하는 등으로 Z까지 현시 선호하는 순서가 나타난다면 A는 C~Z의 어떤 묶음들보다도 현시 선호되었다는 것을 의미한다(위키디피아).

신고전경제학에 의한 소비자수요이론은 개별소비자의 소비선택행동을 이해하는데 도움이 되며, 특정재화의 구입을 증가 또는 감소시킬 것인가를 설명하고 예측하는데 유용한 이론으로 그 가치를 인정받고 있다. 소비자수요이론은 소비자가 완전한 정보를 가지고 있으며, 일관성 있는 선호를 가지고 주어진 예산의 범위에서 최적의 선택을 한다는 전제를 하고 있다. 그러나 이러한 전제조건은 비현실적이므로 소비자선택을 설명하는 데 한계점이 있다고 하겠다.

2) 특성이론

전통적 소비자선택이론에서는 구입한 상품을 통하여 효용을 산출할 수 있다고 가정하였고, 상품의 시장가격과 소득의 크기가 소비자선택을 결정하는 전제 조건으로 제시되었다. 주어진 예산 조건 안에서 효용을 극대화하는 최적의 선택을 한다는 특성이론의 기본적인 틀은 전통적 소비자선택과 동일하나 소비자가 상품자체에 의해서가 아니라 상품이 지니고 있는 시장재의 속성을 통하여 효용을 얻는 것이며, 소비자는 그러한 상품의 속성에 의해 선택을 결정한다는 것이다.

랭캐스터Lancaster(1971)에 의하여 주창된 특성이론에서 특성이란 효용을 산출하는 제품의 속성이나 성질로서 한 상품은 여러 개의 특성을 가지고 있으며, 각 특성들은 하나 이상의 상품들이 공유하는 것이기도 하다. 예를 들면, 핸드폰은 화질, 가격, 신뢰도, 디자인이라는 특성들을 가지고 있으며, 여러 회사에서 생산하고 있는 상품이다. 결국 소비자가 특정 핸드폰을 구입한다는 것은 그 상표가 여러 가지 상표 중에서 소비자가 바람직하게 생각하는 특정 속성을 더 많이 가지고 있기 때문이며, 주어진 조건에서 최대효용을 창출하는 상표를 선택하는 것이다.

소비자가 핸드폰을 구입할 때 고려하는 특성은 여러 가지이나 화질과 디자인이라는 두 가지 속성으로 가정하고, 각 속성이 가지고 있는 특성의 양은 상이하나 가격이 동일한 네 가지 상표가 있다면 다음의 〈표 3-3〉과 같이 속성별 특성의 양을 제시할 수 있다. 예를 들면, 상표 A를 구입할 경우 얻을 수 있는 화질이라는 특성의 양은 10이고, 디자인은 2이다. 이들 두 가지의 특성 양은 [그림 3-2]에서 선 0A로 나타낼 수 있다. 상표 B, C, D, E가 제공하는 특성의 양을 나타내는 점은 [그림 3-2]에서 0B, 0C, 0D, 0E 등으로 나타낼 수 있다. 효율선efficiency frontier은 점 A, B, C, D, E를 연결한 선으로서 같은 가격으로 얻을 수 있는 각 핸드폰 상표 특성들의 양을 직선으로 연결한 것이다. 이것은 무차별곡선에서 예산선과 같은 개념이라고 하겠다. 즉, 효율선은 주어진 예산으로 얻을 수 있는 최대의 특성치들로서 각 상표의 조합을 나타낸 것이다. 각 점들을 연결하되 원점에서 가장 멀리 떨어진 점들을 연결하는 것이 가장 많은 특성을 얻을 수 있으며, 이는 예산의 제약 하에서 효용의 크기를 극대로 만든다는 의미이다.

〈표 3-3〉 핸드폰의 상품별 특성

특성량 / 상표	화질(C1)	디자인(C2)
A	10	2
B	5	2
C	8	5
D	6	7
E	2	10

이 때 소비자선택은 효율선과 소비자의 선호를 나타내는 무차별곡선과의 접점에서 이루어지는 것이 최적선택이 된다. 위의 그림에서 효율선 즉, 예산선과 만나는 무차별곡선 I_1, I_2, I_3가 있다고 가정해 보자. I_1과 같은 무차별곡선의 유형을 가진 소비자는 상표 E와 상표 D의 조합 형태로 구매하는 것이 최적선택이 된다. I_2의 경우에는 상표 D만을 구입하는 것이 효용을 극대화할 수 있는 최적선택이 되는 것이다. 무차별곡선 I_3의 경우에는 상표 D와 C의 조합을 구입함으로써 효용을 극대화할 수 있다.

기존의 선택이론에 비하여 특성이론이 상품특성의 조합으로 상품선택을 설명한다는 것은 소비자선택을 설명함에 있어서 한걸음 더 나아갔다고 볼 수 있다. 그러나 문제점으로 제기되는 것은 첫째, 각 제품들이 가지고 있는 다양한 특성들을 빠짐없이 어떻게 규정하는가이다. 둘째, 각각의 특성들을 어떻게 객관적으로 측정하는가이다. 더구나 오늘날과 같이 제품이 다양하고 복잡해지는 현실에서 특정 제품의 특성들을 제대로 분류하고 측정한다는 것은 쉽지 않다.

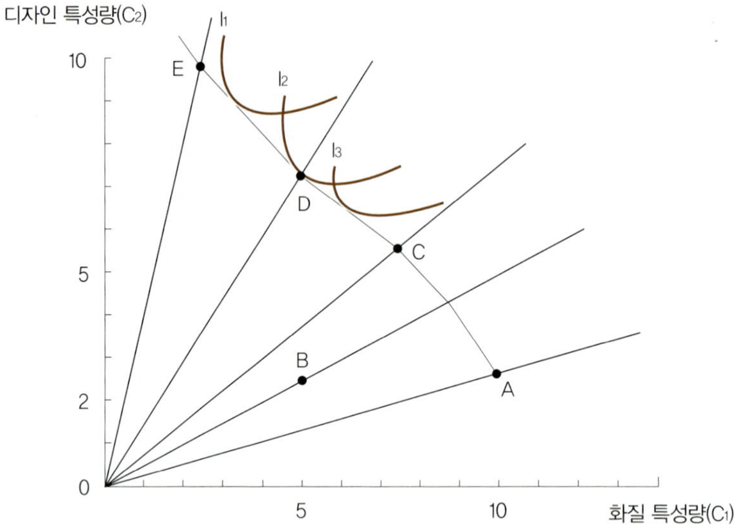

[그림 3-2] 특성이론에 따른 소비자의 최적선택

3) 프로스펙트 이론

[그림 3-3]을 보면 두 가지 해석이 가능하다. 분명히 똑같은 자극이지만 우리가 어떤 틀을 가지고 바라보느냐에 따라 그 자극에 대한 해석은 달라진다. 이러한 현상을 경제학적 측면에 적용한 경우가 프로스펙트 이론이다(Kahneman & Tversky, 1979). 프로스펙트prospect 이론은 어떤 사람이 10억 원의 재산을 가지고 있다면, 그는 10억 원이라는 절대수준에서 효용을 느끼는 것이 아니라 10억 원을 기준으로 재산의 변화가 있을 때 그 변화에 대해 반응하게 된다고 가정한다. 즉, 사람들이 느끼는 행복의 정도는 객관적이고 절대적인 부의 수준이라기보다는 개인이 지각하는 주관적 가치에 의해 결정되는 부분이 더 크다는 것이다. 이러한 주관적 가치를 결정적으로 좌우하는 것은 개인이 자신의 상태를 비교하는 준거점reference point이다(하영원, 2012).

[그림 3-3] 해석상으로 역전이 가능한 그림의 예: 비트겐슈타인의 오리와 토끼

출처: 하영원(2012). 의사결정의 심리학. p. 202 재인용.

경제학은 오랫동안 인간이 불확실한 상황에서도 가장 합리적인 선택을 할 수 있다고 믿어왔다. 그리고 이러한 믿음은 기대효용이론expected utility theory에 투영되었다. 기대효용이론은 불확실한 상황에서의 판단기준은 기대소득이 아니라 기대효용expected utility에 있다는 것이다. 기대소득이 선택의 기준이 된다면, 지금 당장 손에 쥘 수 있는 현금 10만 원과 기대소득이 10만 원인 복권은 동일하게 취급될 것이다. 하지만 실제로 대부분의 사람들은 불확실한 10만 원보다는 확실한 현금 10만 원을 더욱 선호한다. 이러한 현상은 확실한 소득과 불확실한 소득에 대한 효용이 다르기 때문이다. 따라서 불확실한 상황에서 판단기준은 기대소득이 아니라 기대효용이라는 사실을 알 수 있으며, 이것이 기대효용이론의 핵심이다. 따라서 기대효용이론에 의하면 몇 개의 대안 중에서 기대효용이 가장 큰 대안을 고르는 것이 합리적인 선택행동이라고 할 수 있다.

그러나 2002년 노벨경제학상을 수상한 심리학자 다니엘 카너먼과 트버스키는 불확실성하에서 우리가 수행하는 의사결정 내용은 기대효용이론에서 제시하는 바와 다르다는 사실을 입증해 낸다. 이들에 의하면 불확실한 상황에서 우리는 효용utility이 아니라 가치value에 근거하여 의사결정을 수행한다고 설명하고, 이에 대하여 세 가지 현상을 기반으로 한 이론을 발표하고 '프로스펙트 이론'이라고 칭하였다. 실제로 카너먼과 트버스키 교수는 자신들의 이론을 '가치이론'으로 부르려 했다. 왜냐하면 그들의 이론은 이전까지 주류 경제학의 이론인 기대효용이론을 대체하여 가치 함수value function와 확률의 중요성을 중시하는 새로운 이론을 제시한 것이었기 때문이다. 그런데 이 이론이 일반 대중에게 알려지기 시작하면서 두 교수는 좀 더 독특한 이름으로 자신들의 이론을 지칭하는 것이 유리하다고 판단하였고, 이에 프로스펙트 이론이라고 부르게 되었다고 한다.

프로스펙트 이론에서는 의사결정의 행태를 준거의존성, 민감도 체감성, 손실회피성 등 세 가지 형태로 설명하고 있다.

- 준거의존성reference dependency이란 의사결정이 효용의 절대적인 크기보다는 준거점으로부터의 변화에 근거하여 수행된다는 것이다. 만약 A라는 사람은 금융자산이 3000만 원에서 2000만 원으로 줄고, B라는 사람은 금융자산이 1000만 원에서 1100만 원으로 늘었다면, 비록 절대적인 금액은 적을지라도 B가 느끼는 감정이 더 행복할 것이다. 그것은 두 사람의 판단의 기준점이 각각 3000만 원과 1000만 원으로 상이하기 때문이다. 이처럼 준거의존성에서 의사결정을 하는 데 있어 중요한 것은 절대적인 크기보다는 판단의 기준점이다.
- 민감도 체감성diminishing sensitivity은 이익이나 손실의 변화 폭이 작을 때에는 민감하게 반응하지만, 이익이나 손실의 변화 폭이 커질 경우 가치의 민감도가 감소한다는 것이다. 예를 들어, 아파트 가격이 5억 원에서 6억 원으로 상승한 사람이 51억 원에서 52억 원으로 상승한 사람에 비해 더욱 크게 상승했다고 생각한다. 실내 기온이 1도에서 4도로 오를 경우가 21도에서 24도로 올랐을 때보다 더욱 따뜻하다고 느끼는 경우도 여기에 해당한다.
- 손실회피 성향loss aversion은 이익보다 손실을 더 크게 느낀다는 것이다. 예를 들어 1만 원을 주웠을 때보다 1만 원을 잃어버렸을 때 더욱 큰 고통을 느낀다는 것이다. 다니엘 카너먼과 트버스키의 측정에서는 크기가 같은 이익과 손실 중에서 손실이 약 2~2.5배 더 크게 느껴진다고 보고하고 있다.

4) 경제행위의 심리적 분석

카토나G. Katona는 지금까지 시도되지 않았던 심리경제학적인 측면에서 경제현상을 설명하고자 하였다. 이는 전통적 소비자선택이론에서 구매능력과 상품의 가격만이 중요한 결정요인이라는 설명에서 나아가 소비자의 태도나 기대와 같은 심리적 영향요인도 소비자선택에 중요한 결정요인이 되므로 이것이 경제정책에 반영되어야 한다고 강조하고 있다. 국가의 정책이나 중대한 사건이 개인 소비자의 태도나 동기, 기대에 영향을 주며 이러한 집단에 대한 개인의 신뢰감, 기대는 궁극적으로 행위에 영향을 주게 되므로 전체적인 경제의 변화와 관련하여 예측 가능한 설명요인으로 볼 수 있다는 것이다.

예를 들면, 소비자들의 저축성향과 소비지출 성향은 소득수준에 의해서만 결정되는 것이 아니라 미래에 대한 예측이 낙관적인가 또는 비관적인가 하는 심리적 요인에 의해서도 결정된다는 것이다. 경기전망이 낙관적일 때 소비지출을 늘리고 저축을 줄이며, 비관적일 때는 오히려 저축을 늘리고 소비지출을 줄임으로써 불확실한 미래를 대비하며, 특히 선택적 재화와 용역을 위한 소비지출이 감소하게 된다고 설명하고 있다. 이와 같은 사실을 고려하여 카토나는 일정한 시기에 필요한 예측을 할 수 있는 경제정책이 되어야 한다고 한다. 즉, 인플레이션의 위험이 나타나면 소비자들로 하여금 가격이 안정될 것이라는 기대를 심어주고 디플레이션이 다가오면 소득이 증가할 것이라는 기대를 갖게 함으로써 전체 경제의 흐름을 원활하게 하는 데 기여할 수 있다.

카토나는 인플레이션의 대중심리적 측면, 전쟁이 경제에 미치는 영향, 소비자 신뢰도의 대중적 변화 측정, 사태에 대한 소비자들의 반응, 사태를 자신의 삶을 위해 어떻게 해석하는가 등에 관하여 관심을 가지고 지속적으로 연구하였다(박장환, 2000). 이러한 방향의 분석은 경제학에서 그 적용 영역이 다양해지고 있다. 소비자태도와 기대의 변화는 소비자행동 이전에 일어나기 때문에 소비자태도와 기대에 대한 측정은 거시경제를 설명하는 중요한 지표가 될 수 있다는 가정 하에 경제 예측력을 향상시키기 위한 수단으로 각종 소비자지수를 개발하고 있다. 한국은행이 발표하고 있는 소비자심리지수Consumer Sentiment Index:CSI는 개별 소비자동향지수 가운데 관련 경제지표와 연관성이 높은 지수를 골라 합성한 지수로서 소비자들의 경제에 대한 전반적 인식을 종합적으로 파악할 수 있다는 점에서 의미가 크다. 즉, 생활형편지수(현재 생활형편, 생활형편 전망), 경제상황지수(현재경기판단, 향후 경기전망), 소비관련지수(가계수입 전망, 소비자지출 전망) 등 6개 개별지수의 시계열을 이용하여 지수수준과 진폭을 일정하게 표준화하여 합성하는 방식이다. 소비자심리지수가 100보다 높을 경우 과거 평균적인 경기상황보다 좋음을, 100보다 낮을 경우 과거 평균적인 경기상황보다 좋지 않음을 나타낸다. 소비자심리지수는 소비자태도를 종합적으로 판단할 수 있게 해준다. 특히 기준치 100

을 중심으로 대칭적인 움직임을 보임으로써 부정적인 응답에 따른 경기판단 오류를 피하고 경기수준에 대한 균형적인 판단을 할 수 있게 해준다(한국은행, 2005; 시사경제용어사전, 2010).

대한상공회의소에서도 분기별로 소매유통업의 경기전망지수를 작성하고 있다. 이것은 백화점, 할인점, 슈퍼마켓 등 소매 유통업체의 체감경기를 나타내는 심리지표이며, 기준치인 100을 넘으면 경기가 전반기에 비해 호전될 것으로 예상하는 업체들이 악화될 것으로 예상하는 업체들보다 많다는 것을 의미하는 것이다. 삼성경제연구소는 분기별로 소비자태도지수를 발표하고 있다. 소비자태도지수는 현재 및 미래의 생활형편, 경기, 내구재 구입 등에 관한 소비자들의 판단을 종합적으로 나타내는 심리지표로서 기준치인 50을 상회하는 경우 현재와 미래의 경기에 대해 긍정적으로 보는 소비자들의 비중이 부정적으로 보는 소비자들보다 많다는 것을 의미한다(이지훈, 2005).

소비자동향지수 Consumer Survey Index: CSI

용어설명

소비자태도지수, 소비자기대지수라고도 하는 CSI는 장래의 소비지출 계획이나 경기전망에 대한 소비자들의 설문조사 결과를 지수로 환산해 나타낸 지표이다. 현재 및 향후 6개월 동안의 경제상황에 대한 소비자의 태도와 가계의 소비심리에 대한 소비자동향을 조사하여, 이 조사를 토대로 '현재생활형편 CSI', '생활형편전망CSI', '가계수입전망 CSI', '향후경기전망 CSI', '소비지출계획 CSI', '고용사정전망 CSI' 등의 다양한 유형으로 작성한 것이다. 각 조사항목에 대한 소비자의 응답을 가중평균한 지수로 기준치는 100이다. 예를 들어 생활형편 전망 CSI가 기준치 100을 상회(하회)하면 앞으로 생활형편이 좋아질(나빠질) 것이라고 응답한 소비자가 나빠질(좋아질) 것이라고 응답한 소비자보다 많다는 것을 의미한다.

출처: 네이버 지식백과, 소비자동향지수(CSI).

5) 일관성 이론

일관성 이론은 소비자의 구매활동과 관련된 이론으로서 소비자구매행동 직전 단계인 행동의도 형성에 관련되는 태도를 결정짓게 되는 동기유발이론이다. 사람은 자신의 생각에 대해 일관성을 유지하려는 성향을 지니고 있으며, 이러한 일관성이 깨지면 심리적인 긴장상태가 되며, 심리적 균형을 이루어서 긴장을 해소하고자 한다. 제품에 대한 소비자의 신념과 태도 등에 있어서도 일관성을 유지하고자 태도나 행동을 수정하게 된다는 것이다. 이와 관련된 이론으로서 하이더Heider의 균형이론, 페스팅거Festinger의 인지부조화이론 등이 있다. 다음에서는 균형이론에 대하여 살펴보고자 한다.

균형이론balance theory에 따르면 사람들은 자신들이 가지고 있는 신념과 태도들 간에 일관성을 유지함으로써 심리적으로 편안한 느낌을 가지고 싶어 한다. 개인의 태도들 간에 불균형이 발생되면 심리적으로 균형을 이루기 위해 기존의 태도변화를 꾀하게 된다. 개인의 태도변화를 설명하기 위하여 하이더는 소비자로서 개인person: P, 관련 대상X, 태도대상attitude object: O의 세 가지 요소들 간의 관계를 통하여 설명하고 있다(이학식 외, 2010). 세 요소들 중에서 어느 두 요소들 간의 관계는 긍정적 관계(+) 혹은 부정적 관계(−)로 설정된다. [그림 3-3]에서 나타난 바와 같이 만약 특정 소비자 김군은 연예인 보아를 좋아하고 있다고 가정할 수 있으며, 이러한 상태에서 보아가 LG 핸드폰 광고에 출연하였고, 김군은 LG 핸드폰을 별로 좋아하지 않는다. 그러나 김군은 좋아하는 보아가 출연한 광고를 보고 심리적 불균형에 처하게 되었다. 이러한 상황에서 김군은 태도와 행동은 A, B, C의 그림과 같은 행동을 취함으로써 균형화를 꾀하고자 할 것이다.

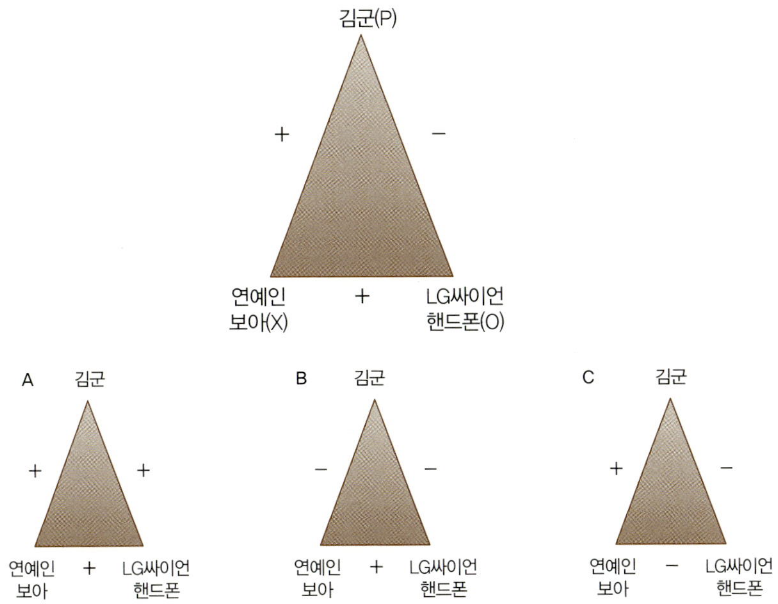

[그림 3-4] 심리적 균형화를 통한 태도변화

출처: 황용철 · 김동훈(2011). 소비자행동-이론과 사례. p. 411.

A의 경우를 설명하면, 김군이 좋아하는 보아로 인하여 그가 출연하는 LG핸드폰에 대해 좋지 않은 태도를 호의적 태도로 전환함으로써 균형화를 꾀하는 것이다.

B의 경우에는 김군이 좋아하지 않는 LG핸드폰 광고를 하는 보아에 대하여 좋은 감정을 버리고 부정적 태도로 전환을 꾀하게 되는 과정에 대한 설명이다.

C의 경우에는 김군이 좋아하는 보아가 비록 싫어하는 LG핸드폰을 광고하고 있지만, 정말 LG핸드폰이 좋아서 광고하는 것은 아닐 것이라고 생각하는 것으로 균형을 이루고자 할 것이다.

균형이론은 감정의 '좋아한다' 또는 '싫어한다'에 대하여 중점적으로 논의하고 있는데, 이러한 감정을 명확하게 정의하기가 모호하다는 점과 실생활에서 인지적 불균형이 반드시 소비자의 태도나 행동변화를 초래하지 않을 수도 있기 때문에 이론의 설득력에 한계가 있다(정순희, 2007).

6) 피시바인의 다속성 태도모델과 확장된 모델

피시바인Fishbein의 다속성 태도모델은 인지적 사고과정을 통해 어떤 대상에 대한 태도가 형성된다는 인지적 학습이론을 토대로 하여 설명하고 있다. 즉, 소비자는 구매에 선행하여 속성신념belief: b–태도attitude: a–구매의도intention의 단계를 거치는 것으로 간주하고 있다. 신념이란 소비자가 특정제품의 속성과 관련하여 가지고 있는 주관적 의견이다. 예를 들면, 한 브랜드(싼타페)의 특정속성(배기량)에 대하여 소비자의 생각이 어떠한가에 대한 것으로서, "싼타페의 배기량이 크다"라는 표현은 이 속성에 대한 소비자의 신념이다. 더 나아가 "자동차를 구매할 때 배기량이 크면 힘이 좋기 때문에 매우 좋다"라고 생각한다면 속성에 대한 평가evaluation: e가 긍정적이며, 따라서 태도형성에 긍정적으로 영향을 미칠 것이다. 이와는 반대로 "자동차를 구매할 때 배기량이 크면 연료가 많이 들기 때문에 나쁘다"라고 생각한다면 속성에 대한 평가가 부정적이며, 이러한 속성평가는 태도형성에 부정적인 영향을 미치게 될 것이다.

피시바인의 다속성 태도모델에 따르면, 소비자가 구매하고자 할 때 대상제품의 다양한 속성에 대하여 신념을 형성하고, 그 속성들이 소비자에게 얼마나 중요한가를 평가하여, 가중을 한 기대가치를 극대화 시켜주는 대상을 선택하게 되며, 여러 개의 속성들 중에서 몇 개의 속성은 낮은 평가를 받더라도 높은 평가를 받은 다른 속성이 그 약점을 보상해 주게 되므로 보상적 모델compensatory model이다.

피시바인은 자신의 태도모델이 모델의 단순성으로 인해 태도와 행동 간의 관계에 대한 설명력이 높지 않다는 점을 발견하고 합리적 행동이론을 토대로 하여 확장된 피시바인 모델을 개발하였다. 즉, 인간은 어떤 행동 여부를 결정할 때 그 행동의 수행결과가 자신에게 어떤 결과를 초래할 것인가를 합리적으로 생각하고, 긍정적인 결과를 초래할 것으로 생각할수록 그 행동을 수행할 가능성이 높다는 것이다. 또한 대부분의 인간행동은 개인의 자발적 통제volitional control하에 있으므로 행동을 결정짓는 직전 선행변수는 행동의도라고 간주하였다.

확장된 피시바인 모델은 다음의 세 가지 특징을 가지고 있다(이학식 외, 2011).

- 첫째, 행동에 선행하는 것은 행동의도behavioral intention: BI이며, 행동의도는 개인적 요인과 사회적 요인에 의해 결정된다.
- 둘째, 행동의도에 영향을 미치는 개인적 요인은 '그 행동에 대한 태도attitude toward the behavior: AB'이다. 초기의 모델에서 대상에 대한 태도로 설명한 것과는 달리 대상과 관련된 행동에 대한 태도가 행동에 영향을 미친다고 보는 점이다. 예를 들면, 소비자는 옷을 구입할 때 입어보고 자신에게 어울리는지를 알아본다. 마음에 들더라도(대상에 대한 태도) 입어 보고 자신에게 어울리지 않는다고 생각되면(행동에 대한 태도) 구매하지 않을 것이다.
- 셋째, 행동의도에 영향을 미치는 사회적 요인은 주관적 규범Subjective Norm: SN이다. 주관적 규범은 그 행동과 관련하여 사회적 압력에 대한 개인의 지각을 의미하는 주관적 생각이다. 주관적 규범은 개인의 준거집단이나 준거인이 자신의 행동을 지지 할 것인가에 대한 개인의 판단으로서 규범적 신념Normative Belief: NB과 준거집단과 준거인의 생각을 얼마나 수용할 것인가에 대한 순응동기Motivation to Comply: MC 등 두 가지 요인에 의해 결정된다. 예를 들면, 고급 수입차를 구매하고 싶어 하는(행동의도) 회사 사장은 사원들이 자신의 수입차 구매에 대하여 부정적일 것이라는 생각을 가질 수 있다(규범적 신념). 만약 그 사장이 자신이 생각하는 사원들의

뜻에 대한 순응동기가 크다면 수입차를 구매할 의도는 낮아진다. 반대로 순응동기가 낮다면 수입차 구매의도는 높아질 것이다. 다속성 태도모델에 대한 구체적인 방법은 8장의 대안평가 방법에서 설명하고 있다.

태도의 선행요인과 결과를 포함하는 피시바인의 확장된 모델은 소비자행동연구를 위한 중요한 주제 중의 하나로 연구되고 있다.

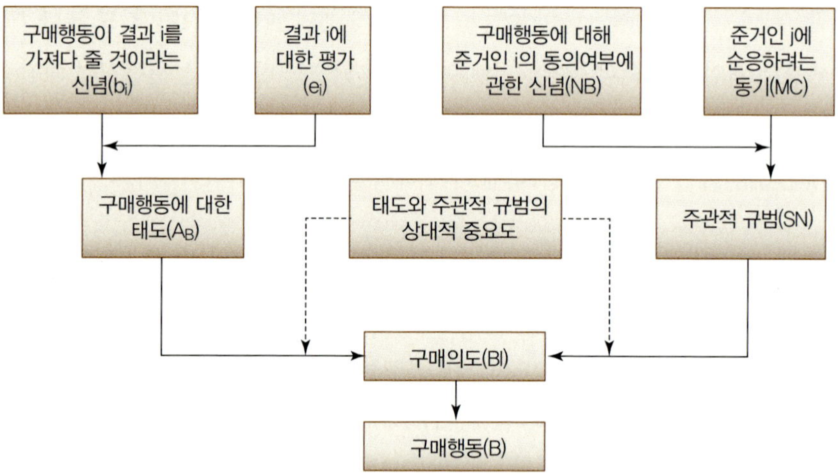

[그림 3-5] 확장된 피시바인 모델의 개념적 틀

출처: 이학식 · 안광호 · 하영원(2011). 소비자행동—마케팅전략적 접근(제5판). p. 279 재인용.

7) 행동과학적 접근—다변수 모델

소비자선택은 경제학적 개념이나 심리학적 개념 등의 단일 개념으로는 복합적인 소비자행동을 설명하는 데 한계가 있음을 인식하고, 이를 극복하기 위하여 여러 변수들을 하나의 이론적 틀로 체계화시킨 다변수 모델을 통하여 소비자행동을 설명하고 있다. 행동과학적 관점은 소비자행동을 제대로 파악하기 위하여서는 행동에 영향을 미치는 환경적 요인과 심리적 요인을 동시에 포함하는 하나의 개념적 모델로 발전시켜 나가고자 하는 접근으로 시도되었다. 이를 위해서 문화적 현상을 설명하는 문화인류학, 사회적 특성이 소비자행동에 어떠한 영향을 미치는가를 설명하는 데 필요한 사회학, 여러 가지 심리적 요인들이 소비자행동에 어떠한 영향을 미치는가를 파악하기 위한 심리학 등과 같은 학문의 도움이 필요하게 되었다. 이러한 학문들을 종합하여 인간의 행동을 연구하고자 하는 것이 곧 행동과학이며, 소비자행동을 행동과학적으로 접근하여 분석하고자 하는 것이 오늘날의 일반적인 경향이다.

1960년대에 들어오면서 마케팅 학자들은 행동과학적 접근에 근거한 종합적인 소비자행동 모델들을 개발하게 되었다. 대표적인 소비자행동 모형에는 하워드-세스Howard and Sheth 모형, 블랙웰-미니아드-엥겔Blackwell, Miniard & Engel 모형, 베트맨Battman의 정보처리모형 등이 있다. 소비자행동에 영향을 미치는 변수들은 사회인구학적 변수, 심리적 변수, 상황 변수, 의사결정 과정 및 정보처리 과정 등을 포함하는 다변수 모델이다.

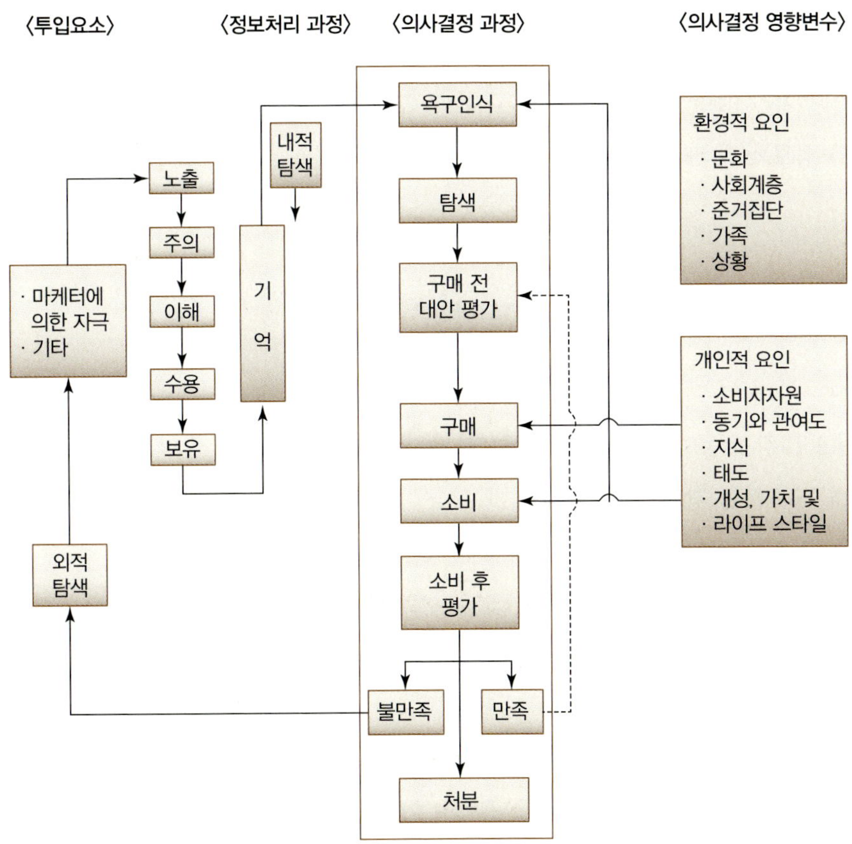

[그림 3-6] 소비자행동 모델

출처: Blackwell, R. D., Miniard, P. W., & Engel, J. E.(2001). Consumer Behavior(9th). p. 154.

이 장에서는 1968년에 개발된 이후 여러 차례 수정을 거친 가장 최근의 블랙웰Blackwell–미니아드Miniard–엥겔Engel 모형을 제시하고자 한다. 다음의 [그림 3–6]은 투입요소, 정보처리 과정, 의사결정 과정, 환경적 요인과 개인적 요인의 차이를 설명하는 의사결정의 영향변수 등 네 가지 요소로 구성되어 있다.

(1) 투입요소

소비자행동은 구매 및 소비행동 이외에도 이러한 행동이 일어나기 전까지 어떻게 정보를 입수하여 의사결정을 하는가 하는 과정이 포함된다. 즉, 여러 가지 자극이라는 투입input요소가 있다. 여기에는 주로 시장의 자극으로 광고, 판매원의 권유, 디스플레이, 다양한 판매촉진 전략 등이 포함된다.

(2) 정보처리 과정

투입요소가 소비자의 내부에 들어가서 기억되는 정보처리 과정이 있다. 이 정보처리 과정은 외부의 자극들에 노출exposure되어 있는데, 그러한 자극을 선택적으로 주의attention함에 따라 개인의 감각기관에 들어오게 되며, 이것을 이해comprehension하고 수용acceptance하게 될 때, 비로소 머릿속에 보유retention로 머물게 된다. 보유상태란 반복되지 않으면 잠시 동안 머릿속에 머무는 단기기억을 말한다. 이렇게 단기기억된 것들은 망각되거나 또는 장기기억으로 머물게 된다.

(3) 의사결정 과정

구매의사결정 과정은 문제해결 과정으로 생각할 수 있다. 이상과 현실에 차이가 발생하여 소비자가 이러한 상황을 문제로 인식problem recognition할 때 비로소 구매가 일어난다(욕구인식). 해결해야 할 문제에 대하여 정보탐색information search을 하게 되면 몇 가지 선택할 대안을 갖게 되며, 이에 대하여 나름대로의 평가기준에 의해 대안평가alternative evaluation를 한다. 이러한 평가기준이 제품에 대한 신념belief이 되어 어떤 제품은 좋고 나쁘다는 태도attitude를 형성하게 되고 구매하려는 의도가 생기면 구매purchasing로 이어진다. 구매 후에 평가post-purchasing evaluation를 해서 만족했을 때 비로소 신념을 강화하여 반복구매로 이어지게 된다.

소비자가 모든 제품을 구매할 때 이와 같은 의사결정 과정을 거치는 것은 아니고 대체로 구매하고자 하는 품목이 고관여high involvement 제품일 경우에 이 과정을 거치며, 저관여 제품일 때는 의사결정 과정에서 정보탐색 및 대안평가 과정이 무시되거나 간단한 과정을 거쳐서 바로 구매행동을 한다.

(4) 환경적 영향요인과 개인적 영향요인

구매의사결정이 7단계에 의해 일어나게 되는데 이러한 행동에 영향을 미치는 변수로서 환경적 영향요인과 소비자 개인의 심리적 특성요인들이 있다. 즉, 사회문화적 환경요인과 심리적 요인들에 의한 행동과학적인 소비자행동 분석을 하고 있다.

생각해 볼 과제

1. 소비자의사결정 이론 중에서 특성이론의 사례를 우리 생활 주변에서 찾아보고, 소비자효용의 측면에서 토론해 보자.

2. 한국은행이 발표하는 소비자심리지수(CSI)의 변동추이를 찾아보고, 설명해 보자.

CHAPTER 4

소비자의사결정의 유형

1. 문제해결 방식에 의한 분류 2. 소비자 역할에 의한 분류
3. 구매주체에 의한 분류

Consumer Decision Making

4장 소비자의사결정의 유형

인간은 태어나면서부터 죽을 때까지 끊임없는 소비생활을 통해 생리적 욕구에서부터 자아실현의 욕구에 이르는 다양한 욕구를 충족하면서 만족과 행복을 추구하게 된다. 모든 인간은 소비자로서 무수한 의사결정의 상황에 직면하게 되며, 현명한 의사결정을 통하여 만족을 극대화하고자 한다. 즉 소비자는 일상생활에 필요한 재화나 서비스를 구입할 때 대체로 최소의 비용으로 최대의 만족을 얻고자 하는 합리적인 의사결정을 하려고 한다. 그러나 기업의 광고나 촉진전략에 사로잡혀 충동적으로 구매의사결정을 내리기도 하고, 때로는 감각적이거나 과시적인 내면의 심리작용에 의해 구매의사결정을 내리기도 한다. 또한 최근에는 즐거움과 행복을 추구하는 쾌락적 소비와 윤리적 가치에 기반을 윤리적 소비에 대한 관심이 높아지면서 이성적이고 합리적인 의사결정을 강조하던 전통적인 의사결정 유형에서 탈피하여 보다 다양한 형태로 나타나기도 한다.

소비자들은 자신이 처한 여러 가지 구매상황에 따라 어떤 경우에는 문제인식에서부터 구매 후 평가에 이르기까지 복잡한 문제해결 과정을 거치는 신중한 의사결정을 하는가 하면, 또 어떤 경우에는 손쉽게 습관적으로 의사결정을 내리기도 한다.

또한 소비자역할에 따라 각기 다른 의사결정 행동을 하기도 하며 구매주체가 개인일 경우와 가족인 경우, 기업이나 정부 등 조직인 경우에도 각각 의사결정 과정과 의사결정의 패턴이 다르게 나타난다.

이 장에서는 소비자의사결정의 유형이 어떻게 분류될 수 있는지 알아보고, 각 의사결정 유형의 특성에 대해서 살펴보기로 한다.

1. 문제해결 방식에 의한 분류

소비자를 경제학에서는 합리적인 의사결정을 하는 경제적 인간economic man으로 보고, 심리학에서는 심리 내면의 영향을 받는 정서적 인간emotional man으로 보고 있다. 이에 반해, 소비자학이나 경영학에서는 소비자를 지적인 정보처리능력과 정서적 태도를 가지고 의사결정을 하는 인지적 인간cognitive man 혹은 문제해결자problem solver로 보고 있다.

제품구매 시 소비자의 의사결정 과정을 문제해결 과정으로 파악할 때 일반적으로 다음과 같은 다섯 단계를 거친다(김동기 외, 2012).

① 문제 또는 욕구인식problem or need recognition: 소비자가 의사결정 과정을 유발시키고 촉진시키기에 충분할 정도로 현실과 이상의 차이를 지각하고 구매의 필요성을 느끼는 단계

② 정보탐색search for information: 소비자가 자신의 기억을 통해 관련 정보를 알아내거나 또는 외부환경으로부터 정보를 획득하는 단계

③ 대안평가alternative evaluation: 소비자가 여러 가지 대안들의 장단점을 비교 · 평가해서 가장 좋은 대안을 선택할 수 있도록 그 폭을 좁히는 단계

④ 구매purchase: 소비자가 가장 좋은 대안을 선택하는 단계

⑤ 구매 후 평가post purchase evaluation: 소비자가 구매한 제품을 사용한 결과, 욕구와 기대에 어느 정도 충족되는가를 평가하는 단계

소비자의 문제해결 방식은 구입하고자 하는 제품의 종류나 제품에 대한 소비자의 관여도, 구매경험이나 제품지식, 또는 구매상황에서의 시간 압박 등과 같은 여러 요인들에 의해서 다르게 나타나며, 이는 소비자의 의사결정 유형을 결정짓는다. 제품구매 시 이와 같은 여러 요인들이 소비자 내면에 복합적으로 작용하여 구매관여의 수준을 나타낸다. 구매관여purchase involvement란 어떤 제품을 구매하고자 할 때 소비자가 가지는 관심과 중요성의 정도를 의미하는 것으로, 그 중요성의 정도에 따라서 정보탐색이나 대안평가를 신중하게 하기도 하고 간단하게 하기도 한다.

구매관여 수준에 따른 문제해결 방식에 근거하여 의사결정 유형을 분류해 보면 구매관여 수준이 아주 높은 단계에서 하는 확장적 의사결정, 중간단계에서 하는 제한적 의사결정, 아주 낮은 단계에서 하는 습관적 의사결정 등 세 가지 유형으로 나누어진다. [그림 4-1]에서 보는 바와 같이 구매에 관여하는 수준이 낮은 데에서 높은 데로 갈수록 의사결정은 더욱 복잡해진다(채정숙 외, 2006: 95-97; 박세범 · 박종호, 2012: 474-479).

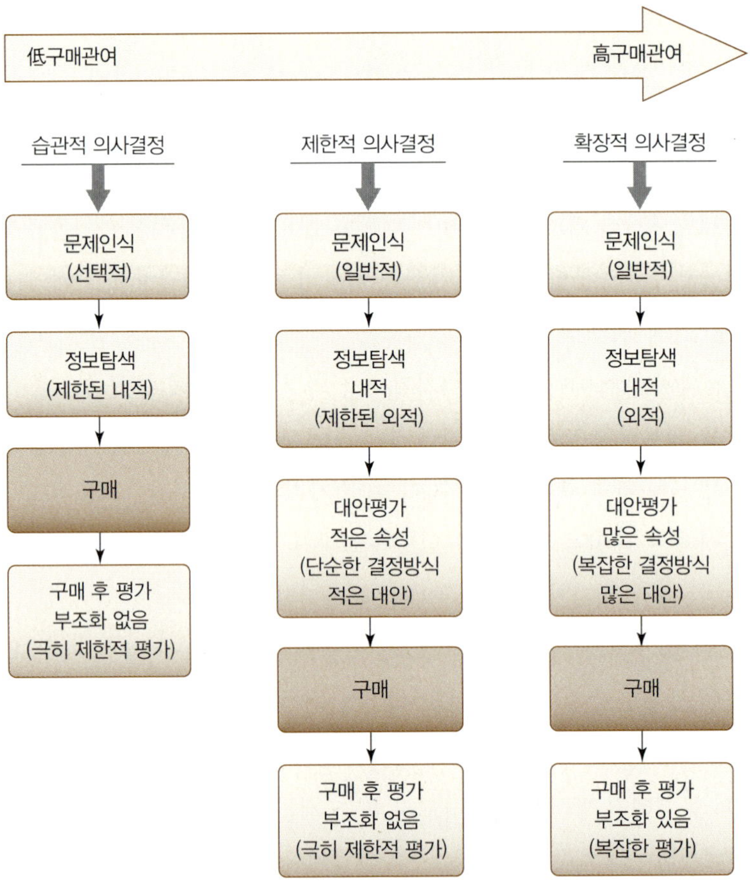

[그림 4-1] 구매관여 수준과 의사결정 유형

출처: Hawkins, D., Mothersbaugh, D. & Best, R.(2007). Consumer Behavior: Building Marketing Strategy. 10th ed., McGraw-Hill, p.511; 박세범 · 박종호(2012). 소비자행동. 북넷 p. 479의 내용을 재구성함.

1) 확장적 의사결정

확장적 의사결정extended decision making이란 의사결정의 모든 단계가 엄격하게 적용되는 유형으로 문제해결이 소비자에게 매우 중요한 의미를 지니며 제품에 대한 구매경험이 별로 없거나 제품에 대한 지식이 부족할 때, 또는 구입을 잘못함으로써 입게 될 손실이 크다고 인식될 때 적용되는 의사결정 방식이다. 주로 자동차, 가전제품, 가구, 의복 등 소비자의 관여도가 높은 제품을 구입할 때 적용되는 의사결정 유형으로 상당히 복잡한 의사결정 과정을 거치게 된다.

이 유형의 경우 소비자는 [그림 4-1]에서 제시된 바와 같이 의사결정에 필요한 정보를 자신의 기억 속에 있는 내적 정보뿐만 아니라 외부의 다양한 정보원천에서 폭넓게 수집하여, 이를 바탕으로 선택대안들의 여러 가지 평가속성에 대하여 비교 · 평가한 후 가장 좋은 대안을 선택하려고 노력한다. 구매 후에도 제품의 성과가 기대에 부합되는지 아닌지를 평가하게 된다.

소비자역할을 올바로 수행하기 위해서는 정확하고 믿을 수 있는 정보에 근거하여 제품평가를 해야 할 것이며, 제품의 어떤 속성들을 중요한 평가기준으로 적용해야 할지, 또 각 상표에 따라 평가속성이 어떻게 다른지 정확하게 파악해야 할 것이다.

[그림 4-2] 확장적 의사결정 제품

2) 제한적 의사결정

제한적 의사결정limited decision making은 확장적 의사결정과 습관적 의사결정의 중간 유형에 속한다. 이 유형은 제품에 대한 관여도가 그다지 높지 않거나, 제품에 대한 관여도는 높더라도 시간적 압박이 있을 경우, 또는 과거 구매경험이 있어 어느 정도의 구매지식이 있을 경우에 적용되는 문제해결 방식이다. [그림 4-1]에서 보는 바와 같이 제한된 정보탐색과 소수의 대안에 대해서 간단한 평가과정을 거쳐 구매가 이루어지며, 구매 후에도 제한적인 평가가 이루어질 뿐이다. 대체로 제품지식은 어느 정도 있으나 상표나 스타일, 가격대 등에 대한 지식이 부족한 경우에 제한적인 의사결정을 하게 된다. 예를 들면 소비자가 대형 마켓에서 식료품이나 간단한 가정용품, 의류 등을 구매할 때 점포 내 진열대에 제시된 상표들 간의 가격이나 품질, 디자인, 색상 등을 비교하면서 마음에 드는 하나의 제품을 선택하는 경우가 이에 해당된다.

때로는 어떤 감성적이거나 상황적인 욕구로 인해 제한적인 의사결정이 나타날 수도 있다. 예를 들면, 기존에 사용하고 있던 제품이 만족스럽지 않거나 실증이 나서 새로운 브랜드 제품을 구매하려고 할 때 매장 안이나 인터넷 검색창에서 신제품 혹은 눈에 띄는 진기한 제품 같은 선택대안들에 대한 세심한 평가를 한 후에 구매결정을 하는 경우이다.

제한적인 의사결정은 바쁜 현대인들에게 경제적이고 효율적인 의사결정 방법으로 대부분의 구매에 흔히 적용되고 있으나 제한적인 정보에 대한 세심한 평가가 요구된다.

[그림 4-3] 제한적 의사결정 제품: 신제품(덴티가드), 진기한 제품(꽃보다 비누 제품)

3) 습관적 의사결정

습관적 의사결정habitual decision making은 구매관여 수준이 낮은 단계에서 적용되는 의사결정 방식이다. [그림 4-1]에서 보는 바와 같이 문제가 인식되면 구매경험이나 광고에 의해 저장된 기억을 회상해 보는 내적탐색을 통해 익숙한 상표의 제품을 구입하게 된다. 이 유형에서는 대안의 평가과정을 거치지 않고 바로 구매를 하게 되며, 사용해 본 후 기대에 미치지 못할 경우에 제한적인 구매 후 평가를 하게 된다.

습관적 의사결정은 두 가지의 경우로 나누어진다. 하나는 제품 관여도가 낮으면서 구매빈도가 높은 일상용품 구매에 나타나며, 상표들 간에 별 차이가 없어서 그중 한 상표를 반복적으로 구매하는 경우로 이를 관성inertia에 의한 의사결정이라고 할 수 있다. 다른 하나는 제품 관여도가 높더라도 특정 상표에 대한 애호도가 형성되어서 한 상표를 계속 구매하는 경우로 이를 상표충성도brand royalty에 의한 의사결정이라고 할 수 있다. 이 두 경우 의사결정 방식은 똑같지만 제품에 대한 태도는 완전히 다르다. 즉 관성에 의한 의사결정의 경우는 상표의 전환이 쉽게 이루어지나, 상표충성도에 의한 의사결정의 경우는 상표의 전환이 이루어지지 않는다.

습관적인 의사결정은 선택에 대한 부담감을 줄이고 손쉽게 의사결정을 내릴 수 있다는 점에서 많이 이용되는 방법이기는 하나, 자칫 비합리적인 구매가 될 수 있으므로 신중을 기해야 한다.

[그림 4-4] 습관적 의사결정 제품

2. 소비자 역할에 의한 분류

현대사회에서는 경제체제의 변화와 함께 소비자의 역할이 다양하게 요구되고 있다. 종래에는 소비자역할이 주로 구매자로서의 역할에 치중되었으나, 오늘날에는 그 역할이 확대되어 구매 이전의 자원의 획득과 배분, 구매 이후의 사용과 처분 및 소비자 시민으로서의 사회참여 역할이 부여되고 있다. 시장환경이 제대로 운용되고 건전한 소비풍토를 만들어가기 위해서는 각각의 소비자역할을 수행함에 있어서 소비자의 권리와 책임을 다하는 방향으로 소비자의사결정이 이루어져야 할 것이다.

소비자역할에 따른 소비자의사결정의 유형과 그 특성을 살펴보면 다음과 같다.

1) 획득자로서의 소비자의사결정

사람들은 안정된 소비생활을 영위하기 위해 소득을 어떠한 원천으로부터 어떻게 획득할 것인가를 심사숙고하여 결정하게 된다. 근로소득을 얻기 위해 자신의 적성에 맞는 취업진로를 선택하며, 보다 높은 소득을 보장해 주는 직장을 구하기 위해 취업정보를 적극적으로 탐색한다. 또 재산소득을 늘리기 위해 재테크에 관심을 가진다. 보다 안정적이며 수익성, 환금성을 높일 수 있는 투자전략을 세우기 위해 다양한 투자 대안들을 비교 검토하여 의사결정을 하게 된다.

2) 배분자로서의 소비자의사결정

배분자로서의 역할은 주어진 소득을 어떠한 목표를 가지고 어떻게 배분할 것인가를 결정하는 것이다. 즉, 소득 중에서 어느 정도를 저축하고 어느 정도를 지출할 것인가, 그리고 지출비목별로 어떻게 배분할 것인가, 욕구충족을 위해 어디에 더 우선순위를 두고 지출할 것인가를 결정하게 된다. 지출배분을 잘 하기 위해서는 먼저 가정의 경제생활에 대한 장기적 계획과 더불어 단기적 계획을 수립해야 한다. 그 다음 계획에 따라 목표를 수립하고, 목표에 따라 저축과 지출에 대한 배분을 해야 할 것이다. 예를 들어 5년 후 주택 마련 계획이 수립되어 있다면, 어떤 방법으로 주택자금을 마련할 것인지 목표를 세우고 거기에 맞추어서 저축금액을 배분해야 할 것이다.

3) 구매자로서의 소비자의사결정

구매자로서의 역할은 어떤 재화와 서비스를 어떤 방법으로 구매할 것이며, 가장 좋은 대안을 어떻게 선택할 것인가에 관련된 것이다. 지금까지의 소비자의사결정은 주로 구매자로서의 의사결정에 치중되어 왔다. 구매자로서의 소비자의사결정이 추구하는 바는 구매 후의 만족을 극대화할 수 있는 방법으로 의사결정을 내리는 것이다. 가장 보편적인 원리는 최소의 비용으로 최대의 만족을 얻을 수 있는 경제적 효율성을 적용하여 구매의사결정을 내리는 것이다. 이를 위해 구매자는 정보탐색을 적극적으로 하고, 여러 대안을 꼼꼼하게 비교 평가한 후 가장 좋은 대안을 선택한다. 그러나 품질에 대한 소비자의 기대수준이 높아지면서 안전성이나 기능성, 디자인, 간편성, 이미지 등의 다양한 평가기준이 적용되어 경제적 측면보다는 심리적 만족의 증대를 추구하는 방향으로 의사결정을 하는 경우가 많아지고 있다. 최근에는 행복한 소비, 의미 있는 소비를 추구하는 가치위주의 소비를 중요하게 생각함에 따라 이 제품이 나에게 어떤 가치를 가져다주는지, 나를 얼마나 잘 표현해 줄 수 있는지에 초점을 맞추어 의사결정을 하게 된다.

4) 사용자로서의 소비자의사결정

사용자로서의 소비자의사결정은 구매한 재화나 서비스를 어떻게 하면 가장 효율적으로 사용할 수 있는가와 관련된 것이다. 재화나 서비스가 지닌 유용성을 최대한 살려서 사용하는 방향으로 의사결정을 함으로써 사용상의 만족감을 증대시킬 수 있을 뿐만 아니라 자원의 이용가치도 높일 수 있다. 사용법이 까다로운 제품이나 고장 나기 쉬운 제품, 또는 위험성이 내포된 제품의 경우 사용과 관리상의 주의를 기울임으로써 내구성과 안전성을 높일 수 있으며, 그만큼 경제적 비용도 줄일 수 있다.

5) 처분자로서의 소비자의사결정

처분자로서의 소비자의사결정은 제품 본래의 사용목적이 다한 제품을 처분하는 과정에서 자원의 효용가치를 최대화시켜 환경오염이나 지구생태계의 파괴를 최소화하는 데 주안점을 두고 있다. 환경문제의 심각성이 대두되면서 처분자로서의 현명한 의사결정이 그 어느 때보다도 절실히 요구되고 있다. 처분자로서 의사결정을 할 때는 인간과 생태환경을 지킨다는 새로운 가치기준에 입각하여 자원을 최대한 재활용하고,

쓰레기를 최소화하는 방향으로 실천적 방안을 모색해야 할 것이다.

[그림 4-5] 폐형광등의 분리배출

[그림 4-6] 푸드뱅크

6) 사회참여자로서의 소비자의사결정

소비자는 민주시민으로서의 의사결정을 통해 기업과 정부에 영향력을 행사할 수 있다. 민주시민으로서의 의사결정 원칙은 소비자보호나 환경보호, 소외계층 옹호 등의 사회문제 해결과 공익 추구를 위한 방향으로 이루어져야 한다. 사회참여자로서의 소비자는 개인적 합리성 추구에만 머무르지 말고 거시적으로 사회문제에 대해 관심을 가지고 사회단체에 참여함으로써 건전한 소비의식과 바람직한 소비문화를 이룩해 나가야 할 것이다.

3. 구매주체에 의한 분류

소비자란 개인뿐만 아니라 가족, 그리고 기업이나 병원, 학교, 정부 등과 같은 영리적, 비영리적 조직체들도 포함된다. 이와 같이 소비자를 광범위한 개념으로 파악할 때 제품이나 서비스를 구매하는 주체가 개인인가, 가족인가 혹은 조직체인가에 따라서 의사결정 과정과 의사결정 패턴이 다르게 나타난다. 개인, 가족, 조직체의 구매의사결정 모델을 중심으로 구매의사결정상의 특성을 살펴보고자 한다.

1) 개인 구매의사결정

대부분의 구매의사결정은 개인 단위로 이루어진다. 개인 소비자의 구매의사결정 과정은 전통적으로 ① 문제(욕구)인식 → ② 정보탐색 → ③ 대안평가 → ④ 구매 → ⑤ 구매 후 평가의 다섯 단계를 거친다. 이는 구매의사결정을 문제해결 과정으로 파악한 것이다. 엥겔 등Engel et al.은 개인 소비자의 의사결정 과정에 초점을 맞춘 소비자행동 모델을 처음으로 개발하였다. 몇 차례 수정을 거친 엥겔 등의 모델(2001)에 의하면 마지막 단계인 구매 후 평가를 소비 → 소비 후 평가 → 처분 의 과정으로 세분화하여 나타내고 있다(그림 3-6).

일반적으로 소비자는 자신의 필요에 의해서나 마케팅을 통해 자극을 받으면 구매의 필요성을 느끼게 된다. 이때 구매를 하고자 하는 문제인식을 하게 되며, 적절한 대안을 선택하기 위해서 정보탐색을 한다. 투입된 외부 정보는 일련의 정보처리 과정을 거쳐서 기억 속에 저장되어 내적 정보원천이 된다. 정보를 탐색할 때는 먼저 자신의 기억 속에 저장되어 있는 내적 정보에 의존하게 되며, 부족하다고 인식될 경우에는 더 적극적인 외적 탐색을 하게 된다. 그리고 탐색한 정보를 근거로 여러 대안에 대해 가격이나 품질, 디자인 등 중요시하는 평가기준을 적용하여 비교 검토한 후에 가장 좋은 하나의 대안을 선택해서 구매하게 된다. 구매를 한 후에는 제품을 소비하고 사용하는 과정에서 자기가 기대했던 제품성과와 실제 제품성과의 차이 인식을 통하여 만족이나 불만족을 경험하게 되고, 이는 다음 구매에 영향을 미치게 된다. 제품을 구매하고 난 다음에 바로 평가가 이루어지는 것이 아니라 제품을 소비(사용)하는 과정에서 평가가 이루어지기 때문에 구매 후 평가를 '소비 → 소비 후 평가'로 나타내고 있다. 마지막으로 구매한 제품 본래의 사용목적을 충족한 후 제품을 처분하는 과정을 거치게 된다. 제품의 처분 과정에서는 자원을 최대한 활용하는 방법으로 중고시장 판매와 재활용, 아니면 완전폐기의 방법을 선택하게 된다.

그러나 소비자는 구매상황에서 항상 이상과 같은 단계를 다 거치는 것은 아니다. 제품에 대한 관여수준이나 구매경험 여부, 구매지식 정도, 시간적 여유 등 자신이 처한 상황에 따라 의사결정 방식이 달라진다. 이에 대해서는 이미 앞 절에서 상세하게 다루었다.

개인 소비자의 구매의사결정은 여러 요인에 의해 영향을 받게 되는데, 크게는 환경적 요인과 개인적 요인으로 나누어볼 수 있다. 환경적 요인에는 문화, 사회계층, 준거집단, 가족, 상황 등이 있고, 개인적 요인에는 소비자자원, 동기와 관여도, 지식, 태도, 개성, 가치 및 라이프스타일 등이 있다. 이에 대해서는 다음 장에서 상세히 다루기로 한다.

2) 가족 구매의사결정

가족은 공동의 경제목표를 가지고 공동의 경제생활을 영위해야 하므로 가족의 구매의사결정이 공동으로 이루어지는 경우가 많다. 품목에 따라서 개인이 소비하는 제품의 경우에는 개인에 의해 구매의사결정이 이루어지지만 주택이나 자동차, 가전제품 등과 같이 보다 중요하거나 공동으로 소비하는 품목들은 가족이 함께 구매의사결정에 참여하게 된다. 가족은 구매의사결정의 각 단계에서 영향자, 여과자, 의사결정자, 구매자, 사용자, 처분자 등의 다양한 역할을 담당하게 된다. 각 역할은 가족 개개인의 관심과 능력, 성역할, 시간적 여유에 따라 분담하기도 하고, 공동으로 하거나 한 사람이 여러 가지 역할을 담당하기도 한다. 공동의 의사결정 과정에서는 가족 구성원 개개인의 선호와 가치, 입장 등이 서로 다르기 때문에 갈등이 발생할 수 있으며, 이러한 갈등을 원만하게 해결하는 방안을 모색하게 된다.

가족 구매의사결정이 개인 구매의사결정과 다른 점을 요약하면 다음과 같다.

첫째, 공동의사결정이 이루어진다.
둘째, 의사결정 과정에서 가족 구성원이 각기 다른 역할을 수행하게 된다.
셋째, 의사결정 과정에서 생기는 갈등을 해결하는 방법을 찾는다.

가족 구매의사결정에 관한 [그림 4-7]의 세스Sheth(1999)의 모델을 중심으로 그 특성을 구체적으로 살펴보고자 한다.

(1) 공동의사결정

가족 구매의사결정에서 공동의사결정이 요구되는 경우는 첫째, 제품이 중요하고 인지된 위험이 클 경우, 둘째, 긴급하게 구매하지 않아도 될 경우, 셋째, 공동으로 사용하는 품목을 구매할 경우를 들 수 있다.

제품이 중요하고 인지된 위험이 클 경우에는 잘못된 의사결정으로 인해 큰 손해를 보게 되고 그 영향이 가족 모두에게 미치기 때문에 공동의사결정을 하게 된다. 예를 들어, 주택이나 휴가여행 상품 등을 구매할 경우에는 공동의사결정을 하게 된다. 그러나 속옷이나 화장품 등 제품이 개인적 용도로 사용되거나, 치약이나 비누와 같이 가족이 공동으로 사용하는 제품일지라도 구매빈도가 잦고 그다지 중요하지 않은 일상용품을 구매할 때는 자율적인 의사결정을 하게 된다. 또한 냉장고와 세탁기 등과 같이 중요한 제품이더라도 고장이 나서 긴급하게 구매해야 할 경우에는 공동의사결정을 하기가 어렵다.

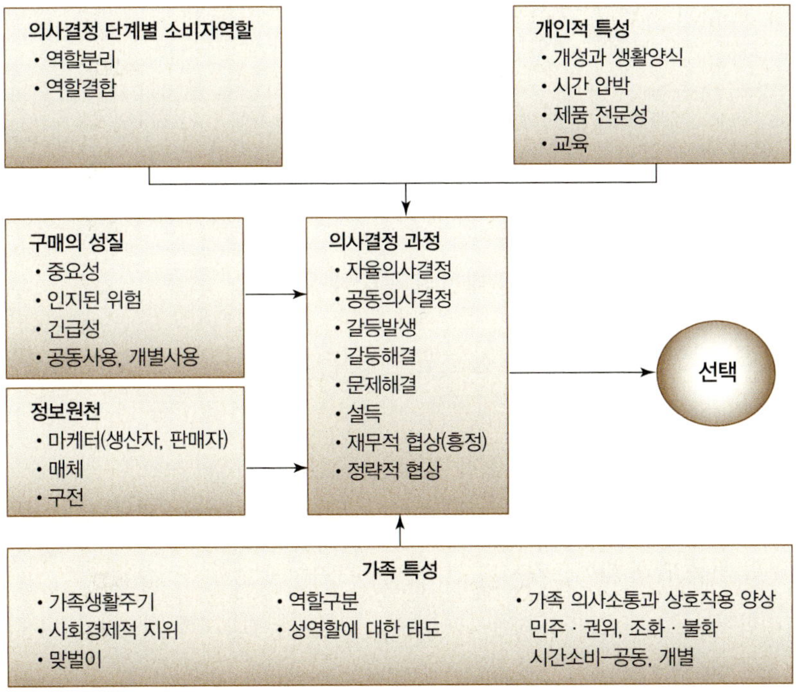

[그림 4-7] 가족 구매의사결정 모델

출처: Sheth, N. J.(1999). Consumer Behavior. The Dryden press. p. 596; 김영신 외(2011). 새로쓰는 소비자의사결정. p. 211에서 재인용한 내용을 부분적으로 수정함.

(2) 가족 구매의사결정 과정에서의 역할분담

가족들은 구매의사결정 과정에서 다음과 같은 소비자역할을 담당하게 된다(Schiffman & Kanuk, 2000). 가족은 다양한 소비자역할을 각자가 분담해서 하기도 하고, 때로는 주된 의사결정자가 여러 가지 역할을 결합해서 한꺼번에 하기도 한다.

① 영향자influencer: 제품이나 서비스에 대한 정보를 수집해서 가족 구성원들에게 제공하며 제품평가에 대해 영향을 미친다.
② 여과자gatekeeper: 수집된 정보 중 참고할 만한 것만 받아들이도록 정보의 흐름을 통제하는 역할을 한다.
③ 결정자decider: 어떤 재화나 서비스를 구입할 것인지, 또는 어떻게 사용(소비, 보관)하고 처분할 것인지에 대해서 결정한다.
④ 구매자buyer: 제품이나 서비스를 실제로 구입한다.
⑤ 준비자preparer: 제품을 소비하기 적당한 형태로 변환한다. 식료품을 사서 가족이 먹을 수 있는 음식을 만드는 경우를 예로 들 수 있다.
⑥ 사용자user: 구입한 재화나 서비스를 사용하거나 소비한다.
⑦ 유지자maintainer: 제품을 만족스럽게 사용할 수 있도록 수리하거나 관리한다.
⑧ 처분자disposer: 수명이 다한 제품을 처분하거나 폐기한다.

(3) 가족 구매의사결정 과정에서의 갈등해결

가족이 공동으로 구매의사결정을 할 때는 구매목표와 대안의 평가기준이 다를 수 있으므로 갈등이 생길 수 있다. 예를 들어 가구를 구입하려고 할 때 부인은 재질과 디자인을 중시하는 데 비해, 남편은 가격과 실용성을 중시하여 서로 다른 제품을 구매하자고 의견이 맞설 수가 있다. 갈등은 최종 의사결정의 단계뿐만 아니라 문제인식 단계에서부터 처분 단계에 이르기까지 전 과정에 걸쳐서 발생할 수 있다.

이러한 갈등을 해결하기 위해서는 가족 구성원 간에 의견일치를 보거나 타협을 하는 방안이 검토될 수 있다. 이에 대한 구체적 전략은 〈표 4-1〉에 제시된 바와 같이 다섯 가지가 있다(서성환 외, 2012: 344-346).

① 문제해결

가족 전체가 토의를 하거나 전문가의 조언을 통해, 또는 추가적인 정보를 수집함으로써 모든 구성원이 합의할 수 있는 대안을 찾는다.

② 역할위임

특정한 제품이나 서비스 분야별로 가족 중 한 명이 전문가의 역할을 담당하게 하여, 그 사람이 책임지고 의사결정을 할 수 있도록 위임하는 것이다. 위의 예에서 가구 구입은 주부에게 더 전문성이 부여되므로 부부간에 의견이 맞설 때는 아내의 결정에 맡기는 쪽으로 의견일치를 볼 수 있다.

③ 예산할당

지출할 수 있는 예산 규모를 사전에 할당해 놓고, 그 기준에 맞추어서 의견일치를 보는 것이다.

④ 협상

협상은 가족 구성원 상호 간에 흥정give and take의 형태로 나타난다. 가족 구성원 중 한 명이 이번 구매에서 자신이 원하는 상품을 산다면 다른 구성원은 다음 번 구매에서 우선권을 갖는 것이다. 또 가족 구성원 간에 한걸음씩 양보해서 조정된 의사결정에 따라 구매하거나, 새로운 대안을 찾기 위해 구매를 연기할 수도 있다.

⑤ 설득

한 사람이 다른 구성원에게 어떤 조치를 받아들이도록 권유하는 것이다. 설득의 방법으로는 비판, 강요, 공동작전이 있다. 비판critic은 상대방이 주장하는 의사결정의 부정적 측면을 강조함으로써 그 사람의 의견을 약화시키려는 것이다. 강요coercion는 상대방이 주장하는 의사결정에 대해 직접적으로 위협을 가하는 것이다. 공동작전coalition은 "남들 모두가 원하는데 왜 유독 당신만 다른 것을 원하는가?" 하고 설득하는 것이다.

〈표 4-1〉 가족 구매의사결정에 있어서 갈등해결 전략

목 표	전 략	수행방안
의견일치	문제해결	집단토의 전문가의 조언
	역할위임	전문 영역의 설정
	예산할당	상례적 규칙의 설정
타 협	협 상	다음 구매 상호 양보 구매 연기
	설 득	비 판 강 요 공동작전

출처: David, H. L.(1976). "Decision Making within the Household", Journal of Consumer Research 2. p. 255; 서성한 외(2012). 소비자행동. p. 346에서 재인용.

(4) 가족 특성과 구매의사결정

가족 특성을 구성하는 요인으로는 가족생활주기, 사회경제적 지위, 맞벌이 여부, 역할구분, 성역할에 대한 태도, 가족 의사소통과 상호작용 양상을 들 수 있다.

① 가족생활주기

가족생활주기는 결혼으로 가정이 형성되어 자녀를 낳아 기르고 독립시키며, 배우자가 사망하고 가족이 해체되어 끝나는 시기까지를 의미하는데, 학자에 따라 그 단계를 다양하게 구분하고 있다. 전통적으로는 자녀가 있는 부부가족을 중심으로 자녀의 성장 발육과 관련해서 6~8단계로 나누는 것이 보편적이나, 최근에는 자녀가 없거나 이혼한 가족을 고려한 현대적 가족생활주기가 개발되었다.

가족생활주기에는 각 단계마다 요구되는 과업이 있고 이에 따라 특성이 구분되므로 재정적 상태나 구매 패턴에도 차이를 보인다. 〈표 4-2〉는 가족생활주기에 따른 재정적 과업 및 특징과 구매 패턴에 대한 내용을 정리한 것이다.

가족생활주기의 어느 단계에 속하는가에 따라 재정적 계획의 목표, 필요로 하는 재화나 서비스의 종류, 중요시하는 평가기준 등이 달라진다. 또한 가족생활주기의 초기

단계일수록 공동의사결정이 더 큰 범위로 적용되며, 나중 단계로 갈수록 자율적 의사결정의 범위가 커진다.

〈표 4-2〉 가족생활주기에 따른 재정적 과업 및 특징과 구매 패턴

가족생활주기	재정적 과업 및 특징	구매 패턴
가정확립기 (신혼부부기)	• 화폐에 대한 태도, 가치관, 라이프스타일의 조화, 생명보험 들기, 자녀출산 계획, 비상금 마련, 주택구입에 대한 구체적 계획 • 재정 상태 좋음	내구재 구매율 가장 높음
확대기 1기 (자녀 유아기)	• 자녀 육아비용 지출 증가, 소득을 고려한 지출, 자녀교육을 위한 저축, 주택구입을 위한 저축 • 유동자산과 저축금액이 적음	아기용품 등 가족 구매가 절정에 달함, 자녀 학원비 지출, 신제품에 관심이 많음
확대기 2기 (자녀의 초등 교육기)	• 자녀의 교육비 지출 증가, 생명보험 · 건강보험의 변경 또는 추가, 주택마련을 위한 저축, 가족목표의 재검토, 투자를 위한 계획, 실직에 대한 준비 • 가계지출은 증가하나 재정상태는 점차 호전	자녀용품(자전거, 피아노 등) 구입, 과외비 지출, 주택구입(1차)
확대기 3기 (자녀의 중고등 교육기)	• 가계 내구재의 보완 또는 교체, 자녀를 위한 지출 증가, 주택의 교체(2차), 자녀교육을 위한 저축 증가, 재무 문제에 자녀 참여 • 재정상태 더욱 호전, 취업주부 증가	과외비 지출 절정에 달함, 자녀를 위한 식품, 의류 구매 증가
확대기 4기 (자녀의 대학 교육기)	• 자녀교육비의 증가(최대), 은퇴에 대한 계획, 절세 계획, 여가비용의 증가, 보수적인 투자, 자녀출가 후 주택 교체에 대한 고려, 자녀들의 결혼비용, 창업자금에 대한 고려 • 지출이 가장 큰 시기로 수입보다 지출이 커지기 쉬운 단계	고급스러운 내구재 구입, 취미생활, 여행 즐김, 치과 치료
축소기 1기 (자녀의 직업 적응기, 노부부 1기)	• 자녀들에 대한 재무적 원조 고려, 여행, 상속에 대한 계획, 주택수리를 위한 비용 증가, 충분한 비상금의 축적, 은퇴 후의 소득에 대한 평가, 세금을 고려한 투자 • 가계의 특별지출로 인한 지출규모가 큰 시기, 은퇴하지 않은 상태이므로 재정상태 양호	여행, 오락, 자기계발에 관심, 신제품에는 관심 없음, 사치품 구입, 집수리
축소기 2기 (은퇴기, 노부부 2기)	• 소득의 감소, 고정소득으로 생활하기, 의료비의 증가, 시간제 부업의 고려, 위험도가 낮은 투자로 전환, 여가활동을 위한 비용 증가, 노후 장 · 단기 목표의 설정, 상속에 대한 고려	의료기기, 건강식품, 의약품 구입 증가, 병원 치료비

출처: 이기춘(1999). 가정경제학. pp. 159-163; 강이주 외(1999). 가계경제학의 이해. p. 163; 임종원 외(2011). 소비자행동론. p. 448의 내용을 참고로 작성함.

② 사회경제적 지위

가족의 사회경제적 지위는 공동의사결정의 횟수와 갈등해결 방법에 영향을 미친다. 제품이 가족 중 한 개인에게 사용될 경우 자율적 의사결정 형태를 보이는데, 그 자율성의 정도는 사회경제적 지위에 따라 다른 양상을 보일 수 있다. 일반적으로 사회경제적 지위가 높을수록 개인용품 구매에 있어서 자율성이 더 크게 나타난다. 그러나 가족이 공동으로 사용하는 제품을 구매할 경우에는 상류계층일수록 공동의사결정 과정이 적용될 가능성이 높아진다.

③ 맞벌이

주부의 취업 여부는 성역할 태도에 영향을 줄 뿐만 아니라 가족 의사결정에서의 영향력에 관계되고 있다. 많은 연구결과는 맞벌이가정의 공동의사결정에서 아내의 영향력이 상당히 커지고 있음을 나타내고 있다. 취업주부의 경우 많은 품목에서 자율적인 의사결정을 하고, 전통적으로 남편 지배적인 품목에서도 영향력을 행사한다. 이는 재정적인 기여도와 함께 사회활동으로 인해 제품과 서비스에 대한 폭넓은 관심과 지식을 소유하기 때문일 것이다.

④ 역할구분 및 성역할에 대한 태도

가족 구매의사결정의 역할구분에서 전통적으로 남편은 수단적 역할instrumental role을 하고, 아내는 표현적 역할expressive role을 하는 것으로 알려져 왔다. 수단적 역할은 가족이 최종 구매결정을 하는 데 필수적인 사항과 관련되는 것으로 구매할 품목, 예산, 구매시기 등에 관한 결정을 말한다. 표현적 역할은 집단규범의 표현에 관한 것으로 색상, 스타일, 디자인 등에 관한 결정을 말한다. 이러한 역할구분은 가족 구매의사결정에 있어서 구매할 품목의 자율적 결정이나 부부 간의 상대적 영향력과도 관련된다.

전통적인 성역할 태도가 잘 받아들여진 가족은 개별적 구매영역에서 성역할 전문성에 따라 자율적인 의사결정을 하고 있는 것으로 나타났다. 구매의사결정의 영향력 구조에서 전통적 성향을 지닌 부부는 남편 지배적 의사결정 형태가 많은 반면, 진보적 성향을 지닌 부부는 아내가 결정을 주도하는 영역이 확대되어 나타난다. 최근에는 전통적인 성역할 구조가 크게 변화하여 남편과 아내의 권한 관계가 상호평등 쪽으로 변화되고 있다. 성역할에 대한 태도가 현대적일수록 가정용 제품구매에 있어서 역할전문화가 모호해지고 있으며, 공동의사결정을 하는 제품의 수가 늘어나고 있다.

⑤ 가족 의사소통과 상호작용 양상

가족 구매의사결정은 가족 구성원 간에 의사소통이 잘 이루어지는가 아닌가, 또는 어떤 형태로 이루어지는가에 따라 영향을 받는다. 가족의 의사소통과 상호작용 양상은 공동의사결정 과정에서 갈등의 발생 및 해결방법과 밀접한 관련이 있다. 민주적으로 대화가 잘 이루어지는 가족은 권위적인 가족보다 의사결정 과정에서 갈등이 적게 발생하며, 만일 갈등이 발생하더라도 강압적인 방법보다는 자유로운 토의를 통한 문제해결 방식을 취한다.

맥리오드와 샤페Mcleod & Chaffe(1972)는 가족의 의사소통 구조가 사회지향성socio-oriented 차원과 개념지향성concept-oriented 차원으로 구성된다고 보고, 자녀-부모-주제와 관련하여 네 가지 형태의 가족 의사소통 유형을 제시하였다(박명희 외, 2005).

- 자유방임형 가족laissez-faire families: 가족 구성원 상호간에 의사소통의 중요성을 느끼지 않는 가정으로, 부모 자녀 간의 의사소통이 거의 이루어지지 않는다.
- 보호적 가족protective families: 자녀에게 복종과 의사소통에서의 사회적 조화를 강요하며, 개념지향성 의사소통은 거의 이루어지지 않는다.
- 다원적 가족pluralistic families: 복종과 권위를 내세우지 않으며, 자녀들은 자유롭게 새로운 사고를 하거나 표현함으로써 개방적인 의사소통이 이루어진다. 의사소통을 할 때 상호 간의 존중과 관심을 중요시한다.
- 합의적 가족consensual families: 가정의 질서나 조화를 깨뜨리지 않는 한도 내에서 자유롭게 개방적으로 의사소통을 한다.

사회지향성과 개념지향성의 의미 용어설명

- 사회지향성socio-oriented: 가정에서 복종과 조화 있는 사회적 관계를 유지하도록 하는 것이다. 이러한 의사소통 형태는 부모 자녀 관계를 강조하는 것으로 자녀들이 자신의 감정을 억누르고 갈등을 회피하며, 어른과의 언쟁을 삼가고 공손을 배우도록 하는 것이다.
- 개념지향성concept-oriented: 자녀-주제 관계를 강조하는 것으로 자녀들이 독자적인 세계관을 형성하도록 고무하며, 의사결정을 하기 전에 고려되는 대안들을 판단하고 논쟁 속에서 자신의 견해 혹은 입장을 밝히는 법을 배우도록 하는 것이다.

모쉬스와 무어Mochis & Moore(1978)는 부모 자녀 간의 의사소통 형태가 자녀의 소비자 사회화에 큰 영향을 준다고 하였다. 그들의 연구에 의하면 다원적 가족인 경우의 아동이 소비자지식을 더 많이 가지고 거짓 광고를 잘 구별하며, 제품 간의 차이를 더 정확하게 지각한다고 하였다. 또 합의적 가족의 아동들이 소비자로서의 역할을 더 잘 지각하고 있는 것으로 나타났다.

이상의 가족 특성 외에도 개성과 생활양식, 시간 압박, 제품 전문성, 교육 등 가족 구성원의 개인적 특성도 가족 구매의사결정 과정에 영향을 미친다.

(5) 가족 구매의사결정에서 가족 구성원 간의 영향력 관계

가족 구매의사결정 과정에서 가족 구성원 간의 영향력 관계는 큰 변수로 작용한다. 제품 유형에 따라 남편과 아내의 상대적 영향력과 부모와 자녀 간의 상대적 영향력의 크기가 달라진다. 또 문제인식, 정보탐색, 최종선택 등 의사결정의 단계에 따라서도 가족 구성원 간의 상대적 영향력이 달라진다. 이에 관해서는 다음 장의 가족이 소비자의사결정에 미치는 영향 부분에서 상세히 다루고자 한다.

3) 조직 구매의사결정

개인소비자와 가족 이외에 제품과 서비스를 구매하는 곳은 기업과 학교, 병원, 정부 등의 조직이다. 이러한 영리적, 비영리적 조직들은 대량 구매를 하며 구매과정이 전문화되어 있다는 점이 상당히 유사하다.

그러나 이러한 조직들은 개인 소비자나 가족과는 다른 구매동기와 의사결정 과정을 거쳐 상품이나 서비스를 구매한다. 즉 일반 소비자가 자신들의 다양한 욕구나 욕망을 충족시키기 위하여 구매를 한다면, 조직구매자들은 구매효율성이 중요한 구매동기라고 할 수 있다. 이들은 예산 · 비용 · 이익 등의 요인들을 고려해야 하며, 구매의사결정 과정에 두 사람 이상이 참여하는 공식조직formal organization을 통해 구매를 결정하기 때문에 개인적 특성과 조직적 특성이 서로 혼재되어 나타나는 의사결정 과정을 거친다는 특징이 있다.

여기서는 [그림 4-8]의 셰스Sheth의 산업구매 행위 모델을 중심으로 조직 구매의사결정의 특징을 살펴보고자 한다(서성한 외, 2012: 40-44).

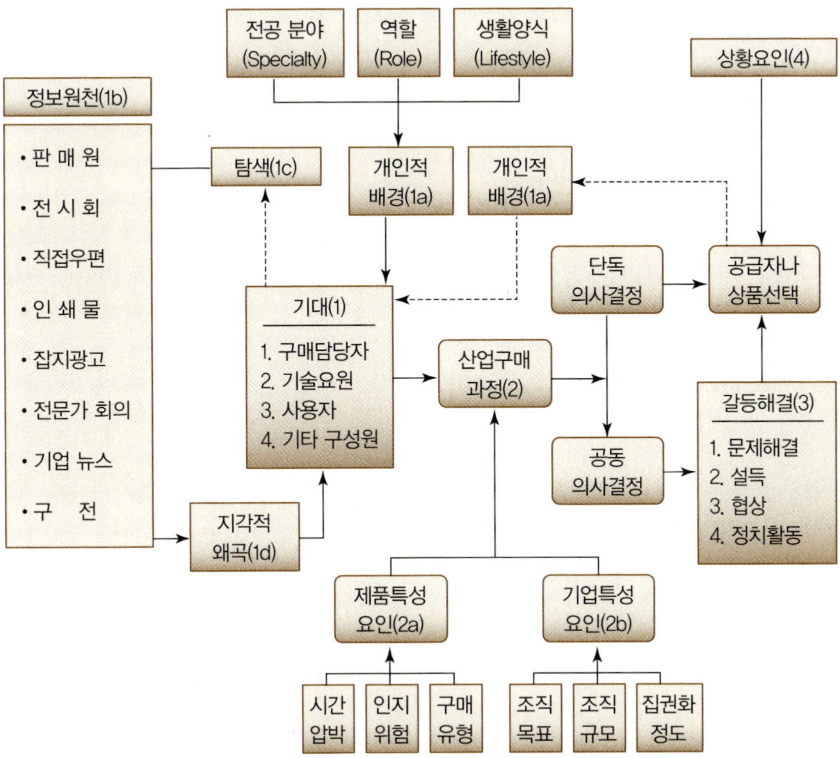

[그림 4-8] 셰스의 산업구매행위 모델

출처: Sheth, J. N.(1973). "A Model of Industrial Buying Behavior", Journal of Marketing, Vol. 37. p. 52; 서성한 외(2012). 소비자행동론. p. 42에서 재인용.

이 모델은 크게 세 부분으로 구분되고 있다. 즉 조직 구매의사결정에 참여하는 사람들의 심리적 배경 부분, 공동의사결정과 단독의사결정을 결정짓는 부분, 그리고 공동의사결정에 따른 갈등과 이의 해소 과정이다.

(1) 의사결정의 심리적 배경

산업구매 상황에서는 전형적으로 적어도 세 부서가 의사결정에 참여하게 되는데, 이들은 구매부서 · 품질관리부서 · 생산부서의 담당자들이라고 할 수 있다. 모델에서는 이들을 구매담당자, 기술요원, 사용자로 표시하고 있다. 기타 구성원에는 구매 과정에 직접 참여하지는 않더라도 의사결정에 영향을 미칠 수 있는 최고경영자나 조정자 등이 해당된다.

의사결정에 참여하는 세 부분의 담당자들 사이에는 상당한 정도의 상호작용이 발생하며 공동으로 의사결정을 하는 경우도 자주 발생한다. 산업구매자의 행동을 설명하기 위해서는 구매의사결정에 관련된 당사자들의 심리적 배경상의 유사성과 차이점을 먼저 검토하는 것이 필요하다.

이 모델에서 심리적 배경은 특정 구매의사결정이 구매목표를 만족시킬 것이라는 기대로 표현되고 있으며, 다음과 같은 네 가지 하위요소들 간의 관계가 나타나고 있다.

① 개인적 배경(1a)

구매과정에 참여하는 담당자들의 전공 분야 · 역할지향 · 생활양식의 차이에 따라 구매의사결정에 대한 기대가 달라진다.

② 정보원천(1b)

정보원천에는 여러 가지 형태가 있으나 구매담당자는 업계의 전문지와 같은 상업적 정보원천을 많이 활용하기 때문에 공급업자나 특정 상표에 관해 편파적이고 왜곡된 생각을 하는 경우도 발생한다. 엔지니어나 생산담당자들은 판매업체와 직접 접촉하지 않는 경우가 대부분이므로 정보가 충분하지 못하며, 주로 전문가 모임이나 기업 내부의 거래보고서, 구전 등으로부터 정보를 얻는다.

③ 탐색(1c)

합리적 구매의사결정을 위한 기초자료로서의 정보를 탐색하는 일은 흔히 구매담당자에게 일임된다.

④ 지각적 왜곡(1d)

각 개인은 유입되는 정보를 체계적으로 왜곡함으로써 자신의 사전지식이나 기대와 일치하는 정보만을 획득하려는 경향을 나타낸다.

(2) 공동의사결정 · 단독의사결정의 결정요인

특정의 구매결정을 공동으로 할 것인가 또는 단독으로 할 것인가를 결정짓는 변수들은 여섯 가지로 나뉘어 제시할 수 있으며, 이들은 다시 다음과 같은 두 가지 요인으로 통합된다.

① 제품특성 요인

- 인지된 위험
- 시간의 압박
- 구매의 유형

② 기업특성 요인

- 조직의 목표
- 조직의 규모
- 집권화 정도

(3) 갈등과 갈등해결

공동의사결정이 수행되는 경우에는 구매당사자 사이에 갈등이 생길 수 있다. 이러한 갈등은 주로 구매담당자 · 최고경영자 · 전문기사들 간에 제품이나 공급업자에 대한 동기와 기대수준이 다르기 때문에 발생하며, 부분적으로는 상이한 교육수준 및 기업의 보상정책 때문에 발생하기도 한다.

이러한 갈등을 해소하기 위해서는 다음과 같은 방법이 이용된다.

① 문제해결

갈등관계에 있는 두 집단이 문제해결 기법을 통해 갈등을 해결하기 위해서는 먼저 쌍방의 목표를 일치시켜야 한다. 목표가 일치하면 정보수집, 대체안의 제시와 평가절차를 거쳐 양 집단이 모두 만족할 수 있는 해결방안을 발견할 수 있다.

② 설득

공통의 목표를 찾기 힘든 경우에는 두 집단이 서로 동의할 수 있는 보다 높은 목표를 찾아내어 그 목표에 더 큰 기여를 할 수 있는 방향으로 의견을 서로 조정할 수 있다. 이 경우, 집단의 하위목표가 서로 다르다고 하더라도 상위목표를 위해서는 서로가 약간씩 양보할 수 있는 탄력성을 지니고 있어야만 한다.

③ 협상

구매결정의 당사자 간에 목표가 일치하지 않으며 동시에 공통의 상위목표도 발견할 수 없는 경우에는 협상이나 정치적 타협을 시도하는 수밖에 없다. 협상이란 둘 혹은 그 이상의 갈등집단이 특정안에 대하여 이득을 취하면서 다른 일부를 포기하는 방안에 대한 동의를 모색하는 과정이라고 할 수 있다.

④ 정치적 타결

때로는 집단들의 지나친 경직성으로 인해 융통성 있는 협상이 불가능한 경우도 있다. 이런 경우 양 집단이 세력다툼을 벌이고 갈등이 점차 커지며, 결국 강력한 제삼자가 개입하여 어느 한쪽 편을 들게 됨으로써 문제가 해결되는 방식을 취한다.

셰스 모델은 산업구매 행위에 포함되는 중요한 변수들과 이들 간의 상호작용을 내포하고 있기 때문에 조직구매 연구의 시야를 넓혀 줄 뿐만 아니라 산업구매자의 입장에서 마케팅 정보 시스템의 이용을 가능하게 해준다.

생각해 볼 과제

1. 자신이 최근에 구입한 제품 중 확장적 의사결정과, 제한적 의사결정, 습관적 의사결정에 의해 구입한 품목을 한 가지씩 기억해낸 후 다음의 의사결정 과정들을 비교하면서 도표를 작성해 보자.

   1) 문제인식 단계
      - 구매의 필요성은 왜 느끼게 되었는가?

   2) 정보탐색 단계
      - 정보는 어떤 정보원을 얼마만큼 탐색하였는가?
      - 가장 중요하게 고려하였던 정보원천은?
      - 주로 어떤 내용을 탐색하였는가?

   3) 대안평가 단계
      - 최종 선택을 위해 몇 개의 대안을 고려하였는가?
      - 최종 선택을 위해 어떤 평가기준을 적용하였는가?
      - 가장 중요하게 고려한 평가기준은?

   4) 구매 단계
      - 어떤 상표의 제품을 선택하였는가?
      - 어떤 상점에서 구매하였는가?

   5) 구매 후 평가 단계
      - 구매한 제품에 대해 만족했는가? 만족했다면 어떤 점에서 만족하였는가?
      - 구매한 제품에 대해 불만이 있었다면 어떤 점에서였는가?
      - 자신의 구매의사결정은 합리적이었다고 생각하는가?

2. 환경친화적인 소비자역할과 책임을 다하기 위해 제품의 구매자, 사용자, 처분자로서 어떤 의사결정을 내려야 할지 조별로 토의해보고, 실천할 사항을 작성해 보자.

3. 가족이 함께 참여하는 공동의사결정의 상황을 설정해서(예: 휴가 여행 상품 구매) 역할놀이를 해 보자. 부부와 자녀들로 구성된 가족모델을 설정한 후, 조원들이 각각 가족 구성원으로서 역할을 분담하면서 갈등문제에 직면하고 갈등을 해결해 가는 상황을 연출해 보자.

CHAPTER 5

소비자의사결정에 영향을 미치는 요인

1. 환경적 요인 2. 개인적 요인

Consumer Decision Making

5장

소비자의사결정에 영향을 미치는 요인

소비자들은 일상생활을 영위하기 위해 필요한 재화나 서비스를 구입할 때 각기 다양한 의사결정 행동 패턴을 보인다. 외출복 구매의 경우를 예로 들어보자. 어떤 사람은 별다른 정보탐색을 하지 않고 단골가게에 가 그곳에 진열된 의복 중에서 마음에 드는 것을 쉽게 선택하는가 하면 어떤 사람은 패션 잡지와 홈쇼핑 채널, 인터넷 검색 그리고 여러 상점을 두루 돌아다니면서 가격과 디자인, 색상 등을 꼼꼼하게 비교 · 평가한 후 신중하게 선택하기도 한다. 또 최종 의사결정 단계에서 어떤 사람은 가격 등 경제적 측면을 중요시하여 구매를 하는가 하면, 어떤 사람은 유명 디자이너의 제품이나 해외명품 등 사회 심리적 측면을 중요시하여 구매를 하기도 한다.

왜 이러한 차이가 나타날까? 소비자의사결정 행동의 차이는 개인이 처한 문화적 배경이나 사회계층 등의 환경적 요인과 소비자가 지닌 금전적 · 시간적 자원과 동기, 개성, 라이프스타일 등의 개인적 특성이 반영되어 나타나는 결과라고 볼 수 있다.

이 장에서는 소비자의사결정에 영향을 미치는 환경적 요인과 개인적 요인에 대해서 구체적으로 살펴보기로 한다.

1. 환경적 요인

소비자의 구매의사결정 과정에 영향을 미치는 환경적 요인에는 문화와 사회계층, 준거집단, 가족, 상황 등이 있다(그림 5-1).

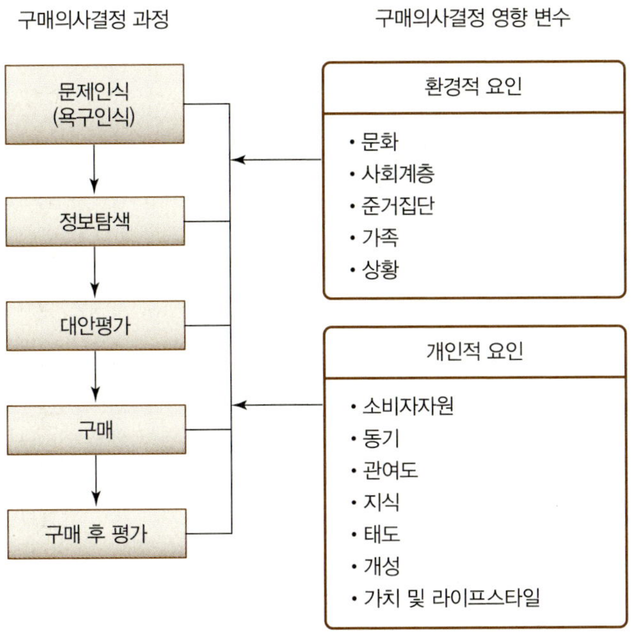

[그림 5-1] 소비자 구매의사결정 과정에 영향을 미치는 요인

출처: Blackwell · Miniard · Engel(2001). Consumer Behavior(9th)의 구매의사결정 모델을 참고로 하여 재구성.

1) 문화

(1) 문화의 개념 및 특성

문화culture란 특정 사회에서 구성원들이 사회학습을 통해 획득하고 공유하는 생활방식 내지는 행동양식을 의미한다. 즉, 문화란 인간이 획득하는 지식, 신념, 예술, 도덕, 법률, 관습 등을 포함하는 복합체라고 볼 수 있다.

어느 사회에서나 어떻게 살아야 하고 어떻게 행동해야 하는가에 대한 구성원들의 문화적 신념과 가치, 규범이 있고 그에 따라 특유의 생활 방식이 존재한다. 나라마다 그 나라 고유의 언어와 생활관습 등의 비물질적 문화nonmaterial culture와 식생활 패턴, 의상, 주택 양식 등의 물질적 문화material culture가 있다.

문화는 다음과 같은 특성을 지닌다.

첫째, 문화는 행동의 기준이고, 규범을 제공한다.

둘째, 문화는 후천적으로 학습된다.

셋째, 문화는 사회 구성원들에게 널리 공유된다.

넷째, 문화는 보편적이면서도 다양하다.

다섯째, 문화는 지속적이면서도 꾸준히 변화한다.

(2) 하위문화

한 사회의 사람들 모두가 동일한 문화적 가치관 및 행동양식을 가지고 있는 것은 아니다. 한 문화권 안에서도 연령이나 종교, 지역 등에 따라 그들만의 독특한 규범, 신념 및 행동을 보이는 하위문화sub-culture를 형성한다. 하위문화는 연령에 따라 청소년문화 · 중년문화 · 노년문화, 종교에 따라서는 유교문화 · 불교문화 · 기독교문화, 지역에 따라서는 도시문화와 농촌문화 등으로 분류된다. 하위문화는 집단별로 독특한 행동양식 내지는 생활 패턴을 보이지만 더 크게 보면 모두 한 사회의 문화라는 공통분모를 지니고 있다는 점에서 하위개념의 문화로 규정할 수 있다.

(3) 문화와 소비자의사결정

소비자는 문화적 환경의 영향을 받아 소비생활을 위한 의사결정을 하게 된다. 또 한편으로는 소비행위의 결과로 소비문화가 형성되기도 한다. 우리 나라 사람들의 경우 유교문화권 특유의 집단주의와 체면의식 때문에 모방소비나 과시소비에 편승한 의사결정을 하는 경우가 많다. 그러나 미국 사람들의 경우에는 개인주의에 젖어 체면의식에 구애받지 않으므로 보다 실리적인 소비자의사결정을 하는 경향을 볼 수 있다. 예를 들어 선물을 하거나 혼수용품을 구매할 때 우리 나라 사람들은 체면 때문에 자기 분수에 넘치는 구매의사결정을 하는 경우가 많은 반면, 미국 사람들은 대체로 실속 있는 구매의사결정을 한다. 혼례문화에서의 과시적인 경향은 건전한 소비문화의 창달을 위해서 개선되어야 할 사항으로 지적되고 있다.

많은 학자들은 소비문화를 형성하는 원동력으로 광고와 대중매체의 영향을 지적하였다. 광고나 대중매체는 마치 재화의 선택을 통해서 이상적인 가치, 즉 사랑이라든가 아름다움, 평화, 행복 등의 목표가 해결되는 것처럼 암시한다. 이러한 예는 가족사랑의 개념을 이용한 자동차 광고라든가 아름다움의 개념을 이용한 화장품 광고 등 무수히 많다.

요즈음은 정보통신의 발달과 세계화 추세로 인해 나라 간에 문화의 보편성이 확대되면서 각 민족 고유의 문화에 대한 다양성을 인정하고자 하는 움직임이 일고 있다. 이러한 추세에 발맞추어 기업에서는 김치, 콩 식품, 전통음료 등의 상품화 및 수출을 통해 우리 전통식품 문화를 지구촌에 알리는 노력을 하고 있다. 세계화로 인해 기업의 해외진출이 확대되면서 다른 나라의 문화를 이해하고 문화적 차이로 인한 소비자의사결정 행동의 차이를 비교 · 분석하는 노력이 요구된다.

2) 사회계층

(1) 사회계층의 개념 및 특성

인간 사회는 어느 사회를 막론하고 사회적 지위나 재산, 직업, 교육 등에 의해 계층화가 이루어져 상류사회에 속한 사람들이 있는가 하면 빈민가에 사는 사람들이 있다. 사회계층social class이란 한 사회 내에서 유사한 가치관, 흥미, 라이프스타일과 행동패턴을 지니고 있는 비교적 영속적이고도 동질적인 집단을 의미한다(임종원 외, 2011: 436).

사회계층의 특성으로는 첫째, 사회계층에는 지위status, 위계hierarchy, 상대적 서열rank의 의미가 포함되어 있으며, 높은 지위부터 낮은 지위까지 수직적인 계층구조를 가진다.

둘째, 사회계층은 개인의 규범, 태도 및 행동을 위한 준거 틀로 작용한다.

셋째, 동일한 사회계층의 성원들은 더욱더 관계를 밀접히 하며, 다른 사회계층의 성원들과는 관계를 멀리한다.

넷째, 사회계층은 시간의 경과에 따라 변화한다. 봉건시대에는 사회계층 간의 이동이 어렵고 사회계층이 세습되었다. 그러나 현대사회에서는 본인의 노력에 따라 계층이동이 쉽게 이루어지고 있다.

(2) 사회계층과 소비자의사결정

사회계층에 따라 의식주, 여가생활 전반에 걸친 제품의 구매와 정보탐색, 상점선택 행동이 차이를 보인다.

제품을 선택할 때 상류층에서는 유명상표나 고급제품 등 상품의 상징성에 치중하여 의사결정을 하는 경향이 있으며, 중 · 하류층에서는 실용성이나 경제성에 치중하여 의사결정을 하는 경향이 있다. 정보탐색 행동에 있어서도 중 · 상류층 소비자는 구매 전에 다양한 정보원천을 폭넓게 탐색하는 경향을 보이는 반면, 하류층 소비자는 주로 친척이나 친구에게 의존하거나 상점 진열, 판매원과 같은 점포 내의 정보원천에 의존하는 제한적인 정보탐색 경향을 보인다. 상점선택 행동에 있어서도 중 · 상류층 소비자는 쇼핑 자체를 즐길 수 있는 쾌적한 백화점이나 대형마트를 선호하는 반면, 하류층 소비자는 친절한 서비스와 외상이 가능한 인접지의 상점을 즐겨 찾거나 가격이 저렴한 도매시장이나 할인매장을 즐겨 찾는다.

기업들은 사회계층을 근거로 시장을 세분화하고 차별화된 마케팅 전략을 펼친다. 특히 상류계층을 겨냥한 VIP 회원제 호텔, 레스토랑, 스포츠클럽이라든가 백화점의 명품 코너 운영, 우수고객 특별관리 등을 예로 들 수 있다.

우리나라의 사회계층 구조는 IMF와 경기침체시기를 거치면서 중산층이 감소하여 양극화 현상을 보이고 있다. 경기를 타지 않는 상류층은 '초고가품'을 여전히 즐기고, 소득이 줄어든 중산층은 '저가품' 구매에 나서면서 소비패턴의 양극화 현상이 나타나고 있다.

3) 준거집단

(1) 준거집단의 개념

준거집단reference group이란 개인이 자신의 판단, 신념, 행동을 결정하는 데 기준으로 삼는 집단을 의미한다. 준거집단은 가족이나 친구, 동료집단이 될 수 있고 취미 클럽이나 동창집단, 비즈니스 클럽이 될 수도 있다. 또 자기가 실제로 그 집단에 소속되지 않더라도 소속되기를 원하는 상위집단 내지 전문가집단이 될 수도 있다.

(2) 준거집단과 소비자의사결정

개인이 준거집단 구성원의 의견을 신뢰성 있는 정보원천으로 생각하거나, 그들의 기대에 순응하고자 할 경우, 또는 유명인의 행동을 모방함으로써 자아를 강화시키고자 할 경우에는 준거집단으로부터 상당한 영향을 받는다. 준거집단의 영향은 구매할 제품의 성질에 따라 다르다. 일반적으로 제품이 남의 눈에 두드러지는 것일수록 준거집단의 영향이 커진다.

일반적으로 준거집단은 다음과 같은 세 가지 방향에서 소비자의사결정 과정에 영향을 미친다(김동기 외, 2012).

첫째, 준거집단은 정보제공적 영향을 미친다. 전문가의 증언이나 친구의 구매경험, 가족의 조언 등은 신뢰할 수 있는 정보원천으로서 개인의 구매의사결정에 중요한 영향을 미친다. 소비자는 구매의사결정 시에 광고나 판매원과 같은 상업적 정보보다는 준거집단이 제공하는 정보에 더 크게 영향을 받는다.

둘째, 준거집단은 비교기준적 영향을 미친다. 개인은 자신과 상호교류가 많은 준거집단, 즉 친구나 이웃의 구매행동과 비교하여 자신의 구매의사결정 행동을 하게 되는 경향이 있다. 소비자는 친구나 이웃이 가지고 있는 제품에 대해 관심을 가지고, 그들이 소유한 것과 같은 상표의 제품을 지니기를 원한다. 오늘날과 같은 타인지향적인 사회에서는 자신보다는 타인들이 어떻게 생각하고 어떻게 행동하는가가 중요하게 여겨지고 있다. 따라서 자신의 주체적인 의사결정보다는 타인을 의식한 과시소비나 모방소비를 지향한 의사결정을 하게 되는 경우가 많다.

셋째, 준거집단은 규범제공적 영향을 미친다. 집단에는 구성원들이 지켜야 할 규범이 있어서 개인이 그 집단의 규범을 잘 따르면 집단으로부터 인정을 받게 되고 잘 따르지 않을 경우 인정을 받지 못하게 된다. 예를 들면 공직자집단의 경우 호화사치성 소비를 지양해야 하는 규범이 존재하므로 이를 의식한 소비자의사결정을 하게 되며, 만일 이러한 규범에 어긋날 경우 사회적 지탄을 받게 된다.

4) 가족

(1) 가족의 개념

가족family은 인간 사회를 구성하는 가장 기본적인 사회 단위이다. 가족은 결혼으로 맺어진 혈연관계 또는 입양관계를 통해 구성된 두 사람 이상의 집단을 말한다.

가족은 친밀한 대면관계를 유지하고 있다는 점에서 일차집단인 동시에 가족의 가치, 규범, 행동을 구성원이 따르도록 작용한다는 점에서 준거집단이 되고 있다. 가족은 하나의 경제 단위로서 소비생활을 영위하며, 구성원의 소비자행동에 직접적으로 영향을 미치므로 중요하게 다루어지고 있다.

(2) 가족과 소비자의사결정

개인 소비자는 제품의 구입 여부와 구입할 품목의 결정뿐만 아니라 어떤 제품을 언제, 어디서, 어떻게 구입할 것인지에 대한 전반적인 의사결정에 있어서 가족 구성원의 영향을 받게 된다. 가족 구성원들은 가족 전체가 공동으로 소비 · 사용하는 제품은 물론 개인이 소비 · 사용하는 제품의 구매에도 서로 영향을 미친다. 남편이 양복을 구매하는 경우 디자인이나 색상의 선택에 있어서 부인의 의견을 따라 결정하는 경우를 예로 들 수 있다.

① 부부간의 영향력

가족 구매의사결정에서 특히 중요시되는 것은 의사결정에 대한 남편과 아내의 상대적 영향력이다. 부부간의 상대적 영향력은 제품에 따라 남편의 영향이 지배적인 제품, 아내의 영향이 지배적인 제품, 각자 자율적으로 결정하는 제품, 공동으로 결정하는 제품으로 구분할 수 있다. 예를 들면 승용차와 증권투자, 주류에 대한 구매의사결정은 주로 남편이 하고 식품, 화장품, 의류, 주방용품에 대한 구매의사결정은 주로 아내가 하며, 주택, 휴가, 가구에 대한 구매의사결정은 부부가 공동으로 하는 경향을 보인다(표 5-1).

〈표 5-1〉 우리 나라 가족 구성원의 구매의사결정 영향력의 실태 (단위: %)

	아내 결정	남편 결정	공동 결정	자녀 함께	자녀 결정
여성복	65	11	19		
남편 캐주얼	22	31	44		
남편 정장	12	35	51		
일상용품/잡화	68	12	15		
가정 상비약	65	18	14		
냉장고	30	16	51		
가구/침대	23	17	53		
오디오	13	19	57		
TV	12	21	59		
저축/보험	25	19	54		
자동차	2	37	49	6	
카메라	10	29	52	7	1
컴퓨터	3	23	36	25	4
유아복/용품	57	7	13	14	1
어린이 장난감	35	12	18	22	5
자녀용 신발	34	8	10	33	13
자녀용 청바지	39	5	7	30	16
외식 장소/메뉴	5	11	43	39	3
휴가/여행	3	12	55	27	2

출처: (주)대홍기획 마케팅전략연구소(1996). 한국사람들. pp. 189-203; 김세범 외(2011). 최신소비자행동. p. 298에서 재인용.

또한 부부간의 의사결정은 가정에서의 역할에 따라 영향을 받게 된다. 대체로 남편은 도구적 역할을, 부인은 표현적 역할을 수행하는 경향을 보인다. 데이비스Davis(1976)는 자동차와 가구 구입에서 부부의 영향력을 조사하였는데, 지출의 크기와 구입 시기는 남편이, 스타일이나 구조, 색상에서는 부인이 영향력을 행사하는 것으로 나타났다. 부부간의 역할 구분은 현대에 올수록 모호해지고 있어 젊은 층의 경우에는 의사결정에서 큰 차이가 나타나지 않는다.

② 부모와 자녀 간의 영향력

가족 구매의사결정에서 부모와 자녀 간의 영향도 중요하게 부각된다. 부모는 자녀들의 소비가치관 형성이나 소비자능력 함양에 결정적인 영향을 미치게 된다. 부모 중 특히 어머니는 자녀의 구매요구가 있을 때 들어주기도 하고 거부하기도 하며, 제품선택에 있어서도 올바른 선택을 할 수 있도록 적극 개입하게 된다. 어머니의 의사결정

행동은 자녀들에게 본보기가 되며 어머니와의 의사소통을 통하여 자녀들의 소비자 사회화가 이루어진다. 연구결과에 의하면 부모와 의사소통을 많이 할수록 친구와 의사소통을 하는 경우보다 경제적이고 합리적인 의사결정을 하는 것으로 나타났다.

자녀의 나이가 어릴수록 어머니는 구매대리인의 역할을 하면서 자녀용품의 선택에 직접적인 영향을 미친다. 그러나 자녀의 나이가 많아질수록 자녀용품은 스스로 구매하는 경향이 높아지면서 점차 자녀들의 영향력이 커진다. 최근에는 아동중심 사회가 되면서 가족공동의 구매의사결정의 경우에도 자녀들의 영향이 커짐을 볼 수 있다. 외식할 때 아동들이 좋아하는 음식점을 선택한다든가 여름 휴가지를 선정하는 경우에도 아동들의 의견이 많이 반영되는 예를 볼 수 있다(표 5-1).

5) 상황

소비자는 때때로 제품이나 자신과는 무관한 특정환경에서 일시적으로 일어나는 상태나 조건에 의하여 구매의사결정을 하게 되는데 이를 상황적 영향situational influence이라고 한다.

상황의 유형에는 소비상황consumption situation, 구매상황purchase situation, 커뮤니케이션 상황communication situation이 있다(이학식 외, 2012).

(1) 소비상황과 소비자의사결정

소비자는 제품의 소비상황을 고려하여 적절한 상품을 선택하게 된다. 예를 들면 운동화를 구입하고자 할 경우 테니스를 할 때 신을 것인지, 조깅을 할 때 신을 것인지, 혹은 가볍게 산책을 할 때 신을 것인지에 따라 각기 용도에 맞는 운동화를 구입할 것이다.

기업에서는 제품과 관련된 소비상황을 잘 파악하여 특성을 다양화한 제품을 개발하고 이를 광고촉진 전략에도 이용하고 있다. 홈쇼핑 광고에서는 제품의 소비상황을 잘 연출하여 소비자들의 구매욕구를 자극하고 있다. 따라서 소비자들은 제품구매 시 소비상황에 적절한 제품을 신중하게 선택할 수 있는 능력을 키워야 할 것이다.

[그림 5-2] 제품의 소비상황을 연출하는 홈쇼핑 광고의 예

(2) 구매상황과 소비자의사결정

구매상황은 소비자가 제품이나 서비스를 구입하는 상황으로 상점 내부환경과 구매목적, 시간적 상황 등이 소비자의사결정에 영향을 미친다.

① 상점 내부환경

유통업체에서는 소비자들의 쇼핑 편의성을 도모하고 구매를 유도하기 위하여 매장의 배치나 제품의 위치, 진열방법, 조명, 음악, 냄새 등 상점 내부환경을 꾸미는 데 신경을 많이 쓴다. 대형 슈퍼마켓의 경우 야채, 고기, 유제품과 같이 소비자들이 빈번하게 구매하는 것은 상점의 양쪽 끝과 맨 뒤에 위치하도록 하는 것이 보통인데, 이는 소비자들이 이 세 군데를 들르는 동안 매장 전체를 돌게 되면서 다른 많은 제품들과 마주치게 되어 예상보다 많은 제품을 사도록 하기 위한 것이다. 또 계산대 부근에 껌이나 초콜릿, 캔디 등을 진열하여 소비자들이 계산하기 위해 기다리다가 사도록 유도한다. 백화점의 경우 에스컬레이터 부근의 고객들이 많이 다니는 곳에 특별행사 제품을 진열하여 소비자들의 충동구매를 유도한다.

소비자들은 판매업자가 의도적으로 조성하는 상점 내부환경의 상황적 영향을 받게 되어 구매시점에서 꼭 필요하지도 않은 제품을 충동구매하게 되는 경우가 많다. 따라서 이러한 충동구매를 피하기 위해서는 구매해야 할 품목을 적어서 쇼핑을 하는 자세가 필요하다.

[그림 5-3] 계산대에 진열된 충동 품목

② 구매 목적

소비자는 제품을 구매하는 목적이 자기가 사용할 것인지, 아니면 선물을 할 것인지에 따라 의사결정을 달리 하게 된다. 가방이나 화장품 등의 제품을 선물하기 위해 구매할 경우 자기가 사용할 때와는 다른 평가기준을 적용하고 다른 상표를 선택하는 수가 있다. 대체로 선물을 하기 위해 제품을 구입할 때는 자기가 사용하기 위해 구입하는 경우보다 정보탐색도 더 광범위하게 하고 광고보다 판매원으로부터 많은 정보를 수집하며, 제품의 물질적 가치보다는 상징적 가치에 치중하여 선택하게 된다. 구매장소도 할인매장보다는 백화점에서 구입하고 구매 후 교환이나 환불의 가능성을 꼼꼼히 따지는 신중한 의사결정 행태를 보인다.

③ 시간적 상황

구매의사결정에 있어서 시간적 상황은 중요한 영향을 미친다. 예를 들어 한여름에 냉장고가 고장이 났거나, 비가 심하게 오는데 우산을 준비하지 못한 경우 소비자는 제품선택에 많은 시간을 투자할 수 없으므로 신속한 의사결정을 해야 한다. 또 다른 계획이 잡혀 있어서 쇼핑할 시간이 넉넉하지 않을 경우에는 정보탐색도 제대로 하지 못하고 가격이나 상표 등 한두 가지 속성에만 의존하여 제품선택을 하게 된다. 반면에 시간적 여유가 많을 때에는 매장을 두루 다니며 다양한 제품을 꼼꼼히 비교 평가를 한 후에 구매하게 된다.

(3) 커뮤니케이션 상황과 소비자의사결정

커뮤니케이션 상황은 인적, 비인적 매체를 통해 정보에 노출되는 상황으로 판매원이나 다른 소비자들의 이야기, 광고나 정보제공을 통한 의사소통을 의미한다.

소비자는 제품구매 시에 제품에 대해서 전문적인 지식과 정보를 제공해 주는 판매원의 이야기에 영향을 받으며, 같이 동행한 사람의 의견에도 영향을 받아 최종 구매의사결정을 하게 된다. 또 점포 내에 제시되는 특정상품의 할인판매 광고라든가 스피커로 안내되는 한정적인 특가판매 행사는 저렴한 가격을 부각시켜 구매를 유도한다. 이러한 상황은 잘만 이용하면 좋은 제품을 싸게 구매할 수 있겠지만, 자칫 과도한 구매나 충동구매를 할 가능성이 크므로 세심한 주의를 요한다.

기업에서는 소비자들에게 제품에 대한 좋은 이미지를 심어주고 광고 효과를 높이기 위해서 TV 광고를 어떤 프로그램 뒤에 방영할 것인지에 대해 신경을 많이 쓰고 있다. 연구결과 슬픈 프로그램보다는 즐거운 프로그램 뒤에 내보내는 광고가 더 호의적이며, 회상력이 더 높은 것으로 나타났다(Goldberg & Gorn et al., 1987). 이러한 맥락에서 드라마가 끝난 시간대에 드라마에서 호감을 주는 주인공을 모델로 내세우는 광고를 방영하는 사례를 자주 볼 수 있다.

2. 개인적 요인

소비자의사결정에 영향을 미치는 개인적 요인에는 소비자자원, 동기, 관여도, 지식, 태도, 개성, 가치 및 라이프스타일 등이 있다(그림 5-1).

1) 소비자 자원

소비자 자원consumer resources은 소비자가 지니는 금전과 시간, 정보처리능력으로 분류할 수 있다(채정숙 외, 2006).

(1) 금전과 소비자의사결정

소비자의 금전 상태는 구매의사결정에 중요한 영향을 미친다. 소득이 많아 금전적 여유가 있는 소비자는 욕구충족을 위해 구매할 수 있는 제품 및 서비스의 범주가 많으며, 제품 구매 시 가격보다는 고가품, 유명상표 등 제품의 상징성을 중요시하여 의사결정을 하는 경향이 있다. 반면에 소득이 적은 소비자는 예산제약이 존재하므로 구매욕구가 생기더라도 제품을 구입하지 못하는 경우가 많으며, 제품을 구매할 때도 가격을 신중하게 고려하여 선택을 하게 된다. 정보탐색 행동에 있어서도 금전제약이 있는 소비자는 좀더 싼 가격의 제품을 구매하기 위하여 여러 상점을 둘러보기도 하고 친구들이나 소비자 잡지 등을 통하여 정보를 얻으며, 젊은 층인 경우에는 인터넷의 가격 사이트 검색을 하는 등 적극성을 보인다.

기업에서는 소비자들의 재정 상태를 고려하여 목표시장을 설정하고 최고급품에서부터 저렴한 제품에 이르기까지 제품개발을 다양화하고 있다. 최근에는 신용카드 사용으로 구매시점에서 예산상의 제약을 받지 않는 데다가 고급품을 지향하는 사회 분위기에 편승하여 자신의 소득수준에 비하여 과분한 제품을 구매하게 되는 경우가 허다하다. 이러한 현상은 자칫 과소비로 인한 신용불량을 초래할 수 있음을 유념해야 할 것이다.

(2) 시간과 소비자의사결정

소비자에게 주어지는 시간적 여유는 구매의사결정에 중요한 영향을 미친다. 일반적으로 제품구매 시에 시간적 여유가 있는 경우에는 정보탐색을 광범위하게 하고 신중한 의사결정 과정을 거친다. 그러나 시간적 여유가 없을 때는 점포 내에서의 제한적인 정보탐색을 하거나 별다른 정보탐색이 없이 신속하게 의사결정을 하게 된다.

현대인들에게는 시간의 가치가 중요해지면서 시간의 기회비용도 높아지고 있다. 경제적 여유는 있더라도 시간제약 때문에 쇼핑을 하지 못하거나 정보탐색에 충분한 시간을 할애하지 못하는 경우가 많다. 정보탐색을 하기 위해 투입되는 비용에 시간비용이 갈수록 크게 작용하게 되므로 탐색으로부터 기대되는 이익이 크게 인식되지 않을 때는 정보탐색을 회피하게 될 것이다. 또한 소비자들은 시간을 절약하기 위해서 홈쇼핑이나 인터넷쇼핑을 선호하게 된다. 그러나 시간제약 때문에 정보탐색을 소홀히 할 경우 비합리적인 의사결정이 될 수도 있고 뜻하지 않게 소비자피해를 당할 수도 있다. 따라서 시간을 적게 들이고 효율적으로 정보탐색을 할 수 있는 방안을 모색해야 할 것이다.

(3) 정보처리능력과 소비자의사결정

우리 주변에는 광고와 같은 무수한 상업적 자극들이 소비자의 주의를 끌기 위해서 홍수처럼 넘쳐나고 있다. 그러나 개인의 정보처리능력은 한계가 있으므로 주어지는 정보에 대해서 선택적으로 반응하게 된다. 즉 무수한 정보들 중에서 자기에게 관심이 있는 정보에만 주의를 기울이게 되고 거기에서 전해지는 메시지가 인체의 감각기관을 통해서 전달된다. 소비자는 전달되는 메시지를 자신의 신념과 일치하도록 해석하려는 경향이 있다. 똑같은 광고라 할지라도 관련 제품에 대한 소비자의 신념이나 태도, 기대, 욕구가 다르기 때문에 그 내용을 다르게 해석할 수가 있다. 또 전달되는 메시지 내용 중 어떤 것은 받아들이고 어떤 것은 무시하기도 한다. 사람에 따라서는 여러 가지 정보를 한꺼번에 처리할 수 있는 사람이 있는가 하면 주어지는 정보를 제대로 처리하지 못하는 사람도 있다. 이와 같이 정보처리능력은 개인에 따라 상당히 차이를 보인다. 일반적으로 교육수준이 높은 소비자가 정보처리능력도 높아서 정보탐색을 활발하게 하는 경향을 보인다.

올바른 소비자의사결정을 하기 위해서는 자기에게 주어진 정보가 믿을 수 있는 것인지에 대한 판단이 필요하며, 정보내용에 대한 세심한 주의와 이해력이 요구된다.

2) 동기

(1) 동기의 개념

동기motives는 목표를 향해서 행동의 방향을 지시하고 촉진시키는 내적 추진력이라고 정의할 수 있다. 동기는 인간 내면에 있는 욕구의 강도에 의해 영향을 받는데, 욕구는 인간이 추구하는 '바람직한 상태'와 '실제 상태'와의 차이에 의해 발생한다. 이 차이를 크게 지각할수록 욕구가 강해지며, 욕구는 동기를 유발시키고 동기에 의해 행동을 하게 된다. 예를 들어 잡지에 최신 유행의 의상이 소개된 것을 보고 현재 가지고 있는 옷이 유행에 뒤떨어짐을 인식하게 되었다고 가정하자. 이때 그 정도가 심할 때는 최신 유행의 의상을 사고 싶은 욕구가 생기며 이 욕구를 충족시키기 위한 구매동기가 작용하여 결국 새로운 의복을 구매하게 될 것이다.

이와 같이 동기는 욕구에 의해 유발되며 소비자행동을 일으키는 원동력이 된다.

(2) 동기와 소비자의사결정

소비자들의 구매의사결정은 동기에 의해 영향을 받는다. 소비자들이 제품을 선택할 때 적용되는 동기에는 다음과 같은 것들이 있다(임종원 외, 2011: 244).

① 기능적 동기functional motives: 제품이 수행하는 기능 또는 유용성에 의한 제품 선택

② 미적 · 정서적 동기aesthetic · emotional motives: 제품의 외형과 편의성에 의한 제품 선택

③ 사회적 동기social motives: 제품 소유자의 사회적 지위 또는 존경에 의한 제품 선택

④ 상황적 동기situational motives: 가격 할인과 같은 예상치 못한 이익의 상황에서의 제품 선택

⑤ 호기심 동기curiosity motives: 새로운 제품이나 상표에 의한 관심의 환기로 인한 제품 선택

이상의 동기들 외에도 잠재의식 속에서 구매에 영향을 미치는 무의식적 동기들도

있다. 무의식적 동기는 인간의 억압된 욕구가 표출되는 것으로 제품의 상징성을 중시하고 자신의 우월성이나 부, 지위에 대한 과시욕을 드러내고자 하는 구매를 유발하게 된다.

기업에서는 인간의 무의식적 동기를 끊임없이 자극하여 제품구매를 유도하고 있으며, 제품의 바람직한 상태와 현재 상태의 차이를 인식하게 함으로써 제품 구매동기를 자극하고 있다.

소비자들은 무수히 쏟아지는 광고나 기업의 판매전략에 이끌려 자신도 모르게 무의식적 동기에 의한 비합리적 구매를 하게 되는 경우가 많다. 그러므로 소비자는 제품을 구매하기 전에 제품을 사고자 하는 이유가 합당한지 면밀히 검토해 보아야 할 것이다. 구매의사결정을 위해서 유념해야 할 것은 자신의 주체적인 필요에 의한 동기유발인지 기업의 판매전략에 의한 동기유발인지를 확인해 보고, 구매동기에 비합리적인 요소는 없는지 살피는 일이다.

3) 관여도

(1) 관여도의 개념

관여도involvement란 특정한 상황에 처한 소비자가 제품 또는 서비스라는 대상에 대하여 얼마나 깊은 관심을 기울이는가를 결정짓는 척도로서 '주어진 상황에서 특정 대상(제품)에 대한 개인의 관심도 혹은 중요성 지각 정도'라고 할 수 있다.

한 개인에게 있어서 관여도는 제품에 따라 다르며, 또 어떤 제품에 대한 개인의 관여도는 상황에 따라 달라진다. 이와 같이 관여도를 결정하는 요인으로는 개인, 제품, 상황이 있다.

관여도는 연속적이며 상대적인 개념이지만 보통 고관여high involvement와 저관여low involvement로 구분된다. 일반적으로 관여도가 높을수록 제품에 대한 만족을 극대화하고 위험을 극소화하는 방향으로 의사결정을 하게 된다.

(2) 관여도와 소비자의사결정

소비자는 제품의 구매상황에서 개인, 제품, 상황적 요인에 의해 형성된 관여도 수준에 따라 의사결정의 형태가 달라진다. 대체로 자동차나 텔레비전, 응접 세트, 외출복 등의 관여도가 높은 구매상황에서는 의사결정과정의 다섯 단계를 다 거치는 확장적 의사결정을 하게 된다. 즉, 제품구매를 위하여 다양한 정보원천에서 세심하게 정보탐색을 하고, 이를 바탕으로 선택대안들의 여러 가지 속성에 대하여 신중하게 평가하는 과정을 거친다. 그 결과 가장 좋은 대안을 선택하며, 구매 후에도 제품의 성과에 대해서 평가하게 된다. 이에 반해 비누나 치약, 조미료 등의 일상용품과 같은 관여도가 낮은 구매상황에서는 대안의 평가과정을 거치지 않고 자기에게 익숙하거나 좋아하는 상표를 바로 구매하는 습관적 의사결정을 하게 된다. 또한 제품에 대한 관여도가 그다지 높지 않거나, 제품에 대한 관여도는 높더라도 시간적 압박이 있을 경우, 또는 과거 구매경험이 있어 어느 정도의 구매지식이 있을 경우에는 제한된 정보탐색과 소수의 대안에 대해서 간단한 평가과정을 거쳐 구매를 하게 되며 구매 후에도 제한적인 평가가 이루어지는 제한적 의사결정을 하게 된다.

소비자는 제품구매 시에 관여도의 상황을 잘 고려하여 자신의 시간과 금전, 노력을 적절히 투입하는 의사결정 과정을 거침으로써 구매 후 만족과 가격절감을 극대화할 수 있는 효율적인 구매가 되도록 해야 할 것이다.

4) 지식

(1) 지식의 개념

지식knowledge이란 소비생활 과정에서 학습이나 사회화 과정을 통하여 형성된 신념이나 의견이 기억 속에 저장되어 있는 내용을 의미한다. 다양한 마케팅 활동과 관련된 경험이나 개인 학습의 결과로서 축적된 지식은 소비자의 구매 및 소비활동에 영향을 미친다. 개인에 따라서 경험이나 학습방법이 다르기 때문에 동일한 마케팅 자극에 대해서도 소비자의 지식은 상이한 형태로 저장될 수 있다.

(2) 지식과 소비자의사결정

소비자의 지식이 구매의사결정 과정에서 어떻게 적용되고 있는지를 제품지식, 구매지식, 사용지식으로 나누어 살펴보기로 한다(서성한 외, 2012: 258-264).

① 제품지식

제품지식product knowledge은 제품과 관련된 다양한 형태의 정보가 종합되어 나타난다. 여기에는 제품범주에 관한 지식, 제품 형태에 관한 지식, 상표에 관한 지식, 제품 속성에 관한 지식, 제품 가격에 관한 지식이 포함된다.

소비자의 제품지식은 제품에 대한 품질평가와 상표선택에 필요한 정보탐색 정도에 영향을 미친다. 제품지식은 상표에 대한 신념과 이미지를 형성하여 제품선택에 중요한 영향을 미친다. 즉, 어떤 상표에 대해 긍정적인 신념과 상표 이미지를 가지고 있다면 호의적인 태도를 형성하여 그 상표를 구매할 가능성이 크다. 또한 제품지식이 많을수록 새로운 정보를 탐색할 필요성이 적어지므로 정보탐색을 적게 하게 될 것이다.

② 구매지식

구매지식purchase knowledge은 소비자가 제품을 실제로 획득하는 행위와 관련된 일체의 정보를 말한다. 여기에는 구매 가능한 상점에 대한 정보와 적절한 구매시점 등에 관한 정보가 포함된다. 구매 장소에 관한 지식으로부터 형성된 점포 이미지는 상점 선택에 영향을 미친다. 즉 어떤 상점에 대한 긍정적인 이미지는 점포 애호도를 형성하여 그 점포를 자주 찾게 된다. 점포 이미지는 가격, 편의성, 구색과 같은 기능적 속성뿐 아니라 실내장식, 조명, 음악 등의 물리적 환경과 판매원의 친절, 신뢰성, 애프터서비스 등의 서비스 요인으로부터 도출된다.

또한 상품에 대한 적절한 구매시점을 알고 있는 정도에 따라 소비자의 구매의사결정은 달라질 것이다. 예를 들어 최신 유행품을 선호하는 소비자인 경우 구매시점을 제품이 새로 출시되는 시기를 택하여, 가격이 비싸더라도 신제품을 사게 될 것이다. 그러나 가격과 제품에 대한 반응을 중시하는 소비자인 경우 제품의 구매시점을 다수의 소비자가 구매하기를 기다려서 어느 정도 가격이 인하되고 제품의 품질이 인정된 후, 그 제품을 구입하게 될 것이다.

③ 사용지식

사용지식usage knowledge은 소비자가 제품을 사용하는 데 필요한 정보가 기억 속에 저장된 것이라고 할 수 있다. 어떤 제품의 사용에 필요한 지식이 많을수록 그 제품을 구매할 가능성이 커진다. 따라서 기업에서는 사용지식을 제공하여 소비자들의 구매를 유도하기 위해 제품 사용설명서를 알기 쉽게 제작하여 배포하거나, 광고나 판매원 등의 인적 채널을 통해 제품의 사용방법이나 효과적인 적용상황에 대해서 알려 주려는 노력을 적극적으로 하고 있다. 다단계 판매원을 동원한 제품소개라든가 홈쇼핑의 제품 안내방송은 사용지식의 제공으로 소비자들의 구매욕구를 자극하여 판매를 촉진시키는 한 예라고 볼 수 있다.

소비자는 구매의사결정 상황에서 제품지식과 구매지식, 사용지식을 효과적으로 활용하여 만족스러운 의사결정을 해야 할 것이다. 평소에 제품이나 시장상황에 대해 관심을 가지고 정보를 수집하여 많은 지식을 얻게 되면 그만큼 좋은 대안을 선택할 수 있을 것이다. 뿐만 아니라 구매 후 제품을 올바로 사용할 수 있어서 소비자만족도 증대시킬 수 있을 것이다.

5) 태도

(1) 태도의 개념 및 특성

태도attitude란 '어떤 대상에 대해 일관성 있게 호의적 또는 비호의적으로 반응하려는 학습된 경향'을 의미한다. 즉, 태도는 어떤 대상에 대해 전반적이고 지속적으로 갖게 되는 긍정적 또는 부정적인 느낌을 말한다.

태도에 대한 이해를 명확히 하기 위해 그 특성을 살펴보면 다음과 같다. 첫째, 태도는 학습을 통하여 형성된다. 둘째, 태도는 반응하려는 정신적 경향이므로 태도로부터 행동을 예측할 수 있다. 셋째, 태도는 비교적 일관성 있는 반응경향으로 쉽게 변화되지 않는다. 넷째, 태도는 직접 관찰될 수 없으므로 적절한 측정방법에 의해 추론되어야 한다.

(2) 태도의 형성과 소비자의사결정

어떤 제품이나 점포 및 광고에 대해 느끼는 소비자의 태도는 구매의사결정에 중요한 영향을 미친다. 소비자는 제품 속성에 대한 신념에 의해 태도를 형성하고 태도를 바탕으로 구매 여부를 결정한다. 즉, 소비자는 구매를 하기 전에 제품 속성에 대한 신념beliefs → 태도attitudes → 구매의도purchase intention의 단계를 거치는 것으로 되어 있다. 예를 들면 소비자가 구매경험이나 정보탐색을 통하여 어떤 제품의 특징에 대해서 학습하게 되면 그 제품의 '기능이 우수하다', '디자인이 멋있다', '가격이 비싸다' 등의 신념을 형성하게 되고, 이 신념에 근거하여 제품을 '좋아하거나 싫어하는' 태도를 가진다. 이때 좋아하는 태도라면 그 제품에 대한 구매의도가 생겨서 구매를 할 것이며, 싫어하는 태도라면 구매의도가 생기지 않아서 구매를 하지 않을 것이다.

소비자의 제품속성에 대한 신념과 태도 형성과의 관계를 설명하는 이론으로 다속성 태도 모델multi-attribute attitude model이 있다. 다속성 태도 모델에 의하면 대상(제품이나 서비스, 점포 등)은 여러 속성(특성)을 가지고 있으며, 대상에 대한 태도는 각 속성에 대해 소비자가 갖는 신념과 그 신념에 대한 평가에 의해 결정된다. 소비자는 외부 정보나 경험을 바탕으로 대상에 대한 여러 가지 신념들을 형성하지만 대안 평가 또는 구매 시에는 자신에게 보다 중요한 일부의 신념들만을 바탕으로 태도를 형성한다.

대표적인 다속성 태도 모델에는 피시바인 모델Fishbein model과 속성 만족도-중요도 모델attribute satisfaction-importance model이 있다. 이에 대해서는 뒷부분의 대안평가에서 자세히 다룰 것이다.

6) 개성

(1) 개성의 개념

개성personality은 '환경적 자극에 대해 비교적 일관성 있고 지속적인 반응을 하게 되는 개인의 심리적 특성'을 의미한다(Kotler & Armstrong, 1991: 129). 개성은 사람들마다 다양하게 나타난다. 예를 들면 어떤 사람은 활동적이고 매사에 적극적인 데 반해, 어떤 사람은 혼자 있기를 좋아하며 매사에 소극적이다. 또 어떤 사람은 충동성이 강하고 즉흥적인 데 비해, 어떤 사람은 계획적이고 치밀하며 신중하다. 이러한 개성에 따라 행동양식이나 자기표현 방식이 달라진다. 가령 똑같이 홈쇼핑 광고를 보더라도 충동성이 강한 사람은 즉흥적으로 구매할 가능성이 클 것이다.

(2) 개성과 소비자의사결정

소비자가 광고나 진열된 상품 등의 마케팅 자극에 관심을 가지는 태도에서부터 그러한 자극을 받아들여서 반응하게 되는 행동양식에 이르기까지 개성에 따라 다양한 패턴을 보인다.

소비자의 개성을 설명하는 이론에는 정신분석이론, 사회이론, 특성이론, 자아개념이론이 있다.

① 정신분석이론

정신분석이론psychoanalytic theory은 프로이드Sigmund Freud가 세운 이론 체계로, 개성은 인간의 동적 에너지 시스템을 구성하는 세 가지 요소인 본능적 충동id, 자아ego, 초자아super ego의 상호작용에 의해서 형성된다고 보는 견해이다. 즉, 개성은 본능적 충동에 대해서 자아와 초자아가 어떻게 상호작용하는가에 의해 결정된다고 한다.

[그림 5-5] 성적 암시를 이용한 제품 광고

제품의 구매상황에서 소비자들은 흔히 본능적 충동 같은 무의식적인 동기에 의해 구매하고 싶은 욕망은 있으나, 이를 자아나 초자아가 억제시키기 때문에 내부적인 갈등상태에 빠지게 된다. 가령 어떤 여성이 백화점에 쇼핑을 나갔다가 명품 코너에서 멋있는 핸드백을 보고 살까 말까 망설이는 상황을 가정해 보자. 핸드백이 고급스러워 그걸 지니면 마치 귀부인 같은 느낌이 들어서 사고 싶은 마음이 생기는데id, 막상 사려고 하니 너무 비싸서 자기 형편에는 지나친 사치와 허영이라는 생각이 들어super ego 포기하고 돌아서려고 하였다. 그러나 이때 판매원이 다가와서 "너무 멋있지요? 비싸도 비싼 만큼 가치가 있어요. 가격이 부담되시면 카드 할부로 결제하시면 되지 않겠어요?ego"라고 권유를 할 때는 큰 마음먹고 구입하게 될 가능성도 있다. 기업에서는 이러한 갈등상황을 해소할 수 있는 메시지를 전달함으로써 구매를 유도하는 전략을 광고에서나 판매원들을 통하여 자주 활용하고 있다. 뿐만 아니라 인간의 무의식적인 본능을 자극하기 위해 제품의 물리적 속성보다는 상징적 의미를 강조하는 제품 소구나 성적 암시를 이용한 제품개발이나 포장, 광고 메시지 등이 촉진전략으로 활용되고 있다.

② 사회이론

사회이론social theory을 주장한 대표적인 학자인 호니Horney는 부모와 자식 간의 관계로부터 발생하는 근본적 불안에 대처해 나가는 학습과정을 통하여 개성이 형성된다고 보았다. 호니의 이론에 의하면 개성은 순응형, 공격형, 고립형의 세 가지 유형으로 구분될 수 있다.

기업에서는 이러한 개성 유형과 제품 이미지를 연결한 광고 전략을 자주 활용하고 있다. 예를 들면 고립형의 사람들이 차를 많이 마신다는 점에 착안하여 커피나 녹차에 대한 광고를 할 때는 홀로 사색하면서 마시는 장면을 연출함으로써 효과를 높이고 있다.

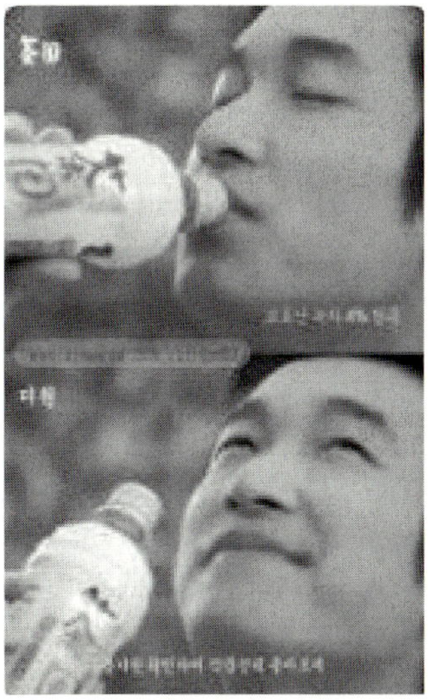

[그림 5-6] 뭔가 꿈꾸며 생각하는 듯한 이미지를 부각시킨 녹차 광고

③ 특성이론

특성이론trait theory에 의하면 개성은 일반적 반응 경향을 의미하는 특성들traits의 집합으로 구성된다. 특성이란 '한 개인이 다른 개인과 구별되도록 하는 독특하고 비교적 지속적인 성격 특성'이라고 할 수 있다. 예를 들면 '외향적', '내향적', '사교적', '활동적' 등으로 표현될 수 있다.

시장 세분화를 위하여 흡연자들의 개성 특성을 연구한 결과(Koponen, 1960; 김동기 외, 2012) 담배를 많이 피우는 사람은 이성애, 공격성, 성취욕이 높고 질서와 순응성이 낮게 나타났다.

④ 자아개념이론

자아개념self-concept이란 자기 자신에 대한 생각과 느낌의 총체로 자아 이미지self-image라고도 한다. 자아 개념은 매우 복잡하지만 일관성 있게 작용한다. 소비자는 일반적으로 자아이미지 향상에 도움이 되는 제품을 구매하려고 하며, 또한 자아 이미지와 유사하다고 지각되는 상표를 선호하게 된다. 자아 이미지와 상표 이미지와의 관계는 제품 설계나 광고 전략 시에 활용되고 있다.

7) 라이프스타일

(1) 라이프스타일의 개념

사람들은 각기 다양한 방식으로 살아가고 있다. 어떤 사람들은 쇼핑할 때 최고급품의 유명 브랜드를 구입하거나 해외여행을 즐기고 지역사회에 관심이 많으며, 변화를 민감하게 받아들인다. 그러나 또 어떤 사람들은 세일 기간을 기다려서 물건을 구입하거나 대형 할인매장을 즐겨찾고 여가가 생기면 등산이나 조깅을 하며, 가족에 대한 관심이 많고 보수적인 견해를 가지고 있다.

이와 같이 라이프스타일이란 사람들의 생활양식을 의미한다. 보다 구체적으로는 사람들이 자신의 돈과 시간을 어떻게 소비하는가(활동), 주위 환경에서 특별히 중요하게 고려하는 것은 무엇인가(관심), 그리고 자신과 주위 세계에 대한 생각은 어떠한가(의견)의 총체로서 나타난다(이학식 외, 2012). 라이프스타일은 문화, 사회계층, 준거집단, 가족의 영향을 받아 형성되는 개인의 가치체계나 개성이 반영된 종합적인 개념으로서 소비자의사결정에 중요한 영향을 미친다.

(2) 라이프스타일의 측정

① AIO 조사방법

〈표 5-2〉 AIO에 의한 라이프스타일 척도의 예

측정요소		측정 항목
활동 (Activity)	쇼핑 취미 지역사회	• 물건을 살 때는 가격과 품질을 잘 따져보고 사는 편이다. • 영화나 연극 감상을 자주 하는 편이다. • 종교활동이나 봉사활동을 열심히 하는 편이다.
관심 (Interest)	패션 음식 직업	• 새로운 패션이나 유행을 빨리 받아들이는 편이다. • 다이어트 음식에 관심이 많다. • 보수가 높은 일보다는 보람되고 의미있는 일을 하고 싶다.
의견 (Opinion)	자기 자신 사회적 문제 경제	• 나는 인내심이 강한 편이라고 생각한다. • 취업 시 남녀에게 동등한 기회가 주어져야 한다고 생각한다. • 세상을 살아가는 데 있어 경제력이 무엇보다 중요하다고 생각한다.

출처: 채정숙(1999). 라이프스타일의 비교문화적 연구. 소비자학연구, 10권 1호. pp. 89-92의 내용을 참고로 재구성함.

AIOActivities, Interest, Opinion는 라이프스타일을 측정하기 위하여 가장 널리 사용되어 온 방법이다. AIO 조사에서 소비자의 라이프스타일은 일상의 활동, 주변사물에 대한 관심, 그리고 사회적 · 개인적 여러 문제들에 대한 의견의 세 가지 차원에서 파악되며, 여기에 인구통계적 특성이 포함된다.

② 사이코그래픽 조사

사이코그래픽스psychographics는 심리묘사적 특성을 나타내는 것으로 AIO 변수군에 개인의 성격적 · 기질적 특징을 나타내는 변수들을 함께 사용한다.

〈표 5-3〉 성격적 특성을 측정하기 위한 척도의 예

성격 유형	측정 항목
리더형	• 무슨 일이나 남 앞에 앞장서기를 좋아한다. • 내가 속한 집단에서 리더가 되기를 원한다.
성실형	• 자기가 맡은 일은 최선을 다하려고 노력하는 편이다. • 어떤 일이나 사전 준비를 신중하게 하는 편이다.
소심형	• 나는 미래를 두려워하는 편이다. • 비교적 사소한 일에도 걱정을 많이 하는 편이다.
사교형	• 남들과 어울리는 것을 매우 좋아한다. • 나는 쾌활하고 친구를 잘 사귀는 편이다.
개성추구형	• 정해진 틀에 얽매이는 것을 싫어한다. • 사는 방식에 있어 남과 달라 보이고 싶다.

출처: 채정숙(1999). 라이프스타일의 비교문화적 연구. 소비자학연구, 10권 1호. pp. 89-92의 내용을 참고로 재구성함.

③ 가치측정에 의한 방법

가치란 우리들의 일상생활에서 크고 작은 일들에 대한 결정을 내릴 때 작용하는 판단의 기준이라 할 수 있다. 소비자가 어떤 가치를 중요시하는가에 따라 소비자의사결정 행동이 달라진다. 최근에는 가치values에 역점을 두어서 라이프스타일Values and Life Style: VALS을 알아내려는 연구가 개발되었다. 이는 라이프스타일을 가치체계와 라이프스타일 변수에 근거하여 분류하는 방법이다. 가치체계를 측정하는 데 가장 많이 이용해 온 척도는 로키치 가치조사Rokeach Value Survey: RVS이다. 로키치는 가치를 인간 삶의 궁극적인 목표가 되는 궁극적 가치terminal values와, 궁극적 가치를 성취하기 위한 행동양식을 제시해 주는 수단적 가치instrumental values로 구분하고 각각 열여덟 가지의 가치 항목을 제시하였다.

그후 칼Kahle은 로키치의 조사항목이 너무 많아 실제 조사에서 어려움이 있다는 단점을 보완하여 LOVList of Value를 개발하였다. LOV 척도는 〈표 5-4〉에서와 같이 로키치의 궁극적 가치 항목RVS을 토대로 소비자들의 일상생활과 직접 연관성이 있는 아홉 가지의 가치 항목으로 척도를 구성하였다.

〈표 5-4〉 RVS와 LOV의 비교

로키치 가치조사(RVS)	전환 처리과정	칼의 가치항목(LOV)
자아존중, 성취감	같은 항목	자아존중, 성취감
가족의 안전, 국가의 안전, 즐거움, 행복, 편안한 생활, 재미있는 생활	통합 혹은 일반화	생활안정, 즐거움, 신바람
사회적 인정, 내적조화, 진실한 우정, 성숙한 사랑	다르게 표현	소속감, 자아성취, 타인과의 따뜻한 관계, 타인으로부터의 존중
자유, 지혜, 미의 세계, 평등, 구원, 세계평화	제외된 항목	

출처: 임종원 외(2002). 소비자행동론. p. 409.

(3) 라이프스타일과 소비자의사결정

경제환경의 변화에 따라 소비자의 기호가 다양해지면서 소비가 소득, 구매력과 같은 경제적 요인보다는 가치관, 생활의식, 태도 등이 통합적으로 나타나는 라이프스타일에 의해 더 큰 영향을 받게 되었다. 라이프스타일은 소비자의 구매유형 특성이나, 제품구매 및 사용 패턴, 매체 사용 패턴 등에 폭넓게 영향을 미친다.

박성연(1996)의 연구에서는 한국인의 라이프스타일이 합리적 생활추구형, 전통적 보수추구형, 현대적 패션 추구형의 세 유형으로 분류되었는데, 각 라이프스타일에 따라 쇼핑 행위에 차이가 있는 것으로 나타났다. 즉, 진보적 패션추구형의 경우 백화점 이용도가 세 집단 중 가장 높고 유명상표의 제품을 주로 구입하는 것으로 나타났으며, 합리적 생활 추구형의 경우 도매시장이나 집근처 재래시장, 대리점, 백화점을 두루 이용하는 것으로 나타났다. 전통적 보수추구형의 경우에는 백화점 이용도가 가장 낮으며, 유명상표의 구입률도 가장 낮은 것으로 나타났다.

김민정 · 박진선의 연구(1997)에서도 라이프스타일 유형에 따라 구매유형 특성에 차이를 보였다. 그들의 연구에 의하면 고관여 제품 구매 시에 적극 활동형과 생활만족형의 경우 품질 · 합리주의 지향적인 구매특성을 보이며, 소극침체형의 경우 품질 지향적 구매특성, 물질주의형의 경우 과시지향적 구매특성, 근면성실형의 경우 합리주의 지향적인 구매특성을 보이는 것으로 나타났다.

홍희숙 · 류성민(2009)의 연구에서는 웰빙 라이프스타일이 높은 소비자들은 낮은 소비자들보다 탈물질가치성향이 높게 나타났으며, 의류상품에 대해 건강증진 기능적 혜택과 심리적 혜택에 대한 추구가 높게 나타났다.

김소연 · 김선미(2012)의 연구에서는 의료소비자의 건강 라이프스타일 유형에 따라 '건강 관심형', '소극적 건강관리형', '능동적 건강관리형', '건강 무관심형'의 4개의 군집으로 분류하여 군집별 인터넷 매체 이용과 사회적 가치관의 차이에 대해 살펴본 결과 '건강 관심형'은 인터넷 매체 이용에 있어서는 소극적인 인터넷 매체 활용을 보였고, '소극적 건강관리형'은 평균보다 조금 더 활발한 인터넷 매체 이용 성향을 지니고 있었다. '능동적 건강관리형'은 인터넷 매체 이용에 있어 적극적인 참여를 보였고 사회적 가치관에 있어서도 가장 보수적인 성향을 지닌 것으로 나타났으며, '건강 무관심형'은 건강 관심형에 비해 인터넷 매체 이용도가 낮지는 않았지만 인터넷쇼핑에 있어 낮은 관심을 지녔고, 사회적 가치관은 가장 탈보수적인 것으로 나타났다.

DMC리포트(2012년)에 의하면 한국인의 디지털 라이프스타일을 설명할 수 있는 대표적인 키워드로 '편리성', '혁신과 기능', '관계', '개성과 유행', '디지털 애착', '가족', '자기개발'의 7가지를 도출하였다. 이 키워드를 바탕으로 디지털 라이프스타일을 세분화하여 ① 디지털에 무관심한 층Quiet, ② 디지털을 통해 개성을 표현하려는 층Trendy, ③ 가족을 위해 활용하려는 층Family Guy, ④ 정서적으로 애착을 보이는 층Digital Lover, ⑤ 생활의 편리함 때문에 이용하는 층Convenience-Seeker, ⑥ 기능지향층Functionals의 6가지 라이프스타일 유형을 분류하고 각 집단에 따라 디지털 기기와 미디어의 이용, 디지털 상거래 이용, 디지털 콘텐츠의 이용 행태에서 차이가 있음을 보고하였다.

기업에서는 라이프스타일 분석을 통하여 시장을 세분화하고, 표적시장에 적합한 제품의 개발과 광고촉진 전략을 모색하는 등 다양한 방법으로 마케팅 전략에 적용하고 있다.

소비자 입장에서는 자신의 라이프스타일과 가치관을 검토해 보고, 지나치게 물질주의나 유행추구, 과시소비의 성향은 없는지, 합리적인 의사결정을 방해하는 요소는 무엇인지 점검해 보아야 할 것이다.

읽을거리 ❶

한국 소비자들의 7가지 라이프스타일

LG경제연구원은 소비자 삶의 변화 속에 담긴 세상의 변화를 이해하고자 '소비자 라이프스타일' 조사 연구(2011)를 수행하였다. 소비자들의 가치관과 라이프스타일의 현주소를 전국 단위 소비자 조사(한국 1,800명, 일본 200명)를 통해 살펴보았다.

조사 데이터를 분석하여 한국 소비자들의 라이프스타일을 대표할 수 있는 키워드로 몸, 의미, 개인화, 현실주의, 가정, 온라인 사교, 이동성 등 7개를 도출하였다. 첫째, '몸(Body)'은 건강과 아름다움 등 몸에 대한 투자에 몰입하는 한국인의 라이프스타일을 대변하며 둘째, '의미(Meaning)'는 일과 삶의 불균형에서 삶의 의미를 생각하고 찾는 라이프스타일이다. 셋째, '개인화(Individualism)'는 세상의 중심을 자신에게 두고 개인의 가치를 높이고자 하는 라이프스타일로 주로 젊은 층에서 두드러진다. 넷째, '현실주의(Realism)'는 원칙이나 전통보다 '실제 이득'을 중시하는 가치 지향적 라이프스타일이다. 다섯째, '가정(Home)'은 가족의 가치를 소중히 여기는 한국인의 라이프스타일을 나타내며 여섯째, '온라인 사교(E-socializing)'는 SNS를 통해 타인과의 온라인 소통을 즐기는 라이프스타일이며 일곱째, '이동성(Mobility)'은 스마트폰 등 모바일 기기를 적극 활용하여 일과 삶을 바꾸어 가는 라이프스타일을 나타낸다.

각각의 라이프스타일 키워드로 10대부터 50대까지 각 세대별로 특징적인 경향을 살펴보면 10대는 개인화 성향이 가장 높고 모든 세대 가운데 스트레스를 가장 많이 받는 것으로 나타나 학업 스트레스에 시달리는 '나' 중심의 세대이다. 20대는 New 라이프스타일을 선도하는 연령대로 개인화, 온라인 사교, 이동성, 현실주의 등 4가지 라이프스타일 성향이 모든 세대 중 가장 높았다. 30대는 일과 삶의 균형을 추구하는 세대로 가족 가치와 삶의 의미 찾기를 가장 중시하는 모습을 보였다. 40대는 집단적 가치에 익숙하며 가족을 가장 중시하는 모습을 보인다. 50대는 가족과 건강을 최우선으로 여기고, 웰빙에 관심이 많고 원리 원칙을 중시하는 것으로 조사되었다.

같은 연령층이면서도 특징적인 라이프스타일을 보이는 그룹으로 30~40대의 1인 가구와 SNS를 적극 활용하는 사용자들을 살펴보았다. 특히 30~40대 1인 가구의 라이프스타일은 일본의 동일 그룹들과 비교하였는데, 한국의 1인 가구는 결혼 의사가 있는 비자발적, 일시적인 성향을 보이고 있는 반면, 일본의 1인 가구는 자발적, 지속적인 성향을 보였다. 한국의 1인 가구는 자기표현에 적극적이고 제품의 가격 민감도가 낮았다. SNS로 소통하고 정보를 생성, 공유하며 쇼핑에도 SNS를 적극 활용하는 사용자들(Social customer)은 개성과 외모관리를 중시하고, 전문가를 지향하며, 인터넷을 통한 합리적 소비를 하는 등의 특성이 있었다.

출처: 박정현(2011). 한국소비자들의 7가지 라이프스타일, LGERI리포트. LG경제연구원. pp. 2-3.

생각해 볼 과제

1. 환경적 요인(문화, 사회계층, 준거집단, 가족, 상황)이 소비자의사결정에 어떻게 영향을 미치는지 구체적인 사례를 찾아보자. 조별로 환경적 요인 중 한 가지를 택하여 조사하고 돌아가면서 발표해 보자.

2. 라이프스타일에 따라 소비생활의 각 영역(의식주 여가생활 등)에서 구매 및 소비 패턴이 어떻게 다르게 나타나는지 조사해서 발표해 보자.

3. 좋은 광고와 나쁜 광고를 하나씩 수집해 와서 기업의 광고 전략이 어떻게 적용되고 있는지를 분석해 보자.

PART 2 소비자의사결정의 과정

CHAPTER 6

문제인식

1. 문제인식 과정 2. 욕구와 동기 3. 문제인식의 유발 요인

6장 문제인식

소비자가 일상생활에 필요한 재화나 서비스를 구입하는 데는 일련의 의사결정 과정을 거치게 된다. 구입하고자 하는 제품의 종류나 제품에 대한 소비자의 관여도, 구매 상황에서의 관여 수준에 따라 간단한 의사결정 과정을 거치기도 하고, 복잡한 의사결정 과정을 거치기도 한다. 일반적으로 신중한 구매의사결정을 해야 할 경우, 문제인식 → 정보탐색 → 대안평가 → 구매 → 구매 후 평가의 다섯 단계를 거치게 된다.

문제인식problem recognition은 소비자의사결정 과정의 첫 단계로서 소비자가 가지고 있는 욕구를 문제해결problem solving이라는 인지적 · 합리적 과정을 통하여 달성하는 것이라고 보고 있다. 문제인식은 소비자가 자신의 욕구를 충족시키기 위해 구매의 필요성을 느끼게 되는 단계이다.

이 장에서는 문제인식 과정과 문제인식을 유발하는 욕구와 동기, 문제인식의 유발 요인에 대해서 살펴보기로 한다.

1. 문제인식 과정

인간의 구매행동은 욕구를 충족시키기 위한 활동으로 볼 수 있으므로 구매의 필요성을 느끼는 것은 욕구의 활성화need arousal와 관련이 있다. 즉 어떤 상황이나 자극 요인에 의해서 소비자가 실제 상태actual state와 그가 원하는 바람직한 상태desired stste 사이에 상당한 차이를 느끼게 될 때, 잠재되었던 욕구가 활성화되고 이를 충족시키는 수단을 찾아내기 위한 의사결정 과정을 거치게 된다. 이때 욕구의 활성화를 문제인식으로 볼 수 있다(채정숙 외, 2006).

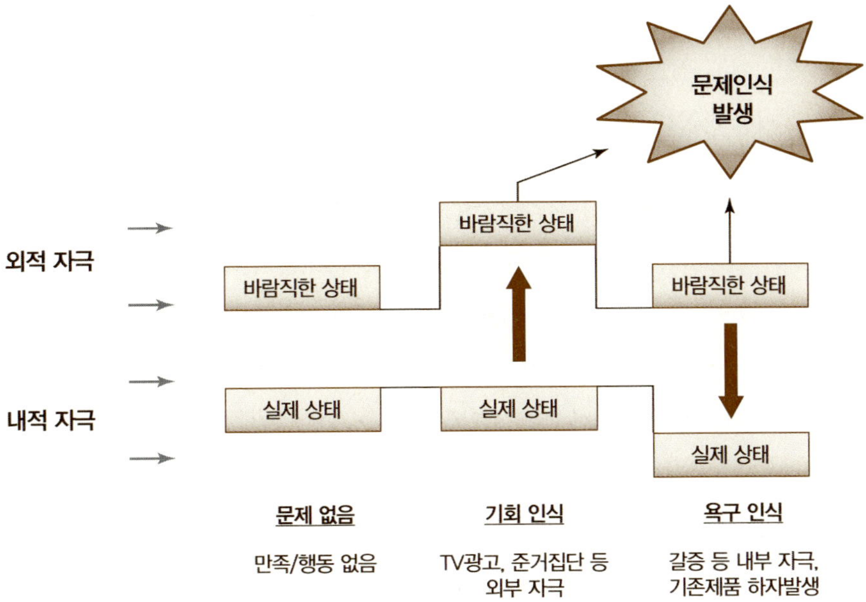

[그림 6-1] 문제인식: 실제 상태와 바람직한 상태의 변화

출처: 박세범 · 박종호(2012). 소비자행동. p. 480.

[그림 6-1]에서 보는 것처럼, 문제인식은 바람직한 상태와 실제 상태 사이에 문제해결을 위한 의사결정을 해야 할 만큼 충분한 양의 차이를 인식할 때 일어난다. 문제인식이 발생되는 데는 두 가지 다른 유형이 있다. 첫째는 실제 상태가 감소할 때 생기는 욕구 인식need recognition의 경우를 들 수 있다. 예를 들면 식용유가 떨어져서 슈퍼에 가서 새로 사게 되는 경우나, 사용하던 컴퓨터에 문제가 생겨 새로 구입하게 되는 경우가 이에 해당된다. 둘째는 상황적 변화나 외부 자극에 의해 바람직한 상태가 상승할 때 생기는 기회 인식opportunity recognition의 경우를 들 수 있다. 예를 들면 정장을 한 벌 샀는데 거기에 어울리는 구두를 새로 살 필요가 생겨서 사게 되는 경우나 친구 집에 갔다가 새로 구입한 정수기를 보고 필요를 느껴서 구입하게 되는 경우가 이에 해당된다.

문제인식이 의사결정의 다음 단계로 진행되기 위해서는 잠재된 욕구를 충족시키고자 하는 마음이 강열하게 일어날 정도로 바람직한 상태와 실제 상태의 차이가 커야 할 뿐만 아니라 그 차이를 해소하려는 욕구를 중요하게 인식해야 한다. 만일 바람직한 상태와 실제 상태 사이의 지각된 차이가 크더라도 그 욕구의 중요성이 크지 않다면 문제는 인식해도 그 문제를 해결하기 위한 구매의사결정 과정이 진행되지 않게 된다. 또한 문제인식이 구매의사결정 과정을 거쳐 구매로 연결되기 위해서는 문제의 크기와 중요성이 구매를 위해 투입되는 금전적 비용과 시간적 · 사회적 제약 요인을 극복할 수 있을 정도로 커야만 한다. 위의 예에서 정수기를 구입할 필요성은 강하게 느끼고 있으나 가격이 부담스러워 다음 기회로 미루게 될 경우 더 이상의 구매의사결정 과정은 진행되지 못한다.

2. 욕구와 동기

욕구needs는 소비자행동을 유발시키는 동기motives의 직접적인 원인을 제공한다. 문제인식에서 구매행동으로 이어지는 일련의 과정에서 나타나는 욕구와 동기에 대해서 구체적으로 알아보고자 한다.

1) 욕구

욕구란 어떤 사람이 원하는 바람직한 상태와 실제 상태에서 차이를 느낄 때 발생하는 것이다. 그리고 그 차이의 정도에 따라 욕구의 강도가 결정되는데, 이것은 소비자행동을 유발하는 동기에 영향을 미친다. 즉 어떤 욕구가 충족되지 않으면 긴장감을 느끼게 되고, 긴장감은 욕구가 해소되도록 구매동기를 유도한다. 따라서 욕구는 동기를 유발하는 필요조건이 된다(임종원 외, 2011: 238).

인간의 내면에는 다양한 욕구들이 잠재되어 있는데 학자들마다 이를 체계적으로 분류하려는 노력을 시도했다.

(1) 쉬프만과 카눅의 분류

쉬프만과 카눅Schiffman & Kanuk은 욕구를 생리적 긴장체계로 인한 생리적 욕구biogenic needs와 심리적 긴장체계로 인한 심리적 욕구psychogenic needs로, 또한 합리적 욕구rational needs와 감정적 욕구emotional needs로도 구분하였다. 구매행동 상황에서 합리적 욕구란 소비자가 객관적인 기준, 예를 들면 크기, 재질, 성능, 가격 등을 기준으로 구매목표를 설정하는 것을 의미하며, 감정적 욕구는 개인의 주관적 기준, 예를 들면 개성, 자존심, 명성, 즐거움 등을 기준으로 구매목표를 설정하는 것을 의미한다.

(2) 매슬로우의 분류

매슬로우Maslow는 인간의 욕구체계를 생리적 욕구physiological needs, 안전의 욕구safety needs, 소속 및 애정의 욕구belongingness and love needs, 자아존중의 욕구self-esteem needs, 자아실현의 욕구self-actualization needs의 순으로 피라미드 형으로 단계를 이루고 있다고 보았다.

매슬로우에 의하면 가장 낮은 단계인 생리적 욕구가 어느 정도 충족되어야 그 다음 단계인 안전의 욕구로 이행하며, 이러한 방식으로 점차 더 높은 단계로 이행하게 된다고 보았다. 또한 생리적 욕구에서 자아실현의 욕구로 진행되면서 심리적으로 발전하게 되고 그에 따라 보다 많은 욕구들이 나오기 때문에 그러한 욕구를 충족시키기 위해 보다 다양한 방법을 추구하게 된다고 하였다. 인간은 소비생활을 통하여 다양한 욕구가 충족되기를 원한다. 식생활을 예로 들면, 시장기를 해결하기 위해 음식을 필요로 하지만 그 음식이 깨끗하고 위생적이기를 바라며, 혼자 먹기보다는 가족이나 친구들과 친교를 나누며 먹기를 좋아하고 이왕이면 분위기가 좋은 레스토랑에서 우아하게 식사하기를 원할 것이다.

매슬로의 욕구단계설 용어설명

① 생리적 욕구physiological needs: 생명 유지에 관련된 기본적 욕구로서 음식, 마실 것, 주거, 의복에 대한 욕구
② 안전의 욕구safety needs: 신체적 안전과 심리적 안정에 관련된 욕구로 신체적 보호와 안정된 직업, 생리적 욕구의 계속적 유지를 위한 욕구
③ 소속 및 애정의 욕구belongingness and love needs: 다른 사람들과의 애정, 친교에 대한 욕구로 사회적 욕구social needs라고도 함
④ 자아존중의 욕구self-esteem needs: 성취, 명예, 신분, 자신감 등에 관련된 욕구
⑤ 자아실현의 욕구self-actualization needs: 자아달성과 잠재력의 극대화에 관련된 욕구

(3) 켈러의 분류

켈러Keller는 소비자가 소비를 통해 어떤 효용을 추구하는지에 따라 실용적/기능적 욕구, 상징적/사회적 욕구, 경험적/쾌락적 욕구로 분류하고 있다(Keller, 1998; 박명희 외, 2013: 31-32 재인용).

첫째, 실용적/기능적 욕구utilitarian/functional needs는 상품으로부터 기능적인 편익을 추구하고자 하는 욕구를 말한다. 이는 소비자의 생리적 욕구 및 안전의 욕구 등과 같은 기본적인 욕구들과 관련이 있으며 상품의 기본적인 속성과 관련이 있다. 소비자들은 충족되기를 원하는 욕구의 기본적인 속성을 잘 반영하는 상품을 구매한다. 예를 들면 냉장고를 구매하고자 할 때 냉장기능, 냉동기능, 수납공간, 사용상의 편리, 에너지 소비효율 등 실용적이고 기능적인 측면을 만족시킬 수 있는 제품을 선택할 것이다.

둘째, 상징적/사회적 욕구symbolic/social needs는 재화나 서비스의 소비를 통해 얻을 수 있는 좀 더 부가적인 욕구이며 일반적으로 소비자 이미지와 관련되어 있다. 소비자들은 타인으로부터 존중이나 인정을 받고 싶은 욕구가 있으므로 자신의 이미지를 높일 수 있는 제품을 선택하려고 한다. 제품을 구매할 때 상표의 명성이나 희소가치, 유행성을 중요하게 고려하여 해외명품 브랜드 제품, 고가품, 최신 유행제품을 선호하게 된다.

셋째, 경험적/쾌락적 욕구experiential/hedonic needs는 상품이나 서비스를 사용하면 어떤 느낌이 드는지에 대한 문제와 관련이 있다. 소비자는 상품 및 서비스를 사용함으로써 오관(시각, 미각, 청각, 후각, 촉각)을 통한 감각적인 즐거움이나 재미, 기쁨을 맛보고자 한다. 생활수준이 향상되면서 이러한 욕구가 더욱 강하게 나타나는 현상을 볼 수 있다. 소비자는 영화나 콘서트, 뮤지컬, 스포츠, 여행상품 등을 통하여 경험적/쾌락적 욕구를 충족시키고자 한다. 〈표 6-1〉에서 보면 2003년~2012년 10년 사이의 우리나라 가계수지 지출 항목 변화에서 단체 여행비, 문화 서비스, 영상 음향기기, 운동 및 오락 서비스의 지출비율 증가세가 두드러짐을 알 수 있다.

〈표 6-1〉 과거 10년간 우리나라 가계수지 지출 항목 변화

항목	증가율(2003~2012)	구성비(2012년 기준)
경상소득	59.7%	100%
단체 여행비	165.2%	0.9%
기타 개인용품(가방 등 신변 용품)	122.8%	0.6%
문화 서비스	88.1%	1.0%
위생 및 이·미용품	69.4%	1.7%
애완동물 관련 용품	69.5%	0.1%
성인 학원 교육	68.3%	0.5%
영상 음향기기	63.2%	0.4%
운동 및 오락 서비스	54.5%	0.6%

출처: 통계청(2012). 가구당 월평균 가계 수지.

전통적인 경제학의 관점에서 보면 소비자는 자신의 욕구를 충족시켜 줄 재화와 서비스를 가능하면 최소의 비용으로 선택하고자 하는 합리적 의사결정을 중요시 하였다. 그러나 최근 행동경제학에서는 소비자들의 의사결정 과정에 개입되는 심리학적 접근 연구를 통해 소비자가 스스로 이성적이거나 합리성을 가지고 의사결정을 내리는 것이 아님을 밝히는 연구들이 늘어나고 있다. 소비자가 선택한 재화나 서비스가 진정으로 자신이 원하는 욕구를 충족시키기 위해서 스스로의 판단에 의해 선택하게 되었는지 의문을 가지게 된다(박명희 외, 2013: 12). 다양한 소비욕구를 자극하는 고도의 마케팅 전략에 노출된 소비자는 기업에 의해 유도된 구매선택을 하게 되는 경우가 많다. 소비자가 진정으로 원하는 가치 있는 소비, 의미 있는 소비를 위해 자신의 내재된 욕구를 살펴볼 필요가 있을 것이다.

2) 동기

동기motives란 욕구가 충족되지 않았을 때 발생하는 내부적 긴장 상태를 줄이고자 하는 적극적이고 강력한 추진력이라고 할 수 있다. 욕구가 활성화되면 이를 바람직한 방

향으로 해결하고자 하는 동기가 유발되어 구매행동을 하게 된다. 어떤 동기가 작용하는가에 따라 구매행동의 방향성이 결정되므로 구매동기를 면밀히 검토해 볼 필요가 있다. 구매행동의 원동력이 되며 행동의 방향성을 규정하는 동기는 다음과 같이 분류될 수 있다(채정숙 외, 2006: 160-161; 임종원 외, 2011: 240-244).

(1) 생리적 동기와 심리적 동기

생리적 동기physiological motives는 신체의 기능에 기초한 요소로 인한 동기로 배고픔, 갈증, 성욕, 휴식 등을 충족시키고자 하는 원동력이다. 심리적 동기psychological motives는 인간의 마음에 존재하는 것으로서 안전, 사랑, 자존심, 명성, 기쁨을 추구하고 싶은 욕구를 충족시키고자 하는 원동력이다. 그러나 실제로는 생리적 동기와 심리적 동기가 엄격하게 구분되어 나타나지는 않는다. 갈증을 해소하기 위해서 음료를 필요로 하지만 특별히 다이어트를 위해서 무가당 음료를 선택하게 되는 경우 이 두 가지 동기가 결합하여 행동으로 나타나는 예가 될 수 있다.

(2) 결핍동기와 풍족동기

레치Kretch 등은 구매동기를 결핍동기deficiency motives와 풍족동기abundancy motives로 분류하였다(표 6-2). 결핍동기란 생존과 안전의 욕구를 충족시키기 위해 나타나는 동기로 뭔가 부적절한 상태에서 탈피하려는 방향으로 나아간다. 즉 배고픔이나 갈증, 질병 등 부적절한 신체적 상태로부터의 탈피뿐만 아니라 개인의 생존과 안전에 좋지 않은 영향을 주는 환경으로부터의 탈피, 상호갈등과 적대적인 대인관계의 회피, 자신의 열등의식이나 실패감, 두려움으로부터 벗어나도록 행동하게 하는 것이다. 반면에 풍족동기는 풍족한 상태인 만족과 고무에 의해서 동기가 유발되어 신체적으로 즐거운 감각과 안락함의 성취, 즐거움을 제공하는 소유물의 획득, 타인에 대한 사랑과 즐거운 교제, 자존심과 자신감의 획득과 성취감의 만끽 등 긍정적인 방향으로 행동하게 한다. 예를 들어 식도락가는 배가 고파서 음식을 먹는다기보다는 맛을 즐기기 위해 먹는다.

이상에서와 같이 결핍동기는 생리적이며 기본적인 욕구충족과 관련된 것인데 반해, 풍족동기는 심리적이며 이차적 욕구충족과 관련된 것이다.

〈표 6-2〉 결핍동기와 풍족동기

	결핍동기(생존과 안전 추구)	풍족동기(만족과 고무 추구)
1. 신체와의 관련	배고픔, 갈증, 산소 부족, 과열과 과냉, 고통, 질병이나 기타 부적절한 신체적 상태로부터의 탈피	감각적으로 즐거운 미각, 시각, 청각 등을 추구, 성적 쾌락 및 신체적으로 안락함 등을 성취
2. 환경과의 관련	위험하거나 추악한 대상으로부터의 탈피, 즉 장래의 생존과 안전에 필요한 대상을 추구하고 안정적이고 맑은 환경 유지 등	환경에 대한 이해, 환경의 진기함과 변화 추구, 즐거움을 제공하는 소유물의 획득
3. 대인관계 관련	상호갈등과 적대감으로부터 회피, 회원권 및 위신 · 신분의 유지, 집단기준 및 가치에 순응, 타인에 대한 권력 및 지배획득 등	타인과 집단에 대한 사랑과 긍정적인 자아의 추구, 타인을 돕고 이해함, 독립적임, 타인과의 교제를 즐김 등
4. 자신과의 관련	타인 또는 이상적인 자아와 비교하여 열등의식이나 실패감에서 탈피, 부끄러움이나 죄의식 · 두려움 · 걱정으로부터의 탈피	자존심과 자신감의 획득, 스스로의 표현, 성취감의 만끽, 도덕적 가치의 확립, 많은 공간 중에서 스스로를 위한 의미 있는 것을 발견

출처: Kretch, D., Ctruchfield, R. S., & Norman, L.(1974). Elements of Psychology, 3rd. ed., p. 459; 채정숙 외(2006). 소비자의사결정로드맵. p. 161에서 재인용.

(3) 이성적 동기와 감성적 동기

소비자가 제품을 구매하고 선택하려는 동기는 크게 이성적 동기rational motives와 감성적 동기emotional motives로 분류될 수 있다. 고전경제학적 관점에서 이성적 동기는 소비자가 제품이나 서비스에 대한 대안을 평가할 때 자기 자신에게 가장 큰 효용가치를 제공해 줄 수 있는 대안들 중에서 합리적인 선택을 한다는 가정을 두고 있다. 마케팅 관점에서 이성적 동기는 소비자가 가격, 성능, 재질, 크기, 연비 등과 같은 모든 객관적인 기준을 바탕으로 합리적인 의사결정을 한다는 것을 의미한다. 감성적 동기는 기쁨, 즐거움, 자부심, 사회적 지위 등과 같은 개인적이고 주관적인 기준에 따라 대안을 선택하는 의사결정을 한다는 것을 의미한다(박세범 · 박종호, 2012: 179).

동기는 활성화된 욕구를 충족시키기 위해 구매행동을 하게 되는 원동력이 되므로 욕구와 동기는 같은 맥락으로 연결선 상에 있다고 하겠다. 생활수준의 향상과 기술의 평준화 추세에 따라 제품 및 서비스의 기능적 · 실용적 측면을 추구하는 욕구보다 상징적 · 쾌락적 측면을 추구하는 욕구가 더욱 강해지는 경향이 있으므로 동기 또한 이성적 동기보다 감성적 동기의 영향력이 점차 커지는 경향을 볼 수 있다.

3. 문제인식의 유발 요인

문제인식이 유발되는 경우는 앞에서 살펴본 바와 같이(그림 6-1), 실제 상태의 감소로 인해 나타나는 욕구 인식의 경우와, 상황적 변화나 외부 자극에 의해 바람직한 상태가 상승할 때 생기는 기회 인식의 경우를 들 수 있다. 이 두 경우를 중심으로 문제 인식이 발생되는 요인을 보다 구체적으로 살펴보기로 한다.

1) 실제 상태의 감소로 인한 욕구 인식

실제 상태의 감소로 인한 욕구 인식을 하게 되는 경우는 내적 욕구의 변화, 제품의 고갈 또는 성능 저하, 기존 품목에 대한 불만족을 들 수 있다.

(1) 내적 욕구의 변화

소비자의 내적욕구의 변화로 인해 문제인식이 발생할 수 있다. 소비자는 배고픔이나 갈증, 두통을 느낄 때 문제인식을 하게 되고, 그것을 해결하기 위해 식사를 하거나 음료수, 두통약을 사먹게 된다. 소비자는 욕구 수준의 변화에 따라 낮은 단계에서 욕구가 충족되면 보다 높은 단계의 욕구가 활성화되어 새로운 욕구가 발생하게 된다. 충족되지 못한 내적 욕구가 강하게 활성화되면 문제인식이 일어나게 된다.

(2) 제품의 고갈 또는 성능 저하

소비자가 문제인식을 하게 되는 가장 흔한 경우로 그가 사용하던 제품을 다 쓰게 되면 그의 욕구를 계속 충족시키기 위해서 재구매의 필요성을 인식하게 된다. 예를 들면 식료품을 비롯하여 가솔린, 화장품과 같은 대부분의 일상용품들이 이에 해당된다. 또한 현재 사용 중에 있는 제품이 고장나거나 기능이 떨어져 제품 사용이 불만족스러운 경우에 현재의 욕구 수준이 낮아져 바라는 욕구 수준과 현저한 차이가 나서 문제인식이 발생하게 된다. 예를 들어 현재 가지고 있는 휴대폰의 기능이 떨어져 새로 구입하고자 하는 경우이다.

(3) 기존 품목에 대한 불만족

소비자가 가지고 있는 품목에 불만족함으로써 문제인식을 하게 되는 경우이다. 예를 들면, 현재 갖고 있는 외출복이나 가방, 구두 등이 유행에 너무 뒤떨어졌다고 느낄 때 새로운 유행품으로 이를 대체하고자 하는 욕구가 생기게 된다. 또 기존 품목에 대한 불만은 다른 제품 구매의 결과로 나타날 수도 있다. 가령 유행하는 외출복을 맞춰 입었는데 그에 맞는 구두가 마땅한 것이 없는 경우 새로운 것을 구입할 필요성을 느낀다.

2) 바람직한 상태의 증가로 인한 기회 인식

바람직한 상태의 증가로 인한 기회 인식을 하게 되는 경우는 상황적 변화, 준거집단의 영향, 마케팅 활동을 들 수 있다.

(1) 상황적 변화

소비자는 때때로 주어진 상황의 변화에 직면하여 새로운 문제인식을 하게 된다. 상황적 변화에는 가족생활주기상의 변화, 사회적 지위의 변화, 재정적 상태의 변화를 들 수 있다.

가족은 그 생활주기가 진전됨에 따라 바라는 욕구가 변하게 되고, 그에 따라 새로운 상품을 필요로 한다. 예를 들어 자녀가 출생하거나 학교에 입학할 때, 또는 결혼을 하게 될 때 그에 따른 구매의 필요성을 느끼게 된다. 또 자녀가 성장함에 따라 작은 집에서 더 큰 집으로 이사해야 할 필요성도 느끼게 된다. 또 직장에서 승진을 하거나 재정상태가 좋아짐에 따라 고급 가구를 구매하거나 더 비싼 승용차를 사려고 할 것이다.

(2) 준거집단의 영향

소비자들은 그들이 속해 있는 준거집단의 가치와 행동기준에 기꺼이 따르려고 하기 때문에 이러한 집단에서 사용하는 제품을 구입하고자 할 것이다. 예를 들어, 친구나 이웃이 구입한 물건을 보면서 구매의 필요성을 느끼게 되는 경우이다.

(3) 마케팅 활동

마케터는 촉진활동을 통해 소비자들의 문제인식을 야기시키려고 한다. 즉, 마케터는 여러 가지 촉진노력을 통해 소비자들이 원하는 상태(어떤 제품의 소유)와 실제 상태간에 심각한 차이가 있음을 지각하게 함으로써 결과적으로 자사상표를 탐색, 평가, 구매하도록 하는 것이다.

소비자는 이상에서와 같은 여러 요인들에 의해 문제인식을 하고 이를 해결하기 위한 의사결정을 하게 된다. 끊임없이 문제인식이 유발되는 상황 속에서 소비자는 문제인식 단계에서부터 기업의 촉진 전략에 휘둘리지 않고 진정 자기가 바라고 원하는 욕구가 합리적으로 충족될 수 있도록 신경을 써야 할 것이다. 왜냐하면 소득이 한정되어 있으므로 어떤 욕구를 우선적으로 충족시키는 것이 만족을 극대화할 수 있는지 심사숙고를 해야 하기 때문이다.

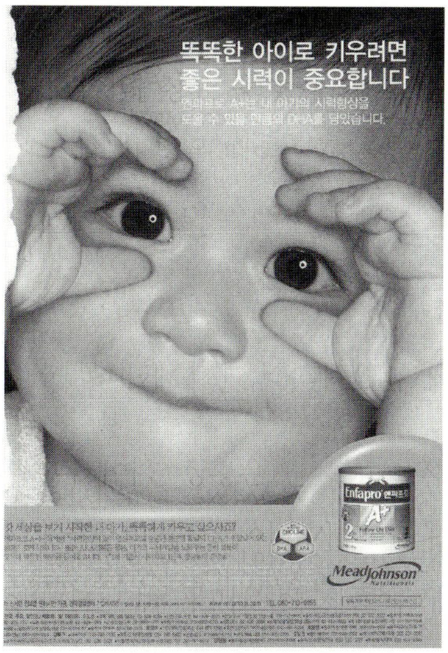

〈광고카피 내용〉

똑똑한 아이로 키우려면

좋은 시력이 중요합니다.

→ 바람직한 상태의 제시

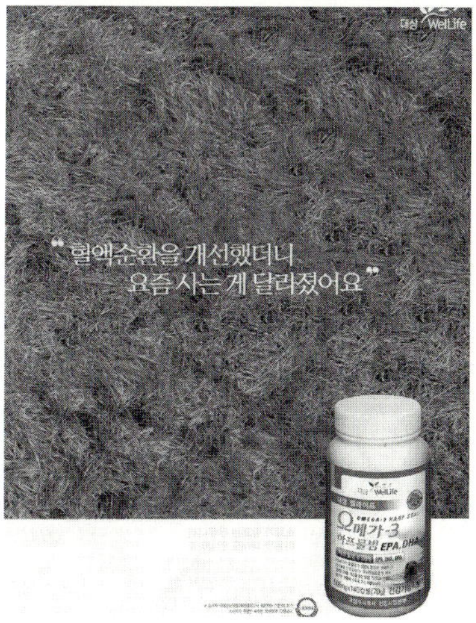

〈광고카피 내용〉

혈액순환을 개선했더니

요즈음 사는 게 달라졌어요

→ 바람직한 상태의 제시

[그림 6-2] 문제인식을 유발한 광고의 예

생각해 볼 과제

1. 최근에 구입한 통신기기나, 가방, 의복, 신발 중에서 한 품목을 설정하여 그 제품을 왜 구매하게 되었는지, 문제인식이 어떻게 유발되었는지, 자신의 주체적인 필요에 의해 구매된 것인지 잘 판단해서 노트에 기술해 보고, 팀원들과 발표를 통해 비교해 보자.

2. 최근에 구입한 제품 및 서비스를 한가지 씩 설정하여 그것을 구입할 때 마음속에 어떤 욕구들이 작용하여 구매하였는지 그 욕구들을 자세히 살펴서 여러 학자들의 욕구 분류기준에 따라 분류해서 노트에 기술해 보자. 그리고 가장 크게 작용했던 욕구는 무엇이었는지, 과연 그 욕구가 만족스럽게 충족되었는지 팀원들과 발표를 통해서 비교해 보자.

3. 문제인식의 유발 요인들 중에서 실제상태의 감소로 인한 욕구 인식의 경우와 바람직한 상태의 증가로 인한 기회 인식의 경우를 구체적으로 열거하고 실제 사례를 들어 보자.

CHAPTER 7

정보탐색

1. 정보탐색의 의의 및 유형 2. 정보의 종류 3. 정보의 원천
4. 정보탐색에 영향을 미치는 요인 5. 정보탐색의 장애 요인

Consumer Decision Making

7장

정보탐색

소비자가 일단 문제를 인식하게 되고 그 다음 행동을 방해하는 제약 요인이 없다면, 소비자는 의사결정 과정에서 발생하는 위험과 불확실성을 감소시키기 위해 정보를 탐색하게 된다. 소비자가 구매의사결정 과정에서 실수를 하지 않고 현명한 의사결정을 하기 위해서는 신뢰할 수 있는 정보를 충분히 가지고 있어야 한다. 정보의 반대는 무지ignorance이다. 무지란 의사결정의 기초가 되는 정보가 부족하다는 것을 의미한다. 무지한 소비자는 무방비 상태의 소비자defenceless consumer이기도 하다. 정보탐색 과정에서 소비자가 질 좋은 정보를 얼마나 쉽게 획득할 수 있는가의 문제는 아주 중요하다. 이 장에서는 정보탐색의 의의와 유형 및 원천에 대하여 살펴보고, 정보탐색에 영향을 미치는 요인과 장애 요인에 대하여 살펴보고자 한다.

1. 정보탐색의 의의 및 유형

1) 정보탐색의 의의

모든 소비자의사결정에서 충분하고 정확한 정보는 아주 중요하다. 정보information는 개인이나 조직이 의사결정을 하는데 사용될 수 있도록 의미 있고 유용한 형태로 가공된 것으로(김영신 외, 2011), 소비자의사결정 시 불확실성을 감소시켜 주며 욕망 충족 및 목표 달성에 유용하고 유의성 있는 가치를 지니는 것이라고 할 수 있다(김기옥 외, 2004). 즉, 정보는 소비자의사결정에서 재정적 · 심리적 불확실성이나 위험을 감소시켜 줄 수 있는 모든 수단을 의미한다고 할 수 있다.

정보탐색은 소비자가 구매의사결정을 위해 필요한 정보를 수집하고 처리하기 위해 수행하는 정신적 · 육체적 활동으로, 소비자가 인식한 문제를 해결하기 위해 기억 속에 저장되어 있는 정보가 동기 부여되어 활성화되는 상태나 또는 환경으로부터 정보를 획득하는 과정으로 정의할 수 있다. 소비자는 구매의사결정 과정에서 수반되는 위험과 불확실성을 감소시키기 위해 필요한 정보를 탐색하게 되므로, 소비자의 정보탐색은 자신이 가지고 있는 정보나 신념 및 태도가 부적절하다고 생각될 때 시작된다. 일반적으로 소비자는 정보탐색 활동을 통해 상품이나 서비스의 대안, 품질, 상품의 속성, 대체상품의 장 · 단점, 가격, 판매조건, 보증 등에 관한 정보를 얻게 된다. 이러한 정보는 특정 목적을 가진 특정 소비자에 의해 특정 상황에서 유용하게 사용되는 개별적인 성격이 강하다. 소비자들은 정보탐색 과정을 거치면서 자신의 욕구를 충족시켜줄 수 있는 상품이나 서비스의 범위를 점차 좁혀 나가게 된다. 소비자의 정보탐색 과정은 [그림 7-1]과 같다.

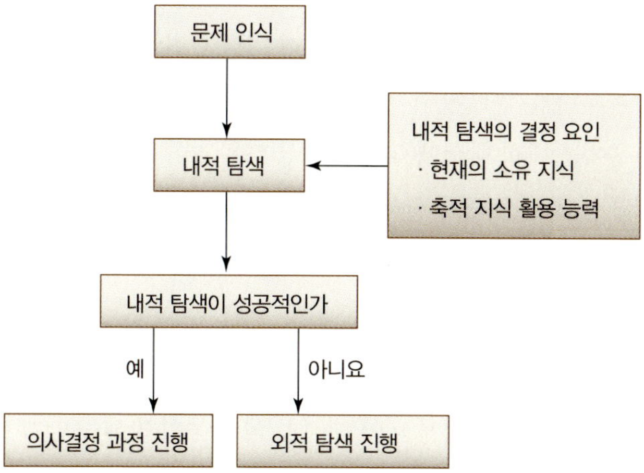

[그림 7-1] 소비자의 정보탐색 과정

출처: Blackwell, R. D., Miniard, P. & Engel, J. F.(2001). Consumer Behavior(9th). p. 106.

2) 정보탐색의 유형

(1) 내적 탐색

내적 탐색internal search은 자신의 기억 속에서 경험으로 축적되었거나 수동적으로 받아들여진 정보를 회상해 내는 정신적 활동으로 수동적인 정보탐색 활동이다. 소비자는 문제를 인식하게 되면 인식된 문제를 해결하기 위해 우선 문제와 관련이 있는 저장된 정보를 기억으로부터 회상해 내는 내적 탐색을 하게 된다. 내적 탐색은 소비자가 문제를 인식한 후 바로 이루어질 수도 있고 서서히 이루어질 수도 있다. 그러나 일단 내적 탐색이 되면 그 정보는 소비자가 직면한 문제를 해결하는 과정에 이용될 수 있다. 소비자 입장에서는 내적 탐색이 시간이나 비용, 심리적 스트레스 등을 많이 요구하지 않기 때문에 중요한 탐색전략이 될 수 있다. 내적 탐색으로 충분한 정보를 획득할 수 있을 경우에 외적 탐색 과정은 제한되거나 생략될 수 있다.

내적 탐색 정도는 소비자가 가지고 있는 정보의 타당성과 신뢰성, 구매 경험, 구매빈도, 신상품 개발 속도, 상품의 변화 정도 등에 영향을 받는다(김기옥 외, 2012). 과거의 구매 결과가 만족스러웠거나, 자주 구매하거나 신상품 개발이 느리거나, 변화가 크지 않은 상품의 경우에는 내적 탐색에 의존할 가능성은 높아진다. 과거의 구매 결과에 만족하고 있을 경우 소비자는 내적 탐색으로 충분하다고 생각하게 되며, 특히 습관적인 구매의사결정의 경우에 이러한 경향이 많이 나타난다. 구매 간격이 아주 긴 상품의 경우는 구매 경험이 있는 소비자라도 가격, 모양, 상점, 상표 등이 변화되어 가지고 있는 정보가 타당하지 않다고 느낄 수 있다. 상품 변화가 적은 경우라도 구매 간격이 길어지면 상품에 대한 정보가 잊혀지게 되어 내적 탐색 활동이 방해를 받게 된다.

(2) 외적 탐색

외적 탐색external search은 외부의 다른 정보원으로부터 새로운 정보를 획득하는 과정을 의미한다. 소비자는 내적 탐색으로 충분한 정보를 얻기가 어렵다고 판단되거나 자신이 가지고 있는 정보가 부적절하다고 느낄 때 외부환경으로부터 추가적으로 정보를 획득하려고 한다. 외적 탐색 정도는 상품 특성, 소비자 특성, 상황적 특성에 영향을 받는다. 소비자는 구매 경험이 없거나 구매결정이 중요하거나 정보를 충분하게 보유하지 않고 있을 경우에 외적 탐색을 통해 보다 많은 정보를 얻으려고 노력한다. 소비자가 외적 탐색을 통해 획득하려고 하는 정보는 일반적으로 대안의 존재와 가용성에 관한 정보, 판매점과 가격에 관한 정보, 평가 기준(속성)의 개발 · 가중에 관한 정보, 상품의 특징 및 장 · 단점에 관한 정보 등이다(이은희 · 이기춘, 1991).

외적 탐색은 수동적 탐색과 능동적 탐색으로 구분될 수 있다(이학식 외, 2001). 수동적 탐색은 소비자가 정보에 노출될 때마다 상당한 주의를 기울이는 것으로, 구체적 목표 없이 신문이나 잡지의 상품 관련 광고나 기사를 훑어보는 정도의 탐색 활동을 의미한다. 능동적 탐색은 보다 적극적으로 정보를 탐색하는 것으로, 구체적인 목표를 가지고 정보를 탐색하는 활동을 의미한다. 능동적으로 정보를 탐색하는 소비자를 정보탐색자information seeker라고 한다. 정보탐색자는 정보의식적이며 정보에 민감하고 공공적 정보원천에 대한 신뢰도와 의존도가 높다(예종석 · 김진병, 1990). 능동적으로 정보를 탐색하는 소비자는 품질, 디자인, 가격 등을 비교하기 위하여 직접 상점을 방문하거나, 관련 정보를 얻기 위해 신문 기사를 찾아 읽거나, 친구에게 전화를 하는 등 정보를 탐색하기 위해 적극적으로 노력한다.

또한 외적 탐색은 구매 전 탐색과 지속적 탐색으로 구분할 수 있다. 일반적으로 구매의사결정 과정에서 이루어지는 외적 탐색은 구매 전 탐색이다. 구매 전 탐색을 자극하는 요인은 보다 좋은 상품을 보다 저렴하게 선택하고자 하는 소비자 욕망이다. 지속적 탐색은 정보탐색으로 얻게 되는 즐거움 때문에 규칙적으로 정보 획득이 이루어지는 외적 탐색이다. 구매의사결정과 관계없이 재미가 있어서 상품 관련 정보를 획득할 수 있는 잡지를 정기적으로 구독하는 것이다. 지속적 탐색은 미래 소비자의사결정에 사용할 수 있는 정보를 획득하고 싶은 욕망에 의해 자극을 받는다. 지속적 탐색 활동을 하는 소비자는 보다 많은 정보를 소유하게 되므로 구매의사결정에 필요한 구매 전 탐색을 줄일 수 있다.

2. 정보의 종류

1) 가격정보

가격정보는 대부분의 소비자가 상품을 선택하거나 그 가치를 평가할 때 유용하게 사용하는 정보 중 하나이다. 시장에서 상품에 대한 가격분산이 클수록 가격정보는 중요하다. 인터넷이 발달하면서 간편하게 가격정보를 비교할 수 있는 검색서비스가 제공되고 있다. 가격정보 제공 사이트는 〈표 7-1〉과 같다. 가격정보 제공 사이트들은 상품의 범주별로 가격정보를 제공하고 있으며, 상품 · 쇼핑몰 · 판매업체 정보 등은 물론 해당 업체를 클릭하면 바로 구매가 가능한 서비스를 제공하기도 한다. 가격정보 제공 사이트의 활용이 증대되면서 상품군별로 특정 상품군만 취급하는 가격정보 사이트도 등장하였다. 소비자에게 가격정보를 제공하는 기본적인 방법은 판매자가 상품의 판매가격을 정확하게 표시하는 것이다. 이를 위해 정부는 가격표시제도price marketing system를 시행하고 있으며, 판매자에게 가격표시 의무를 부과하고 부당한 가격표시를 금지하고 있다.

가격분산 용어설명

가격분산은 동일한 시점에 동일한 품질의 상품에 대해 판매점에 따라 다른 가격이 존재하는 것이다. 시장의 효율성을 파악하는 수단이 된다. 가격분산이 발생하는 원인은 판매비용의 차이, 가격차별 정책, 시장 불안정성 · 규모의 차이, 가격 · 품질에 대한 잘못된 인지 등이다.

가격표시제도 용어설명

가격표시제도는 소비자에게 상품에 대한 가격정보를 제공하고 판매자 간 가격 경쟁을 유도하기 위해 시행하고 있는 제도이다. 1998년 공장도 · 수입가격표시제를 폐지하고 판매가격표시제로 일원화하였으며 1999년 권장소비자가격 표시금지제와 단위가격표시제를 실시하였다. 계속 표시 대상 품목을 확대하고 있다. 위반하면 일천만 원 이하의 과태료가 부과된다.

〈표 7-1〉 가격정보 제공 사이트

사이트명	사이트 주소	특징
T-Price	http://tprice.go.kr	한국소비자원 운영, 80개 생활필수품 지역 · 품목별 가격(제주 제외), 비급여진료비, 지자체 지정 착한가격업소 등
소비자물가 정보서비스	http://price.consumer.or.kr	한국소비자단체협의회 운영, 품목별 · 지역별 · 업소별 가격정보(서울) 등
국가통계포털	http://kosis.kr	소비자물가 · 생산자물가, 산지쌀값, 민간아파트 분양가격 동향 등
의료실비114	http://www.silbi-bohum114.co.kr	실시간 보험료 계산, 의료실비보험 비교
다나와	http://www.danawa.com	종합가격비교, 가전, 디카, 컴퓨터, 휴대폰, 자동차용품, 스포츠, 도서, 아동용품, 식품, 가구, 패션잡화, 화장품 등
에누리닷컴	http://www.enuri.com	종합가격비교, 가전상품, 항공권, 보험, 여행, 이사견적, 레저용품 등, 각 인터넷쇼핑몰과 바로 연결

(1) 판매가격의 표시

판매가격표시제open price system는 제조업체가 아니라 유통업자가 소비자에게 판매하는 상품의 실제 가격을 표시하는 제도로, 소매점포의 가격 경쟁을 유도하기 위해 도입되었다. 판매자는 판매가격을 상품이나 진열대에 부착하여 소비자가 알 수 있도록 해야 한다. 동일한 상품일지라도 판매자에 따라 판매가격은 상이할 수 있다. 판매가격표시제도의 시행으로 상품의 가격정보는 소비자에게 더욱 중요한 의미를 가지게 되었으며, 소비자 선택을 통해 판매자 간 가격 경쟁을 유도할 수 있게 되었다. 판매가격을 표시해야 하는 대상 점포는 매장면적이 33㎡(특별 · 광역시는 17㎡) 이상인 소매 점포, 대규모 점포내의 모든 소매점포(전통시장 제외), 시 · 도지사가 지정하는 소매점포, 시 · 도지사가 지정하는 시장 · 지역 내 소매점포 등이며, 대상 품목은 이들 표시 의무 대상 점포에서 판매하는 모든 품목이다. 소비자가 가장 쉽게 알아볼 수 있는 방법이나 크기로 선명하고 명확하게 표시하여야 한다.

(2) 단위가격의 표시

단위가격표시제unit price는 상품의 가격을 단위당으로 표시하는 제도로, 소비자들이 용량이나 포장 단위가 서로 다른 상품의 가격을 쉽게 비교할 수 있도록 하고, 판매업자들의 가격 경쟁을 유도하기 위해 도입되었다. 소비자가 구매하는 많은 상품들이 제조회사별로 포장 용량의 종류가 다양하고 포장 단위도 무게(g, kg 등), 부피(㎖, ℓ 등), 길이(㎝, m 등) 등 다양하다. 따라서 단위가격 표시 대상 품목은 소비자가 판매가격으로 가격을 비교하기 어렵거나, 포장용량이나 규격 · 품질 종류가 다양하거나, 용량단위가 무게와 부피 단위 등 두 가지 이상 단위로 유통되거나, 유통업체가 여러 단위로 재조합 · 재포장하여 판매하는 경우 등이다. 단위가격 표시의무 대상 점포는 표시 대상 품목을 판매하는 점포이다. 단위가격 표시 의무자는 표시 대상 품목에 대하여 일반화된 계량 · 규격 단위를 이용한 10진수의 중량이나 용적 단위(g, kg, ml, l, 매, m 등)를 사용하여 "100g당 00원, 100㎖당 00원, 10m당 00원, 개(장)당 00원" 등 소비자가 쉽게 알아볼 수 있는 방법 또는 크기로 선명하고 명확하게 표시하여야 하며, 1원 이하는 반올림하여 표시한다. 도입 당시에는 15개 품목이었으나 2014년 6월 현재 표시 대상 상품은 가공식품 62개 품목, 일용잡화 19개 품목, 신선식품 3개 품목(농수축산물)이다(산업통상자원부고시 제2013-111호).

(3) 권장소비자가격의 표시 금지

권장소비자가격은 제조업자가 유통업자와 소비자 사이의 거래에 참고적 가격을 제공할 목적으로 임의적으로 결정하여 표시하였으나, 유통업태와 통신수단이 발달하면서 본래의 기능을 상실하게 되었다. 권장소비자가격을 높게 표시하고 대폭 할인하는 것처럼 홍보하여 소비자 구매를 유도하는 판매 수단으로 이용되거나, 대리점의 판매가격을 통제하고 재판매가격을 유지하는 수단으로 이용되면서 가격경쟁을 제한하는 요소로 작용하였다. 또한, 소비자들은 권장소비자가격을 판매가격으로 오인하기도 하고, 대부분의 상품들이 실제 판매가격보다 권장소비자가격을 높게 표시하여 적정가격을 판단하는 데 혼란을 주기도 하였다. 이러한 문제점들이 발생하자, 1999년 9월 신사

정장, VTR 등 12개 품목에 대해 권장소비자가격 표시를 금지시키고 판매가격을 표시하도록하는 판매가격표시제를 도입하였다. 이후 계속 표시 금지 대상 품목이 확대되어 2014년 6월 기준 275개 품목이다. 그 내용은 〈표 7-2〉와 같다. 2011년 8월 유류가 상승에 따른 원자재값 급등과 업계의 암묵적 담합 등으로 가격 인하와 물가 안정에서 성과를 거두지 못한 아이스크림, 빙과류, 과자, 라면 등 4개 가공식품은 권장소비자가격표시제로 다시 돌아갔다. 판매업자는 권장소비자가격 표시 금지 품목에 대하여 그 상품과 광고물 및 각종 매체 등에 권장소비자가격을 표시해서는 아니 된다.

재판매가격 유지 용어설명

재판매가격 유지resale price maintenance는 상품을 생산 또는 판매하는 사업자가 상품을 재판매하는 사업자에게 거래단계별 가격을 정하여 그 가격대로 판매할 것을 강제하거나, 이를 위하여 구속 조건을 붙여 거래하는 행위를 말한다(공정거래법 제2조 제6호). 제조업체가 대리점에게 판매가격을 정해 주고, 대리점이 이를 위반하였을 경우 대리점 폐쇄 또는 거래중지, 리베이트 지급 중지 등 제재를 할 경우 재판매가격 유지 행위에 해당된다. 재판매가격 유지 행위가 이루어질 경우 판매자의 자유로운 가격결정권이 침해되고 유통단계에서 자유로운 가격 경쟁이 제한된다. 판매자 간 가격담합과 동일한 효과를 초래하여 유통 조직의 효율성을 저해하며, 소비자 선택을 제한하게 된다.

〈표 7-2〉 권장소비자가격 표시 금지 품목

구분	품목 수	품목
가전상품	14개	TV, VTR, 유선전화기, 오디오, 세탁기, 냉장고, 에어컨, 전자수첩(전자사전 포함), 카세트, 캠코더, 전기면도기, 청소기, 전기밥솥, 전자레인지
의류	247개	남자 외의(8), 여자 외의(41), 스웨터 · 셔츠(14), 유아복(16), 내의(38), 파운데이션(36), 양말(32), 잠옷(10), 모자(38), 장갑(14)
기타용품	14개	운동화, 러닝머신, 롤러블레이드, 손목시계, 카메라, 가스레인지(오븐레인지 포함), 침대, 장롱, 책상, 소파, 장식장, 컴퓨터, 데스크탑, 컴퓨터 모니터, 노트북 컴퓨터

출처: 산업통상자원부고시 제2013-111호 가격표시제 실시요령.

2) 품질정보

상품의 품질정보는 대부분의 소비자에게 필요한 중요한 정보이다. 소비자는 과거부터 사용해 온 상품에 대해서는 어느 정도 품질정보를 가지고 있으나 기술집약적인 상품에 대해서는 품질정보를 획득하기 어렵다. 정부는 소비자에게 품질정보를 제공하기 위하여 표시제도와 품질인증제도를 시행하고 있으며, 한국소비자원 등 공공기관에서는 상품 비교 테스트 정보를 제공해 주고 있다. 품질인증마크는 〈표 7-3〉과 같다.

(1) 품질인증제도

품질인증제도는 정부 또는 공신력 있는 공익기관이 생산자가 일정한 기준에 적합한 품질의 상품을 생산하고 있다는 것을 보증하는 것으로, 특정 상품에 대해 일정한 품질기준이나 규격을 정해 놓고 이 기준이나 규격에 부합하는 상품에 인증마크를 표시하도록 하는 제도이다. 그러나 품질인증제도는 사후관리가 철저히 이루어지지 않으면 기준 이하의 인증 상품이 시장에 유통되거나 허위로 인증마크를 부착한 상품들이 유통될 수 있다는 점에 유의해야 한다.

품질인증제도는 법적 근거에 따라 법정인증제도와 민간인증제도로 구분되며, 법정인증제도는 강제로 적용되는 의무인증과 임의로 적용할 수 있는 임의인증으로 나누어진다. 또한, 인증 대상의 특성에 따라 인증, 형식승인, 검정, 형식검정, 형식등록 등 다양하게 운영되고 있다. 의무인증제도는 국민의 생명과 안전 보장에 필요한 안전, 품질, 환경, 보건을 확보하기 위해 국가가 법으로 설정해 놓은 최소한의 품질기준을 충족해야만 판매할 수 있도록 한 인증제도로, 관련 상품을 출시하기 전에 의무적으로 인증을 획득해야 한다. 임의인증제도는 관련법에 의거해 인증기관이 상품의 품질을 인증하는 제도이며, 공공기관에서 품질을 인증하는 기관인증과 단체나 협회에서 품질을 인증하는 단체인증이 있다.

우리나라에서 운영되는 인증제도는 법정인증과 민간인증을 포함해 총 234개가 있으며, 10개 부처 38개의 법정의무인증제도가 있다(http://www.kats.go.kr). 상품 안전이라는 같은 목적의 경우에도 부처마다 인증마크가 달라 중복 인증을 받아야하는 불편

〈표 7-3〉 품질인증마크

마크명	인증마크	특징	마크명	인증마크	특징
KC 마크		국가통합인증마크, 안전 · 보건 · 환경 · 품질 등 5개 부처 13개 법정강제인증마크 통합	GAP 인증		생산에서 판매까지 농산물우수관리기준에 적합하게 생산 · 관리된 상품에 부여
KS마크		한국표준협회가 한국산업표준 이상의 품질수준을 유지하는 상품에 부여, 법정임의마크	지리적 표시		우수한 지리적 특성을 가진 농산물 및 가공품에 부여
가공식품 KS인증		한국산업표준의 품질 수준 이상에 해당하는 가공식품에 부여	전통식품 품질인증		국내산을 주원료로 제조, 가공, 조리되어 고유의 맛, 향, 색을 내는 우수전통식품에 부여
KS 서비스 인증	KS 서비스인증	서비스산업의 국제경쟁력 제고를 위해 양질의 서비스를 수행하는 사업장에 부여	수산물 품질인증		인증대상품목별 품질기준을 충족하는 수산물 · 수산특산물에 부여
Q마크		품질기준에 따라 한국건설생활환경시험연구원에서 시험 · 검사하여 합격 상품에 표시	술 품질인증		품질인증기준에 적합한 술 상품에 부여
축산물 등급표시		쇠고기, 돼지고기, 닭고기, 오리고기, 계란 등의 축산물 품질등급 표시	건강기능 식품표시		인체에 유용한 기능성을 가진 원료나 성분을 사용하여 제조한(가공 포함) 식품에 부여
항균 마크		한국건설생활환경시험연구원에서 우수한 원적외선 응용상품 · 항균가공 상품에 부여	우수건강 기능식품 제조기준		우수건강기능식품제조 · 품질관리기준을 준수하는 건강기능식품제조업소 인증마크
HS 마크		한국건설생활환경시험연구원에서 시험 · 검사 후 위생 · 안전이 확보된 상품에 부여	어린이 기호식품 품질인증		안전하고 영양을 고루 갖춘 어린이기호식품에 부여
신뢰성 인증		고장율 · 수명 등을 시험하여 고장 없이 일정기간 최초 품질 · 성능 유지 상품에 부여	GP 마크		한국환경포장진흥원에서 상품 포장을 심사 · 평가하여 친환경 우수 포장에 부여

주) 농식품 국가인증 통합로고: 인증제도별로 분산된 국가인증 농식품에 대해 소비자인식을 전환시키고 국가인증의 대표성을 확보하여 경쟁력을 강화하기 위해 2012년 1월 1일부터 통합로고로 단일화하여 국새모양의 초록색 사각표지만 확인해도 국가가 인증한 품질 좋고 안전한 농식품임을 알 수 있도록 하였다.

함이 있었으며, 시간과 비용 낭비는 물론 인지도와 신뢰도가 저하되고 국제거래에서 상호인증이 되지 않아 국제 신뢰도 저하와 국부 유출 문제를 가져왔다. 이러한 문제를 해결하기 위해 국가표준기본법을 개정하여 5개 부처 13개 법정강제인증마크를 국가통합인증마크KC로 통합하였으며, 2009년 7월 1일부터 도입하였다. 국가 간 협정을 준수하거나 통상마찰을 방지하기 위한 경우를 제외하고, 법정의무인증제도에서 마크가 필요할 때는 반드시 KC마크를 사용하도록 규정하였다.

한국산업표준 용어설명

한국산업표준Korean Industrial Standards: KS은 산업표준화법에 의거하여 산업표준심의회의 심의를 거쳐 국가기술표준원장이 고시함으로써 확정되는 국가표준으로, 기본부문(A)부터 정보부문(X)까지 21개 부문으로 구성되며 크게 상품표준, 방법표준, 전달표준으로 분류된다. KS표시인증제도는 산업표준을 널리 활용함으로써 업계의 사내표준화와 품질경영을 도입·촉진하고 우수공산품의 보급 확대로 소비자보호를 위하여 특정상품이나 가공기술 또는 서비스가 한국산업표준 수준에 해당함을 인정하는 상품인증제도이다.

인증과 인증제도 용어설명

인증Certification은 상품 등과 같은 평가대상이 정해진 평가표준이나 기술 규정 등에 적합하다는 평가를 받음으로써 그 사용 및 출하가 가능하다는 것을 입증하는 행위를 말하며, 인증제도는 상품 등이 그에 적용되는 평가기준에 만족하는지를 판단하기 위해 자격을 갖춘 자가 평가를 직접 수행하거나 제3자의 평가결과를 근거로 입증하는 행위를 말한다.

(2) 표시제도

소비자들이 합리적으로 상품을 선택하는 데 필요한 정보를 제공하기 위해 여러 가지 표시제도labeing가 운용되고 있다. 표시제도는 판매자가 상품이나 서비스에 대한 기본 정보를 포장이나 용기에 표시하도록 하는 제도이다. 표시에 포함되어야 할 내용은 상품의 종류에 따라 다르게 규정되고 있으나, 일반적으로 상품명, 용도, 성분·효능, 중량, 제조일자나 유효기간, 사용·보관방법, 사용상 주의사항, 수리·보증(반품, 교환, 환불 조건), 제조원 및 판매원 등에 관한 내용을 표시하도록 하고 있으며, 서비스의 경우는 약관을 명시하도록 하고 있다. 이러한 표시가 소비자에게 정보를 제공하여 합리적 선택을 돕는 역할을 수행하기 위해서는 정확한 정보를 담고 있어야 하며, 소비자가 쉽게 알아보고 이해할 수 있어야 한다.

① 지리적표시제도

지리적표시제도geographical indication system: GIS란 농·수·축·임산물 및 가공품의 명성, 품질, 기타 특징이 본질적으로 특정 지역의 지리적 특성에 기인하는 경우, 그 특정 지역에서 생산된 특산품임을 표시하는 것을 의미한다. 상품 원산지의 이름을 상표권으로 인정하여 다른 상품에서 함부로 이용하지 못하도록 하는 법적 권리가 부여된다. 우수한 지리적 특성을 가진 농·수·축·임산물 및 가공품의 지리적 표시를 등록·보호함으로써 지리적 특산품의 품질 향상과 지역 특화산업으로의 육성을 도모하고, 우리 농산물 및 가공품의 경쟁력을 강화하며, 소비자의 알 권리를 충족시키기 위해 1999년 7월에 도입되었다.

지리적 표시의 보호를 받기 위해서는 국립농수산물품질관리원이나 산림청에 등록해야 하며, 5가지 요건을 충족해야 한다. 널리 알려져야 하고(유명성), 지역에서 생산된 역사가 깊어야 하며(역사성), 생산과 가공이 그 지역에서 이루어져야 하고(지역성), 특성이 지역의 자연환경적(지리적·인적) 요인에 기인하며(지리적 특성), 생산자들이 모여 법인을 구성해야 한다(생산자의 조직화). 농·축산물은 2002년 보성녹차가 1호로, 2014년 5월 진도울금이 95호로 등록되었으며(http://www.naqs.go.kr), 수산물은 2009년 2월 보성벌교꼬막이 1호로, 2014년 5월 해남전복이 19호로 등록되었다(http://www.nfqs.go.kr). 임산물은 2007년 양양송이가 1호로, 2014년 2월 무주호두가 49호로 등록되었다(http://www.forest.go.kr). 지리적 표시를 위반할 경우 3년 이하의 징역 또는 3천 만 원 이하의 벌금에 처하게 된다.

지리적 표시 용어설명

지리적 표시는 명성·품질 기타 특징이 본질적으로 특정 지역의 지리적인 특성에 기인하는 경우 해당 농산물 또는 가공품을 표현하기 위하여 사용되는 지역, 특정 장소(예외적인 경우 국가도 포함)의 명칭을 의미한다. 반드시 특정한 지역, 지방, 산, 하천 등 지리적 명칭이어야 하며, 지리적 명칭과 관련이 없는 브랜드는 상표로는 가능하나 지리적 표시 대상은 아이다.

② 원산지표시제도

원산지표시제도는 수입개방에 따라 저렴한 외국산 농수산물이 무분별하게 수입되고 이들 농수산물이 국산으로 표시되어 판매되는 등 부정 유통 사례가 증가하게 되자 소비자에게 생산지 정보를 정확하게 제공하여 공정한 거래질서를 확립하고 생산자와 소비자를 보호하기 위해 1991년 7월에 도입되었다. 원산지표시제도는 국제규범에서 허용하고 있는 제도로 미국, EU, 일본 등 대부분의 국가에서 운영하고 있다.

농수산물은 동일 작물 · 품종이라도 재배 지역, 기후, 토질, 재배 방법, 시기 등에 따라, 가공품은 원료의 산지, 가공방법 등에 따라 품질에 차이가 있을 수 있다. 표시 대상 품목은 2014년 6월 기준 국산농산물은 205개 품목, 수입농산물과 반입농산물 및 그 가공품은 161개 품목, 가공품은 262개 품목이다. 음식점의 원산지표시 대상 품목은 쇠고기, 돼지고기, 닭고기, 오리고기, 양(염소)고기, 쌀(밥류), 배추김치(고춧가루 포함), 넙치, 조피볼락, 참돔, 미꾸라지, 낙지, 뱀장어, 명태(건조한 것 제외), 고등어, 갈치 등이다.

원산지표시 대상 농산물을 판매 목적으로 취급하는 자는 의무적으로 원산지표시를 해야 한다. 포장재에 표시할 수 있는 경우는 소비자가 쉽게 알아볼 수 있는 곳에 한글, 한문 또는 영문으로 표시하고, 포장재에 표시할 수 없는 경우는 농산물 자체에 스티커를 부착하거나 푯말을 사용한다. 홈쇼핑, 인터넷 쇼핑몰, 카탈로그 판매 등 무점포에서 수입품을 판매할 경우는 물품에 표시된 원산지와는 별도로 화면, 사이트, 지면에 표시해야 한다. 음식점은 음식명 또는 원산지표시대상 품목 바로 옆이나 밑에 표시한다. 다만, 원산지가 같은 경우에는 일괄하여 표시할 수 있다.

원산지를 거짓으로 표시하거나 혼동할 우려가 있는 표시를 하면 7년 이하의 징역 또는 1억 원 이하의 벌금을 병과할 수 있으며, 시정 또는 공표명령을 이행하지 않으면 1년 이하의 징역 또는 1천만 원 이하의 벌금이 부과된다. 표시하지 않거나 표시 사항과 방법을 위반하면 5만 원 이상 1천만 원 이하의 과태료가 부과된다. 대상 농산물의 조사, 수거, 열람을 거부, 방해 또는 기피하면 100만 원 이상 500만 원 이하의 과태료가 부과된다. 표시 위반 사항을 신고 또는 고발한 사람에게는 조사 결과에 따라 건당 10~200만 원의 포상금이 지급된다(농수산물의 원산지표시에 관한 법률 제14 · 16 · 17조).

원산지 용어설명

원산지place of origin는 농 · 수산물이 생산되거나 채취된 국가 또는 지역을 의미한다. 동식물의 경우는 성장한 지역을 말하며, 제조품의 경우는 생산 · 제조 · 가공 과정이 이루어진 지역을 말한다. 국제적 거래에서는 정치적 실체를 지닌 국가를 의미하며, 국내적으로는 지역 또는 지방을 의미한다. 가공 · 생산공정 또는 재배 등의 과정을 거치지 않고 단순히 그 국가를 통하여 거래되었음을 의미하는 경유국, 적출국, 수출국과는 다른 개념이다.

③ 등급표시

등급표시grade labeling란 등급사정제도에 의하여 같은 종류의 상품을 품질에 따라 그 등급을 상품에 표시하는 것으로, 에너지소비효율등급표시제도와 축산물등급제도 등이 있다.

에너지소비효율등급표시제도는 에너지의 합리적이고 효율적인 이용과 에너지절약을 위해 소비자들이 에너지절약형 상품을 쉽게 식별하여 구입할 수 있도록 하고 최저소비효율기준을 적용하여 미달하는 상품의 생산 · 판매를 금지함으로써 생산(수입)단계에서부터 원천적으로 에너지절약형 상품을 생산 · 판매하도록 하는 의무제도이다. 최저소비효율기준의 의무적용으로 5등급에 미달하는 상품은 생산 · 판매가 금지되고 있다. 에너지소비효율등급은 효율관리대상상품에 대해 에너지소비효율 또는 사용량에 따라 1등급에서 5등급으로 표시한다. 1등급에 가까울수록 에너지절약형 상품이며, 1등급은 5등급에 비해 30~40%의 에너지 절감 효과가 있다. 효율관리 대상 상품은 전기냉장고, 세탁기, 밥솥, 장판 등 35개 상품이며, 에너지소비효율등급, 월간소비전력량(자동차는 연비), 이산화탄소CO_2배출량, 연간에너지비용 등을 표시한다.

축산물등급제도는 축산물의 품질에 따라 등급을 표시하고 차등 거래를 하는 것이다. 쇠고기, 돼지고기, 닭고기, 오리고기, 계란 등의 품질을 일정기준에 따라 차별화함으로써 소비자에게는 구매지표를 제공하고, 생산자에게는 보다 좋은 품질의 축산물을 생산하도록 하여 축산물 유통을 원활하게 하기 위한 제도이다(http://www.ekape.or.kr). 쇠고기는 육질등급과 육량등급으로 구분하며, 모든 국내산 쇠고기는 등급판정을 받은 후에 유통해야 한다. 육질등급은 고기의 품질을 나타내며, 1++, 1+, 1, 2, 3등급으로 구분한다. 육량등급은 소 한 마리에서 얻을 수 있는 고기의 양이 많고 적음을 나타내며,

A, B, C등급으로 구분한다. 돼지고기, 닭고기, 오리고기는 1+, 1, 2등급으로, 계란은 1+, 1, 2, 3등급으로 표시한다(축산물등급판정 세부기준 제7 · 13 · 15 · 24 · 29조).

최저소비효율기준 — 용어설명

최저소비효율기준Minimum Energy Performance Standard: MEP은 저효율상품의 유통을 방지하고 업체의 기술개발을 촉진하기 위해 정부가 제시하는 최소한의 에너지효율기준이다. 일정한 에너지효율에 미달되는 저효율 상품의 생산 · 판매를 금지하여 원천적으로 국가 에너지절약을 기하려는 의무적인 에너지효율기준을 말한다. 위반할 경우 2천만 원 이하의 벌금이 부과된다.

에너지관리공단 — 용어설명

에너지이용합리화사업을 효율적으로 추진함으로써 이산화탄소 배출을 저감시키고 국민경제의 건전한 발전에 이바지함을 목적으로 설립되었다. 기기의 에너지효율향상과 관련하여 에너지소비효율등급표시제도, 대기전력저감프로그램, 고효율에너지기자재인증제도 등을 운영하고 있다(http://www.kemco.or.kr).

(3) 농산물우수관리인증제도

농산물우수관리인증제도Good Agricultural Practices: GAP는 생산단계에서 판매단계까지 농산식품 안전관리체계를 구축하여 소비자에게 안전한 농산물을 공급하고, 농산물 안전성 확보를 통해 소비자 신뢰성을 제고하고 우리 농산물의 국제 경쟁력을 강화하며, 지속가능한 농업으로 농업환경을 보호하기 위해 2006년에 도입되었다. 국제적으로도 안전한 농산물 공급의 필요성을 인식하여 국제식품규격위원회Codex와 국제식량농업기구FAO 등에서 지속 가능한 농업 추진 및 안전성 강화를 위하여 GAP 기준을 마련하였으며, 유럽, 미국, 칠레, 일본, 중국 등에서도 GAP제도를 시행 중이다.

농산물우수관리인증을 받기 위해서는 농산물우수관리 기준에 의해 적합하게 생산 · 관리되어야 하고, 수확 후 농산물우수관리시설에서 관리해야 하며 농산물이력추적관리 등록을 해야 한다. 특성상 우수관리시설에서 관리할 필요가 없는 것으로 농림축산식품부장관이 고시한 품목은 제외된다.

국제식품규격위원회 — 용어설명

국제식품규격위원회Codex Alimentarius Commission: CAC는 국제적으로 통용될 수 있는 식품규격기준을 제정·관리하는 전문조직으로 1962년에 설립된 정부 간 모임이며, 본부는 이탈리아 로마에 있다. 세계보건기구WHO와 국제식량농업기구FAO가 합동으로 운영한다. 'Codex'는 영어로 법령을 말하는 code, Alimentarius는 food(식품)를 뜻하는 라틴어로서, 이 위원회에서 설정한 규정을 보통 '코덱스' 또는 '코덱스 규격'이라고 한다. 식품의 국제교역 촉진과 소비자의 건강 보호를 목적으로 세계적으로 통용될 수 있는 식품별 기준규격을 설정하고, 식품첨가물의 사용 대상이나 사용량에 대한 규격 설정, 오염물질에 대한 규격 및 식품표시 등 식품의 안전성과 원활한 통상을 위한 활동을 수행한다. 강제성을 띠는 것은 아니며 각국에서 식품관리에 필요한 규격기준에 대한 기준표로 활용하도록 하고 있다. 우리나라는 1995년부터 김치에 대한 코덱스 규격화를 제안해 2001년 7월 'kimchi'라는 이름의 국제규격식품 공인을 받았다.

3) 위해정보

위해상품은 위험하고 해로운 상품으로 건강에 해롭거나 위험한 상품은 물론 사용 중에 물리적 위험을 초래할 수 있는 상품까지 모두 포함한다. 상품의 안전성 문제는 소비자의 가장 기본적 가치인 건강이나 생명과 관련된 문제이기 때문에 아주 중요하고 심각한 문제이며 무엇보다 예방 차원의 조치가 필요하다.

(1) 안전관리인증기준

안전관리인증기준Hazard Analysis Critical Control Point: HACCP은 가축의 사육, 축산물의 원료관리, 처리, 가공, 포장, 유통 및 판매까지 전과정에서 위해물질이 해당 축산물에 혼입되거나 오염되는 것을 사전에 방지하기 위하여 각 과정을 중점적으로 관리하는 기준을 말하는 것이다(축산물안전관리인증 기준 제2조). 가축의 사육 및 축산물의 원료관리에서부터 유통 및 판매까지의 각 단계에서 발생할 수 있는 위해요소hazard를 분석하고, 중요 관리점critical control point을 설정하여 과학적·체계적으로 중점 관리함으로써 이러한 위해요소를 방지·제거하거나 허용수준 이하로 감소시켜 축산물의 안전을 확보할 수 있는 사전위해관리기법으로, 1997년 12월에 도입되었다. 2014년 6월 2일 개정에서 위해요소중점관리기준이 안전관리기준으로 변경되고 인증마크가 변경되었으며, 안전관리통합인증제가 도입되었다. 인증마크는 〈표 7-4〉와 같다. 기존의 축산물 HACCP 마크는 종전 규정에 따라 2016년 12월 31일까지 사용할 수 있다.

도입효과로는 기업측면에서는 체계적인 위생관리체계구축, 위생적이고 안전한 식품제조, 위생관리의 효율성 도모, 집중적인 위생관리, 이미지제고와 신뢰성 향상 등이 있으며, 소비자측면에서는 안전한 식품 제공, 식품선택 기회 제공 등이 있다.

(2) 이력추적관리제도

이력추적관리제도traceability는 농수축산물의 위생과 안전 등에 문제가 발생할 경우 해당 농수축산물의 이력을 추적하여 원인을 규명하고 필요한 조치를 신속하게 취하고 대처할 수 있도록 생산단계부터 판매단계까지 각 단계별로 정보를 기록·관리하고 이력 정보를 투명하게 공개하는 것을 말한다. 이력추적관리제도는 추적·역추적 체계를 확립하여 안전성을 확보하고, 신속한 원인 규명과 정확한 상품 회수 등으로 위험관리에 기여하며, 투명한 유통질서를 확립하고 소비자 신뢰성을 확보하기 위해 도입되었다. 이력추적관리제도의 도입으로 품질·안전·재고관리의 효율화를 도모할 수 있게 되었으며, 유통의 투명성 확보로 국내 농수축산물의 경쟁력을 강화하고, 판매되는 농수축산물에 대한 정보를 미리 알 수 있어 소비자가 안심하고 구매할 수 있게 되었다.

농수산물이력추적관리는 자율등록으로 생산단계부터 판매단계까지 각 단계별로 정보를 기록·관리하며, 쇠고기 이력추적관리는 의무시행으로 소의 출생에서부터 도축, 가공, 판매에 이르기까지의 정보를 기록·관리한다. 소 출생 시 12자리 개체식별번호를 표시한 귀표를 부착하고 이력추적시스템에 관련 정보를 입력한다. 사육, 도축, 가공, 최종 판매단계까지 동일한 번호가 기록·유지되도록 관리하고 있으며, 소 소유자, 관리자, 정육점 등은 반드시 개체식별번호를 표시해야 한다. 개체식별번호를 입력하면 소의 출생년월일, 종류, 성별, 소유주, 사육지, 도축장, 도축일, 도축검사결과, 육질등급, 가공장 위치, 브랜드명 등의 정보를 알 수 있다. 식육판매업자가 개체식별번호를 표시하지 않거나 거짓으로 표시한 경우 시정 명령과 5백만 원 이하의 과태료가 부과된다.

식품이력추적관리는 가공식품과 건강기능식품에 대해 제조·가공단계부터 판매단계까지 각 단계별로 정보를 기록 · 관리하며 자율로 운영되고 있다. 2014년 12월부터 영 · 유아식품 및 건강기능식품과 면적 300m^2 이상 식품판매업소에는 의무화된다.

농축수산물과 가공 · 건강기능식품의 이력조회는 농식품정보누리(http://www.foodnuri.go.kr)에서 확인할 수 있으며, 쇠고기는 쇠고기이력제(http://cattle.mtrace.go.kr)나 축산물품질평가원(http://www.ekape.or.kr)에서 구입한 쇠고기의 이력정보를 상세하게 확인할 수 있다. 휴대폰으로는 6626번을 통해 확인할 수 있으며 스마트폰으로는 쇠고기 이력정보앱이나 안심장보기앱을 설치하면 조회할 수 있다. 서비스 조회로 확인할 수 있는 이력정보는 소의 원산지, 등급, 소의 종류, 출생일, 사육지 등이다.

〈표 7-4〉 안전관리인증기준 및 이력추적관리 인증마크

마크명	인증마크	특 징
안전관리인증 기준 (HACCP)	HACCP (안전관리인증) 농림축산식품부	안전관리인증기준을 적용한 도축 · 집유 · 농장에 사용하는 농림축산식품부의 HACCP 인증 마크
	안전관리인증 HACCP 식품의약품안전처	도축 · 집유 · 농장을 제외한 안전관리인증기준 적용 전업종에 사용하는 식품의약품안전처 인증 마크, 포장재색을 고려하여 파랑 · 빨강색 사용 가능
	안전관리통합인증 HACCP 식품의약품안전처	통합관리프로그램을 작성 · 관리하여 인증을 받은 안전관리통합인증업체에 적용하는 인증 마크
농수산물이력 추적관리	TRACEABILITY / www.fishtrace.go.kr 수산물이력제 Seafood Traceability System	생산단계부터 판매단계까지 각 단계별로 정보를 기록 · 관리
소 · 쇠고기 이력관리	쇠고기 이력 추적시스템 BEEF TRACEABILITY SYSTEM / KOR 002 0070 3393 1	소의 출생에서부터 도축 · 가공 · 판매에 이르기까지의 정보를 기록 · 관리

이력추적관리 용어설명

유럽연합EU은 국가별, 기관별로 약간 다르기는 하지만 EU 식품법은 식품, 사료, 동물 및 동물관련 물질을 가공한 식품의 생산, 가공, 유통의 모든 단계에서 이것들을 추적하고, 또한 조사하는 능력으로 이력추적관리를 정의하고 있으며, 일본은 생산, 처리·가공, 유통·판매의 식품사슬 각 단계에서 식품과 그 정보를 추적하고 또한 소급할 수 있는 것으로 정의하고 있다. 추적trace back 또는 tracing은 소비지 방향으로 식품의 행선지를 따라가는 것이며, 소급trace foward 또는 tracking은 생산지 방향으로 이력을 거슬러 오르는 것이다(http://www.naqs.go.kr).

(3) 상품안전 그림표지

상품안품 그림표지는 공산품의 주의 및 경고 내용을 소비자가 알기 쉽게 그림으로 표시한 규격으로 2006년 1월 1일부터 시행되었으며 의무적으로 표기해야 한다. 상품안전 그림표지는 〈표 7-5〉와 같다.

장난감, 세정제, 접착제 등 공산품을 잘못 취급·사용하거나 부주의 등으로 인해 증가하는 소비자(특히 어린이) 안전사고를 예방하기 위하여 사고 위험이 높은 상품에 사용할 수 있는 22개의 안전표지를 국가표준KS으로 제정하였다. 제품안전 그림표지의 규격 제정으로 소비자는 상품의 주의·경고 내용을 쉽게 파악하여 안전사고를 예방할 수 있게 되었으며, 기업은 국제기준에 맞는 그림표지 사용으로 자체 개발에 따른 경제적 부담을 줄일 수 있게 되었다.

〈표 7-5〉 제품안전 그림표지의 의미 및 적용 제품

표지	안전정보	적용 상품	표지	안전정보	적용 상품
	입에 넣지 마시오.	완구, 크레용, 크레파스, 유아용 교구, 그림물감, 외상치료용 연고, 연필 등		보호자와 함께 사용하시오	보행기, 유모차, 쇼핑카트, 유아용 의자, 기능성 완구, 물놀이기구 등
	위에 올라가지 마시오.	유아용 의자, 유모차, 보행기, 이층침대, 책상, 쇼핑카트, 어린이용자동차 등		얼굴과 머리를 향해 쏘지 마시오.	발사체완구, 비비탄 총 등
	물에 넣지 마시오.	전기 상품 등		마시지 마시오.	완구(액체), 락스, 세정제, 제초제, 비누방울액, 부동액 등
	질식위험 주의	완구, 작은 공, 라텍스 풍선, 구슬, 줄 달린 장난감 등		눈에 접촉시키지 마시오.	완구(액체), 접착제, 세정제, 얼룩제거용 물티슈 등
	피부에 접촉시키지 마시오.	완구(액체), 접착제, 세정제, 얼룩제거용 물티슈 등		안전보호장구를 착용하시오.	킥보드, 롤러스케이트, 스케이트보드, 이륜자전거, 바퀴운동화 등
	귀에 가까이 대고 사용하지 마시오.	완구, 비비탄 총 등		직사광선이나 열기에 노출시키지 마시오.	방향제, 가스라이터, 크레용, 크레파스, 배터리, 보온용기 등
	화상위험 (증기)	컵 라면, 뜨거운 가습기, 전기밥솥 등		화상위험 (화기)	빙초산, 화공약품, 장난감 불꽃 등
	사용 시 충분한 환기를 하시오.	접착제, 방향제 등		귀에 넣지 마시오.	장난감 총, 장난감, 구슬 등
	코에 넣지 마시오.	장난감 총, 장난감, 구슬 등		3세 이하 사용 금지	완구, 크레용, 크레파스 등.
	3세 이상 사용 금지	완구		개조 금지	비비탄 총, 킥보드, 전기상품, 휴대용 사다리 등
	안전보호장비로 사용하지 마시오.	모조보호가면 · 헬멧 · 보호장비 등		뾰족한 모서리 주의	가구, 침대 등

출처: 산업통상자원부 보도자료(2005. 12. 20). 제품용 안전표지 22개 국가표준으로 제정.

4) 환경정보

최근 환경오염에 대한 사회적 관심이 증가되고 환경친화적 제품에 대한 소비자인식이 높아지면서 많은 관심을 끌지 못했던 상품에 대한 환경 관련 정보의 중요성이 점점 커지고 있다. 환경정보와 관련된 인증마크는 〈표 7-6〉과 같다.

(1) 환경표지제도

환경표지제도는 국가(환경부)가 시행하는 자발적 인증제도로 동일 용도의 상품 중 생산 및 소비 과정에서 오염을 상대적으로 적게 일으키거나 자원을 절약할 수 있는 상품에 환경표지를 표시하여 기업과 소비자가 환경친화적인 상품을 생산·소비할 수 있도록 유도하는 제도로, 1992년 4월부터 시행되고 있다. 소비자에게는 상품에 대한 정확한 환경정보를 제공하여 환경보존 활동에 참여하도록 하고, 기업에게는 환경친화적 상품에 대한 소비자 선호에 부응하여 환경친화적 상품과 기술을 개발·생산하도록 유도하여 지속가능한 생산과 소비활동을 이루고자하는 것이다(http://el.keiti.re.kr).

생산, 유통, 사용, 폐기 등 상품 전과정에서 에너지 및 자원 소비를 줄이고 오염물질 발생을 최소화할 수 있는 종합적 환경성뿐만 아니라 품질과 성능이 우수한 친환경 상품(서비스 포함)을 선별해 환경표지를 인증하고 있다. 2014년 5월 현재 환경표지 인증상품은 2,141개 업체 11,311개 (기본)상품이다(http://el.keiti.re.kr). 인증상품에 대한 자세한 사양은 녹색상품정보시스템(http://www.greenproduct.go.kr)에서 검색할 수 있다. 녹색상품 구매촉진에 관한 법률에 의해 공공기관은 상품을 구매해야 할 경우, 녹색상품을 구매해야 하며, 녹색상품 구매의무를 효율적으로 수행하기 위하여 녹색상품 구매 업무를 총괄하여 관리하는 자를 녹색상품 구매담당관으로 지정할 수 있다.

녹색상품의무구매제도 용어설명

녹색상품의무구매제도는 공공기관이 물품구매 시에 환경마크 상품을 우선적으로 구매·사용하도록 함으로써 친환경 상품의 생산·소비 활성화를 도모하고, 이를 통하여 지속 가능한 생산·소비 시스템을 구축하기 위해 시행되고 있다. 2012년 녹색상품 구매집계 대상인 864개 공공기관의 녹색상품 구매금액은 1조 7,270억 원으로 2011년 1조 6,455억 원에서 5% 증가하였으며, 녹색상품 의무구매제도가 도입된 2005년 7,870억 원에 비해서 2배 이상 증가했다(환경부 보도자료, 2013. 09. 02.).

(2) 친환경농산물인증제도

친환경농산물인증제도는 친환경농산물에 대해 전문인증기관이 엄격한 기준으로 선별·검사하여 정부가 소비자에게 그 안전성을 인증해 주는 제도로, 2001년 7월부터 시행되고 있다. 토양과 물은 물론 생육과 수확 등 생산·출하단계에서 인증기준을 준수했는지 엄격하게 품질검사를 하고 있으며, 시중 유통상품에 대해서도 허위표시를 하거나 규정을 지키지 않은 인증품이 없도록 철저한 사후관리를 하고 있다. 친환경농산물은 안심하고 섭취할 수 있으며 맛과 향이 좋고 영양소 함량이 높으며 신선도가 오래 지속된다.

인증 종류는 생산방법과 사용 자재 등에 따라 농림산물은 유기농산물, 무농약농산물, 저농약농산물로 분류하고 축산물은 유기축산물과 무항생제축산물로 분류한다. 수산물은 친환경수산물, 유기수산물, 유기가공식품으로 표기한다. 저농약 농산물은 2010년부터 신규 인증이 중단되었으며, 기존에 인증을 받은 농가는 2015년까지만 유효기간 연장이 가능하다. 가공식품은 유기가공식품으로 표시를 한다.

친환경농산물 용어설명

친환경농산물은 친환경농업을 영위하는 과정에서 생산된 농산물로, 합성농약, 화학비료 및 항생·항균제 등 화학자재를 사용하지 않거나 사용을 최소화하고 농업·축산업·임업 부산물의 재활용 등을 통하여 농업생태계와 환경을 유지 보전하면서 생산된 농산물(축산물을 포함)을 말하며, 환경보호와 안전한 농산물 공급이 목적이다. 일반농산물과의 차별적 속성은 환경성과 안전성이며, 차별화는 생산현장에서 재배방식에 의해 이루어진다.

친환경수산업 용어설명

친환경수산업은 인체에 유해한 화학적 합성물질 등을 사용하지 아니하거나 동물용의약품 등의 사용을 최소화하여 수산생태계와 환경을 유지 · 보전하면서 안전한 수산물을 생산하는 수산업을 말한다.

(3) 환경성적표지제도

환경성적표지제도Environmental Declaration of Products: EDP는 재료 및 상품의 환경성 제고를 위해 재료 및 상품의 생산, 유통, 소비 및 폐기 단계 등의 전과정에 대한 환경성 정보를 계량적으로 표시하는 제도로, 2000년부터 시행되고 있다. 소비자의 경우는 상품의 환경성을 고려한 구매를 가능하게 하고, 제조업의 경우는 부품조달 시 환경친화적 부품 구매를 가능하게 하여 친환경상품의 제조에 기여하는 제도이다. 2014년 6월 기준 17개 상품이 인증을 받았다.

(4) 탄소성적표지(탄소라벨링)제도

탄소성적표지garbon labeling제도는 상품 및 서비스의 생산, 수송, 유통, 사용, 폐기 등 전과정에서 발생한 온실가스 배출량을 CO_2배출량으로 환산하여 상품에 부착하는 라벨링 제도로, 기업의 자발적 참여에 의한 임의인증제도이다. 시범운영을 거쳐 2009년 2월부터 시행되고 있다. 온실가스 배출량 정보를 소비자에게 제공하고 저탄소상품 인증을 통해 저탄소 녹색생산과 소비를 지원하여 시장주도로 저탄소 소비문화 확산에 기여하기위해 도입되었다. 탄소성적표지제도는 1단계인 탄소배출량인증과 2단계인 저탄소상품인증으로 운영된다. 탄소배출량인증은 상품의 전과정에서 발생한 온실가스 배출량을 정량적으로 파악하여 인증을 부여하는 것으로, 기후변화에 대응한 상품임을 정부가 인증한 것이며, 저탄소상품인증은 탄소배출량인증을 받은 상품이 저탄소 상품 인증기준을 충족할 경우 인증을 부여하는 것으로, 저탄소기술을 적용하여 온실가스 배출량을 감축한 상품임을 정부가 인증하는 것이다. 2014년 6월 기준 탄소배출량 인증상품은 871개 상품이며, 저탄소인증상품은 206개 상품이다.

(5) 탄소포인트제도

탄소포인트제도는 정부가 온실가스 감축 및 저탄소 녹색성장에 대한 시민의식과 참여를 확대하기 위해 도입한 제도로, 가정, 상업 등에서 전기, 상수도, 도시가스의 사용량을 절감한 정도에 따라 포인트를 제공하고 이에 상응하는 인센티브를 제공하는 전국민온실가스 감축실천프로그램이다. 환경부가 총괄하고 있으며, 한국환경공단은 운영 프로그램을 개발 · 운영하고 있다. 지방자치단체는 참여자 모집, 교육, 홍보 활동을 하고 인센티브를 지급한다. 참여방법은 탄소포인트제 홈페이지(http://cpoint.or.kr)에 접속하여 온라인으로 직접 등록하거나, 참여신청서를 작성한 후 우편, 팩스, 전자우편 등을 이용하거나 방문하여 관할 지방자치단체에 신청할 수 있다. 참여시점으로부터 과거 2년 또는 1년간 월별 평균 사용량과 현재 사용량을 확인하여 전기, 상수도, 도시가스 등 지방자치단체가 시행하는 개별 항목별로 온실가스 감축률에 따라 해당 포인트를 부여한다. 인센티브는 상반기는 당해년도 12월, 하반기는 다음 연도 6월 등 연 2회에 걸쳐 포인트당 최대 2원 이내에서 지급하며, 그린카드 포인트, 현금, 상품권 등으로 지급한다. 지방자치단체의 사정에 따라 지급시기와 인센티브 내용은 변동될 수 있다.

〈표 7-6〉 환경정보 관련 마크

마크명	인증마크	특징	마크명	인증마크	특징
환경 표지	친환경0000 환경부	동일용도 다른 상품에 비해 환경오염을 적게 일으키거나 자원을 절약할 수 있는 상품에 부여	친환경 농산물	유기농산물 (ORGANIC) 농림축산식품부	유기합성농약과 화학비료를 사용하지 않고 재배한 농산물
에너지 소비효율 등급표시	에너지소비효율등급	에너지소비효율을 측정·시험 후 1~5등급 부여, 1등급에 가까울수록 에너지 절약형		무농약 (NON PESTICIDE) 농림축산식품부	유기합성농약은 사용하지 않고 화학비료는 권장 시비량의 1/3이하를 사용하여 재배한 농산물
에너지 절약마크	에너지절약	임의표시로 대기전력저감 기준(1W 이하)을 만족한 상품에 표시	친환경 축산물	유기축산물 (ORGANIC) 농림축산식품부	유기기준에 맞게 생산된 유기사료를 급여하고 인증기준을 지켜 생산한 축산물
탄소 성적 표지	탄소배출량 000g CO_2	탄소배출량(배출기준치) 인증마크, 온실가스배출량을 정량적으로 파악·부여		무항생제 (NON ANTIBIOTIC) 농림축산식품부	항생제·항균제·호르몬제 등이 첨가되지 않은 일반사료를 급여하여 생산한 축산물
탄소 성적 표지	저탄소제품 CO_2 www.edp.or.kr	저탄소상품인증마크, 온실가스가 배출기준치 대비 감축된 상품에 부여	친환경 수산물	친환경수산물 (ECO SEAFOOD) 해양수산부	친환경수산업을 영위하는 과정에서 생산된 수산물·이를 원료로 위생적으로 가공한 식품에 부여
환경 성적 표지	환경성적 인증제품 EDP www.edp.or.kr	전생산과정에서 자원사용·오염물질배출·환경영향을 종합적으로 계량화하여 환경성정보 공개·제공		유기식품 (ORGANIC) 해양수산부	동물용의약품 잔류허용기준 1/10이하는 유기, 1/2이하는 무항생제수산물, 유기수산물·유기가공식품으로 표기
GR 마크	Good Recycled	국내에서 개발·생산된 재활용상품을 시험·분석·평가하여 우수상품에 부여	유기 가공 식품	유기가공식품 (ORGANIC) 농림축산식품부	농약·비료 등 화학자재를 사용하지 않고 재배한 유기원료를 사용하여 유기적 방법으로 가공한 식품에 부여

* 환경마크는 녹색 잎(환경)을 우리 손으로 감싸 안는 의미로 환경을 지키는 형상을 상징한 도안이다. e를 상징적으로 시각화하여, 환경적(Environment, Eco)이며 경제적(Economic)임을 표현하고 있다.

(6) 분리배출표시제도

분리배출표시제도는 생산자책임재활용제도의 시행에 따라 재활용의무대상 포장재의 분리배출을 쉽게 하고 재활용 가능한 폐기물의 분리수거율을 높여 생산자들이 재활용 의무를 원활하게 수행할 수 있도록 하는 제도로, 2003년부터 시행되고 있다. 이에 따라 생산자책임재활용제도의 재활용 의무 대상자는 해당 상품 포장재에 소비자가 쉽게 식별할 수 있도록 분리배출표시를 해야 한다. 분리배출표시 의무 대상 포장재는 종이팩, 금속 캔, 유리병(빈 용기 보증금 포함 상품 제외), 합성수지 재질 포장재 등이다. 포장재 재질별 분리배출표시 기본 도안은 〈표 7-7〉과 같다. 합성수지재질 중 용기류는 플라스틱으로, 필름 · 시트형은 비닐류로 구분된다. 분리배출표시를 하지 아니하거나 허위로 표시한 경우 300만 원 이하의 과태료가 부과된다.

〈표 7-7〉 포장재 재질별 분리배출표시 기본도안

구분	표시도안	도안 색채	표시 재질
플라스틱	페트	노랑색	
	플라스틱, 비닐류	파랑색, 보라색	HDPE, LDPE, PP, PS, PVC, OTHER
금속	캔류	회색	철, 알루미늄
종이	종이팩, 종이	녹색, 검정색	
유리	유리	주황색	

출처: 한국환경공단(http://www.keco.or.kr)

생산자책임재활용제도 용어설명

생산자책임재활용제도Extended Producer Responsibility: EPR는 상품 생산자나 포장재를 이용한 상품의 생산자에게 그 상품이나 포장재의 폐기물에 대하여 일정량의 재활용의무를 부여하여 재활용하게 하고, 이를 이행하지 않을 경우 재활용에 소요되는 비용 이상의 재활용 부과금을 생산자에게 부과하는 제도이다. 생산자책임원칙에 의해 1992년부터 운영해 오고 있는 예치금제도를 보완·개선하여 2003년 1월 1일부터 시행하고 있다. 상품의 재질구조개선 정도였던 생산자들의 의무 범위를 사용 후 발생되는 폐기물의 재활용까지 확대하여 상품설계, 포장재 선택 등에서 결정권이 가장 큰 생산자가 재활용체계의 중심적 역할을 수행하도록 한 것이다. 폐기물 재활용에 대한 법적 의무는 생산자에게 있지만, 소비자·지자체·생산자·정부가 일정부분 역할을 분담하는 체계이다.

3. 정보의 원천

1) 정보 원천의 속성

정보의 원천은 소비자가 정보를 탐색하고 획득하는 데 실질적인 도움을 줄 수 있는 정보원을 의미하며, 소비자에게 정보를 전달하는 전달자 역할을 수행한다. 소비자가 필요로 하는 정보를 많이 가지고 있을수록 정보 원천의 질은 높다고 평가할 수 있다. 정보는 소비자가 이해하기 쉬우면서 이용하기 쉽게 제공되어야 하며, 소비자 상황과 특성에 맞게 적절하게 제공되어야 한다. 정보 원천이 갖추어야 할 속성으로는 적시성timeliness, 신뢰성truthfulness, 명확성intelligibility, 경제성economization, 접근가능성accessibility, 저장가능성probability of possession 등이 있다(Maynes, 1976; 유현정·김기옥, 1995).

정보 원천은 적시성을 가지고 있어야 한다. 소비자가 정보를 필요로 할 때 짧은 시간 안에 접촉할 수 있고 필요로 하는 최근 정보를 얻을 수 있어야 한다. 소비자들은 자신이 필요로 할 때 정보에 주의를 기울인다. 아무리 유용한 정보일지라도 필요성을 느끼지 못하면 그 정보는 사용되지 않는다. 그리고 정보 원천이 제공하는 정보는 사실에 근거한 정확한 것이어야 한다. 신뢰성 즉, 진실성은 의도적으로 정보를 왜곡시키거나 혹은 편파적으로 정보를 제공하지 않아야 하며, 의도적이지 않더라도 사실과 다른 잘못된 정보를 제공하지 않아야 한다는 것이다. 또한, 정보 원천이 제공하는 정보는 명확한 언어로 표현되어 소비자가 쉽게 이해할 수 있어야 하며, 상호 의사소통을 통하여 제공자와 사용자 간에 명확한 의사전달이 이루어질 수 있어야 한다.

정보 원천은 적은 비용으로 획득할 수 있어야 한다. 경제성은 정보 원천을 구입하거나 혹은 접촉하는 데 필요한 인적 노력, 시간, 금전 등 모든 비용을 의미한다. 정보 원천은 소비자가 정보를 필요로 할 때 가까운 거리에서 쉽게 접근할 수 있어야 하고, 원하는 소비자라면 누구든지 용이하게 획득할 수 있어야 한다. 그리고 정보 원천은 보관해 두었다가 필요할 때 다시 사용할 수 있어야 하며, 다시 사용할 때에도 처음과 같은 효용을 가지고 있어야 한다.

2) 정보 원천의 종류

정보 원천이 구매의사결정에 미치는 영향력은 상품의 범주와 소비자의 특성에 따라 다르다. 소비자는 잘못된 선택을 할 수 있는 확률을 줄이기 위해서 다양한 정보 원천을 활용해야 한다. 정보 원천별 장단점은 〈표 7-8〉과 같다.

〈표 7-8〉 정보 원천의 장점과 단점

정보 원천	장점	단점
개인적 원천	• 정보원이 다양함. • 신뢰성이 있음. • 욕구에 맞는 정보 제공 가능함. • 정보비용이 낮음.	• 오류 가능성이 있음. • 간헐적으로 제공 · 중단 가능성 • 스스로 추구해야 함.
상업적 원천	• 자주 이용할 수 있는 많은 정보 존재함. • 정보비용이 낮음. • 적은 노력으로 이용이 가능함. • 기술적으로 정확한 것으로 지각됨.	• 편견 개입 가능성 • 필요한 정보가 모두 제공되지 않음. • 신뢰성 결여됨.
공공적 원천	• 편견이 개입되지 않은 정보 • 사실에 근거한 정보 • 신뢰성	• 정보비용이 높음. • 규칙적인 이용이 어려움. • 완벽한 정보가 아님. • 최신성이 부족함. • 정보 이해에 기술적 기술 필요

출처: 이기춘 외(2003). 소비자학의 이해. p. 193에서 재구성.

(1) 개인적 원천

개인적 원천personal sources은 소비자정보원이라고도 한다. 가족, 친구, 이웃, 친지, 동료 등 주위에 있는 소비자들로부터 정보를 얻는 것이다. 상품의 사용이나 구매로부터 얻은 소비자 자신의 경험도 개인적 원천에 포함된다. 개인적 원천은 신뢰성이 높으며 다양한 정보를 욕구에 맞추어 낮은 비용으로 획득할 수 있는 장점이 있으나, 간헐적으로 제공되어 정보 제공이 중단될 수 있으며 정확성이 결여될 수 있고 소비자 스스로 정보를 추구해야 하는 단점이 있다.

상품에 대한 효율적인 노출은 개인적 원천에서 나온다. 소비자의 소비 경험이야말로 상품 선택에 있어서 유용한 정보라고 할 수 있다. 그러나 소비 경험과 관련된 개인적 정보는 의사소통 범위에 한계가 있어 충분히 활용되지 못하는 경향이 있다. 최근 인터넷 보급으로 소비자 커뮤니티 사이트들이 활성화되면서 소비 경험 관련 정보들이 쉽게 공유되고 있다. 소비경험 사이트는 그동안 분산되었던 소비자 의견을 결집시키는 역할을 하고 있으며, 단순한 구매경험뿐만 아니라 가격 비교, 상품규격과 사진, 관련 뉴스 등을 제공해 준다. 대부분의 전자상거래 사이트에서는 소비 경험을 올릴 수 있는 코너를 운영하고 있다.

읽을거리 1

인터넷 블로그 금융상품 추천 글? 알고 보니 광고

금융감독원은 최근 인터넷 블로그 · 카페 · 지식검색 등을 이용한 금융상품 바이럴(Viral)광고가 크게 증가하고 있다고 하였다. 블로그 등에서의 금융상품 바이럴광고는 외형상 소비자 사용후기, 전문가 추천 등의 형태를 띠고 있으나, 실제로는 대부분 입소문 효과를 노린 금융회사 등의 상품광고이다. 바이럴광고는 정식 금융상품 광고가 아니어서 광고심의를 받지 않고 있어, 명확한 근거 없는 허위 · 과장광고 등으로 소비자를 현혹시킬 위험이 큰 것으로 나타나고 있다. 일부 블로거 등은 금융회사 등으로부터 광고비를 받고 특정상품에 대한 추천 글 등을 게시하였을 가능성도 있다.

출처: 금융감독원 보도자료(2014. 07. 01.).

(2) 상업적 원천

상업적 원천marketer-controlled sources은 마케터 주도적인 정보 원천 또는 기업정보원이라고도 한다. 상업적 원천은 광고, 판매원, 상품설명서, 포장, 무료 샘플, 진열, 상점 내의 정보, 판매자 홈페이지 등으로부터 정보를 얻는 것이다. 상업적 원천은 판매자가 판매 상품에 대한 정보를 전달하는 기능을 하고 있으며, 마케터의 직접적 통제하에 있는 커뮤니케이션 수단이 포함된다. 상업적 원천은 적은 노력과 비용으로 최신 정보를 지속적으로 획득할 수 있는 장점이 있으나 정보 원천으로서는 신뢰성 측면에서 한계를 가지고 있다. 상업적 원천에서 제공되는 정보는 상품의 장점 위주로 이루어지는 경향이 있기 때문에 피상적이고 신뢰성이 결여된 정보가 제공될 가능성이 있으며, 소비자에게 반드시 필요한 정보가 누락될 수도 있다. 그러나 대부분의 소비자들이 구매의사결정을 할 때 상업적 원천으로부터 상품 정보를 얻고 있다.

(3) 중립적 원천

중립적 원천neutral sources은 공공적 원천이라고도 한다. 중립적 원천은 대중매체 기사, 소비자단체 · 한국소비자원 · 정부기관 등의 보고서나 간행물 등으로부터 정보를 얻는 것이다. 중립적 원천은 공정하고 사실에 근거한 객관적이고 신뢰할 수 있는 정보를 획득할 수 있는 장점이 있다. 그러나 정보의 적시성 측면에서 간헐적이거나 불완전한 정보가 제공될 수 있고, 정보 획득에 많은 시간이 요구되어 최신 정보가 제공되지 못할 가능성이 있으며, 비용이 상대적으로 높고 정보를 이해하는 데 일정수준의 지적 능력이 요구되는 단점이 있다. 월간으로 발행되는 소비자정보지로는 한국소비자보호원의 '소비자시대', 한국소비자단체협의회의 '소비자'가 있다. 정보를 제공하는 주요 사이트는 〈표 7-9〉와 같다.

〈표 7-9〉 정보 제공 사이트

사이트명	사이트 주소	특징
한국소비자원	https://www.kca.go.kr	소비자안전, 소비자관련법, 소비자피해구제 · 분쟁조정사례, 소비자시대, 보고서, 소비자교육자료, 소비자중심경영(CCM), 소비자정책 동향 등
스마트컨슈머	http://www.smartconsumer.go.kr	품질비교정보, 리콜정보, 가격정보, 안전 · 위해정보 등
한국소비자단체협의회	https://www.consumer.or.kr	소비자물가정보, 월간소비자, 의약품 · 건강기능식품부작용신고센터, 소비자관련법, 회원단체, 고발검색 등
1372소비자상담센터	http://www.ccn.go.kr	구매 · 안전 관련 소비자정보, 인터넷상담, 소비자상담사례 · 통계자료, 소비자관련법 등
법률소비자연맹	http://www.goodlaw.org	법률 관련 정보, 법률 상담 등
금융소비자연맹	http://www.kfco.org	금융관련 정보, 금융상담, 금융분쟁사례 등
한국자산관리공사	http://www.kamco.or.kr	온비드(인터넷공매시스템), 정부위탁재산 관리 · 매각, 개인신용회복지원 등

4. 정보탐색에 영향을 미치는 요인

1) 소비자 관련 요인

(1) 소비자 특성

연령, 소득, 교육수준, 가족생활주기 등 소비자 특성은 정보탐색 정도와 밀접한 관련을 가지고 있다. 연령은 탐색 정도와 부적 관계에 있다(Kiel & Layton, 1981). 연령이 많을수록 정보처리 능력은 감퇴하고 경험은 증가하여 새로운 정보에 대한 필요성이 적어지는 경향이 있다. 경험이 풍부해지고 친숙성familiarity이 높아지게 되면 보다 적은 속성과 대체안을 추구하게 되어 상표명이나 가격 등 중요한 속성 한두 가지 정보만 알려고 한다(Schaninger & Sciglimpaglea, 1980).

교육수준은 정보탐색 정도와 정의 관계에 있다(Claxton et al., 1974; McCullough & Best, 1980). 교육수준이 높을수록 정보탐색 효율이 높고 정보 처리에 자신감을 가지게 된다. 자신감이 있는 소비자가 보다 많은 외적 탐색을 하는 경향이 있다(Locander & Hermann, 1979). 소득수준과 정보탐색 정도와의 관계는 일치되지 않는 결과가 제시되고 있다. 높은 소득수준의 소비자는 시간에 대한 기회비용이 높아 시간에 대하여 높은 가치를 부여하기 때문에 낮은 소득수준의 소비자보다 정보탐색을 적게 하는 경향이 있다(김용자, 1991). 그러나 한편으로는 소득수준이 높을수록 정보탐색에 적극적이며(Claxton et al., 1974), 교육수준이 높고 비싼 상품을 구매할 기회가 많아 낮은 소득수준의 소비자보다 정보탐색을 많이 하는 경향이 있다(김영신 외, 2012).

(2) 학습 정도

소비자는 구매의사결정을 경험하면서 정보를 획득하게 된다. 정보 획득은 학습과정으로 경험도 학습과정의 하나이다. 구매 경험의 반복과 정보탐색량은 부(−)의 관계를 가지고 있다(Betty & Smith, 1987; 이은희, 1982). 구매 경험이 많은 소비자는 축적된 정보가 많아 정보의 필요성을 크게 느끼지 않을 수 있으나 구매 경험이 부족한 소비자는 정보탐색에 보다 많은 노력을 기울이게 된다. 특히 긍정적인 구매 경험의 증가는 외적 탐색을 감소시키는 경향이 있다. 반복 구매를 할 경우에는 과거의 선택과 관련된 소비자 만족이 정보탐색 정도에 영향을 미치게 된다. 정보탐색량은 만족 경험과 부적 관계가 있다(Kiel & Layton, 1981). 과거의 구매 선택이 만족스러웠을 경우에는 정보탐색에 대한 동기 유발이 적어지게 되나 불만족스러웠을 경우에는 정보탐색의 필요성이 커지게 된다.

경험뿐만 아니라 학습된 정보의 범위와 적절성도 정보탐색 정도에 영향을 미친다. 구매와 관련된 지식은 정보탐색을 제한하기도 하고 촉진시키기도 한다. 지식은 구매 전 탐색과는 부(−)의 관계를 가질 수 있으나 외적 탐색과는 정(+)의 관계를 가질 수 있다. 상품 지식은 소비자로 하여금 내적 탐색에 의존하게 하여 구매 전 탐색은 줄이는 경향이 있으나 한편으로는 새로운 정보를 보다 효율적으로 이용할 수 있도록 함으로써 외적 탐색을 증가시킬 수도 있다. 일반적으로 소비자는 상품을 판단할 수 있는 자신의 능력을 확신할 경우에 보다 많은 외적 정보를 획득하려고 하는 경향이 있다. 어려운 상품 정보는 어느 정도 관련 지식이 있어야 이해하고 이용할 수 있기 때문이다. 예를 들면, 영양성분 표시는 영양에 대한 어느 정도의 지식이 없으면 이해하기 어렵다.

(3) 인지된 위험

정보탐색 정도는 소비자가 정보를 탐색하지 않고 구매의사결정을 했을 경우에 초래될 결과를 어떻게 인지하느냐에 따라 달라질 수 있다. 인지된 위험perceived risk은 소비자가 구매의사결정을 할 때 지각하는 위험 정도를 의미한다. 상품의 특성과 관련된 위험에는 재무적 위험financial risk, 심리적 위험psychological risk, 성능 위험performance risk, 사회적 위험social risk, 신체적 위험physical risk, 시간손실 위험time loss risk 등이 있다(이학식 외, 2001; 최원홍 · 임창옥, 2004). 소비자 구매의사결정에서는 실제 위험보다 인지된 위험이 더 중요하게 작용을 한다.

구매의사결정 결과에 대해 소비자가 인지하는 위험이나 불확실성uncertainty 정도는 정보탐색 정도에 직접적으로 영향을 미친다. 위험이나 불확실성을 크게 지각할수록 소비자는 보다 많은 정보를 탐색하게 되며, 특히 구전원천으로부터의 정보탐색이 증가하게 된다. 즉, 잘못된 구매의사결정으로 경제적 손실이 크거나, 자아 이미지에 부정적인 영향을 미치거나, 준거집단으로부터 부정적인 평가를 받을 가능성이 높을 것이라고 지각할 때 소비자는 보다 광범위하게 정보를 탐색하게 된다.

(4) 재무 및 시간 압박

재무 압박은 구매의사결정에 필요한 재정적 여건이 충분하지 못한 상황을 의미하며, 시간 압박은 시간 여건이 충분하지 못한 상황을 의미한다. 재무 압박은 정보탐색 비용과도 관련이 있으며, 정보탐색과 부분적으로 정적인 관계가 성립된다. 소비자의 재무 상태가 긴축에 가까울수록 정보탐색량은 많아진다(Moore & Lehman, 1980).

시간 압박은 정보탐색 정도와 부적 관계가 있으나 시간적 여유는 정보탐색 정도와 정적 관계가 있다. 쇼핑 시간이 제한될 경우 소비자는 정보탐색량을 줄이게 된다

(Moore & Lehman, 1980; Betty & Smith, 1987). 시간이 제한되어 있으면 깊이 생각하고 해석해야 되는 정보는 이용하지 않는다. 시간에 대하여 높은 가치를 부여할수록 시간에 대한 기회비용이 높아지게 되어 소비자는 시간 압박을 받게 된다. 또한 여유 있게 쇼핑하기를 좋아하는 소비자가 급하게 구매해야 할 경우, 정보탐색은 기능적이 된다.

(5) 관여도

관여도는 소비자가 구매의사결정에 부여하는 관심이나 중요성 정도를 의미한다. 소비자의 관여도는 구매의사결정의 종류나 상황에 따라 다르며 소비자 특성에 따라 달라질 수 있다. 어떤 소비자에게는 중요한 구매의사결정이 다른 소비자에게는 중요하지 않을 수도 있다. 정보탐색 정도는 관여도가 적은 상품보다 높은 상품의 경우에 증가한다(Holbrook & Maier, 1978). 관여도가 낮은 상황에서는 정보탐색으로 얻게 되는 혜택보다 탐색 비용이 크기 때문에 정보탐색에 대한 동기 부여 정도가 낮아 내적 탐색만 하는 경향이 있다. 또한 동일한 상품에 대해서도 선물이나 손님접대를 위하여 구매할 때 일시적으로 그 상품에 대한 관여도가 높아져 정보탐색을 많이 하게 된다. 이러한 경향은 자신에게 중요한 사람일수록 커지게 된다.

(6) 탐색 만족도

정보탐색으로부터 얻는 만족감이 클수록 탐색 정도는 높아지게 된다. 필요한 정보를 수집하고 분류하는 일은 귀찮고 번거로운 일이 될 수도 있지만 소비 가치를 지니기도 하며 만족감의 원천이 될 수도 있다. 정보탐색이 소비 가치를 지니게 될 경우, 정보를 탐색하는 행위 자체가 소비자에게 만족감을 제공하게 되므로 특정한 유형의 정보에 대해 충분한 정보를 가지고 있으면서도 계속 탐색하게 된다. 탐색으로 얻는 즐거움이 추가적인 비용을 상쇄할 수 있기 때문에 소비자는 기대 수익에 비해 비용이 많이 들어도 정보를 탐색하게 된다. 예를 들면, 어떤 분야에 대한 전문가나 애호가는 관련 정보를 획득하는 것 자체에서 즐거움을 느낀다. 자동차 전문가는 자동차에 대해서 많은 것을 알고 있으면서도 계속 자동차 관련 잡지나 보고서 등을 읽으며 정보를 탐색한다.

2) 상품 관련 요인

(1) 가격

소비자들이 추구하는 정보의 양은 상품 가격에 많은 영향을 받는다. 소비자들은 저렴한 상품을 구매할 때보다 비싼 상품을 구매할 때 정보탐색을 보다 많이 하는 경향이 있다. 상품이 비쌀수록 정보탐색으로 얻게 되는 기대 이득이 증가하고 구매와 관련된 경제적 위험 부담이 커지기 때문에 정보탐색을 자극하게 된다. 저렴한 상품은 정보탐색을 가치 있게 해 줄 수 있는 기대 이득과 위험부담이 거의 없다. 상품의 가격이 비쌀수록 요구되는 정보의 양은 증가하는 반면 충동적으로 구매하는 경향은 감소한다.

(2) 상품차별화

상품차별화product differentiation는 과점시장에서 가격경쟁이 아니라 비가격경쟁으로 경쟁우위를 획득하기 위해 사용되는 기업의 판매전략으로, 소비자로 하여금 자사상품을 다른 경쟁상품과 구별할 수 있게 함으로써 수요를 통제하고 경쟁에서 유리한 입장을 유지하기 위한 수단으로 사용되고 있다. 기업이 상품차별화를 추구하는 이유는 실제 시장이 동질적 시장homogeneous market이 아니라 이질적 시장heterogeneous market이고, 소비자 소득이나 기호가 다른 상이한 욕구를 가진 소비자들에게 맞는 상품을 공급함으로써 경쟁에서 우위성을 확보할 수 있기 때문이다. 상품을 차별화하는 구체적인 방법으로는 상품자체의 외관, 품질, 성능, 디자인 등 물리적 특성을 변경시키는 방법과 상품에 대한 소비자의 신뢰도, 이미지, 이해도나 호의적 태도 등 심리적 특성을 변화시키는 방법이 있다. 상품차별화 요인은 가격, 품질, 성능, 디자인, 옵션 등 다양하며, 시장에 공급되는 상품은 상품차별화를 통해 모델이나 옵션, 기타 특징이 다양화된다. 소비자가 추구하는 정보의 양은 상품의 복잡성에 많은 영향을 받는다. 상품차별화 정도가 클수록 정보탐색으로부터 얻게 될 기대이익이 커지게 되므로 소비자는 보다 많은 정보를 탐색하려고 한다.

(3) 상품 특성

소비자들이 정보탐색으로 획득할 수 있는 정보의 양은 상품의 특성에 따라 차이가 있다. 상품은 소비자가 정보탐색으로부터 획득할 수 있는 정보의 양에 따라 탐색재 search goods, 경험재experience products, 신뢰재credence goods 등으로 구분할 수 있다(Swagler, 1979).

탐색재는 상품을 사용해 보지 않아도 정보탐색을 통해 품질에 대한 정보를 획득할 수 있는 재화이다. 상품을 구매하기 전에 정보탐색을 통해 품질을 어느 정도 평가할 수 있다. 소비자는 가격과 품질을 비교해 보고 구매할 수 있으며 정보탐색으로 이익을 얻을 것으로 기대되는 동안 정보탐색 활동은 계속된다. 소비자가 유리한 위치에 있게 되므로 판매자는 상품의 가격과 품질을 강조하는 광고를 한다.

경험재는 상품을 사용해 보기 전에는 품질에 대한 정보를 정확하게 획득할 수 없는 재화이다. 상품을 사용해 보고 난 후의 경험을 통해 구매가 바람직하였는지를 평가할 수 있다. 상품에 대한 정보를 정확하게 획득할 수 있는 유일한 방법은 사용해 보는 것이다. 품질을 정확하게 평가하지 못한 상태에서 구매해야 하기 때문에 구매로 얻게 될 이익과 손해를 추정할 수밖에 없다. 소비자는 기대 이익이 가격보다 클 것이라고 생각할 경우에 구매한다. 경험재의 예로는 식료품, 화장품, 청량음료, 맥주, 약품 등을 들 수 있다. 경험재의 본질적 특성으로 판매자는 품질정보를 정확하게 제공할 수 없기 때문에, 광고를 통해 상품에 대한 느낌을 전달하려고 시도하며, 새로운 경험재를 시장에 소개할 때는 가격을 낮게 책정하거나 무료견본free samples을 제공하여 경험해 보도록 한다. 무료견본 제공으로 소비자의 정보탐색 비용이 감소되고 새로운 상표로 전환할 기회가 주어진다.

한편, 신뢰재는 상품을 사용해 본 후에도 품질이나 구매 적합성을 정확하게 평가하거나 측정하기 어렵거나 불가능한 재화이다. 품질정보를 획득하기 어려워 소비자는 아주 불리한 위치에 있게 된다. 구매의사결정에서 소비자에게 가장 어려운 문제를 제기한다. 신뢰재의 예로는 의료나 법률서비스 등을 들 수 있다. 신뢰재의 경우에는 구매의사결정에 필요한 품질정보를 정확하게 획득하기 어려운 소비자를 보호하기 위해 정부가 개입한다. 면허나 검사제도를 통해 상품의 품질을 최소한 보장하는 방법으로 소비자가 아주 나쁜 선택을 하지 않도록 보호하고 있다. 신뢰재가 가지고 있는 이러한 특성으로 소비자는 품질과 관계없는 탐색 정보나 경험으로 얻어진 정보로 신뢰재를 평가하는 경우가 많다. 예를 들면 의사의 수련 정도나 과정은 탐색 정보이지만 의료서비스의 질을 평가하는 결정적 정보로 이용되는 경향이 있다.

대부분의 상품은 이상의 세 가지 속성 중 한 가지 이상과 관련이 있다. 어떤 상품은 탐색재와 경험재의 속성을 가지고 있고 어떤 상품은 탐색재, 경험재, 신뢰재의 속성을 모두 가지고 있다. 침대는 구조, 재료, 견고성 등에 대한 정보는 구매하기 전에 얻을 수 있으나 안락함이나 편안함에 대한 평가는 침대에서 얼마 동안 잠을 자 본 후에 이루어질 수 있다. 또한 원두커피는 가격, 원두 종류, 가공방법 등은 구매 전에 알 수 있으나 커피의 맛은 마셔보고 나서야 평가할 수 있다.

3) 상황적 요인

(1) 정보 획득 가능성

정보의 획득 가능성과 탐색 수준 사이에는 정의 관계가 있다(Capon & Burke, 1980). 소비자는 이용할 수 있는 상점 수가 많고 여러 종류의 상점이 밀집되어 있는 쇼핑몰에서 외적 탐색을 많이 하는 경향이 있다(Cort & Dominquez, 1977). 소비자가 필요한 외적 정보를 쉽게 획득할 수 있다고 확신할 경우에 외적 탐색 가능성은 높아진다. 소비자가 일상적으로 접하는 광고, 신문, 잡지 등은 상품에 대해 많은 정보를 제공하고 있으므로 용이한 정보탐색 대상이 된다.

(2) 획득 정보의 종류

소비자의 정보탐색 정도는 획득하려는 정보의 종류에 영향을 받는다. 소비자의 정보탐색에 대한 스트레스는 상품정보보다 상표나 상점정보의 경우에 더 커진다. 상품정보는 속성 간에 비교적 뚜렷한 차이가 있으나, 상표나 상점정보는 소비자가 원하는 정보를 충분히 제공해 주지 못하는 경우가 많기 때문이다. 따라서 잘 알고 있는 상표나 상점에서 구매하는 경우에는 정보탐색 정도가 크게 줄어든다.

(3) 필요한 정보의 양

소비자에게 필요한 적절한 정보양은 개인의 특성과 상황, 소유한 정보의 양, 의사결정능력에 대한 자신감, 상품에 대한 관심, 시장 특성 등에 영향을 받는다. 일반적으로 최적정보량optimal amount of information은 소비자가 이용할 수 있는 최대정보량보다 적은 경향이 있다. 소비자가 자신에게 제공된 정보를 잘 처리할 수 없을 정도로 너무 많은 정보가 탐색될 경우에는 정보과부하information overload 문제가 발생하게 된다. 소비자가 처리할 수 있는 능력 이상으로 너무 많은 정보가 제공될 경우, 소비자는 정보를 선택하거나 평가하는 과정에서 혼란을 일으키게 되어 부적절한 의사결정을 할 수 있다.

정보과부하 용어설명

정보과부하는 정보가 처리 능력 이상으로 제공되어 소비자가 제공된 정보를 정확하게 판단하거나 평가하지 못하는 현상을 의미한다. 정보과부하가 되면 소비자는 정보를 처리할 수 있는 능력의 한계로 정보 활용에 혼란을 일으켜 오히려 비효율적으로 의사결정을 하게 된다. 그러므로 소비자가 판단하고 평가할 수 없는 상태에서 제공되는 정보는 합리적인 의사결정에 도움이 되지 못한다.

(4) 기대 이득과 탐색 비용

기대 이득expected savings은 정보탐색으로 얻을 것으로 기대되는 혜택benefit으로, 금전적인 이득은 물론 만족감, 자부심 등 심리적 이득도 포함되며, 탐색 비용cost은 정보를 탐색하기 위해 소비하는 비용으로 금전적 비용은 물론 시간, 노력, 불편함, 좌절 등 비금전적 비용까지 포함한다.

탐색 비용 대 혜택에 대한 소비자의 지각은 정보탐색 정도에 영향을 미치게 된다. 소비자는 이익 극대화profit maximizing를 지향하는 존재이기 때문에 정보탐색 활동을 수행하는 데 한계 원칙을 적용하려는 경향이 있다. 소비자는 정보탐색으로 얻게 되는 한계이득marginal gains이 한계비용marginal costs을 초과하는 동안은 계속 정보탐색 활동을 하게 된다(Goldman & Johansson, 1978). 기대 이득은 정보탐색을 자극하고 동기를 부여하므로 소비자는 탐색 비용보다 기대 이득이 더 높을 것으로 인지하면 정보탐색 활동을 늘리게 되지만, 기대 이득보다 탐색 비용이 더 클 것으로 인지하면 정보탐색을 줄이거나 제한한다. 그러므로 정보의 흐름을 증대시키기 위해서는 기대 수익을 증가시키거나 정보탐색 비용을 줄여야 한다.

5. 정보탐색의 장애 요인

1) 소비자 특성

소비자의 정보탐색이 보다 효율적으로 이루어지기 위해서는 소비자들이 정보탐색 활동을 하는 데 있어서 장애 요인이 없어야 한다. 정보탐색의 장애 요인과 관련 있는 소비자특성으로는 정보탐색에 대한 인식 부족, 정보처리능력의 한계, 정보탐색 비용 등을 들 수 있다(이기춘 외, 2003).

소비자의 정보탐색 수준이 낮은 원인 중 하나는 정보의 중요성에 대한 인식 수준이 낮은 것이다. 소비생활에 필요한 정보가 무엇이며, 어떤 정보가 진실하고 정확하며, 객관적인 정보인지를 잘 알지 못하는 경우가 많다. 정보의 중요성에 대한 인식 수준이 낮을 경우 정보탐색을 적극적으로 하지 않을 뿐만 아니라 주어진 정보도 잘 활용하지 않게 된다. 많은 소비자가 약관을 처음부터 끝까지 잘 읽지 않으며 상품의 품질보증서와 표시 사항을 주의 깊게 살펴보지 않는다. 이러한 소비자 특성은 생산자로 하여금 공급하는 상품에 대해 허위정보를 제공하게 하거나 불리한 정보는 제공하지 않게 하는 유인을 제공하게 된다.

또한, 시간, 능력, 비용 등 여러 가지 제약 요인으로 소비자의 정보처리 능력에는 한계가 있다. 기술적으로 복잡한 상품에 대하여 전문적인 정보를 탐색하고 처리하는데 어려움이 있다. 시간 제약 때문에 모든 정보를 사용할 수 없는 경우도 있다. 처리 능력 이상으로 제공되는 너무 많은 정보는 오히려 의사결정 과정에 혼란을 가져오고 비효율적인 의사결정을 하게 한다. 정보는 무형이지만 소비자가 정보를 획득하기 위해서는 비용이 필요하다. 기술 발달로 다양한 종류의 상품이 계속 개발 · 생산되면서 정보탐색 비용을 증가시키고 있다. 또한 시간에 대한 기회비용 증가도 정보탐색 비용을 증가시키는 요인이 되고 있다. 이러한 정보탐색 비용의 증가는 기대 이득을 감소시켜 정보탐색을 줄이게 된다.

2) 정보의 특성

정보는 일반적 재화와는 달리 소비에 있어서 비배타성non-exclusiveness과 비경합성non-rivalry 등 공공재적 특성을 가지고 있다. 일단 생산된 정보는 낮은 비용으로 전달될 수 있으며, 공급이 되면 공급자가 누구든 공급자와 관계없이 불편함이나 효용의 감소 없이 누구나 정보를 이용할 수 있다. 그리고 어떤 소비자가 특정 정보를 이용하더라도 다른 소비자가 그 정보를 이용하는 데 제약을 받지 않으므로 여러 사람이 동시에 소비할 수 있다. 이러한 정보의 공공재적 특성으로 소비자들은 스스로 정보를 탐색하려고 하기보다는 누군가가 정보를 제공해 주기를 기대하며 무임승차하려는 경향이 있다. 그리고 정보생산자로 하여금 충분한 정보를 생산하게 하는 유인을 제거하여 정보 제공을 어렵게 하고 정보가 적게 공급되도록 하는 문제를 야기하게 된다.

또한, 정보의 비귀속성inapproachability 특성으로 정보 공급자인 판매자는 소비자에게 정확한 정보를 충분하게 제공하지 않으려고 한다. 정보의 비귀속성은 정보 공급자가 정보를 제공함으로써 발생하는 이득을 전부 흡수할 수 없는 현상을 의미한다. 소비자는 상품과 관련된 많은 정보를 생산자나 판매자들로부터 얻고 있다. 그러나 정보의 비귀속성 특성 때문에 생산자나 판매자들은 자신들이 제공하고 싶은 정보만 제공한다. 특히, 상품의 기능이나 안전성 등 품질과 관련된 정보는 판매자에게 유리한 정보를 중심으로 제공되는 경향이 크다. 판매자는 자사상품에 대한 수요를 창출하거나 확대하기 위하여 정보를 제공한다. 만약 판매자가 단점까지 진실된 정보를 충분하게 제공할 경우 소비자는 그 상품을 구매하지 않거나 다른 상품이나 다른 상점에서 구매하려고 할 것이다. 따라서 정보 공급자인 판매자는 정보 공급에 대한 유인을 갖지 못하게 되며, 소비자에게 정확한 정보를 충분하게 제공하지 않게 된다.

3) 시장구조와 기업의 정보제공 태도

시장구조나 경쟁 정도는 제공되는 정보의 양과 질에 큰 영향을 미친다. 독과점 시장구조에서는 판매경쟁이 치열하지 않기 때문에 판매자가 자발적으로 정보를 제공하려는 유인이 적어진다. 따라서 정보 공급은 제한될 수밖에 없다. 시장에 경쟁이 존재하더라도 가격경쟁인가 비가격경쟁인가에 따라 제공되는 정보의 특성은 다르다.

소비재시장에서 시장지배력을 가지고 있는 판매자는 이윤극대화를 위하여 불완전한 정보를 제공하거나 창출할 가능성이 많다. 결함이 없는 상품을 생산할 능력이 있더라도 비용 감소를 통한 이윤 증대를 위하여 결함 있는 상품을 생산할 유인을 가지게 되며, 판매자보다 적게 정보를 가지고 있는 소비자를 대상으로 가격차별 등을 통하여 많은 이윤을 얻을 수 있다. 따라서 판매자는 시장구조, 소비자 기호 등에 따라 정보제공 정도를 조절할 개연성이 높다. 가격정보가 원활하게 공급되지 않는다면 시장에서 왜곡된 가격으로 거래가 이루어질 가능성이 많으며, 품질정보가 원활하게 공급되지 않는다면, 저품질 상품이 고품질 상품으로 거래될 수 있다.

4) 정부의 정보정책

정보가 완전하고 충분하다면 소비자들은 불완전한 상품을 구매하거나 비합리적 · 비효율적으로 구매하지 않을 것이며, 생산자는 소비자를 기만하는 생산활동이나 판매활동을 할 수 없게 될 것이다. 정부는 불완전한 정보로 인해 야기되는 문제를 해결하기 위하여 두 가지 방법으로 시장에 개입한다(이기춘 외, 2003). 정보를 직접 생산하여 제공하거나, 정보정책을 통해 판매자로 하여금 상품 관련 정보를 정확하게 공급하도록 의무화함으로써 소비자의 정보탐색 비용을 낮추는 것이다. 그러나 안전 기준 설정, 허위 · 과장 광고 규제, 표시 규제, 품질인증제도, 등급 사정 등 정보정책은 미비한 실정이다. 예를 들면, 한국소비자원에서 제공하는 상품 비교 테스트 정보는 소수의 상품에 한해서 기능적 측면에 대한 품질 비교 정보를 제공하고 있을 뿐이며, 가격이나 시장에 관한 정보는 충분히 공급되지 못하고 있다.

생각해 볼 과제

1. 합리적 · 효율적인 소비자의사결정 사례와 비합리적 · 비율적인 소비자의사결정 사례를 들고 정보탐색 과정에서의 차이를 비교 · 검토해 보자.

2. 소비경험 사이트나 SNS를 조사하고 게시된 글의 내용을 분석해 보자.

3. 품질인증, 환경정보, 위해정보 등과 관련된 인증 마크를 활용한 사례에 대해 토론해 보자.

CHAPTER 8

대안평가

1. 대안평가의 의의 2. 대안평가 기준 3. 대안평가 방법
4. 대안평가 시의 유의사항

Consumer Decision Making

8장 대안평가

정보탐색 활동을 통하여 의사결정에 필요한 정보가 탐색되면 소비자는 구매목표와 관련하여 탐색된 정보에 대한 평가를 하게 된다. 소비자는 각자 나름대로 평가기준을 가지고 적절한 평가 방법을 사용하여 중요하다고 판단되는 상품과 서비스의 속성에 대해 평가하고, 구매 가능한 선택 대안choice alternative을 고려한다. 모든 소비자가 모든 구매상황에서 유용하게 사용할 수 있는 간단하면서도 유일한 평가 방법은 없다. 이 장에서는 대안평가의 의의와 기준 및 방법에 대하여 살펴보기로 한다.

1. 대안평가의 의의

정보탐색 과정에서는 대안이 무엇인지 결정되지만, 대안평가 과정에서는 정보탐색 단계에서 획득된 정보들을 신념이나 가치관과 관련하여 각 대안을 비교·분석하는 작업이 이루어진다. 대안평가alternative evaluation란 소비자가 문제를 해결하기 위하여 탐색된 대안들을 비교·평가하여 특정 대안을 선택하는 과정으로, 소비자가 의사결정에 있어 중요하다고 생각하는 평가기준이나 상품속성product attributes을 기준으로 다양한 대안을 비교·분석하는 단계이다.

대안을 얼마나 신중하고 충실하게 평가하였는가와는 관계없이 일단 이루어진 평가 결과는 선택을 위한 의사결정의 기초가 된다. 일반적으로 대안평가는 정보탐색과 별개의 독립된 과정으로 이루어지기보다는 정보탐색과 동시에 이루어지는 경우가 대부분이다(서성한, 1991). 대안평가는 소비자의 경험, 상품의 중요성과 관여도, 의사결정 결과에 대한 기대 등에 영향을 받는다. 소비자가 정보를 처리해 본 경험이 많을수록 대안평가 시간은 짧아지고, 상품의 중요성이 높고 의사결정 결과의 위험이 클수록 평가 시간은 길어지며 보다 신중하게 평가하게 된다. 소비자의 관여도에 따른 대안평가 과정을 살펴보면 다음과 같다.

1) 저관여 상황에서의 대안평가

저관여 상황low-involvement conditions이란 구매하고자 하는 상품의 가격이 비교적 저렴하거나 잘못된 의사결정을 하더라도 큰 위험부담이 없으며 자아 이미지와도 관계가 적은 경우를 의미한다. 소비자는 자신의 신념 체계에서 상품을 중요하게 고려하지 않는다. 저관여 상황에서의 정보처리는 주로 구매 전이 아니라 구매 후에 일어나기 때문에 고관여 상황에서의 대안평가 과정과는 전혀 다르다. 저관여 상황에서는 일단 문제가 인식되면 간단한 정보탐색을 하거나 아니면 곧바로 구매하고, 소비하는 과정에서 그 상품에 대하여 평가를 하게 된다.

또한 저관여 상황에서는 집중적인 정보탐색이나 대안평가 과정을 거치지 않고 습관적으로 구매하기도 한다. 평가를 하는 경우에도 알고 있는 정보를 근거로 제한된 수의 평가기준을 사용하여 몇 개의 속성만을 고려하며, 수용 범위는 고관여 상황에 비해 훨씬 넓다. 따라서 저관여 상황에서는 구매하기 전에 태도가 형성되는 것이 아니라 구매 후 평가과정을 통해 태도가 형성된다. 소비과정에서 평가하여 호의적일 경우에는 재구매로 이어지고, 비호의적일 경우에는 다른 상표로 전환하는 태도가 형성된다. 그러나 사용해 본 후 그 상표에 대한 태도가 호의적일 경우에도 상표전이brand switch는 일어날 수 있다. 동등한 품질을 가지고 있는 다른 상품들 중에 할인 쿠폰이나 가격 할인 등 구매 자극을 제공하는 상표가 있으면 그것을 구매하기도 한다. 또한, 소비자의 상표애호도brand royalty가 약하여 평가 결과로 상표를 바꾸는 것이 아니라 친숙한 것에 대한 권태로 다양성을 추구variety seeking하기 위해 상표전이가 일어나기도 한다.

저관여 상황에서는 신념, 태도, 의도가 구매의 원인이 아니라 결과이다. 구매는 상점 내에서 상표명 재확인을 근거로 일어날 수도 있다. 소비자는 구매하는 상표에 대하여 강한 신념을 가지고 있지 않으며 어떤 기대에 부응할 것이라는 예측으로 구매하게 된다. 그것은 소비자가 어떤 상표의 이름이나 속성에 노출된 경험은 가지고 있으나 아직 그 상표에 대하여 강력한 신념은 형성되어 있지 않기 때문이다.

2) 고관여 상황에서의 대안평가

소비자는 자신의 중요한 욕구나 가치를 충족시키는 상품이나 자신에게 즐거움이나 쾌락적 가치를 주는 상품에 대하여 높게 관여한다. 소비자가 고관여 상황에서 대안을 평가하는 과정은 [그림 8-1]과 같다. 고관여 상황에서의 대안평가 과정은 신념 → 태도 → 의도의 세 단계로 구성된다(Engel et al, 1990). 우선 소비자는 자신의 신념에 따라 대안평가 기준을 선정하고 이 기준을 근거로 각 대안들의 장단점을 비교 · 분석하게 된다. 이러한 과정을 통하여 각 대안에 대한 소비자의 태도가 형성되거나 또는 변경되고, 마지막으로 특정 대안에 대한 구매의도가 형성된다.

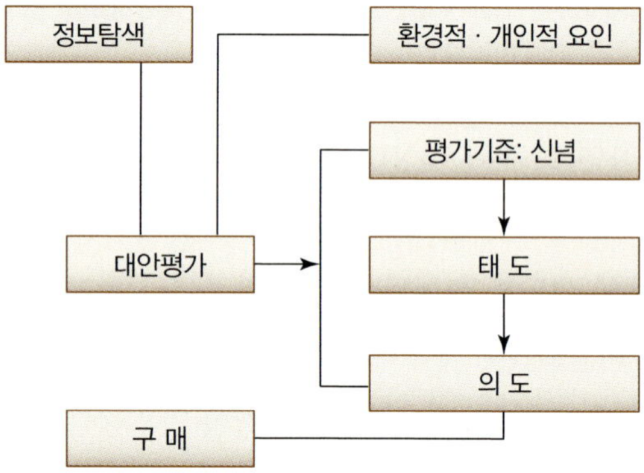

[그림 8-1] 고관여 상황에서의 대안평가 과정

출처: Engel, et al.(1990). Consumer Behavior. 6th ed. Illinois: The Dryden Press. p. 481.

신념beliefs은 각 대안이 가지고 있는 특성에 대하여 소비자가 지각하고 있는 주관적인 인식을 의미하며 상표 이미지로 언급되기도 한다. 장기기억에 저장되어 있는 정보는 신념의 한 요소이다. 신념은 외적 탐색을 하는 동안에 얻게 되는 정보의 결과로 형성되기도 하고 추리과정의 결과로 나타나기도 한다. 소비자의 신념은 각 대안에 대하여 호의적 또는 비호의적 태도를 형성한다.

태도attitude는 특정 사물이나 행동에 대하여 나타내는 호의적 또는 비호의적 반응으로, 마음에 든다 들지 않는다, 최고 최하와 같이 대안을 평가하는 것이다. 이러한 감정적인 태도는 인지적인 신념을 근거로 이루어진다. 그러나 태도는 어느 한 가지 신념만으로 형성되는 것이 아니다. 여러 신념들을 종합하여 좋고 나쁨으로 요약된 것이라고 할 수 있다. 태도가 호의적이라고 하여 반드시 구매로 이어지는 것은 아니다.

구매의도purchase intention는 최종적으로 선택된 대안을 실제로 구매할 의향이 있는지의 여부를 나타낸다. 대안평가의 마지막 요소인 의도는 특별한 행동이 한 개인에 의해 수행될 것이라는 주관적인 가능성이다. 탐색된 대안을 심사숙고하여 비교 · 분석한 결과, 그 중 하나의 대안이 최선의 대안이라는 것이 분명해지면 소비자는 그 대안을 선택할 의도를 형성하게 된다. 의도가 태도와 행동을 매개하기 때문에 소비자의 실제 구매행동은 태도가 아니라 구매의도에 의해 좀더 정확하게 예측될 수 있다. 그러나 구매의도가 반드시 구매행동으로 연결되는 것은 아니다. 구매의도는 시간 간격, 경험 등의 요인에 의해 영향을 받는다.

2. 대안평가 기준

1) 대안평가 기준의 의의

소비자는 내적 탐색이나 외적 탐색으로부터 획득한 정보를 근거로 적절한 평가기준을 결정하여 대안을 평가하게 된다. 대안평가 기준evaluative criteria은 소비자가 구매할 때 추구하는 상품이나 상표의 특성으로 대안을 비교하는 데 이용되는 표준standards 내지는 구체적인 명세specifications라고 할 수 있으며(이학식 외, 2001), 선택기준choice criteria이라고도 한다. 소비자는 각자 나름대로 대안평가 기준을 가지고 있으며 그 기준으로 대안을 평가하게 된다. 대안평가 단계에서 소비자는 대안이 가지고 있는 속성이나 특성 중에서 자신이 중요하다고 생각하는 속성이나 특성을 평가요소로 선정한다.

소비자들의 대안평가 기준은 여러 가지 요인에 의해 영향을 받는다. 이학식 등

(2012)은 평가기준의 특성으로 ① 소비자의 구매 목적/동기를 반영한다, ② 상황에 따라 달라진다, ③ 객관적일 수도 있고 주관적일 수도 있다, ④ 중요성에 있어서 상이하다, ⑤ 상품에 따라 다양하다 등 다섯 가지를 들고 있다.

대안평가 기준은 객관적일 수도 있고 혹은 주관적일 수도 있다. 주관적인 평가기준은 상품의 사회적 수용이나 권위의 인정 등 상품의 사용 결과에 대한 신념을 포함한다. 예컨대 승용차를 구매할 때 소비자는 가격, 수명, 안전성, 경제성 등 구체적인 물리적 특성인 객관적 기준은 물론 상품의 상징적 가치나 혜택, 디자인, 이미지, 권위의 인정 등 주관적인 기준을 함께 적용할 수도 있다.

그러나 많은 대안평가 기준이 있다고 하더라도 소비자가 실제로 대안을 평가할 때 사용하는 기준은 가장 중요하다고 생각하는 몇 가지에 불과한 경우도 많다. 이러한 대안평가 기준을 결정적 속성critical attributes이라고 하며 소비자에게 있어서 결정속성determinant attributes이 되고 있는 요인이다(최병용, 1996). 소비자가 인지하는 결정적 속성은 소비자 개인의 특성과 구매력에 따라 다르며 시장상황이나 취향에 따라서도 다르다.

소비자에게 중요한 요인으로 인식되고 있는 속성일지라도 실제로 대안을 평가할 때는 결정적 속성이 되지 않을 수도 있다. 중요하다고 생각하는 평가기준이 대안 간에 차이가 크지 않을 경우에는 대안 간에 차이가 큰 차별적discriminant인 다른 평가기준이 결정적 속성으로 작용할 수 있기 때문이다(최윤홍 · 임창욱, 2004). 예를 들면, 운동화를 구매할 때 상표명, 가격, 충격흡수성, 내구성 등을 중요한 평가기준으로 사용할 경우, 그중 상표명이 결정적 속성으로 사용될 수 있다. 그러나 상표명의 인지도가 비슷하다고 생각할 경우에는 가격이나 충격흡수성 등 다른 기준이 결정적 속성으로 사용될 수 있다.

2) 대안평가 기준에 영향을 미치는 요인

(1) 구매동기와 목적

대안평가 기준은 소비자의 내면적 구매동기와 목적을 반영한다. 소비자의 구매동기motives는 욕구에 기초를 두고 있으며 행위의 직접적인 유발인자energizer가 된다. 또한 구매동기는 목표 설정에 영향을 미치며 목표 수행을 위한 에너지와 방향을 제시해 준다. 상품의 속성이나 혜택에 대한 소비자의 지각은 구매동기를 근거로 형성된다(Loudon & Della Bitta, 1984).

소비자의 동기적 영향력은 자아개념으로부터 생겨날 수도 있다. 소비자는 대안평가에서 스스로의 자아개념을 지지해 주는 상품은 선택하고 그렇지 못한 상품은 거부하게 된다(서성한, 1991). 자신을 스포티하고 현대적이라고 생각하는 소비자는 그러한 이미지를 살려주는 의복을 구매하려는 경향이 있다.

소비자가 상품을 구매하는 동기는 실용적 동기utilitarian motive와 쾌락적 동기hedonic motive로 구분할 수 있다. 실용적 동기는 상품의 소비를 통하여 실용적인 효용을 얻고자 하는 것이며, 쾌락적 동기는 상품의 소비를 통하여 자신의 이미지를 향상시키고 즐거움을 얻으려는 것이다(Engel et al., 1990). 자동차를 구매하는 주된 동기가 실용적인 것이라면 소비자는 자동차의 안전성이나 경제성을 중요한 평가기준으로 고려하겠지만, 쾌락적인 경우라면 이미지나 디자인 또는 상징성을 중요하게 고려할 것이다.

대안평가 기준은 구매 목적이나 그 상품으로부터 얻고자 하는 혜택benefits에 의해서도 영향을 받는다. 예를 들면, 치약을 구매할 때 충치예방에 관심이 있는 소비자는 충치예방 성분을 중요시하겠지만 하얀 치아를 원하는 소비자는 치아를 희게 하는 성분을 중요시할 것이다. 또한 자신이 사용할 목적으로 구매하는지 선물을 목적으로 구매하는지, 또는 가정에서 사용할 목적으로 구매하는지 가정 밖에서 사용할 목적으로 구매하는지 등에 따라서도 대안평가 기준은 달라진다. 선물을 줄 때는 상품에 담긴 상징적 메시지를 함께 주기 때문에 메시지 전달에 적합한 종류, 가격, 상표명 등을 고려하게 된다(이학식 외, 2012). 따라서 자신을 위한 구매에서는 경제성을 중요시하겠지만 선물을 위한 구매에서는 사회적 이미지를 중요시할 수 있다.

(2) 가치관 및 문화적 규범

가치관values은 소비자가 상품 및 서비스를 선택하는 데 있어 가장 기본적인 평가기준이다. 가치는 개인이나 집단 혹은 사회가 옳고 바람직하며 중요하다고 생각하는 이념과 원리로 인간행동을 조절하고 인간행동에 영향을 미치는 생각이다(김기옥 외, 2011). 가치관은 사회의 구성원이 공유하고 있는, 무엇이 바람직하며 무엇이 옳고 그르냐에 관한 신념 체계를 의미한다.

소비자의 가치관은 개인의 사회적 인격뿐만 아니라 소비자행동에도 영향을 미친다. 개인의 가치는 그 개인의 행동 규범을 결정하고 행동 규범은 다시 대안평가 기준에 반영된다(최병용, 1996). 가치에 포함되어 있는 바람직함 또는 중요함은 목표를 설정하는 기본적인 평가기준이 된다. 또한 가치관의 일부는 개인의 적절한 행동을 규정하는 문화적 규범cultural norms으로 표현되기도 한다. 문화적 규범은 소비자의 대안평가 기준에 반영되어 소비자 선택에 영향을 미치게 된다.

(3) 대안평가 기준의 상대적 중요성

대안평가에서 소비자가 사용하는 평가기준은 다양하다. 그러나 소비자가 대안을 평가할 때 선택하는 기준은 자신에게 중요하다고 생각하는 속성이며, 그 속성에 대하여 중요시하는 정도는 소비자에 따라 다르다. 소비자는 자신의 욕구와 관련된 속성에 주의를 기울이게 된다.

평가기준에 있어서 가장 중요한 특성은 대안평가에 이용되는 평가기준의 수와 각 평가기준의 상대적 중요성이다(Blackwell, 2001). 소비자의 대안평가 기준의 수와 중요도는 구매목적과 동기 및 상황, 그리고 상품의 종류에 따라서 달라지며 소비자에 따라서도 달라진다. 소비자 자신에게 가장 중요하다고 생각하는 상품의 속성이 대안평가 기준의 상대적 중요성에 영향을 미친다. 대안평가 기준에서 중요시하는 상품의 속성이 다르면 같은 종류의 상품에 대해서도 소비자에 따라 다르게 평가할 수 있다. 소비자가 구매할 때 추구하는 대안평가 기준은 가격, 디자인, 색상 등 객관적인 속성일 수도 있고 사회적 이미지 등 주관적인 속성일 수도 있다. 어떤 소비자는 사회적 이미지 등 주관적인 평가기준을 더 중요시하는 반면에 어떤 소비자는 안전성과 경제성 등 객관적인 평가기준을 더 중요시한다. 또한 객관적으로 측정이 가능한 평가기준일지라도 소비자가 주관적으로 지각하는 정도가 더 많은 영향을 미칠 수도 있다. 예로는 소음 등을 들 수 있다.

(4) 경험과 정보

소비자의 기억memory 속에 저장된 정보나 경험도 대안평가 기준의 원천이 된다. 소비자는 경험을 축적함으로써 적절한 평가기준을 구축할 수 있는 정보를 얻을 수 있다. 예를 들면 세제를 처음으로 선택할 경우에는 세척력과 비용 등의 속성에 의해 대안을 평가할 수 있으나, 구매 및 사용 경험이 어느 정도 축적된 이후에는 섬유를 상하지 않게 하는 속성이 중요한 평가기준으로 작용할 수 있다. 정보는 직접적인 경험 외에도 가족들의 선호, 구전口傳, 광고 등을 통해서 얻을 수도 있다(최병용, 1996).

(5) 관여도

상품의 특성에 따라 소비자 관여도는 달라진다. 상품에 대한 관여도는 대안평가 기준의 수에 영향을 미친다. 소비자는 고관여 상품의 경우에 상대적으로 많은 수의 평가기준을 적용하고, 저관여 상품의 경우에 적은 수의 평가기준을 적용하는 경향이 있다. 일반적으로 소비자의사결정에서 고려되는 평가기준의 수는 여섯 개 이하인 것이 보통이며 아홉 개를 넘는 경우는 극히 드물다(Blackwell, 2001).

(6) 생활양식

생활양식life style은 소비자가 생활을 영위하거나 시간과 돈을 소비하는 유형으로 개인의 가치 체계나 개성의 파생물이라고 할 수 있다. 소비자의 생활양식은 문화, 사회계급, 준거집단 및 가족 등의 영향을 받아 형성된다. 이러한 생활양식은 개인의 감정, 태도, 의견뿐만 아니라 행동방식에도 폭넓게 작용하며, 대안평가 기준에 반영되어 소비자의 선택에 영향을 미치게 된다.

3) 대안평가 기준의 종류

소비자들이 사용하는 대안평가 기준에는 자아개념이나 사회적 수용과 같은 개인적 내지는 대인적 고려가 함축되어 있다. 때로는 가격, 설치비용, 유지비용 등과 같은 상품 비용과 관계되기도 하고, 때로는 내구성, 효율성, 사용 재료 등과 같이 상품의 성과와 관계되기도 하며, 때로는 상표의 이미지, 외관, 스타일, 색채, 사이즈 등과 같은 상품의 적합성과 관계되기도 한다. 이외에 최신성과 같은 상징적인 가치나 혜택 등과 관계되기도 한다. 소비자는 어떤 특정 상품을 평가할 경우, 별개의 속성들로 평가하지 않고 고려하는 몇 가지 속성을 한 묶음으로 평가하는 경향이 있다.

대안평가 기준은 절대적인 것이 아니다. 새로운 정보와 경험에 따라 변하게 되며(Blackwell, 2001), 대안의 속성과 관계되는 중요한 특성이나 소비자가 받아들이는 정보 가치의 중요성이 변할 경우에도 변하게 된다(Loudon & Dellabitta, 1984). 여러 대안평가 기준 중에서 일반적으로 많이 이용되는 기준에 대하여 살펴보기로 한다.

(1) 상품의 가격

소비자는 예산 범위 내에서 구매해야 하기 때문에 상품의 가격을 중요한 대안평가 기준으로 사용한다. 자신의 예산 상황에 맞는 가격대에 있는 대안을 비교 · 평가하게 된다. 그러나 평가 기준으로 가격을 고려하는 정도는 상품에 따라 다르다. 항상 낮은 가격이 중요한 기준으로 사용되는 것이 아니라 높은 가격이 중요한 기준으로 사용되기도 한다. 일반적으로 가격이 비쌀수록 의사결정 결과에 대한 인지된 위험은 증가한다.

소비자는 품질에 대한 인지된 위험을 감소시키기 위해 상품의 가격을 품질의 지표로 사용하여 고가 상품을 선호하는 경향이 있다. 그러나 상품의 가격은 품질에 따라 결정되는 것이 아니므로 고가 상품이 항상 품질이 좋은 것은 아니다. 상품의 가격과 품질과의 관계는 평균적으로 정의 상관관계가 있기는 하나 그 관계의 정도는 상품의 종류에 따라 매우 다양한 것으로 나타났다. 분석 대상 전품목 간의 상관계수는 -0.95~0.97로 큰 차이가 있었으며 전체 평균은 0.26, 중앙치는 0.37로 약한 정적 상관관계가 있었다. 고가일수록 가격과 품질과의 상관계수가 낮은 경향이 있었다(김용준, 1993). 소비자가 상품의 가격을 품질을 판단하는 척도로 사용할 때 비효율적인 의사결정을 할 수 있음을 암시하는 것이다.

(2) 상표, 제조업자 및 상점의 명성

소비자는 자신이 가지고 있는 정보로 상품의 품질을 객관적으로 판단하기 어려울 경우에는 상표나 제조업자의 명성 혹은 판매 상점의 이미지를 대안평가 기준으로 이용하기도 한다. 숨겨진 품질hidden quality이 많은 의료 서비스나 주택 등과 같은 신뢰재credence goods의 경우에는 상표의 명성, 상표 친밀성, 제조업체 신뢰도 등의 정보가 보다 유용한 평가 기준으로 이용되는 경향이 있다.

어떤 특정 상표에 대한 믿음을 상표 신념이라고 한다. 소비자의 상표 신념은 자신의 특별한 경험이나 선택적 지각, 왜곡, 보유 등의 효과 때문에 실제 속성과 차이가 있을 수 있다. 그러므로 소비자는 각 상표가 가지고 있는 각 속성에 대해 상이한 상표 신념을 가질 가능성이 있다. 기업은 자사의 상표 이미지가 소비자에게 좋게 인식되어 소비자들이 그 상표를 선호하도록 하기 위하여 디자인, 색상, 포장, 가격, 광고 등을 신중하게 계획하고 실행한다.

소비자는 자신이 가지고 있는 정보로 상품의 품질을 판단하기 어려울 경우에는 인지된 위험을 크게 지각할 수 있다. 이러한 경우에 소비자는 유명 상표나 유명 상점의 선택을 통하여 인지된 위험을 감소시키려는 경향이 있다. 그러나 유명 상표나 유명 상점의 상품이 반드시 품질이 우수한 것은 아니다. 유명 상표나 유명 상점의 상품과 거의 비슷한 품질을 가지고 있으면서도 가격은 훨씬 저렴한 상품이 많기 때문에 유명 상표 상품과 그렇지 않은 상품 간의 특성을 비교·분석할 필요가 있다.

(3) 보증

어떤 상품이든 고장이 날 수 있기 때문에 상품의 품질에 대한 보증은 중요하다. 판매자는 판매된 상품에 대한 책임과 정당한 이윤추구라는 경영목표를 위하여 상품보증을 충실히 수행하여야 하며, 소비자는 소비생활의 향상을 위해 상품 보증에 적극적인 태도를 보여야 하고, 구매 시에 상품 보증 내용에 대하여 확인해야 한다.

보증에는 묵시적 보증implied warranty과 명시적 보증express warranty이 있다. 묵시적 보증은 문서화되지는 않았지만 상품의 품질과 기능에 대한 일반적인 기대로, 제조업자가 상품의 품질과 기능에 대해 묵시적으로 책임을 이행하는 것을 의미한다. 모든 상품은 시판 가능성과 적합성이라는 두 가지 묵시적 보증을 가지고 있다. 포장 상자에 쓰여 있는 것과 다른 상품이 들어 있을 경우, 소비자는 시판 가능성이라는 묵시적 보증에 의해 교환이나 환불을 받을 수 있다. 일반적으로 기대하는 상품의 기능에 적합하지 않을 경우에는 적합성이라는 보증에 의해 교환이나 환불을 받을 수 있다. 새로 구입한 프린터 토너를 사용하여 인쇄를 하는데, 흐리게 인쇄된다면 일반적으로 기대하는 토너 성능에 적합하지 않은 상품이라는 묵시적 보증에 의해 보상을 받게 된다.

명시적 보증은 상품의 품질과 기능에 대한 제조업자의 책임을 문자로 명시한 것으로 품질보증서에 의해 이루어진다. 품질보증서는 상품을 판매할 때 소비자에게 발부하도록 되어 있으며 보증기간, 제조업자명, 보증 내용, 상품의 용도, 애프터서비스 장소 등이 기재되어 있다.

(4) 안전성

안전성은 상품의 구매나 사용 과정에서 생명이나 건강에 위해가 발생할 가능성을 의미한다. 상품 사용 과정에서 일어날 수 있는 안전성 문제는 상품 자체의 결함으로 발생하는 경우와 소비자가 잘못 사용하여 발생하는 경우가 있다. 상품 자체의 결함에 의한 안전성 문제는 제조업자가 보상해야 할 책임이 명백하지만 사용과정에서 소비자의 잘못으로 발생하는 안전성 문제는 적절한 보상을 받기 어려운 경우가 많다.

3. 대안평가 방법

대안평가 방법에는 시간과 노력이 많이 필요하지 않는 매우 단순한 방법도 있으나 상당한 시간과 노력을 필요로 하는 복잡한 방법도 있다. 일반적으로 소비자는 시간과 노력을 최소화하면서 만족스러운 선택을 할 수 있는 대안평가 방법을 따르려는 경향이 있다. 대안평가 과정에서 소비자는 최선의 선택과 대안평가에 필요한 시간과 노력의 양을 계속적으로 상쇄trade-off하기 때문이다.

소비자는 보다 현명한 선택을 하기 위하여 대안평가 과정에서 여러 가지 원칙을 사용한다. 소비자가 각 대안을 평가하거나 각 대안에 대한 태도를 형성하고 특정 대안을 선택하는 절차와 방식을 결정 원칙decision rules이라고 한다.

소비자의사결정에서 대안을 평가할 때 소비자들이 이용하는 기본적인 결정 원칙으로는 비보상적 원칙과 보상적 원칙이 있으며, 그 내용은 〈표 8-1〉과 같다. 소비자는 의사결정을 할 때 이러한 결정 원칙들을 모두 활용하는 것은 아니며, 각 상황에 따라 이들 결정 원칙의 일부만을 이용하거나 혼합하기도 한다.

비보상적 원칙과 보상적 원칙을 사용하여 대안을 선택하는 과정을 비교하기 위하여 면접용 정장을 구매하는 경우에 대하여 살펴보기로 한다. 구매 목적을 고려하여 대안평가 기준은 디자인, 색상, 편안함, 가격, 관리 등 네 가지 속성으로 설정하였으며, 대안은 5가지 상표를 고려하였다. 각 대안의 속성을 평가한 점수는 〈표 8-2〉와 같다.

〈표 8-1〉 대안평가 방법

비보상적 원칙	보상적 원칙
• 사전편찬식 원칙 • 순차제거원칙 • 결합적 원칙 • 비결합적 원칙 • 가중제거 원칙	• 다속성 태도 모델 • 행위-의도 모델

1) 비보상적 원칙

비보상적 원칙noncompensatory rules은 한 속성에 대한 긍정적 평가가 다른 속성의 부정적 평가를 보상하지 못하는 평가방법(Assael, 1984)으로 비교적 간편한 방법이다. 소비자가 대안의 속성을 독립적으로 평가하기 때문에 낮은 평가를 받은 속성은 다른 속성이 높은 평가를 받아도 상쇄되지 않는다.

상품을 선택하는 데 많은 노력을 기울이고 싶지 않거나 정보탐색과 평가과정이 위험하거나 복잡할 경우, 소비자는 단순한 비보상적 원칙을 사용하여 대안을 평가할 수 있다. 소비자는 비보상적 원칙에서의 제거규칙으로 쉽고 빠르게 대안을 줄여나갈 수 있다. 비보상적 원칙은 매력적인 대안이 많이 있을 경우에 대안선택에서 접근-접근 갈등approach-approach conflict을 해결하는 데 도움을 준다.

접근-접근 갈등과 회피-회피 갈등 용어설명

접근-접근 갈등은 두 가지 긍정적 유인성 간의 갈등으로 매력적인 대안 중에서 하나를 선택해야 되는 상황에서 경험하는 동기 유발이며, 회피-회피 갈등avoidance-avoidance conflict은 두 가지 부정적 대안 간에 경험하는 갈등이다. 대안의 매력 정도가 비슷할수록 갈등은 커진다. 이외에도 긍정적 특징과 부정적 특징을 가진 것을 추구할 때 경험하는 접근-회피 갈등이 있다.

(1) 사전편찬식 원칙

사전편찬식 원칙lexicographic rule은 단순한 비보상적 원칙으로 백과사전식 원칙이라고도 한다. 가장 중요한 하나의 속성에 대해 여러 대안을 비교하는 속성별 처리Processing By Attribute: PBA방법을 사용한다. 소비자가 가장 중요하다고 생각하는 속성에 대하여 각 대안을 모두 비교·평가한 후에 가장 좋은 평가를 받은 대안을 선택하는 것이다. 두 개 이상의 대안이 같은 평가를 받을 경우에는 중요성의 순서에 따라 그 다음으로 중요시하는 평가 기준을 적용해서 평가하게 된다. 소비자가 의사결정 과정에 크게 관여하고 싶지 않거나 신경을 쓰고 싶지 않은 경우에는 가장 단순한 사전편찬식 원칙을 적용하여 대안을 평가할 수 있다. 일반적으로 가격이나 상표명 등 사용하기 쉬운 속성이

평가 기준으로 사용된다.

〈표 8-2〉의 면접용 정장 구매에서 보면, 디자인이 가장 중요한 대안평가 기준이지만 A, B, C 세 개의 상표가 이 속성에서 가장 높은 점수를 받았으므로 두 번째로 중요한 기준인 색상의 점수를 비교한다. 색상에서도 A와 C 상표가 동일하게 높은 점수를 받았으므로 세 번째로 중요한 기준인 편안함에서 더 높은 점수를 받은 A 상표가 선택된다.

〈표 8-2〉 비보상 의사결정원칙의 사례

대안 (상품 · 상표)	면접용 정장의 평가기준(속성)					사전 편찬식 원칙	순차제거 원칙	결합적 원칙	비결합적 원칙	가중제거 원칙
	디자인	색상	편안함	가격	관리					
A	5	5+2	3+2	3+2	2	선택	4차 제거	1차 제거	선택	선택
B	5	3+2	3	4	4	2차 제거	선택	선택	선택	3차 제거
C	5	5+2	2+2	4	5	3차 제거	2차 제거	2차 제거	선택	4차 제거
D	4	2	4	3	4	1차 제거	1차 제거	3차 제거	선택	2차 제거
E	3	5	5	2	3	1차 제거	3차 제거	4차 제거	선택	1차 제거

1) 평가척도는 5점 척도(아주 나쁨–아주 좋음)이며, 중요도는 순서대로임.
2) 속성의 최소 수용수준은 3임.

(2) 순차제거 원칙

순차제거 원칙sequential elimination rule은 부문별 탈락식이라고도 하며 사전편찬식 원칙과 같이 속성별 처리를 하지만 사전편찬식 원칙보다는 복잡하다. 순차제거 원칙은 대안평가 기준으로 선정한 모든 속성에 대하여 최소 수용수준인 절취점cutoff point을 설정해 놓고, 중요한 속성부터 각 대안을 비교 · 평가하여 최소 수용수준을 만족시키지 못하는 대안을 순차적으로 제거하여 마지막 남은 하나의 대안을 선택하는 방법이다.

순차제거 원칙은 사전편찬식처럼 가장 중요한 기준부터 순서대로 대안을 비교 · 평가하지만 가장 중요한 기준에서 가장 좋은 점수를 받은 대안을 선택하는 사전편찬식과는 달리, 최소 수용수준의 충족 여부를 기준으로 대안을 제거해 나가는 방법이다. 순차제거 원칙은 쉽고 빠르게 대안을 줄여나갈 수 있으므로 시간을 절약하면서 대안을 선택할 수 있는 장점이 있으나 직접적인 제거원리로 문제를 발생시킬 소지가 있다.

〈표 8-2〉의 면접용 정장 구매에서 보면, 디자인에서는 모두 최소 수용수준을 충족

시키고 있으므로 제거되는 대안이 없으며, 색상에서는 최소 수용수준을 충족시키지 못한 D 상표가 제거되고, 편안함에서는 C 상표가 제거된다. 가격에서는 E 상표가 제거되고, 관리에서는 A 상표가 제거된다. 마지막으로 남은 B 상표가 선택된다.

상표별 처리와 속성별 처리 용어설명

상표별 처리는 소비자가 하나의 상표를 선택하여 그 상표의 속성과 특성에 관한 정보를 획득하고 처리한 후에 다른 상표를 선택하여 그 상표에 관한 정보를 획득하고 처리하는 방법이다. 속성별 처리는 하나의 속성에 대하여 각 상표의 정보를 확득하고 처리한 다음에 다른 속성에 대하여 각 상표의 정보를 획득하고 처리하는 방법이다.

(3) 결합적 원칙

결합적 원칙conjunctive rule은 접속 규칙이라고도 하며 대안평가 기준으로 선정된 각 속성을 평가하기보다는 각 대안을 평가하는 상표별 처리Processing By Brand: PBB 방법을 사용한다. 결합적 원칙은 대안평가 기준으로 선택된 각 속성에 대하여 최소한의 수용수준을 설정해 놓고 어느 하나의 기준이라도 이 수용수준을 만족시키지 못하면 그 대안은 고려 대상에서 제외된다. 평가 기준으로 선정된 모든 속성이 최소 수용수준을 충족시킬 수 있는 대안이 선택된다.

〈표 8–2〉의 면접용 정장 구매에서 보면, A 상표는 관리, C 상표는 편안함, D 상표는 색상, E 상표는 가격에서 최소 수용수준을 충족하지 못했기 때문에 A, C, D, E 상표는 제거되고 모든 속성에서 최소 수용수준을 충족한 B 상표가 선택된다.

(4) 비결합적 원칙

비결합적 원칙disconjunctive rule은 속성별 처리방법을 사용하는 결정 원칙으로, 비접속 규칙 또는 분리식이라고도 한다. 결합적 원칙과 마찬가지로 각 평가기준에 대하여 최소한의 수용수준을 설정해 놓지만, 결합적 원칙과는 달리 최소 수용수준을 충족시키는 속성이 하나라도 있으면 그 대안은 모두 선택된다. 이 원칙을 사용하면 복수의 대안이 선택되는 경우가 많다. 이러한 경우에는 다른 원칙을 적용하여 다시 선택을 해야 한다.

〈표 8-2〉의 면접용 정장 구매에서 보면, A, B, C, D, E 상표가 모두 한 가지 이상의 속성에서 최소 수용수준을 충족하였기 때문에 모두 선택된다. 다른 원칙을 적용하여 최종적으로 선택해야 한다.

(5) 가중제거 원칙

가중제거 원칙weighted elimination by aspects은 순차제거 원칙이 가지고 있는 시간절약적 특성에 가중점수를 결합하여 제거해 나가는 방법이다. 가중제거원칙에서 대안이 선택되는 단계를 살펴보면 다음과 같다.

① 순차제거 원칙을 이용하여 가장 중요한 대안평가 기준에서 가장 낮은 점수를 받은 대안을 최소한 3분의 1 이상 제거한다(1차 제거).
② 가장 중요한 기준에서 가장 높은 점수를 받은 대안의 두 번째 중요한 기준에 2점을 추가한 다음 가장 낮은 점수를 받은 대안을 제거한다(2차 제거).
③ 두 번째 중요한 기준에서 가장 높은 점수를 받은 대안의 세 번째 중요한 기준에 2점을 추가한 다음 가장 낮은 점수를 받은 대안을 제거한다(3차 제거).
④ 이와 같은 방법으로 계속 제거하여 마지막 남은 하나의 대안을 선택한다.

〈표 8-2〉의 면접용 정장 구매에서 보면, 순차제거 원칙에 의해 우선 디자인에서 낮은 점수를 받은 E 상표가 제거된다. 디자인에서 가장 높은 점수를 받은 A, B, C 상표의 두 번째 중요한 기준인 색상 점수에 각각 2점을 더해 준다. 그 결과 색상에서 가장 낮은 점수를 받은 D 상표가 제거된다. 다음으로 색상에서 가장 높은 점수를 받은 A와 C 상표의 세 번째 중요한 점수인 편안함 점수에 2점을 더해 준다. 편안함에서는 C 상표가 B 상표보다 낮은 점수를 받았으나 가중점수에 의해 B 상표가 가장 낮은 점수를 받아 B 상표가 제거된다. 이와 같은 방법으로 가격에서는 C 상표가 제거되고 마지막으로 남은 A 상표가 선택된다.

2) 보상적 원칙

소비자가 의사결정 과정에 크게 관여하고 필요한 노력을 아끼지 않을 경우, 소비자는 여러 대안을 비교·평가할 때 많은 속성을 동시에 고려하게 된다. 이 경우에 보상적 원칙을 사용하면 각 대안에 대하여 여러 속성을 종합적으로 비교·평가할 수 있다. 보상적 원칙compensatory rules은 대안평가 기준으로 선정된 모든 속성을 동시에 고려하여 특정 기준에서 낮은 점수를 받았더라도 다른 기준에서 높은 점수를 받으면 보상받을 수 있는 방법이다. 그러므로 어떤 속성에서 낮은 평가를 받더라도 다른 속성에서 그 점수를 보상할 수 있을 만큼 좋은 평가를 받게 되면 전반적인 평가는 좋아질 수 있다. 〈표 8-2〉의 면접용 정장 구매에서 보면, C 상표는 세 번째 중요한 기준인 편안함에서 낮은 평가를 받아 비보상적 원칙에서는 선택되지 않는다. 그러나 보상적 원칙에서는 가격에 대한 낮은 평가가 다른 속성의 좋은 평가로 상쇄될 수 있을 경우에는 선택대안이 될 수도 있다.

소비자가 실제로 의사결정을 할 때 보상적 의사결정 원칙에 따라 계산하고 선택하지는 않는다. 그러나 고려할 수 있는 대안을 결정하고, 욕구를 확인하여 순위를 정하고, 각 대안의 욕구 충족 정도를 평가한 다음 대안을 선택한다는 점에서 보면, 보상적 의사결정 원칙을 따른다고 할 수 있다. 소비자들이 하나의 속성을 대안평가 기준으로 선택한다면 어떤 대안이 선택될 것인지 쉽게 예측할 수 있을 것이다. 그러나 대부분의 소비자들은 여러 속성을 동시에 고려하며, 각 속성에 대하여 가중치를 다르게 부여한다. 보상적 원칙의 대표적인 모델로는 피시바인의 다속성 태도모델과 확장된 모델인 행위-의도모델이 있다.

(1) 피시바인의 다속성 태도모델

피시바인Fishbein은 대상에 대한 소비자의 태도가 대상의 속성에 대한 신념과 이 속성에 대한 평가에 의해 결정된다는 다속성 태도모델attitude model을 제안하였다(Fishbein, 1963). 여기에서 대상은 사람, 사물, 의견, 기관 등 태도의 대상이 될 수 있는 것을 모두 포함하고 있다. 피시바인의 태도모델에 의하면, 어떤 대안에 대한 소비자의 태도는 속성에 대한 신념attributes belief과 평가로부터 형성된다는 것이다. 여기에서 신념은 특정 대안의 속성과 관련하여 소비자의 주관적 의견을 의미하며 과거 경험, 외부 정보, 추론 등에 의해 결정된다. 소비자는 대안이 가지고 있는 속성에 대한 정보를 처리함으로써 신념을 형성하게 된다. 대안에 대한 긍정적·부정적 태도는 이들 속성에 대한 신념을 기초로 형성된다. 태도 결정에 크게 관련되는 신념을 중요 신념salient belief이라고 한다. 피시바인의 다속성 태도 모델을 방정식으로 나타내면 다음과 같다.

$$A_0 = \sum_{i=1}^{n} b_i e_i$$

A_0 : 대안에 대한 소비자의 태도

b_i : 대안의 속성 i와 관련된 소비자 신념의 강도strength of belief

e_i : 속성 i에 대한 소비자의 평가

n : 소비자가 중요하다고 생각하는 속성의 수

이 모델은 구성상 인지적 요소(신념)와 감정적 요소(평가)를 모두 포함하고 있으며 이들 요소의 강도와 심도를 보여준다. 어떤 대안에 대한 태도를 결정하기 위해서는 먼저 태도에 가장 큰 영향을 미치는 속성에 대한 신념을 파악하고 속성의 중요성을 평가해야 한다. 각 속성의 신념 점수와 각 속성에 대한 중요성 평가 점수를 곱해서 합하면 각 대안에 대한 소비자 태도를 파악할 수 있다. 피시바인의 태도모델로 대안을 평가하는 과정은 다음과 같다.

① 대안평가 기준으로 선택된 속성에 대하여 각 대안이 가지고 있을 것으로 기대한 신념 강도(b_i)와 속성의 중요성(e_i)을 평가한다.

② 각 대안에 대하여 속성의 신념 점수와 속성 평가 점수를 곱하여 속성에 대한 태도 점수를 측정한다.

③ 대안별로 각 속성에 대한 태도 점수를 모두 합산하여 가장 높은 점수를 얻은 대안을 선택한다.

〈표 8-2〉를 이용하여 다섯 가지 대안(상표)에 대하여 태도 점수를 계산한 결과는 〈표 8-3〉과 같다. 〈표 8-3〉에 의하면, C 상표에 대하여 가장 호의적인 태도를 가지고 있으며 D 상표에 대하여 가장 비호의적인 태도를 가지고 있는 것으로 나타났다. C, A, B, E, D 상표 순으로 선호될 것으로 보인다.

〈표 8-3〉 다속성 태도모델 사례

평가기준 (속성)	속성 평가 (e_i)	속성에 대한 신념 강도(b_i)					속성에 대한 태도($b_i \cdot e_i$)				
		A	B	C	D	E	A	B	C	D	E
디자인	35	5	5	5	4	3	175	175	175	140	105
색상	25	5	3	5	2	5	125	75	125	50	125
편안함	20	3	3	2	4	5	60	60	40	80	100
가격	15	3	4	4	3	2	45	60	60	45	30
관리	5	2	4	5	4	3	10	20	25	20	15
합 계							415	390	425	335	375

1) 속성 평가는 속성에 대한 가중치로 100을 기준으로 함.

(2) 피시바인의 행위-의도모델

피시바인은 대상에 대한 태도(A_0)가 제한된 개념임을 인식하고 태도모델을 확장시킨 행위-의도모델Fishbein behavioral intentions model을 제시하였다(Fishbein, 1967). 피시바인의 행위-의도모델은 태도모델에서 두 가지가 수정되었다. 첫째, 대상에 대한 태도를 주어진 상황에서 특정 행위를 수행하는 것에 대한 태도AB로 수정하였다. 둘째, 행위를 지배하는 규범과 이러한 규범에 순응하려는 소비자 동기에 대한 설명SN을 변수로 포함하였다.

피시바인은 어떤 행위를 수행하려는 태도와 주관적 규범subjective norm을 함께 고려하면, 어떤 행위를 수행하려는 개인의 행위 의도Behavior Intention: BI를 어느 정도 정확하게 예측할 수 있다고 주장하였다. 여기에서 주관적 규범이란 다른 사람들이 '이렇게 해야 한다 또는 하지 않아야 한다'고 생각하는 것에 대한 소비자의 지각을 의미한다. 이것은 다른 사람의 기대에 대한 소비자의 신념과 그들의 기대에 순응하려는 소비자 동기의 함수이다. 피시바인의 행위-의도모델은 태도와 행동 간의 관계를 정확하게 밝히기에는 많은 문제와 한계가 있다. 그러나 태도모델에 비해 소비자행동을 보다 잘 예측하고 있는 것으로 알려져 있다. 피시바인의 행위-의도모델을 공식으로 나타내면 다음과 같다.

$$\text{행위−의도모델} = W_1(AB) + W_2(SN)$$

$$B \simeq BI = W_1\left(\sum_{i=1}^{n} b_i e_i\right) + W_2\left(\sum_{i=1}^{n} B_i M_i\right)$$

AB: 행동 수행에 대한 태도　　SN: 행동에 대한 주관적 규범

B: 소비자의 표출된 행동　　BI: 행위−의도

b_i: 대안의 속성 i와 관련된 소비자 신념의 강도

e_i: 속성 i에 대한 소비자의 평가

B_i: 준거집단 또는 준거인 i의 생각에 대한 소비자의 규범적 신념

M_i: 준거 대상 i의 생각에 순응하려는 소비자의 동기

n: 관련된 속성(신념)의 수　　m: 관련된 준거집단 또는 준거인의 수

W_1, W_2: AB와 SN의 상대적 영향을 나타내는 가중치

피시바인의 태도모델에 적용한 사례를 이용하여 피시바인의 행위−의도 모델에서 대안이 선택되는 과정을 설명하면 다음과 같다.

① 피시바인의 태도모델에서 측정된 각 대안에 대한 소비자의 태도점수 AB를 확인한다. 〈표 8−3〉에 의하면, 소비자의 태도점수는 A 상표가 415, B 상표가 390, C 상표가 425, D 상표가 335, E 상표가 375이다.

② 소비자의 주관적 규범을 측정하기 위하여 영향력 있는 준거 대상을 파악한다. 준거 대상으로는 취업한 선배, 부모, 친구가 있다고 가정한다.

③ 대안 선택에 대한 준거 대상의 생각에 대한 소비자의 규범적 신념 강도(B_i)와, 준거 대상의 생각에 대한 소비자의 순응 동기(M_i)를 측정한다. 소비자의 순응 동기는 취업한 선배가 가장 높고(3), 그 다음이 부모(2), 친구(1)라고 가정한다. 그 결과는 〈표 8−4〉에 제시되어 있다.

④ 소비자의 순응 동기와 준거자의 규범적 신념을 곱하여 주관적 규범점수($B_i \cdot M_i$)

를 산출한다.

⑤ 주관적 규범 점수를 합산하여 각 대안의 규범 점수를 구한다. 〈표 8-4〉에 의하면, 각 대안의 주관적 규범 점수(SN)는 A 상표가 24, B 상표가 17, C 상표가 13, D 상표가 21, E 상표가 20인 것으로 나타났다. 주관적 규범에서는 A 상표에 가장 호감이 많다는 것을 알 수 있다.

⑥ 행동 수행에 대한 태도(AB)와 행동에 대한 주관적 규범(SN)의 상대적 영향을 나타내는 가중치를 구한다. 태도의 가중치 W_1은 .4, 주관적 규범의 가중치 W_2는 .6이라고 가정한다.

⑦ 행위–의도모델의 공식을 이용하여 각 상표를 구매할 의도를 계산한다. 소비자의 구매 의도는 A, C, B, E, D 상표 순으로 높다는 것을 예측할 수 있다.

- 상표 A를 구매할 의도 B_i = .4×415 + .6×24 = 166 + 14.4 = 180.4
- 상표 B를 구매할 의도 B_i = .4×390 + .6×17 = 156 + 10.2 = 166.2
- 상표 C를 구매할 의도 B_i = .4×425 + .6×13 = 170 + 7.8= 177.8
- 상표 D를 구매할 의도 B_i = .4×335 + .6×21 = 134 + 12.6 = 146.6
- 상표 E를 구매할 의도 B_i = .4×375 + .6×20 = 150 + 12 = 162

〈표 8-4〉 주관적 규범의 계산 사례

준거자	순응 동기 (M_i)	규범적 신념(B_i)					주관적 규범 점수($B_i \cdot M_i$)				
		A	B	C	D	E	A	B	C	D	E
선배	3	5	1	3	4	3	15	3	9	12	9
부모	2	3	5	1	2	4	6	10	2	4	8
친구	1	1	4	2	5	3	3	4	2	5	3
합 계							24	17	13	21	20

1) 규범적 신념(B_i)은 각 대안에 대해 준거자가 선택해야 한다고 생각하는 정도에 대해 5점 척도로 측정함.
2) 순응동기(M_i)는 준거자의 생각에 수긍하는 정도에 대해 3점 척도로 측정함.

결과적으로 피시바인의 태도모델에서는 C 상표가 가장 구매할 의도가 높은 것으로 나타났으나 피시바인의 행위–의도모델에서는 A 상표가 가장 구매할 의도가 높은 것으로 나타났다.

이상의 대안평가 방법들은 소비자의사결정을 이해하는 데 매우 중요한 내용이다. 소비자는 한정된 자원을 가지고 자신의 욕구를 충족시켜줄 수 있는 대안을 선택해야 한다. 대안을 평가할 때 이러한 이론을 적용함으로써 보다 효율적으로 의사결정을 할 수 있을 것이다. 대안평가 방법의 선택과정을 살펴보면 [그림 8-2]와 같다.

소비자는 관여도가 낮은 상품을 평가할 경우에는 보상적 원칙에 비해 대안평가가 단순한 비보상적 원칙을 따르는 경향이 있다. 보상적 원칙은 복잡한 의사결정에서 관여도가 높은 상품에 대한 평가를 할 경우에 그 과정을 더 정확하게 묘사해 준다. 또한 소비자들은 하나의 의사결정에서 보상적 원칙과 비보상적 원칙 두 가지를 동시에 사용할 수도 있다. 많은 수의 상표를 평가해야 할 경우에 소비자들은 우선 비보상적 전략을 사용하여 수용하지 않을 상표들을 쉽게 제거하고 난 후, 보상적 전략을 사용하여 나머지 상표를 평가하게 된다(Lussier & Olshavsky, 1979). 소비자는 의사결정을 하는 동안 동기부여가 높은 경우에는 더 많은 노력이 필요한 더 정교하고 복잡한 평가방법을 사용하게 된다.

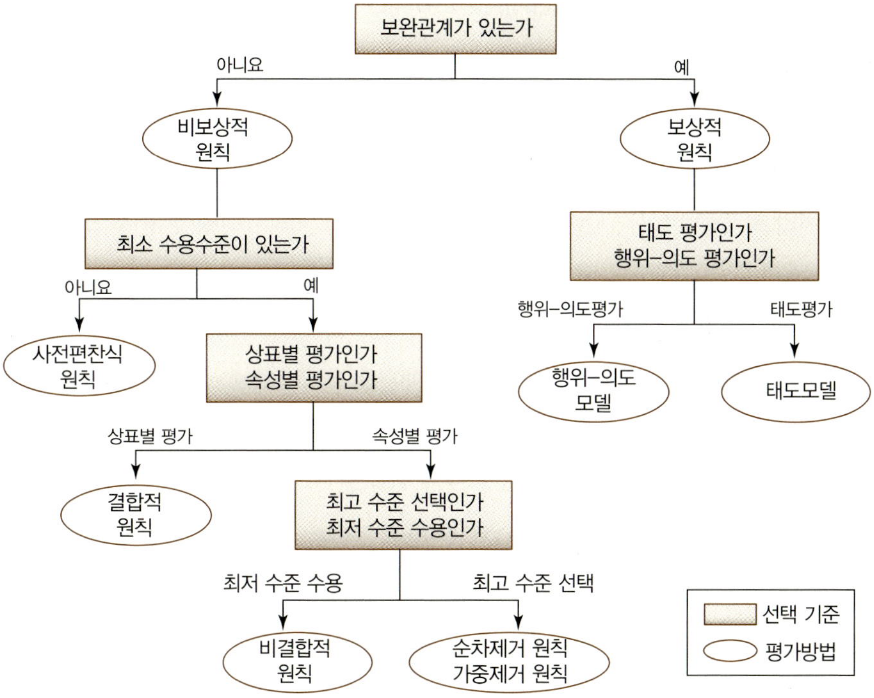

[그림 8-2] 대안평가 방법의 선택 과정

3) 휴리스틱 기법

대안들을 평가하고 선택하는 방법에는 보상적 원칙이나 비보상적 원칙과 같은 공식적인 방법 이외에도 휴리스틱heuristic이라고 불리는 주먹구구식 방법rule of thumb으로 문제를 단순화하는 방법도 있다. 많은 경우에 소비자는 완전한 합리성이 아니라 제한된 합리성bounded rationality을 추구하게 된다. 여러 가지 제약 속에서 소비자는 완벽성과 정확성을 추구할 수가 없으며 최선의 대안이 아니라 차선의 대안을 선택할 수밖에 없다. 소비자는 제한된 시간 내에 가장 경제적이고 효율적으로 대안을 선택하기 위하여 때로는 오류가 발생할 가능성도 허용하게 되며, 가장 단순한 방법을 이용하여 편의적으로 대안을 선택하기도 한다.

(1) 휴리스틱의 의의

휴리스틱은 문제를 해결하거나 결정을 내리기 위한 절차 혹은 방법으로 비본질적 단서를 근거로 대안을 평가하거나 판단하는 경향을 의미한다. 대안의 평가 과정에서 필요한 여러 요인을 동시에 고려하지 않고 경험, 직관intuition, 육감hunch, 추측guess, 논리적 사고 등을 통해 문제를 간단하게 해결할 수 있도록 하는 규칙 혹은 지침을 의미한다(최윤홍 · 임창욱, 2004). 소비자들은 대안평가 과정에서 복잡한 전략을 따르는 대신 휴리스틱이라고 하는 비교적 단순하고 유연하며 변화하는 의사결정 상황에 쉽게 적응할 수 있는 소비자 나름대로의 평가 원칙을 사용할 수 있다.

휴리스틱은 쉽게 판단할 수 있도록 문제를 단순화시켜 비교적 간단한 기준single attribute rule으로 어림 계산하여 만족할 수 있는 대안을 선택하고자 하는 방법이다. 이성과 합리성보다는 직감이나 직관으로 문제를 해결한다. 따라서 휴리스틱으로 처리할 경우에는 인지적 노력을 줄이기 위하여 선택에 사용될 수 있는 모든 정보를 사용하지 않고 간과하거나 축소 처리under processing하게 된다(남승규, 1999). 휴리스틱 접근법은 가장 이상적인 방법을 찾는 것이 아니라 만족할 만한 방법을 찾는 것이다. 현실적으로 정보 부족과 시간 제약 등 여러 가지 원인으로 모든 변수와 조건을 검토할 수 없으므로 완벽한 의사결정을 하기 어렵다. 제한된 정보와 시간 제약을 고려해 실현 가능한 방법이 필요하다. 휴리스틱은 정형적이며 포괄적이다. 일반적으로 사용되는 휴리스틱 접근법은 분석의 초기 단계에서는 모든 변수를 고려하지 않고 중요 변수만을 분석하고 점차 변수의 범위를 넓혀 간다. 휴리스틱은 잘못된 판단을 유도하여 성공적인 결과를 가져오지 못할 수도 있지만, 의사결정을 매우 간편하고 빠르게 진행할 수 있도록 해준다. 시간이나 정보가 불충분하여 합리적인 판단을 할 수 없거나, 체계적이고 합리적인 판단을 할 필요가 없는 상황에서 신속하게 사용할 수 있는 어림짐작 기술이다. 소비자가 대안평가 과정에서 사용하는 휴리스틱으로는 탐색 · 평가 · 선택 휴리스틱이 있다.

휴리스틱 용어설명

휴리스틱은 실제 경험에서 얻은 법칙으로 발견기법 또는 자기 발견 기법이라고도 한다. 휴리스틱은 과거에 비슷한 문제를 해결했던 경험을 바탕으로 즉각적으로 추측하고 가설을 형성하며 검증해 나가는 방법이다. 휴리스틱은 특별히 정형화되어 있는 일반적 규칙이 있는 것이 아니다. 휴리스틱의 어원은 '발견한다'는 뜻의 그리스어인 'heuriskein'이다. 아르키메데스가 왕관의 금의 순도를 재는 방법을 발견했을 때 외친 외마디는 'heuriska(I have found it)'이었다(이인식, 2002).

(2) 휴리스틱의 사용

① 탐색 휴리스틱

탐색 휴리스틱search heuristic은 상점 선택 및 정보의 원천과 신뢰도 평가에서 사용하는 휴리스틱이다. 상점 선택의 경우, 특정 상품을 구입할 때는 항상 특정 상점에만 가는 것이다(최윤홍 · 임창욱, 2004). "나는 옷은 ㅇㅇ에서만 구입한다."고 하는 소비자는 탐색 휴리스틱을 사용하고 있다. 정보원천에서는 구매할 만한 상품을 찾아보기 위해 상품 검사에 관한 기사를 읽어보는 것이며, 정보 신뢰도에서는 상품에 대한 광고와 그 상품의 검사결과가 동시에 실려 있는 기사는 믿지 않는 것이다.

② 평가 휴리스틱

평가 휴리스틱evaluation heuristic은 평가 과정에서 사용하는 휴리스틱으로 핵심적 기준과 부정적 기준이 있다. 핵심적 기준은 어떤 기준을 가장 중요하게 고려하는 것이며, 부정적 기준은 어떤 기준이 부정적 결과를 보일 경우 그 기준의 중요도를 증가시키는 것이다(최윤홍 · 임창욱, 2004). 예를 들면, 소금의 양을 식품 비교의 중요한 기준으로 고려할 경우, 영양성분 표시에서 소금의 양이 높게 나타나면 소금의 양에 가중치를 두게 되는 것이다. 특정 기준에서 대안 간에 유의한 차이가 없을 때는 그 기준을 무시하기도 한다. 또한, 특정 회사의 상품에 대하여 단점이 떠오르면 구체적인 검토를 하지 않고 그 회사의 신상품에 대하여 품질이 좋지 않을 것이라는 편향된 판단을 하는 것이다.

③ 선택 휴리스틱

선택 휴리스틱choice heuristic은 상품을 선택할 때 사용하는 휴리스틱이다. 친숙하고 구매빈도가 높은 상품은 성능이 좋거나 또는 가장 마음에 들어서 선택할 수 있다. 이 밖에도 과거의 구매경험, 주위 사람들의 조언, 가격 관련 기준, 쿠폰이나 할인 등 판매촉진 관련 기준에 의해서 선택할 수도 있다. 예를 들면, 지난번의 선택이 만족스러우면 또 선택하는 것이다.

낯설고 새로운 상품인 경우에는 신모델이 나올 때까지 구매하지 않거나 다른 사람이 구매하여 사용하는 것을 지켜보거나 전문가의 조언에 따라 구매한다. 이외에도 제조국가country of origin, 상표명 등을 선택 휴리스틱으로 이용할 수 있다. 예를 들면, 옷을 고르다가 이탈리아 상표를 확인하고는 왠지 멋있다고 생각하거나 전자상품이 삼성이나 LG전자에서 만든 것임을 보고는 믿고 사는 경우 등이다. 전자상거래를 이용하여 구매할 경우에는 품목을 결정한 후 낮은 가격을 기준으로 가장 낮은 가격에 판매하는 유통업체를 선택하는 것decision heuristics이다(김기옥 외, 2011). 또한 소비자는 고급품이나 유명 상표나 유명 상점은 가격이 비싸다는 것을 알고 있다. 이러한 인식 때문에 소비자는 상품을 선택할 때 높은 가격을 대표적인 특성으로 사용하기도 한다. 이러한 경우 동일한 품질의 상품에 대하여 유명 상표나 유명 상점이라는 이유로 비싼 가격을 지불하게 된다.

4. 대안평가 시의 유의사항

소비자는 대안을 선택할 때 한 가지 결정 원칙을 사용하는 경우는 거의 없으며 두 가지 이상의 원칙을 순차적으로 이용하는 혼합전략mixed strategies을 사용한다. 또한 소비자가 과거 사용했던 결정 원칙이 추후 선택하는 결정 원칙에 영향을 미치게 된다. 소비자가 대안평가 시에 유의해야 할 사항을 요약하면 다음과 같다.

첫째, 소비자는 대안평가를 단순화하기 위하여 가격이나 상표명 등을 품질의 대리 지표로 이용하는 경우가 많다. 그러나 대부분의 연구 결과에서 가격과 품질 사이에는 상관관계가 낮거나 역상관관계가 있는 것으로 나타나고 있다. '가격이 비싸면 품질도 좋을 것'이라는 생각이 시장에 그대로 적용되지 않고 있음에 유념해야 한다. 또한 '수입품이나 유명 상표 상품의 품질이 더 좋을 것'이라는 기존 관념도 상품 테스트 결과에서 상반되는 경우가 있으므로 대안평가에서 세심한 주의를 해야 한다.

둘째, 친숙하고 자주 구매하는 상품일 경우에는 객관적인 평가보다는 경험에 의해 형성된 평가 기준을 기억해서 대안을 평가하는 것이 효과적일 수 있다. 이 경우에는 타성에 젖어 습관적인 결정을 하기 쉬우므로 유의해야 한다.

셋째, 상표충성도가 형성된 내구재 구매의 경우, 어느 한 상품에서 형성된 호의적인 태도를 그 회사에서 생산한 다른 상품으로 확대함으로써 상품 자체에 대한 평가를 소홀히 할 수 있다는 점에 유념해야 한다. 예를 들어 냉장고 구매를 통해서 S전자 상품에 대하여 호의적 태도가 형성된 경우 진공청소기를 구입하면서도 세심한 평가 없이 S전자 상품을 선택할 가능성이 많다.

넷째, 대안과 속성의 수가 많아지면 정보처리에 부담이 생기므로 처음에는 비교적 간단한 비보상적 원칙을 통해 대안을 평가한 다음, 두세 개의 대안이 남게 되면 보상적 원칙을 사용하여 종합적으로 평가하는 것이 효과적이다.

이상에서 살펴본 바와 같이 소비자의 대안평가 과정은 신념 → 태도 → 의도의 과정을 거치게 된다. 그러나 정보를 탐색해서 대안을 평가한다고 해서 그것이 모두 구매로 이어지는 것은 아니다. 대안평가 결과는 소비자가 추구하는 대안과 선택하는 대안을 어느 정도 조정하느냐에 따라 여러 가지가 있을 수 있다. 즉, 대안의 평가 결과, 소비자가 수용할 수 있는 상품을 찾아냈다면, 이 경우에는 다른 제약조건이 없는 한 그 상품을 구매하고자 하는 의도를 형성하여 구매할 것이다. 그러나 대안평가 결과 수용 가능한 상품을 발견하지 못하였을 경우에는 수용 가능한 대안을 찾기 위해 정보탐색을 계속해야 할 것이다. 그러나 정보탐색에 필요한 비용이 기대 이득보다 클 것으로 예상되는 경우에는 추가적인 정보탐색을 중지함으로써 구매로 이어지지 않게 된다.

생각해 볼 과제

1. 저관여 상황과 고관여 상황에서의 의사결정 경험 사례를 들고 비교 · 검토해 보자.
2. 대안평가 과정에서 고려하는 결정적 속성들이 상품 종류에 따라 어떤 차이가 있는지 토론해보자.
3. 휴리스틱 기법을 사용하여 대안을 평가하거나 상품을 선택한 경험에 대하여 토론해 보자.

CHAPTER 9

구매

1. 구매 계획 2. 상품 선택 3. 상표 선택 4. 상점 선택
5. 구매 방법 6. 대금 지불

Consumer Decision Making

9장 구매

구매의도를 실천하기로 결정한 소비자는 실제 구매과정에 들어가게 된다. 정보탐색과 대안평가 과정을 통해 수집하고 평가한 정보를 구매과정에 이용할 수 있도록 결합 내지는 통합하게 된다. 그러나 소비자가 정보를 탐색하고 대안을 평가하여 특정 대안을 선택하였다고 하여 그것이 모두 구매로 이어지는 것은 아니다. 예기치 못한 요인 때문에 구매의도가 좌절되기도 한다. 소비자는 시장에서 소비자 선택이 상품 생산에 영향을 미치고 있다는 면에서는 유력한 존재이지만, 생산자의 광고나 판매기술에 크게 영향을 받고 상품에 대한 기본적 지식이나 정보가 부족하다는 면에서는 아주 무력한 존재라고 할 수 있다. 이 장에서는 구매 계획, 상품 선택, 상표 선택, 상점 선택, 구매 방법, 대금 지급 방법 등에 대하여 살펴보기로 한다.

1. 구매 계획

구매buying는 소비자가 상품을 구입하기 위하여 상담을 하고 계약에 따라 상품을 인도받고 대금을 지불하는 과정으로, 여러 가지 요인이 복합적으로 작용해서 나타나는 행동이다. 소비자의 구매행동은 어떤 상품을 어느 상점에서 어떤 상표로 어떻게 살 것인가 하는 문제와 관련된 개별적인 의사결정 과정을 포함하고 있다. 합리적이고 효율적인 구매를 하기 위해서는 무엇보다 주의 깊은 계획을 세워야 한다. 제한된 자원으로 필요한 모든 상품을 동시에 구입할 수는 없다. 현명한 소비생활을 하기 위해서는 계획적인 구매태도를 가지고 있어야 하며, 유능한 구매자가 되기 위해서는 구매 계획을 잘 세워야 한다. 필요한 상품이 무엇이고 어느 정도의 품질이 필요한 것인지 고려해야 하며 가격이나 디자인 등에도 신경을 써야 한다. 구매 계획은 융통성이 있어야 하고 다른 상품과의 관계를 고려하면서 세워야 한다.

소비자의 구매목적은 적정한 품질의 상품을 적정한 시기에 적정한 가격으로 적정한 장소에서 적정한 수량을 구입하는 데 있다. 소비자의 구매동기와 목적은 다양하고 소비자에 따라 다를 수 있다. 그러나 어떤 동기와 목적으로 구매를 하든 모든 구매는 소비자의 욕망을 충족시켜 주는 범위 내에서 이루어지게 된다. 구매 계획에서 고려해야 할 사항은 다음과 같다.

(1) 소득수준

필요로 하는 재화나 서비스의 구매는 소비자의 소득수준에 의해 제약을 받는다. 소득수준을 고려하여 소득수준의 범위 내에서 구매 계획을 세워야 한다. 소비자는 구매욕구를 느낄 때 가장 먼저 자신의 지불능력과 가치지향에 비추어 꼭 필요한 구매인지를 검토하여 자신의 소득수준에 맞는 구매 계획을 세워야 한다. 개인적인 구매라면 자신의 현재 욕구와 사용 가능한 자원을 비교하고, 가족을 위한 구매라면 가족 구성원 전체의 욕구를 검토하여 소득수준의 범위 내에서 우선 순위를 정하는 계획이 필요하다.

(2) 욕구와 욕망

합리적인 구매를 위해서는 우선 자신의 욕구와 욕망을 검토해 보고 구매할 상품의 중요성과 긴급성을 고려해야 한다. 구매하고자 하는 상품이 어떤 욕구와 욕망을 충족시키기 위한 것인지 욕구와 욕망의 성질을 잘 판단하여 신중하게 선택해야 한다. 특히 구매 계획에 없던 상품에 대하여 구매 욕구를 느낄 때는 적절한 조절이 필요하다. 구매 욕구를 적절히 조절하지 못할 경우 지불 능력을 초과한 구매를 하게 된다.

욕구와 욕망은 서로 경쟁적이며, 그 강도에 한도가 있다. 한 번 충족되면 계속 충족되어야 하고, 하나의 욕구나 욕망이 강해지면 다른 욕구나 욕망은 배제되거나 흡수되기도 한다. 예를 들면, 수면이 지나치게 부족할 경우에는 음식에 대한 욕구나 욕망은 배제된다. 보다 강한 욕구나 욕망이 어느 정도 충족이 되어야 다른 욕구나 욕망이 나타나게 된다. 일반적으로 생리적 욕구나 욕망은 한도가 명백하나 문화적인 욕구나 욕망은 신축성이 크다. 또한, 자기 미화 욕구, 경쟁심, 우월감 등의 심리적 동기나 위신, 명예, 쾌락, 성공 등의 사회적 동기가 경제적 동기나 다른 합리적 동기보다 강하게 작용하는 경향이 있다. 한계효용marginal utility은 욕구나 욕망의 강도에 비례하고 재화의 존재량에는 반비례한다. 욕구나 욕망의 선택이 합리적으로 이루어지면 그만큼 만족감은 증대하게 된다.

(3) 가족 구성원의 성격

가족의 성격은 가족 구성원들의 구매행동에 복잡하고 다양하게 영향을 미친다. 합리적인 구매 계획을 세우기 위해서는 가족 공동의 욕구 및 필요도를 충분히 고려해야 한다. 가족 구성원의 욕망을 검토하여 필요도가 강한 것부터 구매하는 것이 바람직하다. 가족 구성원으로서의 소비자 개인은 구매할 때 자신의 구매동기에 의해서만 행동하는 것이 아니라 다른 가족 구성원의 구매동기에 의해서도 영향을 받는다. 가족 구성원의 영향력 정도는 가족에 대한 사랑과 가정에 대한 성실성 등에 따라 다르게 나타난다. 가족애가 강한 사람은 가족 공동의 욕구나 욕망 충족에 의해 더 큰 만족감이나 행복감을 느낄 수 있다.

(4) 사회계급과 준거집단

소비자는 사회계층의 상징이 될 수 있는 상품을 구매하려는 경향을 가지고 있으며, 소비자의 소비 패턴은 사회계층의 계급적 지위를 나타내는 경우가 많다. 소비자의 소비성향은 보다 높은 계층의 사회계급을 동경하고 그 소비 패턴을 모방하려는 상위지향성을 가지고 있다. 판매자는 이러한 소비자 심리를 이용하여 표적 계층의 수요를 획득하기 위해 표면적으로는 그보다 한 등급 높은 사회계층의 수요를 표적으로 하는 판매전략을 사용한다.

또한 소비자의 소비 의식 구조는 타인 지향적이다. 교육수준이나 생활수준이 높은 집단이 준거집단의 영향을 많이 받는 동시에 다른 집단에 많은 영향을 미치게 된다.

유명 디자이너나 유명 상표의 상품, 고급 레스토랑 등은 구매자 자신을 타인에게 인식시키는 데 중요한 매개체 역할을 한다. 이러한 타인 지향적인 구매행위는 필요 이상의 고가의 재화나 서비스를 구매하게 만든다. 합리적인 구매행동을 위해서는 타인 지향적인 구매를 배제하고 주체적인 구매 계획을 세워야 한다.

(5) 구매시기

같은 상품이라도 언제 구매하느냐에 따라 가격이나 품질에 많은 차이가 있으므로 상품의 특성에 따라 구매시기를 잘 조절할 필요가 있다. 특히 계절의 영향을 많이 받는 상품은 가격은 물론 상품 관련 서비스에서도 차이가 있다. 에어컨 등의 가전상품은 비수기에 구매해야 특별할인이나 추가 서비스를 받을 수 있으며, 농수산물은 제철에 구매해야 값이 싸고 품질이 좋다. 또한 컴퓨터와 같이 기술 발전이 빠른 상품은 상품의 수명주기를 고려해야 하며, 의류와 같이 유행의 영향을 많이 받는 상품은 유행주기를 고려해야 한다.

상품 수명주기 용어설명

상품의 수명주기product life cycle는 하나의 상품이 시장에 도입되어 폐기되기까지의 과정을 말한다. 상품 수명주기는 상품의 성격에 따라 다르지만 대체로 도입기 · 성장기 · 성숙기 · 쇠퇴기의 과정으로 나눌 수 있다. 이 가운데 특히 기업이 노력을 전개하는 부분은 도입기와 성장기이다. 기업이 지속적으로 성장하기 위해서는 언제나 성장기에 있을 만한 상품을 있을 수 있도록 신상품 개발이나 경영의 다각화를 시도해야 한다.

2. 상품 선택

1) 상품의 의의

현대 자본주의 경제체제 속에서 대부분의 상품은 대량생산, 대량유통(대량판매)과정을 통해 대량 소비되고 있다. 생산기술의 비약적인 발전과 유통시장에서의 격심한 판매 경쟁은 상품의 종류와 품질을 다양화시키고 있다.

상품commodity은 상거래나 매매를 목적으로 사고파는 재화나 서비스를 의미한다. 소비생활에 유용하다고 하여 모든 재화나 서비스가 상품이 되는 것은 아니다. 상품은 사용가치와 교환가치가 있어야 한다. 사용가치value in use는 품질quality로 표현되는 것으로 효용utility이 있다는 것을 의미한다. 교환가치value in exchange는 가격price으로 표현되는 것으로, 추상적인 노동의 양, 즉 노동시간으로 표시되는 상품의 가치이다. 일반적으로 상품이라고 하면 교환경제 속에서 거래되어 화폐로 평가되는 교환가치를 의미한다.

소비자가 상품에 대하여 기대하는 가치는 기본가치, 기대가치, 소망가치, 예상 외 가치 등이 있다(이승신 외, 2004). 기본가치는 상품이 제공될 때 기본적으로 갖추고 있어야 할 절대적 가치로, 기본 가치가 제공되지 않으면 소비자는 선택을 하지 않는다. 기대가치는 당연히 제공될 것이라고 기대하고 믿고 있는 가치이며, 소망가치는 반드시 제공될 것으로 기대하지는 않지만 없는 것보다 있는 것이 더 좋은 가치이다. 예상 외의 가치는 기대나 소망의 수준을 넘어 뜻밖에 소비자에게 제공되어 감동과 기쁨을 안겨주는 가치이다.

2) 상품의 품질

(1) 상품의 품질

상품의 품질은 상품의 성능이나 실제적인 구조를 나타내는 것으로 상품으로 구비하여야 할 표준 조건으로 결정된다. 새로운 기술혁신으로 기술집약적인 상품이 계속 개발되고 있다. 이러한 기술집약적인 상품에 대하여 대부분의 소비자는 품질을 정확하게 판단하지 못할 뿐만 아니라 품질의 차이를 잘 분별하지도 못한다. 소비자는 판매자가 제공해 주는 상품정보나 광고를 통해 상품의 특성을 파악하는 정도이다. 상품의 품질은 상품이 가지고 있는 기능적 특성functional features을 의미하며 자연적 품질과 사회적 품질이 있다.

상품의 자연적 품질natural quality은 상품이 가지고 있는 고유의 성능을 의미한다. 형태, 색채, 경도, 주요 성분, 내용, 잡물의 유무 · 다소 등 상품이 가지고 있는 본질의 양부良否가 품질을 결정하는 중요한 요인이다. 상품의 사회적 품질social quality은 상품의 상품성을 의미하며, 시장에서의 상품의 가치나 시장성marketablity과 관계가 있다. 상품의 사회적 품질은 기술수준, 가공공정, 포장기술 등에 의해 영향을 받는다. 생산자는 시장에서 상품의 수용도를 높이고 판매촉진 활동을 쉽게 하기 위하여 상품의 사회적 품질을 높이려고 노력한다. 일반적으로 사용재료, 제조방법, 성능, 구조, 특성 등으로 기능적 차이를 도입하게 된다.

상품의 품질평가는 같은 종류의 상품을 서로 비교 · 평가하여 품질, 성능, 사용상의 편리성 등에 있어서 우열優劣을 가려내는 것이다. 소비자 입장에서는 품질평가가 되며 판매자 입장에서는 품질감정이 된다. 상품에 대한 올바른 품질평가는 합리적인 선택을 위한 전제 조건이 될 뿐만 아니라 판매자의 생산활동과 품질감정 태도에도 영향을 미치게 된다. 일반적으로 상품의 품질평가 기준으로는 건강위생적 기준, 기능적 기준, 사회심리적 기준, 감각적 기준 등이 있다.

건강위생적 기준으로는 영양, 안전성, 위생, 청결 등이 있으며, 기능적 기준으로는 재료의 우량성과 견고성, 사용 · 취급 · 보관 방법의 간편성, 성능 등이 있다. 사회심리적 기준으로는 지위상징성, 유행성, 과시가치 등이, 감각적 기준으로는 색채, 형태, 맛, 냄새, 촉감, 소리 등이 있으며, 경제적 기준으로는 가격, 효용가치, 유지관리비 등이 있다.

(2) 상품의 품위

품위가 높은 상품은 좋은 품질을 가지고 있으면서 시장에서 요구되는 성능과 가치를 가지고 있는 상품이다. 상품의 품위는 상품 자체의 품질과 효용에 따른 가치에 영향을 받는다. 상품의 품위를 결정하는 요인으로는 탁월성, 내구력, 취급방법의 용이성, 다른 상품과의 조화, 희소성, 공지성, 융통성 등을 들 수 있다.

탁월성은 상품의 품질과 시장성이 모두 좋은 상품을 의미하는 것으로, 상품 고유의 품질이 우수하고 우수한 제조 기술로 제조되고 이용 가치가 높은 상품임을 의미한다. 상품 고유의 중요 성분이 어떤 특성을 가지고 있으며, 그 특성이 상품 용도에 얼마나 유효하게 사용되고, 어느 정도로 사회에 수용될 수 있는지에 따라 종합적으로 결정된다. 상품의 내구력은 상품의 기능 발휘에 필요한 조건으로 내구소비재에 있어서는 아주 중요하다. 내구력이 약한 상품은 수명이 짧아지므로 소비자의 경제적 부담을 증가시킨다. 상품의 품위를 높이기 위해서는 기술적인 가공으로 내구력을 높여야 한다.

또한 상품은 편리한 방법으로 사용할 수 있어야 하며 운반하고 보관하기 편리해야 한다. 사용 과정 중에 변질되거나 변형되지 않아야 하며 수리나 보충을 쉽게 할 수 있도록 부품 구입이 쉬워야 한다. 그리고 상품은 다른 상품과 조화가 잘 되어야 한다. 품질은 물론 가격에서도 조화가 필요하다. 고가의 훌륭한 상품일지라도 다른 상품과 조화가 되지 못하면 그 가치가 떨어진다. 각 상품이 조화로울 때 그 효용이 증가한다.

인간은 다른 사람들과 구별되려는 성향이 있다. 소비자는 소유하고 있는 상품이 상품으로서 가치가 크면서 희소성이 있기를 원한다. 특히 사치품이나 유행성이 큰 상품일수록 희소성이 있어야 하며, 다른 소비자들로부터 인정을 받아야 한다. 또한, 대부분의 소비자는 상품의 가치가 널리 알려져 인정받기를 원한다. 다른 소비자에게 좋은 평가를 받아야 구매욕구도 생기고 소유했을 때 기쁨도 커진다. 좋은 상품일지라도 그 우수성이 다른 소비자에게 알려져 있지 않으면 소비자의 관심을 끌지 못한다. 뿐만 아니라 상품은 융통성이 있어 여러 가지 목적으로 사용될 수 있는 것이 바람직하다. 예를 들면, 양산은 우산의 역할도 겸할 수 있는 것이 바람직하며, 그릇은 한식과 양식에 모두 사용할 수 있는 것이 바람직하다.

3) 상품의 종류

(1) 원천에 따른 분류

원천에 따른 분류는 가장 기본적인 분류 방법으로 수산품, 농산품, 공산품으로 나눌 수 있다. 수산품은 바다나 호수, 하천 등 민물에서 나는 동식물을 말한다. 농산품은 영농활동을 통해 생산된 상품을 의미하며, 생산과정의 특성에 따라 경종류耕種類와 축잠류畜蠶類로 나눌 수 있다. 경종류는 경작을 통해 생산된 재화로, 식량작물, 채소, 과실, 특용작물, 약용작물, 화훼작물, 버섯류 등으로 나누어진다. 축잠류는 사육을 통해 생산된 재화로, 가축, 축산물, 잠견 등으로 나누어진다.

공산품은 수공업이나 기계공업 등 공업적인 과정을 거쳐 만들어지는 상품을 의미하며, 생산기술의 발달과 더불어 다양해지고 있다. 공산품은 크게 경공업 상품과 중공업 상품으로 나누어진다. 경공업 상품에는 식품가공, 섬유공업, 펄프 공업 상품 등이 있으며, 중공업 상품에는 기계공업과 금속공업 상품 등이 있다.

(2) 상품의 성질에 따른 분류

상품은 그 성질에 따라서 비내구재, 내구재, 서비스로 분류할 수 있다.

비내구재non-durable goods는 한 번 내지는 몇 번 사용으로 소비되는 비내구성 상품을 의미한다. 일상생활을 영위하는 데 필요한 많은 상품이 비내구성 상품이다. 빨리 소비되고 자주 구매되므로 여러 지역에서 적은 이폭으로 판매되며, 상표충성도brand loyalty가 강하여 습관적으로 구매되는 특성이 있다. 비내구성 상품의 예로는 식료품, 화장품, 비누, 치약 등을 들 수 있다.

내구재durable goods는 장기간에 걸쳐 여러 번 사용할 수 있는 내구성 상품을 의미한다. 비교적 고가의 상품이 많으며 이폭利幅, margin이 높고 인적 판매방법을 많이 이용한다. 판매자 보증이 요구되며, 판매를 위해 친절, 할부, 외상, 배달 등의 소비자 서비스를 제공해야 하는 특징이 있다. 내구성 상품은 사용 기간에 따라 그 가치가 소비 내지는 감소되기 때문에 감가상각비가 발생한다. 내구성 상품의 예로는 가구류, 전기상품,

자동차 등을 들 수 있다.

서비스service는 제공자와 소비자 간의 상호작용에 의해 생산되는 일련의 행위나 과정으로 무형의 상품을 의미한다. 서비스 상품이 가지고 있는 특징은 무형성intangibility, 비분리성inseparability, 이질성heterogeneity, 소멸성perishability 등이다. 서비스는 형태가 없어 그 실체를 확인하거나 만지거나 볼 수 없으며, 생산과 소비가 분리되지 않고 생산과 동시에 소비가 되므로 동일한 상품일지라도 제공자나 소비자에 따라 품질이나 성과가 다르게 평가될 수 있다. 또한 서비스 상품은 저장될 수 없으므로 판매되지 않은 상품은 사라지게 된다. 서비스의 예로는 의료 행위, 여가활동, 보험, 이미용, 수선 등을 들 수 있다.

감가상각비 용어설명

감가상각비는 건물이나 기계설비 등의 고정자산의 가격 감소를 보상하기 위한 비용을 말한다. 공장이나 기계설비와 같은 고정자산은 일정 기간이 지나면 사용할 수 없게 되지만 사용할 수 없게 되었을 때 모두 없어지는 것이 아니라 전 사용기간에 걸쳐서 평균적으로 가치가 감해지게 된다. 시간이 지남에 따라 노후하는 설비의 원가에 대해 사용기간 등에 의한 물리적, 경제적 가치 하락분을 감가상각이라고 하고, 감가상각된 금액이나 비율로 나온 금액을 감가상각비라고 한다. 다시 말해 고정자산 취득에 투입된 자본을 그 내용기간 동안 매년 나누어 비용으로 회수하는 것을 말한다. 공장 건물, 기계, 공구 등 생산설비의 감가상각비는 상품원가가 되고, 판매 및 관리용 고정자산의 감가상각비는 기간비용으로 판매비와 관리비가 된다.

(3) 상품의 용도에 따른 분류

① 산업용품

산업용품industrial goods은 다른 상품이나 서비스의 생산에 사용되는 상품으로, 자본재 또는 생산재라고 한다. 일반적으로 생산자인 기업이 구매자가 되어 대량으로 구매하며 구매전문가가 구매한다. 산업용품을 구매할 때에는 항상 이윤 동기가 잠재되어 있다. 산업용품의 유통 과정은 소비재에 비해 단순하다. 산업용품은 사용 용도에 따라 시설품installations, 부속설비품accessory equipment, 원료품raw materials, 구조부품 · 재료component parts and materials, 보급품supplies, 서비스service 등으로 나누어진다.

② 소비용품

소비용품consumer goods은 최종소비자가 구매 · 사용하고 소비하는 상품으로 소비재라고 하며, 소비자 욕구를 충족시키기 위해 사용되는 상품이다. 일반적으로 소비재는 복잡한 유통 과정을 거치며 다양한 요인에 의해 영향을 받는다. 기후, 풍습, 풍토, 관습 등에 의해서도 영향을 받으며, 친절함, 청결, 명랑한 분위기, 배달, 외상 등 구매와 관련된 소비자 서비스에도 영향을 받는다. 소비재 시장은 아주 광범위하며 인구 분포와도 밀접한 관계를 가지고 있다. 소비용품은 소비자의 구매 습관에 따라 편의품, 선매품, 전문품, 미탐색품 등으로 구분된다(Holton, 1958).

편의품convenience goods은 필요하면 즉시 구매하는 소비재로 비교적 자주 구매되는 상품이다. 소비자는 구매할 때 대체 상품과 비교 · 검토하는 데 많은 노력을 기울이지 않는다. 편의품은 판매를 위한 판촉활동이나 소비자 서비스가 많이 필요하지 않다. 대부분의 편의품은 수요가 안정적이고 가격도 비싸지 않으며, 습관적으로 구매되는 경향이 있다. 편의품의 예로는 식료품, 비누, 신문 등을 들 수 있다. 편의품은 다시 규칙적으로 구매하는 필수상품staples goods, 상품을 보고 구매의욕이 생겨 구매하는 충동상품impulse goods, 긴급할 때 구매하는 응급상품emergency goods 등으로 분류할 수 있다. 응급상품은 비나 눈이 올 때 우산이나 스노우체인을 구매하는 경우로, 가격이나 품질이 선택에 큰 영향을 미치지 못한다.

선매품shopping goods은 상품의 품질, 가격, 디자인 등을 비교 · 분석한 다음에 구매하는 상품으로, 소비자는 상품을 구매하기 위해 상당한 노력과 시간을 소비하게 된다. 여러 상점을 둘러보면서 상품에 대한 정보를 탐색하고 대체 상품과 비교 · 검토한 후에 상품을 선택한다. 따라서 선매품을 취급하는 상점은 인접해 있는 경향이 있다. 일반적으로 선매품은 편의품에 비해 구매 단가는 높고 구매 횟수는 적다. 선매품의 종류로는 의류, 신발 등을 들 수 있다.

전문품specialty goods은 소비자가 구매 노력을 기울여서라도 구매하려고 하는 특정 상품을 의미한다. 구매하려는 상품이 분명하기 때문에 대체 상품과 비교 · 검토하는 노력은 하지 않으나, 취급하는 상점을 찾기 위해 구매 시간shopping time을 소비하게 된다. 상품에 대한 확신이 있기 때문에 상품 구매를 위해 필요한 노력을 아끼지 않는다. 일반적으로 전문품은 비교적 비싸고 광범위하게 광고되어 있는 경향이 있다. 전문품의 예로는 특정 상표의 기호품, 스테레오, 사진기 등을 들 수 있다.

미탐색품unsought goods은 소비자가 상품의 가치를 인지하지 못하여 구매하지 않는 상품으로, 평상미탐색품과 신미탐색품이 있다. 평상미탐색품regularly unsought goods은 일상생활에서 소비자에게 상품의 가치나 필요성이 탐색되지 않은 상품으로 언제든 필요하면 탐색될 가능성이 있는 상품이다. 그 예로는 백과사전이나 보험 등을 들 수 있다. 신미탐색품new unsought goods은 소비자가 상품의 존재를 잘 알고 있지 못하여 구매를 하지 않는 상품으로 신상품에 많다.

소비자의 구매습관은 여러 요인에 의해 영향을 받는다. 같은 상품일지라도 비교 · 검토한 후에 구매하면 선매품이 되고, 특정 상표의 상품만을 구매하면 전문품이 된다. 처음 구매할 때에는 비교 · 검토하면서 선매를 하다가 구매경험이 축적되면 특정 상표의 상품에 한정해서 구매하기도 한다. 그러므로 소비자의 구매습관은 같은 상품일지라도 선매품에서 전문품이나 편의품으로, 전문품에서 편의품으로, 편의품에서 선매품으로 변하기도 한다. 그러나 편의품에서 전문품으로 변하는 경우는 거의 없다.

3. 상표 선택

1) 상표의 개념

상표의 기원은 5,000여 년 전으로 거슬러 올라간다. Brand라는 단어는 고대 노르웨이 단어인 brandr(불에 달구어 지지다, 화인하다)에서 유래되었다. 가축 소유주가 인두로 가축의 살을 지져서 자신의 소유임을 알리기 위한 수단으로 소유물을 확인한 것에서 유래되었다(농림부, 2005). 자본주의가 발달하면서 경쟁 상품과 차별화하기 위한 목적으로 상표를 붙이기 시작했다.

상표brand란 제조업자가 제조 · 판매하는 상품을 경쟁 기업의 상품과 식별하기 위한 목적으로 명칭, 문자, 상징, 기호, 색채, 디자인 등을 결합한 일부 혹은 전부의 집합체를 의미한다(손영석, 2004). 상표는 광범위하고 포괄적인 개념으로 표시와 상징에 관한 통괄 명칭이며 명칭, 문자, 기호, 상징 또는 디자인 등의 결합체이다. 오랫동안 대부분의 상품은 상표명 없이 판매되었으나 현대자본주의사회에서는 상표의 사용이 일반화되어 거의 모든 상품에 상표가 붙어 있다. 상표를 붙임으로써 판매자는 일정한 품질수준을 유지할 수 있고, 소비자선호 효과를 기대할 수 있으며 선택적 수요를 자극할 수 있다. 또한 중간 유통업자는 상품을 용이하게 취급하고 심리적 보상을 얻을 수 있으며, 소비자는 상표로 상품을 분별할 수 있고 구매활동을 간편하게 할 수 있다.

일반적으로 상표는 상표명과 상표 마크로 구성된다. 상표명brand name은 단어나 숫자 등 문자로 표시되어 음성으로 표시할 수 있는 부분으로, 시각적인 기호로 이루어진 것이다. 상표마크brand mark는 상징이나 디자인으로 구성되어 음성으로 표시할 수 없는 것이다. 등록상표trade marks는 특허청에 등록된 상표로 법률상의 용어이며, 법적 보호에 의해 독점적으로 사용할 수 있는 문자, 심볼symbol, 표식, 마크marks 등이다. 사명trade name은 법적 상호 명칭을 의미하며, 저작권copy right은 저작물을 모든 형태로 이용할 수 있는 독점적 권리로, 서적, 음악, 영상, 건축물, 소프트웨어 등을 포함한다.

상표를 선택하는 데 있어서 중요한 조건은 상품에 적합해야 한다는 것이다. 상품 품질의 우수성을 암시하고, 소비자 욕구를 환기시키며 다른 상표와 혼동되지 않아야 한다. 소비자는 상품을 구별하는 수단으로 상표를 어느 정도 이용할 수는 있으나 지나치게 의존하지는 않아야 한다. 믿고 구매하는 상표의 상품이 항상 품질이 좋은 것은 아니며, 유명상표 자체가 품질을 보증하는 것은 아니기 때문이다. 유명기업은 그동안 쌓은 신용과 역사를 바탕으로 자사상품은 모두 자사상표를 이용하여 소비자의 신뢰감을 얻으려고 하며, 상품차별화의 효과를 얻으려고 한다. 유명한 기업에서 개발 · 생산했으니 품질이 보증될 것이라는 생각은 위험할 수 있다. 기업은 가장 인기 있는 상표를 이용하여 새로운 상품을 추가하거나 상품을 개선하는 전략을 사용하므로, 소비자는 신상품의 품질수준과 가격 변화에 유의할 필요가 있다. 상표의 명성이나 신빙성 때문에 가격을 더 지불하는 일이 없도록 유의해야 한다.

소비자가 특정 상표의 상품을 선택하는 것은 소비자의 특성과 관계가 있다. 소비자는 상표를 선택할 때 상표 특성으로부터 유의적 자극significative stimuli, 상징적 자극symbolic stimuli, 사회 · 환경적 자극social environment stimuli 등을 받는다. 유의적 자극은 소비자가 상표를 직접 분석하여 받는 자극이며, 상징적 자극은 대중매체, 카탈로그, 판매원 등 상업적 매체를 통하여 소비자에게 전달되는 자극이다. 사회 · 환경적 자극은 사회적 관계를 통해 소비자에게 전달되는 자극으로 상징적 가치가 있는 골프 회원권이나 자동차를 구입할 때 중요한 역할을 한다.

2) 상표전이

일반적으로 소비자는 상품을 구매할 때 상품의 성능, 안전성, 디자인, 경제성, 가격 등의 특징을 고려한다. 소비자는 이러한 특징들에 대하여 상표별로 비교 · 평가할 수 있으며 자신에게 중요한 정도에 따라서 가중 평가할 수도 있다. 그러나 소비자가 실제로 상품을 구매할 때는 평가 결과와 다른 상표의 상품을 선택 · 구매하게 되는 상표전이brand switch가 일어나기도 한다. 그 이유는 구매상황에서 발생되는 여러 가지 제약 요인 내지는 방해 요인inhibitors 때문이다. 일반적으로 상표전이가 일어나는 경우는 다음과 같다.

① 구매시점의 상황적 요인: 소비자의 상표별 선호 정도에 차이가 적을 경우 구매시점에서의 작은 제약요인에 의해서도 쉽게 상표전이가 일어나게 된다. 가격 상승, 재정적 능력 부족 등이 원인이 된다.

② 다양성 추구variety seeking: 선호하는 상표의 상품을 여러 번 구매 · 사용했기 때문에 다른 상표의 상품을 구매 · 사용해 보고 싶은 욕구가 발생하여 상표전이가 일어나는 경우이다. 그동안 구매해 오던 상표에 싫증이 나서 단지 새로운 것을 추구하려는 의도에서 다른 상표로 전환하는 행동을 한다.

③ 재고 부족: 거래 상점에서 선호하는 상표의 상품을 취급하지 않거나 구매시점에서 상품의 재고가 없을 경우에 소비자는 다른 상표의 상품을 구매하게 된다.

④ 소비자의 의도 변화: 구매시점에서 광고, 판매원의 권유, 가격 할인 등 판매자의 판매촉진 활동 등으로 소비자의 의도가 변하게 되면 상표전이가 일어나게 된다. 우선순위를 수정할 경우, 각 상표의 특징에 대한 소비자의 태도가 변하기 때문이다.

4. 상점 선택

1) 점포 소매점

소비자는 점포 소매점을 선택할 때 여러 가지를 고려하게 된다. 소비자가 점포 소매점을 선택할 때 주의해야 할 가장 기본적인 사항은 가격표시제를 잘 지키고 있는지, 정확하게 정량으로 판매하고 있는지를 확인하는 것이다. 일반적으로 소비자가 점포 소매점을 선택할 때 고려하는 기본 항목은 지역사회에서의 평판 등 상점의 전반적인 특성, 실내장식, 청결, 계산대 서비스 등 상점의 물리적 특성, 소요 시간, 주차 등 편의성, 다양성, 품질, 신뢰성 등 제공되는 상품의 특성, 가격 수준, 판매원, 상점 광고, 주변 사람들의 인식 등이다(Kelly & Stephenson, 1967).

(1) 잡화점

잡화점general stores은 최초로 발달된 전통적인 소매점으로 식료품을 중심으로 의복류, 광물류, 주류 등 다양한 종류의 상품을 판매하고 있으며, 원시적인 경영 형태를 취하고 있다. 농어촌 등 인구밀도가 낮고 교통이 불편한 지역에 많으며 주로 주택지 근처에 위치해 있다.

잡화점의 장점은 별도의 고용인 없이 가족노동이 투입되므로 경영비용이 적게 소요되며, 주택지 근처에 있어 소비자가 이용하기 편리하고, 주인이 직접 소비자를 상대함으로써 소비자와 우호적인 관계를 형성 · 유지할 수 있다는 것이다. 단점은 소규모로 운영되어 가격 할인 혜택을 받을 수 없고, 부문제 조직을 활용할 수 없으며 광고를 하기 어렵다는 것이다. 또한 개인이 경영주이므로 경리 지식이 부족하여 회계제도가 불완전하고 경영 능력이 부족하다는 것이다.

(2) 전문점

전문점specialty stores, specialty shops은 전문품이나 선매품 중 한정된 어느 한 품목의 상품을 전문적으로 취급하는 소매점이다. 산업의 발달로 판매경쟁이 치열해지자 판매자들이 가격경쟁을 피하기 위한 방법으로 상품차별화를 시도하면서 발달하게 되었다. 일반적으로 취급 상품에 대하여 전문적 지식이 있는 경영자에 의해 운영된다. 취급 품목에 대해서는 거의 모든 상품을 재고하고 있어 구매하기가 편리하다. 판매소구점訴求點은 상품의 가격이 아니라 품질, 진기성, 독특성 등이며, 주로 상점에 대한 소비자의 애고 동기patronage motives에 의해 구매된다. 장점은 취급 품목이 한정되어 있어 자본의 집약적 투하가 가능하여 자본회전율을 높일 수 있다는 것이다.

(3) 백화점

백화점department stores은 대도시의 집중 수요를 충족하기 위해 발달한 대규모 종합 소매기관이다. 의류, 가구류, 내구소비재 등 선매품을 중심으로 일용잡화 등 다양한 종류의 상품을 계통적으로 분류 · 관리 · 판매하는 부문제 관리제도를 취하고 있으며, 소비자들에 대한 흡인력이 크다. 최초의 백화점은 프랑스 파리의 봉 마르세Bon Marche이며, 우리나라 최초의 백화점은 1906년에 문을 연 일본 미쓰코시三越 백화점의 서울 지점이다. 우리나라의 백화점은 주로 매장을 임대하는 임대백화점이 많아 백화점으로서의 역할을 제대로 수행하지 못하고 있다. 백화점의 장점은 정가판매로 소비자로부터 신뢰성을 얻을 수 있으며 소비자서비스를 쉽게 제공할 수 있고, 각종 오락시설을 마련하여 행락적 쇼핑 내지는 분위기쇼핑mood shopping으로 소비자의 잠재수요를 유발시킬 수 있다는 것이다.

(4) 연쇄점

연쇄점chain store은 소매업 또는 음식업 등에서 복수의 점포를 각지에 분산 · 배치시켜서 연쇄조직으로 운영하는 소매점으로, 개인이나 기업이 소유 · 통제하고 집중 구매하는 것이 특징이다. 본부가 점포를 통일적으로 관리하며 경영 방침과 영업 · 인사 · 교육 계획 등을 결정하며, 각 점포는 유사한 상품 계열의 판매를 담당하고 판매원을 관리하며 판매 동향을 본부에 보고한다. 각 점포 판매자에게 어느 정도 경영권을 주기 때문에 소비자의 기호와 경쟁에는 효율적으로 대처할 수 있으나 중앙집중적 통제 방식으로 외부 환경 변화에는 신속하게 대처하지 못할 수도 있다.

프랜차이즈 체인 용어설명

프랜차이즈 체인franchise chain은 독점사용(독점판매) 허가권자franchiser와 독점판매권자(가맹점)가 계약으로 관계를 맺는 소매형태의 연쇄기업이다. 상품의 유통 · 서비스 등에서 특권franchise을 가지는 독점사용 허가권자가 체인에 참여하는 가맹점franchisee을 조직하여 형성한다. 독점사용 허가권자는 가맹점에 대해 일정지역 내에서 독점적 영업권을 부여하는 대신 가맹점으로부터 일정 대가(특약료)를 받고 상품구성이나 광고 등을 직영점과 똑같이 관리해 주며 경영지도, 판매촉진 등을 담당한다. 투자의 대부분을 가맹점이 부담하기 때문에 독점사용 허가권자는 자본을 많이 투자하지 않고 연쇄조직을 늘려 나가며 시장점유율을 확대할 수 있다. 2012년 가맹점수는 175,210개이며 매출액은 40조 7,683억 원이었다(http://kosis.kr).

(5) 슈퍼마켓

슈퍼마켓supermarket은 주로 식료품을 중심으로 셀프서비스self-service로 저가로 상품을 판매하는 부문별 대규모 소매점이다. 최근에는 슈퍼마켓이 저가주의에서 벗어나 품질 향상주의로 전환하면서 취급 품목을 선매품으로 확대하여 셀프서비스 백화점화하는 경향이 있다. 슈퍼마켓은 1930년대 경제대공항의 불황에 자극을 받아 소매상들이 사용하지 않는 교외 공장이나 건물을 빌려 셀프서비스로 염가판매를 시작하면서 발달하였다. 최초의 슈퍼마켓은 1932년 미국에서 개설된 킹 켈렌King Cullen 슈퍼마켓이다. 슈퍼마켓이 발달하게 된 주요 요인은 염가주의이다. 염가판매는 셀프서비스로 인한 인건비 절감, 낮은 이폭, 대량판매와 구매로 인한 규모의 경제economy of scale 때문에 가능하다.

기업형 슈퍼마켓Super Supermarket: SSM은 대형 유통업체들이 운영하는 슈퍼마켓이다. 일반 슈퍼마켓과 편의점보다는 크고 대형마트보다는 작은 규모의 유통 매장으로 중 ·

대형 슈퍼마켓을 의미한다. 일반적으로 대기업 계열의 수퍼마켓을 지칭하며, SSMSuper Supermarket이라고도 부른다. 2000년대 중반 이후 대형 유통업체들이 대형 마트 시장이 포화상태에 이르러 부지 확보 및 출점이 어렵게 되자 이를 극복하기 위해 개인업자가 운영하는 슈퍼마켓 시장으로 진출을 확대하면서 생겼다. 대형 마트의 유통망을 이용하여 일반 슈퍼마켓과 편의점에서 갖추기 어려운 농축수산물 등 1차 신선식품을 중심으로 가공식품, 위생용품, 가사용품, 의류, 문구류 등 다양한 물품을 취급하고 있으며, 주거지 중심의 근린상권에 입지하여 접근성이 뛰어나다. 대표적인 기업형 슈퍼마켓으로는 GS리테일의 'GS슈퍼마켓', 롯데쇼핑의 '롯데슈퍼', 삼성테스코의 '홈플러스 익스프레스', 신세계 이마트의 '이마트 에브리데이' 등이 있다. 삼성테스코, 신세계 이마트, 롯데마트 등 3대 대형 유통업체들이 모두 대형 슈퍼마켓 시장에 진출하여 기업형 슈퍼마켓을 운영하고 있다.

규모의 경제 용어설명

규모의 경제는 생산량을 늘릴거나 규모가 늘어날수록 단위당 평균비용이 하락하는 현상으로, 대량생산이나 대규모 경영으로 발생하는 이익을 말한다. 규모의 경제의 특성이 잘 나타나는 산업으로는 철도·통신·수도·가스 산업 등이 있다. 이들 산업은 시설 투자에 막대한 비용이 들어가지만 일단 설비가 갖춰지고 나면 추가 비용이 크게 발생하지 않기 때문에 사용자 규모가 늘어날수록 평균 비용은 체감하는 규모의 경제 현상이 두드러지게 나타나게 된다. 규모의 경제는 식료품비나 주거비 등 소비지출에서도 발생한다.

(6) 할인점

할인점discount store, discount house은 생산자로부터 대량으로 구매해 판매하는 방식으로 시중가격보다 최소 10%에서 최대 30%까지 저렴하게 셀프서비스에 의해 대량 판매하는 유통업체를 말한다. 1940년대부터 미국에서 성행하기 시작하였으며 우리나라에서는 1993년에 처음으로 등장하였다. 할인점은 농수산품에서 공산품에 이르기까지 다양한 상품을 구비하여 유통업체를 주도하고 있으며 매년 점포수가 증가하고 있다. 소비자들의 이용이 급증하면서 2003년부터 할인점 매출액이 백화점을 앞서기 시작하였다. 2003년 매출액의 경우, 할인점은 19조 5천억 원이었으나 백화점은 17조 3천억 원이었다(채정숙 외, 2006). 우리나라의 대표적 할인점으로는 신세계백화점의 E마트, 롯데백화점의 롯데마트, 삼성데스코의 홈플러스, 그랜드백화점의 그랜드마트, 대한통운의 코렉스마트 등이 있으며, 미국의 월마트, 프랑스의 까르푸 등이 있다. 외국의 경우는 창고형방식으로 회원제를 도입하여 운영하고 있으며, 우리나라에서는 할인점이라기 보다는 대형마트super store방식으로 운영하고 있으며, 할인점 형태에 따라 소형, 중형, 대형으로 구분한다.

〈표 9-1〉 소매업태별 판매액

업태별	2010년	2011년	2012년	2013년
전문소매점	100조 553억	105조 8146억	105조 7938억	103조 452억
승용차 · 연료 소매점	76조 2728억	85조 9767억	89조 5702억	89조 6076억
대형마트	38조 589억	42조 1901억	44조 2898억	45조 1178억
슈퍼마켓	29조 9097억	32조 4625억	34조 61억	35조 8035억
무점포 소매	29조 1697억	32조 2748억	35조 8591억	38조 4202억
백화점	24조 7516억	27조 5637억	29조 555억	29조 7969억
편의점	7조 8086억	9조 2029억	10조 8841억	11조 7284억
합계	306조 5242억	335조 4853억	349조 4585억	353조 5196억

출처: 국가통계포털(http://kosis.kr).

(7) 편의점

편의점ConVenience Store: CVS은 편리함convenience을 개념으로 도입된 소형 소매점포로 미국인들의 편의 지향 생활 방식이 낳은 종합소매업의 혁신적인 형태이다. 식료품과 일용잡화를 중심으로 연중무휴로 각종 생활용품을 판매하고 있으며, 역 주변, 도로변, 아파트 밀집지역 등 사람과 차량의 통행이 잦은 곳에 입지하여 장시간 영업하는 방식을 취하고 있다. 편의점 운영은 미국식의 CVS와 유럽식의 스파SPAR가 있다. 일반적으로 CVS는 24시간 영업체제이나 SPAR는 오전 7시~밤 11시까지 영업을 한다. 대부분의 편의점들은 프랜차이즈 체인 방식으로 운영되고 있다. 우리나라에서는 1989년 동화산업이 사우스랜드사와 제휴하여 세븐일레븐을 개설한 데 이어, CU(구 훼미리마트), GS25, 미니스톱, 스토리웨이, 홈플러스 365 등이 있다.

읽을거리 ❶

편의점 시장 규모 및 점포 수

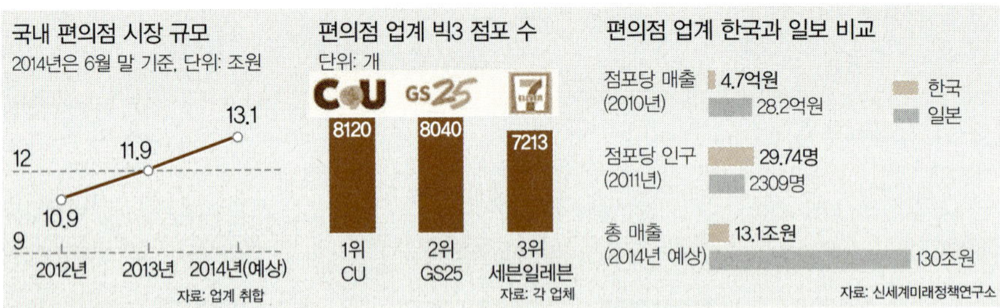

출처: 조선일보(2014. 7.18). 로열티 대신 月 회비만 … 관행 깬 신세계 편의점.

2) 무점포 소매점

교통통신이 발달하고 인터넷이 보급되면서 무점포 소매점이 크게 증가하고 있다. 무점포 소매점은 소비자가 점포까지 가지 않고 원하는 때에 언제든지 상품을 주문하고 배달받을 수 있는 장점이 있다. 그러나 상품을 직접 보지 않고 선택하고 입금 후 배송이 이루어지는 특성과 허위 · 과장광고 및 충동구매로 여러 가지 소비자문제가 발생할 수 있는 단점이 있다. 무점포 소매점을 선택할 때는 인지도, 신뢰성, 안전성 등을 주의 깊게 살펴보고 상품 가격은 물론 배송, 반품 가능성과 반송비 부과 및 환급 조건, 수거 · 수리 방법 등의 조건도 함께 고려해야 한다.

(1) 통신판매점

통신판매점mail-order house은 우편이나 전기통신으로 상품에 대한 정보를 제공하고 소비자의 청약을 받아 상품을 판매하는 대규모 소매점이다. 일반적으로 전화나 전자우편으로 주문을 받아 소포나 택배를 이용하여 배달한다. 통신판매점은 카탈로그catalog, 전단지, 광고물, 방송, 신문, 잡지 등을 이용하여 소비자들에게 상품정보를 제공한다. 백화점, 출판사, 신용카드회사 등도 통신판매에 노력을 기울이고 있다.

(2) 방문판매

방문판매는 판매자가 소비자가 있는 곳으로 직접 찾아가서 상품을 판매하는 방법이다. 일반적으로 건강보조식품, 화장품, 보험, 유아용 교재 등의 판매에 많이 이용되고 있다. 방문판매에서는 판매자가 소비자에게 상품의 효용에 대해 설명하면서 구매를 설득하기 때문에 충동적으로 구매하기 쉽다. 소비자의 충동구매를 예방하기 위해 구매계약 후 14일 이내에는 소비자가 무조건 계약을 해지할 수 있는 쿨링오프cooling off 제도를 시행하고 있다.

(3) 인터넷 쇼핑몰

인터넷 쇼핑몰internet shopping mall은 인터넷의 가상공간에 상품을 진열하고 판매하는 인터넷 상의 상거래 공간으로 기업과 소비자 사이에 이루어지는 대표적인 전자상거래이며, 사이버몰cyber shopping mall이라고도 한다. 사이버몰은 컴퓨터 통신망의 가상세계인 사이버 공간과 상가를 뜻하는 쇼핑몰의 합성어이다. 스마트폰 보급이 대중화되고 모바일 앱과 애플리케이션application이 발달되면서 인터넷뿐만 아니라 휴대폰으로도 무선 인터넷에 접속해 쇼핑을 할 수도 있다.

인터넷 쇼핑몰은 1996년 6월 인터파크와 롯데닷컴이 탄생하면서 국내에 처음으로 등장하였다. 2013년 거래액을 보면, 인터넷쇼핑몰은 31조 9382억 원이었으며 모바일 쇼핑은 6조 5596억 원으로 총 38조 4978억 원이었다(http://kosis.kr). 언제 어느 때 어디서나 구매할 수 있다는 편리함 때문에 기하급수적으로 증가하고 있다. 그러나 판매자의 신원과 신용도를 확인할 수 없는 상태에서 거래가 이루어지므로 소비자피해가 발생하기 쉽다. 선입금 후배송하는 특징을 이용하여 고의로 부도를 내거나 배송을 지연시킨 후 사이트를 패쇄시키는 방법을 이용한다. 그러므로 대금중개서비스escrow를 갖춘 인터넷 쇼핑몰을 이용하는 것이 안전하다. 국내 5대 인터넷 쇼핑몰로는 롯데닷컴, 삼성몰, CJ몰, GS이숍, 인터파크 등이 있다.

대금중개서비스(결제대금예치제) 용어설명

대금중개서비스는 소비자구매안전을 위하여 재화 등을 공급받을 때까지 공신력 있는 제3자(에스크로사업자)가 소비자의 결제대금을 예치하고 있다가 상품배송이 완료된 후 그 대금을 통신판매업자에게 지급하는 거래안전제도이다. 매매자간 비대면 거래에서 발생할 수 있는 거래불이행 위험을 회피하기 위해 신뢰성 있는 제3자가 대금결제와 상품인도를 보증하는 거래보호서비스라고 할 수 있다.

읽을거리 ❷

모바일 쇼핑, '모루밍족'을 잡아라

물건은 매장에서 보고 실제 구매는 모바일을 활용하여 쇼핑하는 사람들을 '모루밍족'이라 부른다. 모루밍(Morooming)은 매장에서 물건을 고르고(Show-rooming) 모바일(Mobile)로 구매한다는 뜻의 합성어다. 오프라인 매장에서 상품을 만져보고, 입어보고, 실제 구매는 가격비교를 통해 온라인에서 구매하는 쇼루밍(Showrooming)족에 이어 오프라인에서 보고 모바일로 구매하는 '모루밍족'이 증가하고 있다. 반대로 온라인에서 후기를 검색하고 오프라인에서 구매하는 역쇼루밍(reverse-showrooming)족도 있다.

국내 모바일쇼핑 시장은 전년 대비 2배 이상 증가했고, 2014년 10조 원을 돌파할 것으로 예상된다. 이는 스마트폰 보급이 대중화되고 모바일 웹과 애플리케이션의 발달됨에 따라 스마트폰을 통한 쇼핑이 가능해 졌기 때문이다. 대형 오픈마켓과 백화점, 대형마트도 모바일 쇼핑시장을 놓치지 않기 위해 노력하고 있다. 롯데닷컴은 올해 온라인으로 쇼핑한 뒤 매장에 직접 가서 입어보고 상품을 찾아가는 스마트픽 서비스를 시작했다. 교보문고는 책을 주문한 뒤 가까운 매장에서 일정시간이 지나 찾을 수 있는 바로드림 서비스를 2011년부터 모바일에 도입했다. 영풍문고, 반디앤루니스도 비슷한 서비스를 선보였다.

지난해 홈쇼핑 업계의 모바일 매출은 전년 동기 대비 320~540% 성장세를 보였다. CJ오쇼핑의 지난해 모바일 매출은 3050억 원, 올해는 5160억 원을 예상하고 있다. GS홈쇼핑 역시 지난해 2012년 대비 540% 증가한 2789억 원을 기록했으며, 현대홈쇼핑은 2012년 275억 원 대비 40% 성장한 1100억 원으로 올해 2200억 원을 목표하고 있다.

출처: 패션비즈(2014. 7. 4.) 모바일 쇼핑, '모루빙족'을 잡아라에서 재구성.

(4) TV 홈쇼핑

TV 홈쇼핑home shopping은 TV 화면을 통하여 쇼핑호스트가 상품을 소개하면서 판매하는 무점포 소매점으로 1995년 유선방송이 시작되면서 시작되었다. 첫 해의 시장 규모는 34억 원에 불과하였으나 외환위기 이후 매년 급성장하여 2013년에는 4조 5000억 원을 넘어섰다. TV 홈쇼핑업체의 매출액과 영업이익은 〈표 9–2〉와 같다.

'통신유통'이라는 새로운 판매 채널을 연 TV 홈쇼핑은 대안유통망 역할을 하면서 성장하였으며, 기존 유통 채널에 접근하기 힘들었던 중소기업 상품의 판로역할을 하였다. TV 홈쇼핑의 히트 상품으로는 원적외선 오븐레인지, 자동차 코팅세트, 녹즙기 등 중소기업 상품이 많다. 대기업 상품으로 대박을 터뜨린 상품은 김치냉장고였다.

TV 홈쇼핑 업체는 최근 TV를 보면서 리모컨으로 상품 검색과 주문, 결제까지 할 수 있는 TV 전자상거래T commerce 서비스를 시작하였다. 대표적인 TV 홈쇼핑 업체는 GS샵, CJ오쇼핑, 현대홈쇼핑, 롯데홈쇼핑, NS홈쇼핑, 홈&쇼핑 등 여섯 개 업체이다. 홈&쇼핑은 중소기업 전용 TV홈쇼핑 사업자로 승인받았으며 2012년 1월 7일 공식 개국하였다. 방송판매의 80%를 중소기업 우수상품으로 편성하고 있다.

〈표 9–2〉 TV 홈쇼핑업체의 매출액과 영업이익

구분	매출액			영업이익		
	2013년	2012년	증감율	2013년	2012년	증감율
CJ오쇼핑	1조 2607억	1조 773억	17.0%	1572억	1388억	13.2%
GS홈쇼핑	1조 417억	1조 196억	2.1%	1566억	1375억	15.4%
현대홈쇼핑	7999억	7605억	5.1%	1448억	1528억	–5.3%
롯데홈쇼핑	7732억	6701억	15.3%	781억	738억	5.8%
NS홈쇼핑	3471억	3088억	12.4%	695억	535억	30.1%
홈앤홈쇼핑	3382억	2076억	62.9%	784억	211억	271%
총계	4조 5608억	4조 436억	12.8%	6846억	5754억	18.9%

출처: 서울 파이낸스(2014. 03. 01). TV홈쇼핑 6개社, 작년 매출 · 영업이익 두 자릿수 증가.

5. 구매 방법

1) 공동구매

전통적인 구매 방법은 소비자가 직접 상점을 방문하여 상품이나 서비스를 개별적으로 구매하는 것이다. 정보통신의 발달로 인터넷이 보급되면서 인터넷 상에서 보다 저렴한 가격으로 보다 좋은 상품을 구매할 수 있는 다양한 공동구매 방법이 개발되어 활용되고 있다.

공동구매는 여러 소비자가 동일한 상품을 주문함으로써 개별적으로 구매할 때보다 좋은 조건에서 구매할 수 있는 구매 방법이다. 공동구매의 기원은 PC통신 동호회에서 특정 상품을 함께 구매했던 사례에서 찾을 수 있다. 공동구매는 소비자 또는 주선자의 공동구매 요청 → 공동구매 상표 검토 → 업체 · 수량 · 가격 결정 → 공동구매 실시 → 신청 접수 → 대금 송금 → 배송의 순서로 이루어진다. 따라서 신청자가 일정한 수에 이르지 않을 경우에는 구매 자체가 무산되기도 한다. 공동구매 대상으로는 PC 또는 주변기기와 관련된 상품이 주종을 이루었으나, 인터넷 보급으로 공동구매 사이트가 생기면서 생활용품은 물론 부동산, 자동차, 성형수술 등 새로운 영역으로 그 폭을 넓혀가고 있다.

공동구매 방식으로는 고정단가 시스템, 변동단가 시스템, 공급자입찰 시스템 등이 있다. 고정단가 시스템은 일정량의 상품을 일괄 구매하는 조건으로 판매자로부터 저렴하게 물품을 공급받아 구매하는 일반적인 방식이다. 변동단가 시스템은 예상 신청자 수를 단계적으로 분할하여 신청자 수가 증가함에 따라 가격이 하락하는 방식이며, 공급자입찰 시스템은 특정 상품에 대한 구매 신청자가 일정한 수에 이르게 될 경우 공급희망 업체가 각자의 공급가를 제안, 최저가를 제시한 업체가 공급하는 방식이다.

2) 경매

경매란 다수의 구매자 또는 판매자 간 경쟁을 통하여 가장 유리한 조건에서 상품을 구매하거나 판매할 수 있는 방법이다. 경매를 통해 판매자는 가장 유리한 가격으로 판매할 수 있고 소비자는 가장 저렴한 가격으로 구매할 수 있다. 경매는 그동안 골동품이나 농수산물 등의 유통과 관련하여 일정 경매장에서만 실시되어 왔다. 그러나 인터넷 사이트를 중심으로 판매자와 소비자가 사이버 공간에서 쉽게 모일 수 있게 되면서 인터넷 경매가 활성화되기 시작하였다.

전통적인 경매는 판매자가 상품을 가장 좋은 조건으로 판매하기 위하여 고안된 방법으로 정해진 시간 내에 가장 높은 가격을 제시한 사람이 구매할 수 있는 방법이다. 그러나 인터넷 경매는 일정 기한을 정하여 가장 높은 가격을 제시한 사람에게 판매하는 방식이다. 정해진 가격에 구매하는 것보다 흥미도 유발되고 싸게 구입할 수 있다는 기대심리 때문에 소비자의 이용이 늘고 있다. 1998년 국내에서 처음으로 인터넷 경매가 시작된 이후 다양한 경매방법이 개발되었으며 대상 상품도 제한이 없다. 일상생활 용품은 물론 고서, 고지도, 고문서, 고미술품 등의 골동품, 예술품, 우표, 인지, 화폐, 복권, 전화카드 등의 개인 취미 수집품, 모형, 군장 등의 개인 애장품, 금융, 부동산, 여행 등의 전문상품도 경매가 되고 있으며 사용하던 중고상품도 경매 대상이 되고 있다. 경매에 참여할 때는 구매할 상품에 대하여 가격, 종류 등의 정보를 충분히 탐색해 두고, 가격이 올라가는 마감 직전의 상황에 유의해야 실패하지 않는다. 대표적인 경매방법으로는 일반경매와 역경매가 있다.

일반경매는 구매자들이 경매에 참여하는 경매방식으로 판매자가 상품을 판매할 때 주로 사용하는 방법이다. 판매자가 제시한 상품에 대하여 가장 높은 값을 제시한 구매자가 낙찰을 받아 구매하게 된다. 이 방법은 공급하는 상품의 수량은 한정되어 있는데 응찰자는 많을 것으로 기대되는 상품을 효과적으로 판매할 수 있는 방법이다. 따라서 소비자가 상품을 구매할 때보다는 자신의 상품을 처분할 때 유용한 방식이다. 낙찰은 경매 제한 시간에 맞추어 이루어지며, 저렴한 가격으로 상품을 구입할 수 있는 기회를 얻을 수 있다.

역경매는 일반 경매와는 반대로 판매자가 경매에 참여한다. 소비자가 구입하고자 하는 특정 상품을 제시하면, 그 정보를 보고 가장 유리한 조건을 제시한 판매자에게 낙찰하는 방법이다. 역경매는 판매자가 상품가격을 제시하기 때문에 이상적인 가격으로 구매할 수 있는 장점이 있다. 특정 상품에 대하여 구매 계획이 있는 소비자가 미리 해당 상품의 가격을 탐색한 다음에 판매자가 응찰할 수 있을 정도의 조건을 제시하면, 보다 저렴한 가격으로 상품을 공급할 수 있는 판매자가 응찰할 것이기 때문에 소비자는 유리한 조건에서 상품을 구매할 수 있다. 대량으로 구매할 때 이용할 수 있는 경매 방법이다.

6. 대금 지불

1) 대금 지불 방법

구매하려는 상품의 대금을 지불하는 방법으로는 일시금거래, 할부거래, 외상거래 등이 있다. 일시금거래는 구매와 동시에 상품 대금을 모두 지불하는 거래 방법이다. 별도의 이용 수수료도 없고, 구매능력의 범위를 벗어나서 구매할 위험도 없으나 고가의 상품을 구매할 경우에는 일시에 목돈을 마련해야 하는 부담이 있다.

할부거래는 상품 대금을 여러 차례 나누어 지불하는 거래방법이다. 할부거래를 이용할 경우에 소비자는 목돈을 마련해야 하는 부담 없이 고가의 상품을 구매할 수 있으며, 상품 대금을 모두 지급하기 전에 상품을 인도받아 사용함으로써 실질적인 효용을 누릴 수 있다. 그러나 할부에 따른 별도의 수수료(이자)를 지불해야 하며, 현금 없이 구매할 수 있기 때문에 자신의 지불 능력을 초과하는 과도한 구매를 하거나 충동구매를 하기 쉽다. 할부거래 이자율은 할부기간이 길수록 높아지는 경향이 있다. 「할부거래에 관한 법률」에 의하면 할부거래는 2개월 이상에 걸쳐 3회 이상 나누어 대금을 지불하는 것으로 규정되어 있다. 또한 10만 원 이상의 할부계약(신용카드는 20만 원 이상)에 대해서는 계약 후 7일 이내에 계약을 철회할 수 있는 쿨링오프cooling off제도를 도입하고 있다.

외상거래는 상품을 인수한 다음 일정 기간 후에 대금을 지불하는 거래 방법으로, 약속어음을 발행하는 경우는 외상거래에서 제외된다. 외상거래에서의 판매가격은 외상판매가격이라고 하며 결제 기간이 아주 짧고 신용이 충분할 경우에는 일시금거래와 차이가 없으나 일반적으로 일시금거래보다 비싼 경향이 있다. 외상거래는 주로 소매점에서 이용하는 판매 촉진 수단이며, 월말 지급이나 연말 지급 등의 방법이 이용된다. 거래마다 계약서를 쓰지 않는 경우가 많아 소매점에서 손해를 보게 되는 위험성도 있다.

약속어음 용어설명

약속어음promissory note은 어음을 발행한 자가 소지인에게 일정기일에 일정금액을 지급할 것을 약속하는 어음이다. 발행인 자신이 지급인이므로 어음 당사자는 발행인과 수취인이며, 발행인이 채무자 의무도 동시에 부담하게 된다. 약속어음은 주로 금전 지급이나 대차(貸借) 등에 이용되며, 진성어음, 견질어음, 융통어음으로 분류된다. 진성어음은 상거래에서 상품 값을 지불하기 위해 발행하는 어음으로 상업어음이라고도 하며, 견질어음은 금융기관으로부터 대출받을 때 담보에 덧붙여 채권・채무관계를 명확히 하기 위해 금융기관이 받아두는 어음이다. 융통어음은 돈을 빌린 대가로 발행한 어음으로 모든 채권・채무관계를 나타낼 뿐 별도의 차용증서나 담보물이 없다는 점에서 견질어음과 차이가 있으며, 진성어음에 비해 신용도가 낮고 부도 확률이 높다.

2) 대금 지불 수단

상품을 구매하고 그 대금을 지불하는 수단으로는 현금을 이용하는 방법과 신용카드를 이용하는 방법이 있다. 현금을 이용하는 경우는 상품 구매와 동시에 그 대금을 현금으로 지불하는 것이다. 소유하고 있는 현금으로 직접 상품 대금을 지불하기 때문에 지불 능력을 초과하여 구매할 위험은 없으나 고가의 상품을 구매할 경우에는 현금 소지에 따른 불편함과 분실 위험이 있다.

신용카드를 이용하는 경우는 상품을 구매하고 신용카드를 이용하여 대금을 결제하는 것이다. 현금 소지에 따른 불편함이나 분실 위험 없이 필요한 상품을 구입하거나 서비스를 제공받을 수 있다. 그러나 현금 없이 구매할 수 있기 때문에 충동구매와 과소비의 위험이 따른다. 신용카드는 현금을 대신하여 사용할 수 있으므로 현금과 같은 역할을 하고 있으나 사용자가 정해져 있어 다른 사람에게 대여하거나 양도할 수 없는 것이 현금 구매와 다른 점이다. 할부거래의 경우에 신용카드를 이용하면 항변권 행사에 유리하다.

신용카드는 소비자신용consumer credit으로 '제3의 화폐' 또는 'plastic money'라고 불리고 있다. 신용카드 소지자가 가맹점에서 카드를 제시함으로써 상품을 구매하거나 용역을 제공받고 대금 지불을 일정기간 동안 연기할 수 있도록 제도적으로 만든 것이다. 신용카드는 소지자에 대해 신용보증 역할을 하면서 대금 지불 역할을 동시에 한다. 신용카드 관련 소비자문제는 관리 · 사용 부주의, 오남용, 통제력 부족 등으로 발생한다.

읽을거리 ❸

신용카드 관련 사고 예방 지침

- 도난 · 분실 즉시 카드사에 신고한다.
- 다른 사람에게 빌려주지 않는다.
- 비밀 번호는 생활 관련 번호를 이용하여 만들지 않는다.
- 여러 개 카드를 사용할 경우 비밀 번호를 다르게 한다.
- 여러 개를 가지고 다니지 않고, 포토 카드를 발행한다.
- 발급 시 직접 수령하거나 함께 사는 가족이 수령한다.
- 수령 즉시 뒷면에 서명하고, 서명 부분을 복사해서 보관한다.
- 주소가 바뀌면 즉시 그 사실을 카드사에 통보한다.
- 구매 업체명과 전표 업체명이 다르면 이의 제기 · 신고한다.
- 사용 내역을 잘 살펴 부정사용 거래 유무를 확인한다.
- 쓰지 않는 카드는 절단하고 해지 · 탈퇴한다.

용어설명

항변권

항변권은 청구권의 행사를 특정한 조건이 성취될 때까지 일시적으로 거부하여 연기시키는 효과를 발생시키는 권리이다. 상대방의 권리를 부인하거나 변경 · 소멸시키는 것이 아니라, 상대방의 권리는 승인하면서 그 권리의 작용을 저지하는 것으로, 권리 행사에 대한 방어라는 의미에서 반대권이라고도 한다. 항변권 행사에 의하여 청구권의 효력은 저지되고, 법률 효과가 발생하므로 항변권은 형성권의 하나라고 볼 수 있다.

읽을거리 ❹

금융민원 · 상담전화 1332 원스톱 서비스 확대

금융감독원은 상담전화 1332 서비스를 확대하여 개인 신용카드 보유여부 확인 및 연락처 일괄 변경 서비스 등을 제공한다고 밝혔다. 소비자가 '1332'를 통해 접수하면 카드사로 전달돼 신용카드 정보를 알려준다. 신용카드 보유 여부를 기억하지 못하거나 카드 발급 후 사용하지 않아 보유 자체를 기억하지 못하는 소비자에게 도움이 된다. 또 금융거래 관련 주소, 전화번호를 변경하고 싶은 경우도 '1332'에 접수할 수 있다. 변경하기 원하는 금융회사가 연락해 본인을 확인한 후 바꿔준다. 이러한 서비스 확대는 3분기 중 실시된다. 아울러 긴급 상황 때 신속히 연결되는 긴급 상담서비스와 핸드폰 문자메시지 답변 서비스도 새로 제공한다.

출처: 금융감독원 보도자료(2014. 07. 01.). 금융민원 · 상담전화 1332 원스톱 서비스 확대.

생각해 볼 과제

1. 경매를 통해 상품을 구매하거나 판매한 경험에 대하여 토론해 보자.
2. 상품별로 구매 계획에서 중요하게 고려하는 요인에 대해 비교 · 검토해 보자.
3. 신용카드사 및 회원 등급별로 할부, 현금서비스, 리볼빙 등의 수수료를 조사하고 비교 · 검토해 보자.

CHAPTER 10

구매 후 행동

Consumer Decision Making

10장

구매 후 행동

1. 구매 후 행동의 의의

지금까지 우리는 구매의사결정 과정의 각 단계를 살펴보면서 소비자들이 어떠한 과정을 거쳐 구매에 이르게 되는지, 그들의 구매 행동은 어떠한지를 알아보았다.

그러나 구매의사결정 과정은 구매결정을 함으로써 끝나는 것이 아니라 자신이 구매한 제품을 사용해 가면서 만족 또는 불만족을 경험하게 되고 자신의 구매결정에 대한 잘잘못을 평가하며 나아가 그 제품에 대한 재구매 여부를 결정하는 일련의 과정까지 이어지게 된다.

이 장에서는 자신이 구매한 제품을 소비 또는 사용해 가면서 느끼게 되는 소비자들의 다양한 심리 과정과 그러한 과정의 결과로 야기되는 구매 후 행동에 대해서 살펴보기로 한다.

1) 구매 후 행동의 의의

소비자의 구매의사결정 과정은 구매를 함으로써 종결되는 것이 아니라 구매한 제품이나 서비스를 사용하고 이용하는 과정에서 구매하기 전에 가졌던 기대와 실제 성과를 비교하는 과정을 거치게 된다.

구매 후 행동postpurchase behavior은 소비 후 평가단계와 처분단계까지 포함한다. 소비자의 구매의사결정 과정을 최근에 다시 도식화한 블랙웰 등Blackwell et al.(2001)의 소비자 행동 모델에서는 과거의 구매 후 평가단계를 소비단계와 소비 후 평가단계, 그리고 처분단계로 제시하였다(그림 10-1).

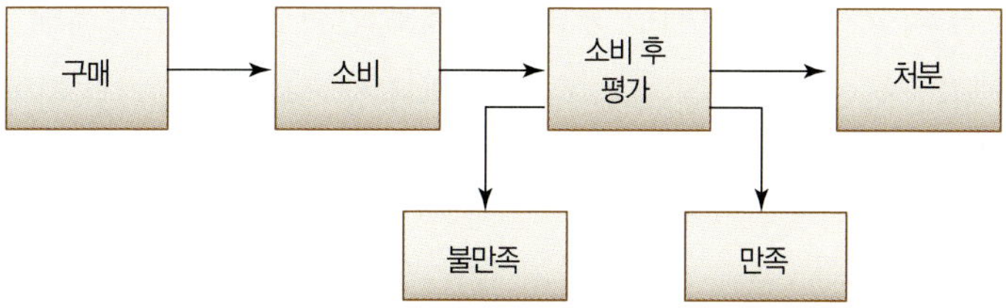

[그림 10-1] 구매 후 행동

출처: Blackwell, R. D., Miniard, P. W., & Engel, J.(2001). Consumer Behavior(9th). p. 85에서 재구성.

일반적으로 소비자들은 제품을 사용하거나 서비스를 이용한 결과, 만족 또는 불만족을 경험하게 되고 그 결과 불평행동, 긍정적 또는 부정적 구전, 재방문 의도 등의 방법으로 만족과 불만족의 정도를 표현하게 된다.

구매 후 행동인 평가단계는 소비자와 기업 모두에게 매우 중요한 단계가 된다. 즉, 소비자들은 선택한 대안을 소비(이용)하는 과정에서 그 결과에 대해 만족하면 재구매로 이어질 가능성이 높고 불만족하면 불평행동을 취하게 된다. 이때 모든 불만족한 소비자들이 불평행동을 취하는 것은 물론 아니다. 소비자의 불평행동은 상품이나 서비스를 구입하는 소비자경험의 한 과정으로 볼 수 있다.

2) 구매 후 행동의 종류

[그림 10-1]에 나타났듯이 구매의사결정 과정에서 구매 후의 행동으로는 소비, 소비 후 평가, 처분 등이 있다. 이중에서 소비행동은 실제로 제품을 사용하고 서비스를 이용하는 과정이므로 그 과정을 거치는 동안 소비 후 평가를 하게 되는 것이다. 일반적으로 소비 후 평가는 만족과 불만족으로 구분되며 불만족에 따른 불평행동이 나타나기도 한다. 소비자 불평행동은 다양한 요인, 즉 상품이나 서비스에 대한 불만족, 제조업자의 평판, 불평행동 경로의 용이성, 보상을 제공하고자 하는 기업의 의지, 소비자 개별 특성, 소비자태도, 불평행동의 비용과 혜택 및 상황의 중요성 등의 영향을 받는 복합적인 현상으로 설명되고 있다(Jacoby & Jaccard, 1981). 이 부분에 대해서는 다음 절에서 자세히 다루기로 한다. 또한 새로 추가된 단계인 처분행동은 환경에 대한 관심과

우려가 사회적 이슈가 되면서 매우 중요한 단계로 인식되고 있으며, 특히 소비자들의 실천이 요구되는 것으로 이 부분 또한 다음 절에서 상세히 알아보기로 하자.

2. 소비 후 평가

충분한 정보탐색 과정을 거치고 현명하고 합리적으로 대안을 평가하여 최종 선택안으로 구매결정을 하였다고 그 결과에 반드시 만족하게 될까?

구매 후 행동 중에서 소비자 입장에서나 기업의 입장에서 가장 관심을 갖는 것이 바로 구매 후 평가행동, 즉 만족이냐 불만족이냐 하는 것이다. 소비자의 구매 후 행동은 매우 다양한 형태로 나타난다. 예를 들면, 같은 제품을 구매한 경우라도 어떤 사람은 만족스러워하고 또 어떤 사람은 불만족스러워한다. 또한 어떤 사람은 불만족을 스스로 해소해 가면서 구매한 제품을 그대로 사용하는가 하면 어떤 사람은 다른 제품으로 교환하거나 환불을 요구하는 등 적극적으로 행동하기도 한다.

이와 같이 동일한 제품을 구매한 소비자들의 행동이 다양하게 나타나는 것은 구매 후 행동이 기본적으로 제품의 사용 또는 소비경험과 관련되어 있지만 다른 한편으로는 소비자가 거쳐 온 구매 전의 심리적 상태와도 밀접하게 연결되어 있기 때문이다(이학식 외, 2001).

1) 만족 · 불만족의 개념

소비자만족 · 불만족의 개념은 소비자행동 연구에 있어서 소비자 구매의사결정 과정의 결과변수로 나타나고 있다. 또 구매 후 행동 모델의 중요 변수로서 개념 분류도 다양하고 측정 및 영향 변수에 대한 연구결과도 다양하게 나타나고 있다(이상협 · 김영신, 2001).

소비자만족 · 불만족에 대한 정의는 제품에 대한 기대와 실제 성과 간의 차이에서 나타난 구매결과에 중점을 두는 것과, 구매과정에 중점을 두고 실제 상품의 질적 수준을 기초로 소비자만족 · 불만족을 평가하는 두 가지 견해가 있다.

전자의 견해를 중심으로 살펴보면 앤더슨Anderson(1973)은 소비자불만족은 소비자의 기대와 지각된 제품성과 간의 불일치 정도로 측정할 수 있다고 하였다. 엥겔 등Engel et al.(1993)에 의하면 소비자만족이란 구매 후 평가 과정에서 소비자의 최소한의 기대에 부합되거나 기대 이상의 성과를 가져올 때 나타나며, 반대로 소비자불만족이란 기대에 미치지 못할 때 나타나는 것이다.

한편 후자의 견해는 제품에 대한 소비자의 평가라는 측면에서 소비자들이 제품을 사용하고 소비하는 과정에서 자신들의 경험을 토대로 평가한 좋고 나쁜 정도를 소비자만족 · 불만족으로 설명하고 있다(Westbrook, 1980).

이상에서 살펴본 바와 같이 소비자만족 · 불만족의 개념 정의에 대해 서로 다른 견해가 있다 해도 궁극적으로는 소비자가 제품이나 서비스를 구매하여 사용하고 소비하는 과정에서 나타나는 주관적 평가라고 정의를 내릴 수 있다. 여기에서는 두 가지 견해 중에서 전자의 견해 즉, 구매결과에 중점을 둔 개념에 대해 살펴보기로 한다.

만족이란 특정 구매선택과 관련되어 이루어지는 평가(Day, 1984)로 하나의 대상에 대한 일반적인 평가인 태도와는 구별되는 개념이다. 소비자만족 · 불만족은 소비자들이 제품이나 서비스를 구매, 사용, 평가, 비교, 선택하는 과정에서의 호의적 또는 비호의적 감정의 정도이다(Westbrook & Newman, 1978). 일반적으로 소비자는 제품이나 서비스를 사용한 후 인지된 성과를 자신의 사전 기대수준과 비교하여 차이가 없거나 기대수준 이상이면 제품과 서비스에 대해 만족한다.

즉, 구매에 대한 만족도는 구매자의 기대와 구매자가 지각한 성과 간의 일치성의 함수이다. 지각된 제품의 성과가 기대에 미치지 못한다면 소비자는 불만족할 것이고 기대를 충족한다면 만족할 것이며, 그 성과가 기대 이상이라면 기뻐할 것이다. 이러한 감정들은 소비자가 그 제품을 재구매할 것인가의 여부에 영향을 미치고, 다른 사람들에게 제품에 대해 호의적으로 말할 것인가 아니면 비호의적으로 말할 것인가에 영향을 미친다. 따라서 구매 후 만족의 중요성을 인정한다면 기업에서는 제품에 대한 광고나 주장을 할 때 제품의 성과수준의 가능성을 고려하여 진실하게 표현해야 한다는 것을 알 수 있다.

2) 만족 · 불만족에 관한 이론들

(1) 기대불일치이론

소비자만족 · 불만족을 설명하는 이론 중 가장 자주 사용되는 패러다임은 올리버Oliver에 의해 개발된 기대불일치이론expectancy-disconfirmation theory이다.

올리버(1980)는 소비자가 제품을 구매하기 전에 그 제품의 성능이 어떠할 것이라는 기대를 가지고 있는데, 제품을 구매하고 난 뒤 기대수준과 실제 제품성과를 비교하여 그 불일치 정도에 따라 만족과 불만족이 나타난다고 보았다. 또한 제품성과에 대한 사전 기대와 구매 후 제품성과에 대한 평가 간의 일치성 정도에 따라 만족 · 불만족이 크게 영향을 받는다고 제안하였다. 헌트Hunt(1991) 또한 제품을 구매하기 전에 기대했던 그 제품의 성능수준과 실제 제품성과 간의 불일치 정도에 따라 만족과 불만족이 나타난다는 기대불일치이론을 주장하였다.

소비자들은 구매에 선행해서 어떤 기대를 형성한다. 이러한 기대는 여러 가지로 나타날 수 있는데 구체적으로 살펴보면 다음과 같다.

첫째, 제품이나 서비스의 특성이나 성과(즉, 그 품목으로부터 직접적으로 얻어질 것으로 기대되는 이익)에 관한 것,

둘째, 그 제품이나 서비스의 직접적인 이익을 얻기 위해 사용된 비용과 노력에 관한 것,

셋째, 구매의 결과로서 소비자에게 발생하는 사회적 비용과 효익(즉, 중요한 타인들에게 미칠 것으로 기대되는 영향) 등이 있다.

광고는 종종 이러한 기대에 영향을 미치는 중요한 요소가 될 수 있다. 실제 성과가 기대된 것보다 좋으면 긍정적 불일치, 실제 성과가 기대와 같으면 단순한 일치, 기대된 것보다 나쁘면 부정적 불일치가 나타난다는 것이다. 이를 그림으로 도식화하면 [그림 10-2]와 같다.

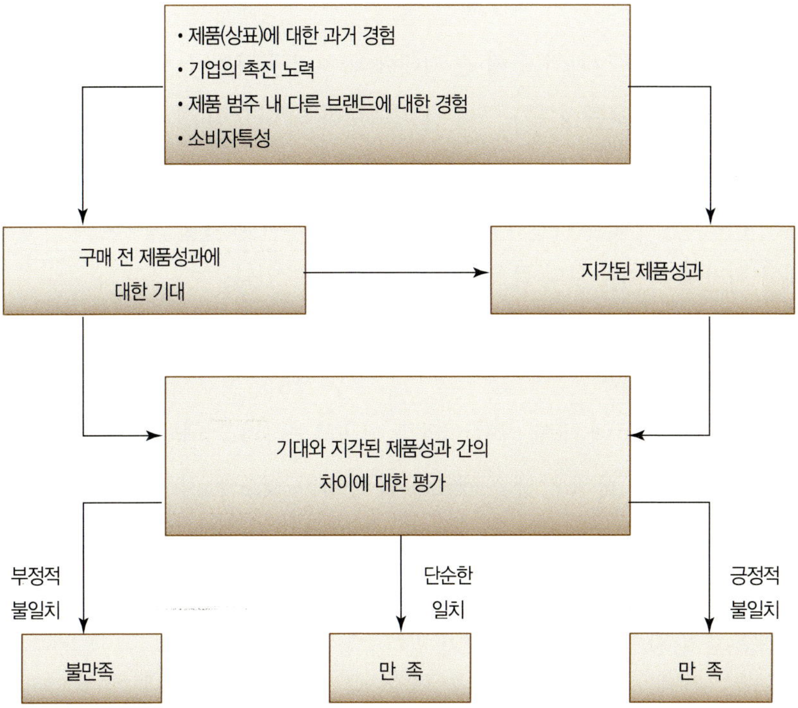

[그림 10-2] 기대-성과 불일치 모형의 개념적 틀

출처: Oliver, R. L.(1980). "A Cognitive Model of the Antecedents and Consequences of Satisfaction Decisions". Journal of Marketing Research, p. 460.

여기서 실제로 소비자가 부정적 불일치를 어떻게 받아들이는가에 따라 만족 · 불만족의 정도가 달라진다. 기대불일치를 경험하게 될 때 소비자들은 심리적으로 다음과 같은 반응을 한다.

① 동화효과

소비자는 구매 전 기대와 실제 제품성과를 비교하여 차이가 나타날 때 그 제품의 성능이 자신의 기대와 부합된다고 지각을 조정하게 되는데 이를 동화효과assimilation effect라 한다. 기업 입장에서는 자사 제품에 대한 기대가 실제 성능보다 높게 나타날 수 있도록 광고를 함으로써 동화효과를 활용해 볼 수 있다.

② 대조효과

소비자는 실제 제품성과가 구매 전 기대에 미치지 못하면 실제 제품성과를 더 낮게 평가하고, 반면 실제 제품성과가 구매 전 기대보다 더 나으면 실제 제품성과를 더 높게 평가함으로써 그 차이를 더 크게 만드는 경향이 있다. 이를 대조효과contrast effect라 한다. 기업이 대조효과를 고려한다면 광고에서 그 제품의 품질을 실제보다 적당히 낮춤으로써 소비자로 하여금 보다 큰 만족을 느끼게 할 수 있다.

③ 일반화된 부정효과

소비자가 특정 제품에 대해 어떤 성과를 기대하였다가 기대와는 다른 성과가 나타났을 때, 사전 기대를 갖지 않았을 때보다 덜 만족한 것으로 지각하게 되는데 이를 일반화된 부정효과generalized negativity effect라 한다. 기대와 성과가 서로 일치될 때 소비자는 그 제품의 객관적 성과만큼 호의적인 평가를 하므로 기업에서는 실제 제품성과와 기대가 일치하도록 광고를 제작할 필요가 있다.

④ 동화-대조효과

소비자의 지각은 수용과 거부의 범위를 포함하고 있다. 즉, 성과와 기대 사이의 차이가 크지 않다면 동화효과가 나타나 그 차이를 동화시켜 객관적 성과 이상으로 그 제품을 호의적으로 평가하지만 성과와 기대 사이의 차이가 큰 경우에는 대조효과가 나타나 지각된 차이를 더욱 확대하게 된다. 이를 동화—대조효과assimilation-contrast effect라 한다.

기업이 이러한 효과를 인정한다면 동화효과가 나타나는 범위에서 그 제품에 대한 기대가 될 수 있으면 크게 형성되도록 광고 메시지를 제시해야 할 것이다. 앤더슨Anderson의 실증연구 결과, 이 이론이 지지되었다(이규현, 2003).

(2) 프로스펙트 이론

선택하고자 하는 제품에 대한 소비자의 기대수준이 낮게 나타날 수 있고 또는 실제 제품성능이 좋지 않더라도 기대수준이 낮아서 만족할 수도 있기 때문에 소비자 만족과 불만족을 기대의 함수만으로 설명하기에는 문제점이 있다. 이에 앤더슨과 설리번Anderson & Sullivan은 올리버의 이론을 확장하여 소비자만족은 지각된 제품품질이 기대보다 더 크거나 작거나 할 때 나타나는 이득과 손실에 영향을 받는다고 보았다. 이는 어떤 대상을 내부적인 준거점reference point과 비교하여 '이득'과 '손실'로 상황을 나누어 평가한다는 카네만과 티버스키Kahneman & Tversky의 프로스펙트 이론에 근거하고 있다. 소비자는 같은 양이라고 하더라도 이득 상황일 때보다 손실 상황에서 더 크게 가치를 손실당했다고 느낄 수 있기 때문에 불만이 더 커질 수 있다.

(3) 귀인이론

귀인이론歸因理論, attribution theory에서는 제품이 기대한 대로 성과를 나타내지 못했을 경우에 소비자가 이 제품의 실패 원인을 찾으려 한다고 보고 있다. 소비자는 문제의 원인에 대해 세 가지 모습을 알고자 하는데 그것은 다음과 같다.

① 안정성(즉, 그 문제는 일시적인가? 아니면 영속적인가?)
② 책임 소재(즉, 그 문제는 소비자와 관련된 것인가? 아니면 기업과 관련된 것인가?)
③ 통제 가능성(즉, 그 문제는 누군가의 통제범위 내의 것인가? 아니면 통제범위 밖의 것인가?)

많은 상황들에서, 원인이 안정적(즉, 비슷한 문제들이 앞으로도 일어날 수 있다.)이거나 또는 원인을 통제 가능한 것(즉, 기업이 문제를 방지할 수 있었다고 소비자가 믿고 있다.)으로 지각하고 있는 경우에 불만족한 소비자들은 이탈과 부정적 구전행동을 할 가능성이 더 크다(유광우, 2001).

귀인에 관한 연구는 귀인이 특별한 형태의 감정적 반응을 이끌어낼 수 있다는 것을 보여준다. 예를 들어 만약 제품의 문제가 기업에 의해 예방될 수 있다고 소비자가 느낀다면 그들은 더욱 분노하게 될 것이다. 또한 제품실패에 선행하는 소비자의 기분이 이후의 인지적이고 영향력 있는 반응에 영향을 미칠 수 있다는 것을 보여준다. 예를 들어 만약 소비자가 식당에서 주문하기 전에 어떤 일로 인해 기분이 나빴다면 기분이 좋을 때보다 불만스러운 요소(예: 질긴 고기)에 대해서 더 많은 귀인을 하기가 쉽다. 따라서 감정적인 전후 관계는 귀인에 영향을 미치는 불일치와 상호 작용하며, 그것은 만족과 불만족에 영향을 미치는 어떤 감정을 야기시킨다(임종원 외, 1996).

(4) 서비스 품질의 GAP 모형

서비스의 유형이 다양해지면서 제품뿐만 아니라 서비스에 대한 만족 · 불만족도 중요해지고 있다. 서비스 품질의 갭GAP 모형은 자이타믈과 비트너Zeithmal & Bitner가 제기한 것으로 서비스 분야에서 고객 만족 · 불만족을 이해하는 데 중요하다. 이를테면, 패스트푸드점을 찾는 고객의 지각은 서비스 경험을 하고 나서 주관적으로 형성된다. 이때 기대와 지각 사이에 갭이 나타날 수 있으며 이 갭이 소비자불만족으로 이어지게 되므로 갭을 어떻게, 얼마나 잘 채우느냐에 따라 서비스 경쟁력이 달라진다.

3) 만족 · 불만족에 영향을 미치는 요인

앞에서 설명한 바와 같이 소비자만족 · 불만족 과정은 제품성과에 대한 소비자의 기대수준과 실제 제품성과 간의 차이, 즉 불일치에 대한 지각 정도에 달려 있다. 구매 전 기대는 제품의 실제 성과를 평가하기 위한 기준이 된다. 제품성과에 대한 기대수준은 구매된 제품에 대한 과거 경험, 촉진 변수, 유사한 타 제품에 대한 경험, 소비자의 특성 등으로부터 영향을 받는다(이학식 외, 1996).

먼저 소비자의 기대수준은 구매한 제품에 대한 과거 경험으로부터 영향을 받는다. 가령 구매한 제품에 대한 과거 경험이 만족스럽다면, 제품성과에 대한 기대수준이 높을 것이다. 광고 및 판매원에 의한 제품정보 제공 즉, 기업의 촉진 노력도 기대수준에 영향을 준다. 또한 광고에서 제품의 성능이 우수하다고 주장하였다면 소비자의 기대수준도 높아질 것이다. 한편, 구매된 제품과 유사한 성격의 다른 제품들에 대한 경험도 성과에 대한 기대수준에 영향을 미칠 수 있다. 마지막으로 소비자특성도 구매 전 기대수준의 형성에 영향을 미치는 요인이 된다. 예를 들어, 어떤 소비자들은 단순히 다른 소비자보다 제품성능에 대한 기대가 크거나 또는 수용영역이 좁을 수 있다. 이런 소비자들은 수용영역이 넓은 소비자들보다 기대수준이 높아서 보다 쉽게 불만족할 것으로 예상할 수 있다.

이외에도 특정 상품이나 서비스에 대한 만족 · 불만족을 측정한 많은 연구들에서 사회인구학적 변수나 심리적 변수 등이 영향을 주는 것으로 나타났다. 구체적으로 살펴보면 영향을 미치는 요인들은 크게 시장 · 환경적 요인, 제품이나 서비스 자체의 특성, 소비자 개인적 요인, 그리고 사회 · 심리적 요인으로 구분할 수 있다. 시장 · 환경적 요인은 거시 · 미시적 시장환경, 시장구조, 마케팅 시스템 등의 측면을 포함하며 제품이나 서비스 자체의 특성은 다양한 제품과 서비스가 갖는 고유한 특성들, 즉 가격과 복잡성, 중요도 등을 포함한다. 그리고 소비자의 개인적 요인은 주로 인구 · 통계적 또는 사회 · 경제적 변수를 포함하며 사회 · 심리적 요인은 라이프스타일, 과거의 경험, 위험에 대한 태도, 불평 성향, 불평에 대한 태도 등 소비자의 심리적 측면을 중시하고 있다.

4) 구매 후 부조화

소비자는 제품구매를 한 후 자신의 의사결정이 옳은 것이었는가에 대한 심리적 갈등이나 불안감을 느낄 수 있는데 이를 구매 후 부조화post-purchase dissonance라고 한다. 구매 후 부조화는 여러 개의 대안들 중에서 하나를 선택해야 할 때 각각의 대안이 갖는 상대적 장점이 상충됨으로써 나타나는 것이다. 특히, 소비자가 중요한 구매결정을 내렸고 이 결정을 내릴 때 비교하였던 선택 대안들이 피차 우열을 가리기 힘들 만큼 큰 차이가 없었을 경우 '내가 정말 제대로 올바른 선택을 했을까?'라는 의문이 생기게 된다.

페스팅거 등Festinger et al.은 대부분의 비일상적인 구매는 구매 후 어떤 형태의 부조화를 일으킨다고 주장하였다. 즉, 자주 구매하거나 비교적 가격이 싼 편의품의 경우 구매 후 부조화가 잘 일어나지 않지만 가격이 비싸거나 고관여 제품일 경우에는 일어날 가능성이 크다는 것이다. 소비자들이 둘 혹은 그 이상의 대안들 중에서 하나를 선택할 때, 부조화는 거의 필연적으로 발생하는데 그 이유는 장점뿐만 아니라 단점도 가지고 있다는 것을 알게 되기 때문이다.

불만족한 소비자는 부조화를 줄이려고 하는데 그 이유는 사람들이 내적인 일관성, 즉 의견, 지식 및 가치관 사이의 조화를 유지하려는 경향이 있기 때문이다. 구매 후 부조화를 느끼면 소비자는 부조화를 감소시키기 위해 노력하는데 그 몇 가지 중요한 방법은 다음과 같다.

첫째, 대체안에 대한 자신의 평가를 바꾸고,
둘째, 자신의 선택을 지지하는 새로운 정보를 찾고,
셋째, 자신의 태도를 바꾸는 것이다.

5) 구매 후 후회

만족이 기대한 성과와 실제 성과간의 비교라고 한다면 후회는 선택한 대안과 비선택 대안의 성과 간의 비교라고 할 수 있다. 만족은 결과와 관련되는 반면 후회는 특히 선택과 관련이 깊은데 소비자들은 구매 후 그 결과에 실망하거나 불만족하게 되면 그러한 결과를 가져온 선택에 대해 후회를 하게 된다(Tsiros & Mittal, 2000). 특히 후회는 구매 후 불만족과는 달리 제품의 하자나 구매과정에서 겪은 부정적 감정이 주된 원인이 아니라 자신의 노력이 부족했다던가 혹은 자신의 의사결정이 옳지 않았다고 생각하는 데에서 비롯되는 특징이 있어서 소비자 스스로 자신의 소비 결정에 대해 자신감을 잃고 책임감을 느끼는 등 더 큰 후유증을 남기기 쉽다. 일반적으로 의사결정의 과정 속에서 비이성적 판단이 많이 탄생하게 되면 소비자들은 구매 후 불만족과 후회를 경험할 가능성이 높아진다(유현정 외, 2012). 구매 후 소비자들이 느끼는 후회의 감정을 감소시키는 것은 소비자복지 증진을 위해 매우 중요하다.

6) 소비 스트레스

소비 스트레스는 소비의사결정의 각 단계에서 기대된 상태와 실제 상태의 불일치에 기인하는 것으로 볼 수 있다(Moschis, 2007). 소비는 개인이 욕구 실현을 하기 위해

가용자원을 탐색하고 획득, 활용, 처분하는 연속적 문제해결과정 전체이므로 소비 스트레스는 일차적으로 소비과정에서 소비자가 자신의 의도나 기대를 실현하는 것을 방해하거나 저해하는 요소로 인해 경험하는 인지적 · 정서적 불균형감으로 정의할 수 있다. 권혜진 등(2010)의 연구에 의하면 우리나라 소비자가 경험하는 소비 스트레스는 아주 낮지도 아주 높지도 않은 수준이며 구매 후 보다 구매 전 단계의 소비 스트레스가 높은 것으로 나타났다. 특히 온라인 · 오프라인 시장 환경과 마케팅, 정보탐색, 의사결정 등 개별 소비자가 직접 변화시킬 수 없는 불가피한 환경적 요소로 인한 스트레스가 높은 것으로 밝혀졌다. 즉, 환경적 요인이 소비 스트레스를 유발하는 주된 원인인 것이다. 또한 소비자의 인구 · 사회경제적 특성보다는 소비자의 소비에 대한 태도 및 심리적 성향과 더 깊은 관련이 있는 것으로 보인다.

소비 후 평가는 단순히 만족 · 불만족으로 다루어질 것이 아니라 좀 더 확장된 범위에서 소비자의 복지와도 관련시켜 볼 필요가 있다. 과거에 비해 소비자는 양적, 질적으로 더 향상된 소비기회를 누리게 되었지만 그에 못지않게 각종 소비자문제와 잠재적 위험과 불안에 노출됨으로써 후회, 불만족, 불안, 혼란 등으로 인한 소비 스트레스도 늘어나게 되었다. 소비행위의 궁극적인 목적이 소비를 통한 만족과 삶의 질 향상에 있다고 한다면 소비자복지 증진을 위해서 소비로 인한 부정적 요소들을 감소시킬 수 있어야 하겠다.

3. 소비자 불평행동

불평행동complain behavior은 소비자가 제품을 구매한 후 소비 또는 사용하면서 불만족했을 때 표출되는 것이다. 불평행동은 소비경험으로부터 시작되어 이러한 경험에 관련된 모든 행동 또는 비행동적인 반응을 거치는 과정에서 여러 형태로 나타나는 것이 일반적이기 때문에 그 양상이 다양하다.

소비자 불평행동은 불만호소행동, 대응행동 등의 용어로도 사용되며 소비자가 제품이나 서비스 구매 후 불만족한 경험에 대한 표현이다(Bearden & Teel, 1983). 자코비 등Jacoby et al.(1998)은 제품이나 서비스에 관한 부정적인 내용을 그 제품이나 서비스를 제조하거나 판매한 기업이나 제삼자(정부, 소비자보호 단체)에게 개인이 의사소통하는 행동이라고 정의하였다.

여러 학자들의 견해를 종합해 볼 때 소비자의 불평행동은 불만족에 대한 감정에 의해 촉발되며 행동적 반응과 비행동적인 반응 등 두 가지 범주로 나누어볼 수 있다.

1) 불평행동의 유형

소비자 불평행동은 구매경험에서 소비자들이 인지하는 불만으로 야기된 다양한 반응 형태이다. 소비자 불평행동이 다양하게 나타나기 때문에 그 유형을 분류하는 것이 필요한데 소비자 불평행동 분류로는 데이와 랜던Day & Landon(1977)을 기점으로 여러 학자들의 연구가 이어졌다.

먼저, 데이와 랜던은 불만족한 상품의 본질과 중요성에 의거하여 소비자 불평행동의 유형을 분류하고 있다. 이들이 제시한 모형은 두 단계로 나누어져 있는데 첫 단계는 행위가 수반된 불평행위와 행위가 수반되지 않는 불평행위로 구별하고 있다. 두 번째 단계는 사적인 행위와 공적인 행위를 구별하고 있다. 이때, 소비자 불평행동은 불만족의 발생 → 행동/비행동 차원의 선택 → 사적/공적 행동의 선택 순으로 위계적으로 진행된다는 것이다.

이 모형에 대한 실증적 검토(Day & Ash, 1979)에서 비록 타당성이 낮게 나타나기는 했지만 이들이 제시한 모형을 도식화하면 [그림 10-3]과 같다.

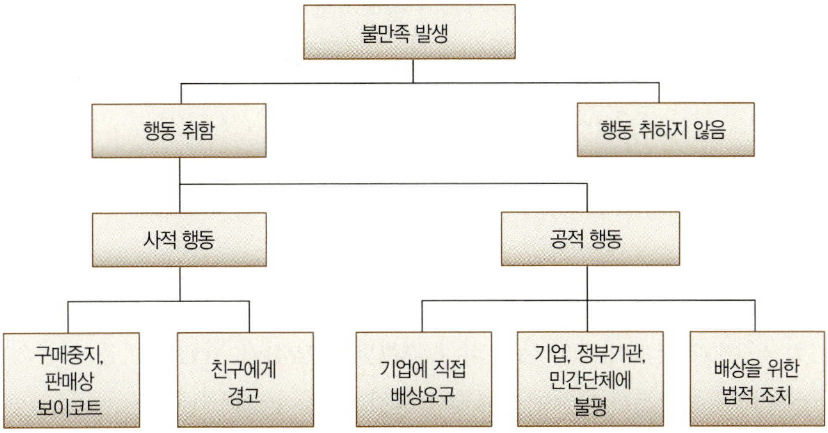

[그림 10-3] 불평행동의 유형

출처: 김세범, 전영종, 허남일 (1997). 소비자행동론. p. 105에서 재구성.

여기서 어떤 소비자들은 공개적인 대응행동을 취하지 않는 무행동을 나타낸다. 사적 행동의 예는 친구나 친지에게 부정적인 구전을 하거나 그 제품이나 상점을 더이상 이용하지 않는 것이다. 이러한 사적 행동은 소매상이나 제조업자의 관심을 많이 끌지는 못하지만 판매와 이익 면에서 간과할 수 없는 요소가 된다. 공적 행동은 보상이나 환불을 받거나 소비자단체에 고발하는 행위, 그리고 사법적인 행동을 취하는 것을 의미한다.

근래에 소비자주권의식이 신장되고 다양한 매체를 통하여 소비자지식과 정보를 매우 용이하게 취득할 수 있게 되면서 소비자권익을 그릇되게 활용하거나 주장하는 소비자가 늘어나고 있다. 이른바 블랙컨슈머라고 불리는 악성소비자이다. 블랙컨슈머는 악성을 뜻하는 블랙Black과 소비자를 뜻하는 컨슈머Consumer를 합성한 용어로 상품이나 서비스의 결함을 빌미삼아 기업에 과도한 보상을 요구하거나 해당 제품이나 서비스로 피해를 본 것처럼 꾸며 보상요구를 제기하는 소비자이다. 기업의 이미지 실추와 시장에서의 경쟁력 약화를 우려하여 대다수 기업들이 블랙컨슈머의 악성 불만을 거의 그대로 수용해 줌으로써 점점 더 모방사례가 늘어나고 기업의 보상에 따른 금전적 손실이 결국 제품 생산비용에 반영되어 선량한 소비자들이 그 부담을 안게 되는 결과를 초래하게 되었다. 최근에는 일부 대기업을 중심으로 블랙컨슈머들에게 법적 대응을 통해 적극적이고 강경한 대처를 하는 사례가 늘어나고 있다. 소비자 불평행동은 정당하게 표출되어야 한다.

2) 불평행동의 영향 요인

많은 실증연구에 따르면 불평행동의 강도는 불만의 정도뿐만 아니라 소비자의 특성, 귀인사유에 대한 소비자의 강도 인식, 결과에 대한 기대, 관련된 비용, 제품의 유형 등과 같은 여러 요인들의 함수인 것으로 밝혀졌다.

소비자의 불평행동에 영향을 주는 구체적인 요인들은 다음과 같다.

① 불만족의 정도

사전 기대와 실제 제품성과와의 불일치 정도에 따라 발생되는 불만족이 가벼운 경우에는 대부분의 소비자들은 아무런 행동도 취하지 않는다. 그러나 불만족의 정도가 증가함에 따라 소비자가 어떤 반응을 보일 가능성은 점차 커진다.

② 중요성의 정도

불만족을 경험한 제품이나 서비스의 중요성 정도는 소비자의 불평행동 유형을 결정하는 데 많은 영향을 미친다. 이를테면, 가격이 비싸고 정보를 많이 탐색해야 하고 신체적 위해를 끼칠 가능성이 있을 때 소비자는 중요성의 정도를 높게 간주한다.

③ 이익과 비용

소비자들은 자신의 불평행동으로 인해 기대되는 이익과 그것에 수반되는 비용을 고려하여 불평행동의 유형을 선택하게 된다. 이때, 경제적인 면과 심리적인 면을 함께 고려하는데 경제적인 면으로는 교통비, 전화 사용, 직장 업무시간의 손실에 대한 보상 등 금전, 시간, 에너지 등과 관련된 비용으로 소비자들은 이러한 비용에 대해 상당히 민감하다.

또한 심리적인 면으로는 불평행동을 하는 과정에서 무례하거나 불쾌하게 취급되는 것과 개인 및 가족생활에 대한 영향력 등을 비용으로 볼 수 있다. 반면 분노와 좌절을 발산할 기회를 갖는다거나 상점으로부터 사과를 받는다거나 소비자로서의 권리를 주장하는 것 등을 이익으로 볼 수 있다. 소비자들은 이러한 이익과 비용의 손익관계를 고려한 후 불평행동을 하게 된다.

④ 책임에 대한 귀인

불만족의 책임 소재가 누구에게 있는가에 대한 소비자의 귀인歸因 결과에 따라 불평행동의 유형이 달라진다. 즉, 불만족의 책임이 외적 요인(판매업자, 제조업자)에 있다고 판단할수록 강한 불평행동을 나타내게 된다.

⑤ 불평행동 표출 경험

과거에 보상을 요구한 경험이 있거나 어떤 불평행동을 경험한 소비자는 소비자문제 및 보상처리 경험에 대해 잘 알고 있다. 주변 사람들이나 판매자 또는 사업자가 불평행동을 하는 소비자에 대해 그릇된 견해를 갖는 것은 소비자로 하여금 불평행동에 대한 부정적인 태도를 갖게 할 수 있다.

⑥ 개인적 특성

소비자 개개인의 특성 또한 불평행동의 정도에 영향을 미칠 가능성이 있다. 예를 들면 소비자의 능력, 학력, 소득, 연령, 성별, 여유시간 등 개인적 특성에 따라 불평행동의 빈도나 유형이 다르게 나타난다는 다수의 연구결과가 있지만 연구자들 간에 일관된 결과를 보이지는 않고 있다.

3) 기업의 대응 방안

제품이나 서비스에 대한 소비자의 만족 또는 불만족은 재구매행동에 영향을 미친다. 불만족한 경험이 있는 제품이나 서비스를 재구매할 가능성은 매우 낮으며 심지어 주위 사람들에게 그 제품에 대해 나쁘게 평가하기도 한다. 따라서 기업에서는 고객들의 구매 후 불만족을 해결하는 방법을 강구해야 한다. 사소한 소비자의 불평행동이라도 기업으로서는 매출액 감소의 직접적인 요인이 될 수 있다.

우선, 소비자들이 보다 쉽게 불만을 처리하고 문제를 해결할 수 있도록 전담기구를 설치하거나 일선 종업원에게 재량권을 부여함으로써 즉각적으로 처리되도록 해야 한다. 고객만족경영이 일반화되면서 많은 기업들이 소비자 전담 부서를 설치하여 여러 가지 업무를 수행하고 있으며 공동으로 해결하기 위해 조직한 기업소비자전문가협회 Organization of Customer Affairs Professionals: OCAP가 결성되어 있다. 소비자의 불평행동이 신속하게 처리되지 못하면 오히려 고객의 불만이 증폭될 수 있으므로 기업은 소비자문제 해결에 적극적으로 대응함으로써 소비자의 불만족을 감소시키는 동시에 기업의 이윤도 증대시키는 윈-윈win-win 경영을 할 수 있을 것이다.

다음으로, 소비자들이 불만을 쉽게 표출할 수 있는 의사소통 기구를 설치해야 한다. 외국의 많은 기업들은 이미 오래전부터 이런 노력을 기울여 왔으며 한국의 기업들도 대기업을 중심으로 다양한 시스템을 도입하고 있다. 예를 들면, 080 전화번호를 이용하는 것으로 소비자 대신 수신자(기업체)가 통화요금을 부담하는 서비스 체제가 있다. 이외에도 소비자건의함, 고객초청 간담회 등을 통해 소비자불평을 접수하고 즉각적으로 해결해야 한다.

뿐만 아니라 겉으로 드러난 소비자불만에 대해 교환, 환불 등의 보상을 해주는 수동적인 대응자세에서 한걸음 더 나아가 침묵하는 다수의 소비자의 불만사항이나 불평내용까지 해결하려는 적극적인 자세가 필요하다. 이를테면 고객불평을 유도함으로써 제품의 결함이나 문제점을 조기에 파악하여 해결한다든가, 제품 자체에 대한 여러 가지 정보를 소비자들에게 완전히 공개하여 소비자들이 잘못 알고 제품을 사용함으로써 피해가 발생되지 않도록 하는 등 문제가 확산되기 전에 신속히 대처할 필요가 있다.

특히, 소비자중심경영제도가 시행되면서 소비자권익 증진에 대한 기업의 관심과 노력이 증대되고 있다. 소비자중심경영CCM이란 기업이 수행하는 모든 활동을 소비자 관점에서 소비자 중심으로 구성하고 관련 경영활동을 지속적으로 개선하고 있는지를 평가하여 인증하는 제도이다.

이와 같은 기업의 대응방안 못지않게 소비자들도 보다 적극적인 불평행동을 행사함으로써 개인적으로는 적절한 보상을 받을 수 있고 다수의 잠재적 피해자들에게 사전 예방적 도움을 줄 수 있다. 따라서 기업과 소비자 모두 불평행동 표출에 대해 편견을 갖지 말고 적극적으로 대응해야 한다.

4. 처분행동

1) 처분행동의 유형

새로 추가된 과정인 처분행동은 지구촌 곳곳에서 환경문제가 매우 심각해지면서 관심을 가져야 할 중요한 행동이 되고 있다. 처분행동에 대한 개념 정의를 살펴보면, 니코시아Nicosia(1976)는 제품을 통해 욕구를 충족시킨 후의 처리행동으로 소비행동을 구매행동, 사용행동, 처분행동으로 나누었고 다른 소비활동이 가족에서 사회로 이전한 것과는 달리 이 분야의 활동은 상당 부분이 가정 내에 남아 있다고 서술하고 있다. 하렐 등Harrel et al.(1992)은 남에게 주거나 기부하는 것과 같은 이타주의적인 처분행동, 판매나 교환을 하는 경제적 처분행동, 보관 또는 폐기와 같은 형태인 비이타주의적 처분행동으로 분류하였다. 또한 장경혜(1996)는 제품이 그 본원의 목적이나 기능을 상실하였을 때 소비자가 그 제품에 적용하는 행동이라고 정의하면서 재활용 처분행동과 비재활용 처분행동으로 분류하였다.

특히 핸슨Hanson(1980)은 처분행동의 과정을 기존의 소비자의사결정 단계에 적용하여 소비자의 환경행동을 설명하는 새로운 모델을 제시하였다. 구체적으로 살펴보면 문제인식 단계에서는 획득, 사용, 처분과 관련된 문제를 인식하는 것인데 획득의 경우 구매 당시에 처분과 관련한 문제를 인식하고 구매의사결정을 한다는 것이다. 예를 들면, 구매 당시에 일회용 제품인지 재활용이 되는 용기의 제품인지에 대한 소비자의 문제인식을 의미한다. 사용과 관련된 문제인식도 처분을 고려한 것으로, 예를 들면 디자인이나 모델이 자주 바뀌는 제품의 경우 처분을 더 많이 필요로 한다는 것을 인식하는 것이다. 이어지는 다른 단계 즉, 정보탐색과 평가의 경우에도 처분과 관련하여 각 단계를 거치게 되며 특히 처분행동 단계에서는 계속 사용할 것인가, 영원히 처분할 것인가, 잠시 처분할 것인가에 대한 의사결정을 하게 된다는 것이다. 마지막으로 처분결과 단계는 처분행동의 일련의 과정에 대한 평가단계로서, 그 결과는 다음의 처분행동 의사결정에 영향을 미친다고 주장하였다.

소비자는 사용하던 제품을 다양한 방식으로 처분하고 경우에 따라서는 중고시장에서 중고 제품을 구입하기도 한다. 그동안 사용해 왔던 특정 제품에 대해 강한 애착을 형성하기 때문에 그 제품에 대한 처분 결정은 고통스러울 수 있다(이학식 외, 2001). 소비자는 여러 이유로 제품을 처분하게 된다. 즉 사용하던 제품의 수명이 끝났다거나 자신의 기대를 충족시키지 못하여 처분할 수도 있다. 어떤 이유로든 제품이 더이상 유용하지 않다고 생각하면 소비자는 이를 처분하기 위해 몇 가지 대안 중 하나를 선택하게 되는데 그 구체적인 방법은 [그림 10-4]와 같다.

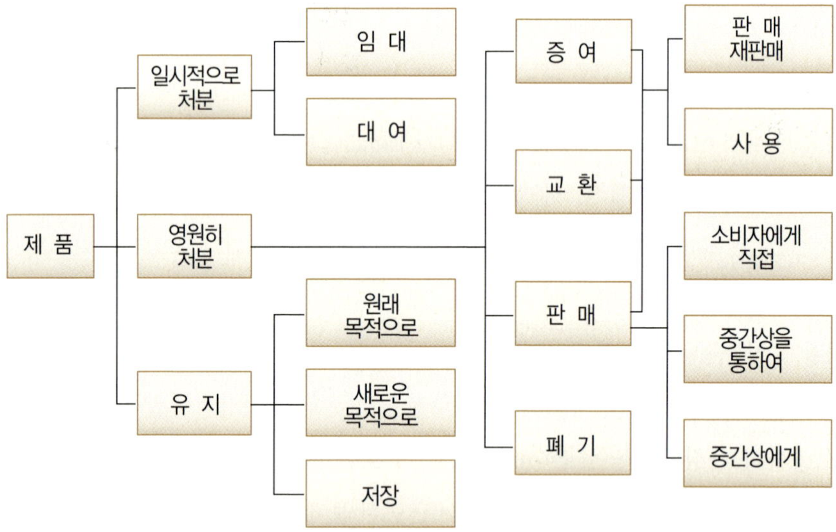

[그림 10-4] 제품을 사용하고 처분하는 방법

출처: Jacoby, J., Berning, C. K., & Dievorst, T. F.(1977). "What about Disposition?", Journal of Marketint, p.23.

2) 처분행동과 환경교육

구매하여 사용한 제품을 타인에게 팔거나 다른 물건과 교환하는 과정인 수평적 순환lateral cycling은 제품 처분과 관련하여 매우 관심을 끄는 영역으로 나눔장터, 벼룩시장flea market, 차고 세일garage sale, 물물교환 등은 공식적 제품시장의 대안이 되는 시장체계에 해당된다. 처분행동 중에서 특히 주목하게 되는 것은 재활용 행동이다. 실생활에서 재활용recycle이라는 용어는 재이용reuse, 재생이용recovery과 혼용되고 있다. 또한 재활용

행동은 소비자 스스로 통제할 수 있는 영역, 즉 소비자가 사용하고 소비하여 불용하게 된 자원을 버리지 않고 자신, 또는 타인이 다시 사용하게 되는 영역과 가정 밖으로 분리 배출된 폐기물이 재생공장까지 수집, 운반되어 재생공장에서 재활용되는 영역으로 나누어질 수 있는데 일반적으로 소비자의사결정 과정에서의 처분행동에서는 전자의 경우를 대상으로 언급하게 된다.

환경보전과 관련된 소비자들의 역할 중에서 처분단계의 경우 주로 재활용하기, 쓰레기 함부로 안 버리기, 분리수거하기 등이 대표적이다. 이제, 이러한 단순한 역할을 넘어 환경친화적 제품, 중고제품, 리필제품, 환경재생제품 등을 구매하여 사용하고 다른 한편으로는 환경에 악영향을 미치는 제품에 대한 불매운동이나 사용 안 하기 등 총체적인 환경보전 행동을 실천해 나가야 한다. 즉, 처분단계 이전인 구매와 사용단계에서부터 시작하여 처분단계에까지 지속적으로 이어지고 연결되는 총체적 환경보전행동이 필요하다. 따라서 구매시점에서 친환경 제품을 선택할 수 있도록 소비자들에게 유용한 정보를 제공하여야 하는데 그 대표적인 것이 환경마크이다. 환경마크의 법적 용어는 환경표지이나 소비자들이 환경표지보다는 환경마크로 인식하고 있어 환경마크로 칭하고 있다. 환경마크에 대해서는 앞의 7장에서 상세히 설명하였다.

관련 선행 연구들의 결과에서 제언하고 있는 공통점은 환경교육의 중요성과 필요성이다. 노정구(2005)의 연구에서는 환경에 대한 관심과 환경에 대한 지식이 서로 유의적인 영향력을 가지며 환경에 대한 관심은 환경의식적 소비행동에 정(+)의 영향을, 환경에 대한 지식은 환경의식적 소비행동에 긍정적인 영향을 미치는 것으로 나타났다. 따라서 교육 기관이나 공공 부문에서 환경교육을 강화함으로써 소비자들의 소비행동이 보다 환경친화적으로 바뀔 수 있다는 것을 의미한다. 뿐만 아니라 재활용 행동을 함에 있어서 개인 규범이 매우 중요한 변인으로 나타났으므로 개인 규범을 강화하기 위한 다양한 방안이 강구되어야 하겠다(유두련 · 김정희 · 박영미, 2003).

한편, 소비자심리적 측면에서 자아존중감 변인을 적용시켜 본 유두련(2013)의 연구에서는 긍정적 자아존중감 변인이 친환경 소비행동의 독립변수로서 매우 유의한 결과로 나타났으며, 따라서 대학생들의 긍정적 자아존중감 향상은 친환경소비행동 활성화를 위하여 매우 중요한 의미가 있다고 하였다. 이러한 연구결과는 환경교육정책을 수립할 때 고려해 볼 내용이다.

고도의 경제성장과 생활 수준 향상으로 새로운 제품에 대한 소비욕구는 과소비와 자원의 낭비 및 환경문제를 야기시키고 있으므로 바람직한 처분행동을 통해 제품의 수명을 연장시키고 재활용의 기능을 할 수 있도록 해야 하겠다. 또한 기업에서도 소비자들의 제품 사용과 처리에 대한 관심을 갖고 마케팅에 적극 반영해야 할 것이다. 환경보전을 위한 정부나 기업의 노력도 필요하지만 소비자가 보다 주체적으로 폐기물의 발생량을 줄이거나 폐기물이 재활용될 수 있도록 분리배출을 하는 등 적극적인 처분행동을 할 필요가 있다.

읽을거리 ❶

인천시, '녹색생활 캠페인 및 5R 운동 확산' 적극 추진

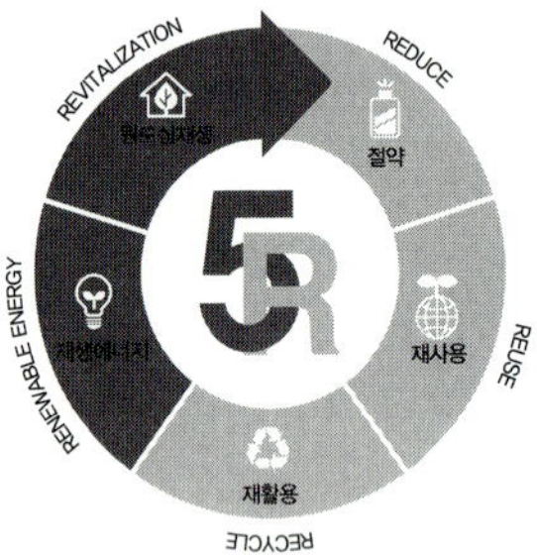

인천시 5R 운동 표식.
사진 제공=인천시.

인천시는 저탄소·친환경 생활의 사회적 분위기 조성과 녹색생활의 정착을 위해 '녹색생활 캠페인과 5R 운동 확산'을 적극 추진한다고 3일 밝혔다.

시는 이를 통해 인천아시안게임(AG)과 장애인아시안게임(APG)의 성공개최를 지원하고 녹색기후기금(GCF) 도시로서 글로벌 녹색수도 인천 만들기에 앞장선다는 방침이다.

먼저 시는 그린스타트 인천네트워크 등과 연말까지 '찾아가는 저탄소 친환경 홍보캠페인'을 지속적으로 추진한다.

시민들에게 온실가스 감축을 위한 친환경 녹색생활 실천을 적극 홍보하고 인천AG와 APG가 열리는 9~10월 역량을 집중키로 했다.

시는 지속가능하고 자연순환형 사회로 전환하기 위한 5R(Reduce: 절약, Reuse: 재이용, Recycle: 재활용, Renewable Energy: 재생에너지, Revitalization: 원도심 재생) 운동도 더욱 확산해 5개 분야 57개 중점사업을 추진한다.

시 관계자는 "일상생활에서 누구나 실천할 수 있는 에너지 절약과 대중교통 이용 등 녹색생활실천이 기후변화에 대응할 수 있는 원동력"이라며 "아시안게임 기간 동안 발생되는 이산화탄소를 상쇄하기 위한 다양한 정책에 시민들의 많은 참여를 바란다"고 말했다.

출처: 뉴스1(2014. 06. 03.).

생각해 볼 과제

1. 개인 또는 가족이 최근에 구매한 제품이나 이용한 서비스에 대해 불만족스러운 경험이 있었다면 그 이유는 무엇인지, 그 결과에 대해 어떻게 대응하였는지, 그 대응의 결과는 어떠했는지 경험담을 나누어 보자.

2. 재활용이나 재사용한 사례를 찾아서 소개를 하고 생활 속에서 실천할 수 있는 방법과 아이디어를 찾아보자.

PART 3

소비자의사결정의 실제

CHAPTER 11

소비자의사결정의 뉴 트렌드

Consumer Decision Making

11장 소비자의사결정의 뉴 트렌드

일시적 유행과는 달리 어느 정도 긴 시간 동안 유지되는 사회의 주요 흐름이나 패턴을 트렌드trend라고 정의하지만 최근에는 이러한 트렌드의 지속시간과 영향력이 줄어드는 경향이다. 엄청난 속도로 변해가는 지구상의 정치 · 경제 · 사회적 변화와 그에 수반하는 기업과 소비자들의 인식과 태도 변화들이 새로운 트렌드를 만들어 내고 소비 환경에 영향을 미치고 있다.

새로운 트렌드가 어느새 구식이 되어버리는 현실이지만 이 장에서는 현재 부각되는 트렌드를 중심으로 살펴보고자 한다.

1. 힐링트렌드

1) 힐링의 개념과 의의

2000년 이후 본격적으로 나타난 웰빙이라는 용어가 비교적 오랫동안 사회 전반에서 사용되었다. 그렇지만 최근에는 웰빙을 제치고 힐링healing이 사회 · 문화의 주요 코드로 부상했다. 웰빙과 힐링은 행복을 추구하는 개념이라는 공통점이 있지만, 웰빙은 신체적 건강과 삶의 만족도를 중시하는 반면, 힐링은 마음과 정신의 상처치유를 강조하는 점에서 다소 상이하다. 웰빙과 힐링을 비교해 보면 아래 〈표 11-1〉과 같다.

〈표 11-1〉 웰빙 vs 힐링

구분	웰빙(Well-being)	힐링(Healing)
개념	신체적 건강과 삶의 만족도 제고	마음과 정신의 상처 치유
고조기	경제 · 사회적 안정기	경제 · 사회적 침체기
연관산업	기본 의식주 중심 – 친환경 주택, 유기농 · 에코상품 등	의료, 문화까지 확장 – 심리치료, 멘토링, 템플스테이 등
관심 소비층	중산층 위주	전(全) 소비층

출처: 이승철 외(2013). 힐링을 힐링하다. 삼성경제연구소.

2010년 이후 경기부진이 장기화되고 전반적인 사회 분위기가 침체되면서 취업난 등 경쟁에 내몰린 젊은 층을 중심으로 위로, 공감, 치유에 대한 요구가 급증함에 따라 힐링열풍이 일어나게 되었다. 일본에서는 이미 1990년대 후반 힐링열풍이 불면서 '릴렉세이션relaxation' 산업이 본격화되었고 그 시장은 빠르게 성장하고 있다.

2000년대 중반을 휩쓴 웰빙트렌드에 정신건강이 강조되면서 힐링을 추구하는 라이프스타일이 유행하게 되고 출판계와 방송계를 시작으로 사회 전반에 힐링트렌드가 빠른 속도로 확산 되면서 힐링신드롬을 일으키고 있다. 이러한 힐링열풍의 배경을 살펴보면 다음과 같다(이승철 외, 2013).

첫째, 경제적 어려움의 지속이다. 가중되고 있는 경제적 어려움으로 국민들의 체감 스트레스가 증대되고 특히 청년실업 상황이 지속되면서 청년계층의 심리적 불안감도 가중되고 있다.

둘째, 생활 속 힐링이 어려워진 환경이다. 1인 가구 확산과 고령화 진전 등의 영향으로 가족이나 친구 등으로부터 일상적인 위로와 공감을 얻기가 점점 어려워지면서 일련의 스트레스가 해소되지 못한 채 누적되고 있다.

셋째, 사회에 대한 부정적 인식의 확산이다. OECD 사회인식조사 결과 한국인은 긍정적 경험, 사회적 신뢰도, 사회에 대한 관용 등이 OECD 평균보다 크게 낮은 것으로 나타났다. 정부와 기업, 사회에 대한 불신이 확산되어 개인의 불안과 불만이 증대되었다. 국민들의 정신건강이 악화되는 부정적인 사회적 징후로 정신질환 진료자 수가 늘어나고 2010년 기준 한국의 자살률은 10만 명당 33.5명으로 세계에서 가장 높은 수준이다.

넷째, 신체뿐만 아니라 정신건강도 강조한다. 정신과 신체의 실질적 치유효과가 있는 힐링상품에 대한 욕구가 확대되어 산업분야와 소비시장에도 영향을 미치고 있다.

2) 소비트렌드로서의 힐링

일본은 1990년대 후반 힐링과 유사한 개념의 릴렉세이션 산업이 각광을 받으면서 급성장을 하고 있다. 미국에서는 힐링에 대한 논의가 크게 확산된 시기가 존재하지는 않으며 힐링보다는 웰빙과 로하스LOHAS가 사회적 관심대상으로 주목받고 있다. 대체로 소득이 높아진 상태에서 경제충격으로 저성장이 장기화 되었거나 경제적 · 정신적 어려움이 가중될 때 힐링 현상이 확산되고 있음을 알 수 있다.

그동안 '웰빙'이 마케팅의 주요코드였다면 이제 '힐링'이 여행 · 음식 · 서비스 · 문화계 등 여러 분야에서 새로운 화두로 떠올랐다. 힐링은 소비자의 마음을 사로잡는 마케팅 코드로 떠올라 비즈니스 관점에서도 주목을 받고 있다. 즉, 힐링트렌드가 힐링산업으로 진화하고 있는 것이다. 선진국에서는 멘탈케어, 명상 · 요가, 스파 등의 힐링비즈니스가 하나의 산업으로 정착하고 있으며 한국에서도 다양한 상품과 접목하면서 힐링산업이 본격적으로 태동하고 있다.

최근 스트레스 관리와 피부미용 효과를 겸비한 에스테틱 스파가 붐을 이루면서 비즈니스 미팅도 힐링 스파에서 하기도 한다. 대표적인 휴양관광상품인 템플스테이 이용자도 엄청나게 늘어나고 있으며 의료, 식품, 패션, 화장품, 관광, 문화 등 광범위한 산업에 걸쳐 힐링상품이 출시되고 있다. 또한 유통업계에서도 마케팅 전략으로 힐링을 이용하고 있으며 지자체에서도 지역콘셉트로 힐링을 내세우고 있다. 이러한 내용을 요약해 보면 아래 [그림 11-1]과 같다.

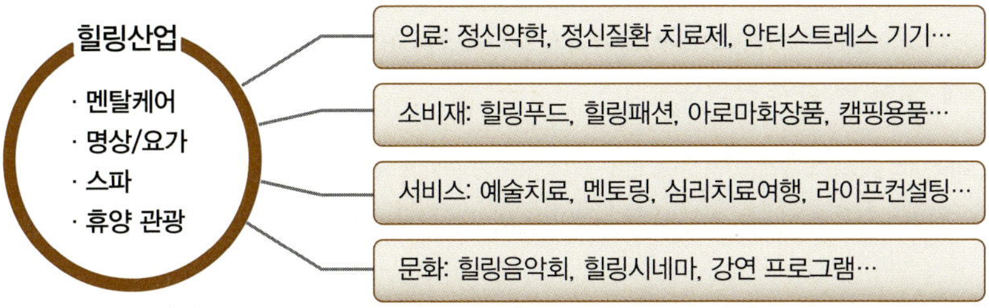

[그림 11-1] 힐링산업의 영역

출처: 이승철 외(2013). 힐링을 힐링하다. 삼성경제연구소.

3) 힐링의 정착과 발전

국내 힐링산업은 이제 막 태동기라고 할 수 있다. 하지만 피로와 스트레스에 지친 현대인들이 급격히 늘어남에 따라 본격적인 성장궤도에 들어설 것으로 전망되고 있다(한국경제매거진, 2012). 아직까지는 고가 위주의 서비스가 주로 제공되고 있으나 여러 가지 상품과 서비스가 지속적으로 개발되고 있으므로 얼마 지나지 않아 저렴하면서 단시간 내에 할 수 있는 힐링 비즈니스가 늘어날 것으로 예측된다. 이제 힐링은 여러 분야에서 소비자의 니즈에 맞춰 마케팅의 주요 콘셉트로 확대되고 있다.

따라서 개인 차원의 힐링을 넘어 국가 및 지역사회, 기업 모두가 협력하여 실질적 치유가 가능한 힐링을 추구해야 할 시점이다. 특히 소비자 입장에서는 소비자의 삶을 질적으로 개선하는 마케팅을 전개하고 통합적 관리에 초점을 맞춰야 할 것이다. 힐링 콘셉트의 남용을 자제하고 개인별로 상이한 내면 문제의 원인과 양상을 세분화, 유형화하여 실질적 개선 상품을 기획하며 소비자 감각 및 감성에 미치는 효과를 철저히 연구한 후 적용하는 것이 필요하다.

읽을거리 1

지자체 '힐링'을 지역 콘셉트로

문화계에서도 힐링은 새로운 접근법이다. 최근 사회적 문제로 부각되고 있는 자살과 따돌림을 예방하고 의미있는 메시지를 전하자는 취지의 뮤지컬이 제작됐다. 쏘굿엔터테인먼트가 기획한 뮤지컬 '힐링하트'는 자살과 왕따 문제를 정면으로 다루고 있다. 일상에서 일어나는 사연들을 코믹과 감동으로 터치해 마음을 치유하는 힘을 넣었다. 공연을 관람한 관객들은 "내 마음도 치유되는 느낌"이라고 말한다. 이런 취지 때문에 힐링하트 시즌2는 국회 보건복지위원회 후원작으로 지난 2월 국회에서 갈라쇼를 진행하기도 했다.

마음을 가라앉히고 평온함을 가져다주는 힐링 음악이 꾸준한 인기를 모으고 있으며 화장품이나 주거 공간 분야에도 마음의 안정을 꾀하는 상품 출시가 붐을 이루고 있다.

한편 세보에너지는 국내 최초로 산소 캡슐을 최근 개발해 출시했다. 산소 캡슐 안에 들어가 고순도 산소 혼합 가스를 마실 수 있다. 30분가량 산소 수면하면 뇌에 산소 공급이 늘어나 집중력과 판단력이 향상되고 두통이 완화되고 능률 향상에 효과적이라고 홍보하고 있다. 해외에서는 스포츠 선수들이 경기 후 빠른 회복을 위해 산소 캡슐은 애용하고 있는 것으로 알려져 있다.

국내 힐링 산업은 이제 막 태동기라고 할 수 있다. 하지만 피로와 스트레스에 지친 현대인들이 급격히 늘어남에 따라 본격적인 성장 궤도에 들어설 것으로 전망되고 있다. 현재 힐링 서비스는 고가 위주로 제공되고 있으나 여러가지 상품과 서비스가 지속적으로 개발되고 있어 얼마 지나지 않아 저렴하고 단시간내에 할 수 있는 힐링 비즈니스가 많아질 것으로 보인다. 단순히 피로나 스트레스를 줄이는 차원에서 심신을 안정시키고 활기를 불어넣는 적극적 힐링 상품의 등장도 점쳐진다. 한편 힐링은 여러 분야에서 소비자의 니즈에 맞춰 마케팅의 주요 콘셉트로 확대되고 있다.

출처: 한국경제매거진(2012. 05. 23.). 힐링 비즈니스가 뜬다.

2. 1인 가구의 소비트렌드

1) 1인 가구의 부상

2011년 전 세계 1인 가구 수는 2억 4200만으로 전체가구의 13%를 차지했으며 한국의 1인 가구 증가세는 세계에서 가장 빠른 수준으로 1990년 102만 가구에서 2011년에는 436만으로 4.3배 확대 되었다. 통계청의 인구총조사 결과에 따르면 2012년 기준, 전체 가구에서 1인 가구 비중은 25.3%로 네 가구 중 한 가구가 1인 가구이다(이은미, 2013).

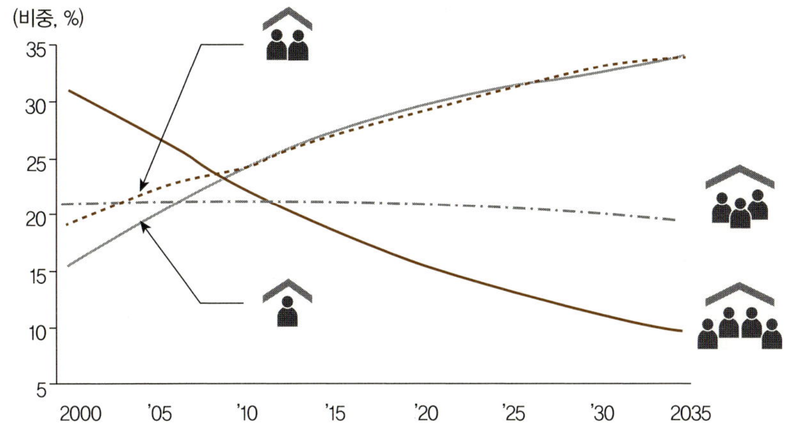

[그림 11-2] 가구 규모별 비중 추이

출처: 통계청.

1인 가구의 증가는 경제 · 사회 · 문화적 요인이 복합적으로 작용한 결과이며 젊은층과 고령층에서 함께 나타나는 현상이다. 즉, 소득향상으로 경제적 자립도가 증가하고 초혼연령이 높아지고 있으며 개인주의가 확산되면서 젊은층 1인 가구가 늘어나고 고령화와 더불어 남성과 여성의 평균 수명 차이로 인해 고령층 1인 가구도 증가하고 있다.

이러한 1인 가구의 부상은 베이비부머의 은퇴에 이어 소비시장의 가장 큰 변화 중 하나이며 1인 가구는 더 이상 소수의 비정상적 형태가 아닌 보편적인 현상이 되고 있으며 이러한 1인 가구가 국가경제에서 차지하는 비중과 영향력도 확대되고 있다(삼성경제연구소, 2012).

2) 1인 가구의 소비트렌드

1인 가구가 새로운 소비주체로 부상하면서 소비시장에도 변화가 나타나고 있으며 이러한 변화는 앞으로도 빠르게 시장의 판도를 바꾸어 놓을 것이다. 통계청에 따르면 2020년 한국의 1인 가구는 588만 가구로 전체가구의 30%를 차지할 것으로 전망된다.

주택, 가전, 생활용품 등 소비시장 전반에서 1인 가구의 구매력이 증가하고 기업들은 1인 가구의 라이프스타일과 소비성향, 소비패턴에 따른 적합한 상품과 서비스를 개발하게 될 것이다. 또한 1인 가구에 대한 장기적인 정책 방향을 수집하여 사회비용 증가에 대한 대비를 해야 할 것이다.

1인 가구의 특성과 소비트렌드를 도식화하면 아래와 같다.

1인 가구 특성	소비 트렌드	니즈
공간/시간 제한	① 소형	· 크기는 줄이되 성능은 유지
독립	② 효율	· 제한된 자원의 효과적 사용
	③ 안전	· 신체적 안전과 정서적 안정
개인주의	④ 나	· 자기 가치 제고와 여가 향유

[그림 11-3] 1인 가구의 특성과 소비트렌드

출처: 안신현(2012). 부상하는 1인가구의 4대 소비트렌드. 삼성경제연구소.

읽을거리 ❷

1인가구가 소비판도를 바꾼다

6개 포장 계란 · 미니밥솥…싱글族 "작고 편리하게"
우리나라 작년 1인가구 23.9%
소포장 과일 · 컵와인도 등장
미니제품 매년 30% 매출 증가

지난해 통계청이 발표한 우리나라 1인가구 비율은 23.9%다. 핵가족화, 고령화, 늦은 결혼의 사회적 현상을 고려했을 때 1인 가구의 증가는 더욱 가파를 것으로 전망된다.
싱글족은 자신이 원하는 메뉴, 제품, 분위기가 조성돼 있는 곳을 선호한다. 자신이 좋아하며 배우고 싶고 관심 있는 분야에 대해서는 비용이 들더라도 전혀 부담을 갖지 않는다는 특징을 가지고 있다.
유통업계에서는 싱글족 코드에 맞는 제품과 메뉴 개발에 한창이다.
D백화점에서는 채소 식품 위주로 이루어지던 소포장 개별 포장상품을 과일 코너까지 확대해 운영하고 있다. 신선함을 생명으로 하는 과일의 경우 큰 것보다 작은 것을 구입해 필요한 만큼만 사용하는 것이 알뜰 소비에 도움이 된다는 인식이 확산됐다는 걸 노린 것이다.
10개가 기본인 것을 6개로 포장한 계란, 340g짜리 두부를 160g짜리 두 개로 쪼개 별도로 판매하는 투컵 두부, 아침식사 대용 1회용 생식두부, 고등어 세 마리를 6조각으로 나누어 개별 포장한 상품 등이 싱글족 사이에 인기를 모으면서 매출이 매년 12~15% 이상 꾸준한 신장세를 나타내고 있다.
미니와인의 인기도 높아지고 있다. 일반적으로 와인은 750㎖가 판매되고 있는데 최근에는 싱글족을

위해 용량이 절반밖에 되지 않는 375㎖ 소용량 와인들의 매출이 20% 이상 증가하는 추세다. 제품 수도 꾸준히 늘려 현재 소용량 와인은 일곱 종류를 선보이고 있다.
휴대가 간편한 소용량 페트병 음료와 2~4개입 쿠키, 65g짜리 소용량 컵라면과 소포장 김치는 이미 대중화됐고 고추장·참기름 등도 소용량 제품의 판매가 크게 늘고 있다.
주방기기 제품도 예외는 아니다. 1~2인 가구에 맞춘 16㎝ 프라이팬, 14㎝ 편수냄비부터 1~2인 캠핑 가구를 위한 투톤 미니바비큐 그릴이나 미니 삼겹살 구이팬까지 쉽게 찾아볼 수 있다.
쌀과 물을 넣고 전자레인지로 15분만 가열하면 밥을 지을 수 있는 전자레인지용 밥솥, 자투리 공간을 이용할 수 있는 생수기, 1인용 미니 달걀찜기 등의 미니 제품들도 싱글족에게 인기몰이 중이다.
작은 사이즈와 실용적인 기능을 갖춘 미니 전기밥솥이 젊은 소비자 사이에 인기다. 쿠쿠에서는 실속형 3인용 전기밥솥이 좋은 반응을 얻고 있다. 쾌속취사(13분)기능으로 1인분의 밥도 빠르게 만들 수 있다.
LG전자가 내놓은 미니 드럼세탁기 꼬망스는 세탁용량이 3.5㎏이다. 이 제품은 17분 만에 세탁·헹굼·탈수까지 가능해 혼자 사는 직장인들이 빠르고 편리하게 세탁할 수 있는 게 특징이다. 대우일렉트로닉스가 선보인 미니는 세계 최초로 벽에 걸어 사용하는 드럼세탁기다. 부피가 작아 다용도실이 없는 소형 주택에서도 욕실이나 주방에 걸어 사용할 수 있다.

출처: 영남일보(2014. 04. 19.).

1인 가구의 증가는 일본을 비롯하여 유럽·북미 선진국들이 이미 겪은 현상으로 되돌리기 어려운 흐름이다. 유럽에서도 만혼, 이혼 증대, 고령화, 독거노인의 증가로 인해 1~2인 가구가 늘고 있으나 이런 변화가 점진적이었는데 비해 우리나라는 급속하게 진행되고 있는 점이 차이라고 볼 수 있다. 1인 가구의 부상은 대가족, 핵가족에 이은 제3의 가족혁명이라고 할 만하며 기존 개념과는 다른 다양한 형태의 가족이 늘어나는 현실을 인정하고 정책적 대응에 나서야 한다는 목소리가 높다(매일경제, 2012).

한편, 1인 가구의 증가와 더불어 김난도 외(2012)는 나홀로 라운징Alone with lounging 트렌드를 2013년의 한 가지 소비트렌드로 전망하였다.

공공장소에서 사람을 만나고 가볍게 휴식을 취할 수 있는 공간인 라운지에 ing를 붙인 용어, '라운징'은 장소의 개념에서 조금 더 확대된 개념으로 인터넷과 모바일을 통해 인간관계의 폭은 넓어졌지만 그 안에서 공허를 느끼는 사람들의 외로움을 해소하기 위해 적극적으로 대처하는 개인적 노력을 '라운징'이라고 부를 수 있다는 것이다. 라운지 체어, 라운지 음악이 관심을 끌고 1인 여행객도 증가하는 추세이다.

또한 어린시절을 꿈꾸는 회귀족이 늘어나고 있는 현상도 나타나고 있다. 소위 키덜트kidult라 불리는 이들은 어른이 되어도 마음 한켠에 어린이의 마음 상태를 유지하며 살아가는데 만화 · 영화의 주인공과 베어브릭 등 아트 토이까지 다양한 장난감의 주 고객층이 바로 20~30대, 때로는 40대의 키덜트족이다.

사회 구성원의 개체화가 불러일으킨 라운징 트렌드는 솔로 이코노미가 성장하는 배경이 되고 있다. 나홀로족, 싱글족의 증가와 더불어 솔로 이코노미는 주거, 디지털기기, 외식업계, 심부름 서비스에 이르기까지 다양한 분야에서 새로운 변화의 바람을 일으키고 있다(김난도, 2012).

읽을거리 ❸

1인 가구 모인 '셰어하우스' 뜬다

침실 따로 주방 · 욕실 공유
취미 · 문화생활 하며 친분
서울 · 수도권 2000여실

침실만 따로 쓰고 거실 부엌 욕실 등은 함께 사용하는 '셰어하우스(share house, 공유주택)'가 새로운 형태의 임대주택으로 떠올랐다. 지난해부터 크게 늘어난 이 테마형 임대주택은 서울 · 수도권을 중심으로 2,000여실에 달하는 것으로 부동산업계는 추산했다.

셰어하우스 입주자는 집이라는 물리적 공간만 공유하는 게 아니다. 커피, 야구, 책, 영화, 텃밭가꾸기 등 비슷한 취미와 콘텐츠를 함께 나누며 친분을 쌓는 게 특징이다. 지상파와 케이블TV에 '룸메이트', '셰어하우스' 등의 리얼리티 프로그램이 잇달아 등장하고 관련 서적이 쏟아지는 것도 '문화가 가미된 주거'라는 특징이 부각된 때문이라는 설명이다.

개인 임대업자뿐만 아니라 임대 브랜드를 가진 전문업체도 연이어 셰어하우스 시장에 뛰어들었다. '우주', '함께 꿈꾸는 마을', '사람앤하우스', '수목건축' 등이 대표적이다. 박상언 유엔알컨설팅 대표는 "원룸 오피스텔 등 엇비슷한 주거시설의 과잉 속에서 '독립적이면서도 함께 살고 싶어하는' 1인 가구의 요구가 셰어하우스로 대변되고 있다"고 말했다. 1인 가구 비중이 높은 일본에선 셰어하우스가 주요 임대주택 형태로 자리 잡았으며 한국도 1인 가구가 빠른 속도로 늘어나고 있어 시장이 커질 가능성이 높다고 덧붙였다.

출처 : 한국경제(2014. 06. 21.).

3. 실버트렌드

인구의 1/4을 차지하고 있는 1차(1955~1963년생)와 2차(1968~1974년생) 베이비부머 세대가 2020년부터 65세 이상 실버층으로 진입할 예정이다. 지난 반세기 동안 한국경제의 성장동력을 담당해왔던 베이비부머 세대가 실버층으로 본격 진입하면 사회 · 경제적으로 어떤 변화가 나타날지 관심이 커지고 있으며 생산보다는 소비의 중심계층으로 전환할 것이다. 이들은 이전의 세대에 비하여 자산과 소득 수준이 더 높은 것으로 예상되고 능동적인 소비주체로서의 성향을 갖고 있다.

김정근 등(2012)은 베이비부머의 5대 트렌드와 젊고 능동적으로 살고자 하는 새로운 실버세대의 니즈를 반영한 5가지 '젊은 비즈니스'가 부상할 것으로 전망하고 있는데 그 내용을 도식화하면 아래와 같다.

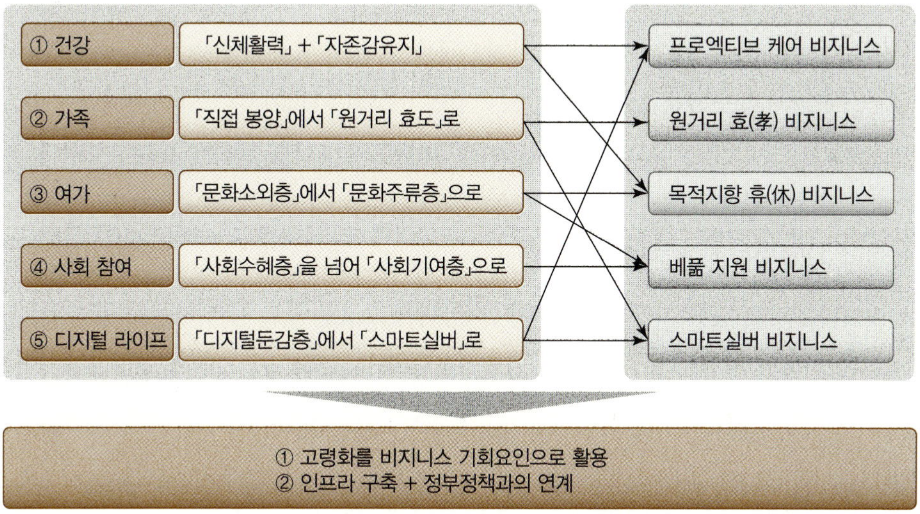

[그림 11-4] 새로운 실버트렌드와 젊은 비즈니스의 부상

출처: 김정근 외(2012). 실버세대를 위한 젊은 비즈니스가 뜬다. 삼성경제연구소.

과거 실버세대의 소비행태를 참조하고 베이비부머의 환경적 특성과 경제적 여건, 관심사 등을 근거로 제시한 베이비부머의 5대 트렌드는

첫째, 건강: 신체활력+자존감 유지

베이비부머들은 기본적인 건강관리와 질병예방뿐만 아니라 친 건강 상품을 선택하는 등 비용이 들더라도 건강에 대한 투자를 아끼지 않는다.

둘째, 가족: 직접 봉양에서 원거리 효도로.

베이비부머 세대는 '부모 봉양에서 책임을 느끼면서도 자식으로부터 받는 것은 최소화하는' 가족관계를 지향한다. 따라서 실버층의 자발적 독거가 확산될수록 원거리의 자녀를 대상으로 한 효상품 시장이 확대되고 마음 관리형 상품에 대한 니즈도 증가할 것으로 내다본다.

셋째, 여가: '문화소외층'에서 '문화주류층'으로.

베이비부머는 이전 실버세대보다 문화적 눈높이가 많이 향상된 상태여서 과거 신세대의 영역으로 여겨졌던 분야에 실버세대의 도전과 진입이 활발해질 것이다. 80년대에 히트한 콘텐츠들이 베이비부머 세대의 호응에 힘입어 재부상한 것이 그 한 예이다. 또한 1990년대 복고 열풍이 영화, 드라마 등에서 인기를 끌면서 1990년대가 세대공감의 접점이 되고 있다. 예전에는 가치관과 특성에 따라 세대를 명확히 나누는 것이 가능했지만 이제는 세대를 아우르는 보편적인 문화와 가치가 중시되는 사회적 · 문화적 분위기가 형성되고 있다. 늘어나는 기대수명 또한 나이의 전형성에 대한 선입견과 편견을 파괴하는 요인이다(김난도, 2012).

넷째, 사회참여: '사회수혜층'을 넘어 '사회기여층'으로.

베이비부머는 명확한 정치적 견해를 적극적으로 표출하고 지역사회에 이바지하려는 의지가 강한 경향이 있다. 연령이 높아질수록 투표율이 상승하는 경향이라든가 은퇴 후 사회봉사활동에 의욕적으로 참여하는 사회지도층이 늘어가는 것이 그 좋은 예이다.

다섯째, 디지털라이프: '디지털둔감층'에서 '스마트실버'로.

베이비부모가 실버층으로 진입하면서 '시니어=아날로그 세대'라는 편견이 약화되고 있다. 그들은 젊을 때와 다름없이 활기찬 생활을 누리고 싶어 하며 터치스크린 기술의 핵심 소비층으로 부상할 가능성도 있다.

한편, 고령화와 함께 젊음과 아름다움을 추구하는 안티에이징이 사회적 트렌드로 빠르게 확산되고 있으며 고령화의 진행과 기술혁신 등으로 인해 안티에이징 트렌드는 더 강화될 전망이다. 안정적인 자산을 바탕으로 건강과 젊음에 적극 투자하는 엑티브 시니어층의 부상과 외모 중시 경향이 고령화와 더불어 이러한 안티에이징에 대한 니즈를 증대시키고 있다(강찬구 등, 2013).

4. 윤리적 소비

1) 윤리적 소비의 개념과 실천

소비윤리는 개개인의 행동에 대한 잘잘못을 그 사회의 도덕적인 원칙이나 가치체계에 기초를 두고 판단하는 사회윤리로서 소비행동에 대한 잘잘못을 판단할 수 있는 기준이며(송인숙, 2005) 일상생활에서 이러한 소비윤리를 실천하는 소비행동을 윤리적 소비라고 할 수 있다(천경희 외, 2010). 윤리적 소비의 실천을 소비 과정을 기준으로 살펴보면 자원의 배분행동, 구매행동, 사용행동, 처분행동으로 나누어 볼 수 있다(홍연금, 2009).

먼저 자원 배분에 해당하는 윤리적 소비행동은 윤리적 투자나 나눔 및 기부행동이 포함된다. 구매행동은 구매선택에서 사회적인 책임을 지는 것으로 환경 친화적 상품 구매, 공정무역 상품 구매, 공정여행, 로컬구매, 불매운동 등이 있다. 다음으로 사용행동은 자원을 보다 효율적으로 사용하고 물과 에너지 등을 절약하는 행동을 포함한다. 끝으로 처분행동은 쓰레기 분리수거, 재활용 및 중고제품 이용을 통한 쓰레기 감소를 목표로 한다. 이 외에 소비의 전 과정에 관련되는 자발적 간소화가 있다. 즉, 소비자가 생활양식 자체를 단순하게 하여 소비생활이 간소하게 변화되는 실천행동을 말한다.

이와 같이 윤리적 소비행동은 단지 윤리적 제품을 구매하는 데 그치는 것이 아니라 자원의 배분, 사용, 처분 등 소비의 모든 과정 속에서 이루어지고 있다.

아이쿱iCOOP협동조합연구소가 소비생활에서 윤리적인 가치를 인식하고 있는 소비자들의 의식을 분석하기 위하여 2012년 11월부터 2013년 1월까지 아이쿱생협 75개 지역조합의 3,012명 조합원을 대상으로 조사한 결과에 따르면 윤리적 소비를 실천하는 소비자들은 경제적 가치보다 감성적인 가치를 더 우선으로 하는 것으로 나타났다(헤럴드경제, 2013). 응답자들은 윤리적 소비에 감성적, 경제적, 사회적인 순으로 높은 가치를 두고 있으며 응답자의 79% 이상이 '물품 가격이 상승해도 생산자와 노동자에게 정당한 대가가 지급되어야 한다'고 답했다. 3040 감성소비족이 윤리적 소비를 이끄는 것으로 파악이 되었다.

한편, 2008년 시작된 미국의 '굿가이드(http://www.goodguide.com)'는 소비자에게 제품의 모든 생애주기 정보를 제공하는 온라인 플랫폼이자 모바일앱이다. 원료 구입 과정부터 제품의 생산과정, 환경과 소비자에게 미치는 영향까지 분석하며 이 앱을 이용하여 제품의 바코드를 찍으면 환경 · 건강 · 사회 총 3분야의 점수가 뜨고 왜 그런 점수를 받았는지 확인할 수 있다. 이 회사의 공동 창업자인 다라오루크Dara O' Rourke에 따르면 미국에서는 전체 소비자의 3~5%만 움직여도 기업이 이들의 목소리에 반응한다는 것이다. 특히 젊은 세대들은 트위터나 정보활용력이 뛰어나서 이런 변화의 주체가 되고 있다고 보면서 윤리적 소비의식은 높아도 실제 행동까지 잘 연결되지는 않으므로 이런 갭을 줄이기 위해 정보 제공이 중요하다는 것이다. 결국 한 개인의 소비가 변화를 만들 수 있으리라는 생각으로 윤리적인 제품을 소비하는 것이 중요하다.

2) 공정무역

공정무역 상품을 구매하는 것도 윤리적 소비행동의 한 유형이다. 국제공정무역협회IFAT의 헌장에 있는 공정무역에 대한 정의를 보면 공정무역은 대화, 투명성, 존경의 토대하에 국제무역에서 좀 더 큰 공평함을 찾고자 하는 무역 파트너십이다. 특히 남반구에 사는 주변부 생산자, 노동자들에게 더 좋은 무역 조건들을 제공하고 이들의 권리를 보호하는 것을 통해 지속 가능한 발전에 기여한다.'로 정리하고 있다(천경희 외, 2010). 공정무역fair trade을 간단하게 정의하면 생산자에게 공정한 값fair price을 지불한다는 것을 말하며 거래에 있어 불평등을 해소하고 생산과정에서 환경을 파괴하지 않는 새로운 형태의 대안무역으로서 대안적 실천의 하나이다. 지속가능한 대안무역 운동으로 이 운동이 시장경제에서 실현되려면 소비자들이 그 의미를 인식하여 윤리적 소비 행동으로 이어지게 해야 한다.

공정무역은 미국에서 1940년대 말부터 시작되었으며 처음에는 난민이나 제3세계 극빈층이 만든 수공예품을 팔아주는 것이었고 이후 본격적인 운동은 유럽에서 시작되었다. 우리나라에서는 2000년부터 본격화하였고 크게 두 가지 흐름으로 나타났는데 그 하나는 환경단체를 중심으로 조직화되었던 생활협동조합들이 생협운동 영역을 확장하기 위하여 공정무역에 참여한 것이다. 또 하나는 NGO 단체들이 국제연대활동의 일환으로 참여하게 되었다. 공정무역의 거래량은 아직 매우 미미한 수준이지만 유럽을 중심으로 급성장하고 있고 국내에서도 취급 품목이 다양해지고 있다. 특히 최근에는 시민운동 차원이 아닌 백화점과 대형할인매장에도 공정무역 상품들이 등장하고 있으며 주로 커피, 초콜릿, 마스코바도(설탕) 등을 비롯하여 의류 및 패션소품에 이르기까지 다양해지고 있다. 또한 공정무역의 정신은 여행에도 적용되어 공정여행이 관심을 끌고 있다. 공정여행은 여행의 대가를 현지인에게 직접 지불하고 현지인과 직접 접촉하는 기회를 만들기 위해 기획되었다.

읽을거리 ❹

2014 세계공정무역의 날…함께 사는 세계를 위한 노력을 위해

오늘(10일, 매년 5월 둘째주 토요일)은 세계공정무역기구(WFTO)에서 지정한 '2014 세계공정무역의 날'로, 전 세계에서 공정무역을 널리 알리고 활발한 참여를 촉구하기 위한 다양한 캠페인이 벌어지는 날이다. 공정무역의 주요 지향점은 경제활동에서 소외된 생산자에게 기회를 제공하고, 생산자의 생산품에 대해 공정한 가격을 받게 하고 양호한 노동조건을 제공하는 것이다. 특별히 아동노동·강제노동·성차별 등 인권 불평등을 없애기 위해 노력하며 환경을 생각하는 등의 내용이 공정무역 10원칙으로 공표되어 있다.

1940~50년대 미국과 영국에서 바느질 제품·수공예품을 거래한 것으로 소박하게 시작되어 1989년에는 국제공정무역연합(IFAT, 현 WFTO)이 설립되었고 1997년에는 세계공정무역 상표기구(FLO)가 발족했다. 2002년에는 제1회 세계공정무역의 날이 시행되었고 이듬해인 2003년에는 아름다운 가게가 아시아지역 공예품을 판매한 것을 필두로 우리나라의 공정무역 역사가 열렸다.

FAIRTRADE INTERNATIONAL의 2012~13 리포트에 따르면 현재 공정무역은 세계 70여개 국가에서 130만 이상의 농민과 노동자가 참여하고 있다. 2012년 전세계의 FLO 인증 제품 판매량은 48억 237만

4천 746유로이며 우리나라는 약 198만 9천631유로였다. 공정무역 판매 대표 품목으로는 꽃과 식물 · 바나나 · 설탕 등이 있다. 전세계에는 1149개 생산자 조직이 있으며 이는 2011년보다 16% 증가한 것이다. 공정무역에 참여하는 생산자는 공정한 무역과정을 통해 정당한 가격을 받고 생산품을 판매하게 된다. 이 과정에서 발생한 이익은 다시 생산자의 가공기술 향상과 삶의 질 개선, 여성의 생산자립 등을 위해 쓰이게 되고 이는 다시 제품 질 상승과 좋은 가격으로 이어진다. 소외된 생산자들이 공정무역 참여를 통해 긍정적인 경제순환 과정을 거치며 더 나은 미래를 준비하고 이는 경제적으로 보다 평등한 세계를 만든다는 점이 공정무역을 추진하는 사람들이 중요하게 여기는 가치다.

이러한 공정무역제품 중 우리가 구입할 수 있는 대표적인 상품으로는 축구공, 초콜릿, 커피, 설탕, 노트, 장난감 등이 있다. 소비자는 FLO의 공정무역 인증마크 및 공정무역에 참여자들이 개발한 여러 상표들을 통해 공정무역 제품을 알고 구매할 수 있다.

출처: 비주얼다이브(2014. 05. 10.).

읽을거리 ❺

공정무역 '카카오나무', 세계적 디자인상 수상

한국의 공정무역 카카오나무가 세계 디자인계를 감동시켰다.

공정무역 아름다운커피(아름다운가게 공정무역사업처)의 '이퀄 초콜릿' 패키지가 세계 3대 디자인 어워드 중 하나인 '레드닷 디자인 어워드'에서 '커뮤니케이션 디자인 부문' 본상을 받았다.

이 패키지는 세계 최대 브랜드컨설팅 그룹 인터브랜드의 재능기부로 탄생한 작품이다.

'이퀄 초콜릿' 패키지는 알록달록한 카카오나무를 전면에 내세웠다. 갈색이나 금색 위주의 타사 초콜릿 사이에서 확연히 눈에 띈다. 속포장재에도 카카오 열매를 그려 넣어 제품을 꺼낼 때 나무가 자라는 듯한 이미지를 볼 수 있다. 저개발국 생산자와 자연을 살리는 공정무역의 정신을 자연스럽게 전달하기 위한 디자인이다.

아름다운커피와 인터브랜드는 작년부터 '이퀄 아메리카노', '이퀄 초콜릿' 출시 과정에서 협업해 왔으며, 세번째 프로젝트로 9월 '이퀄 페루 코코아'를 리뉴얼해 선보일 예정이다. 특히 이번 '이퀄 초콜릿'은 기업의 사회공헌 활동이 디자인 역량 면에서도 세계적으로 인정받아 의미가 크다.

출처: 경제투데이(2013. 07. 08.).

3) 코즈마케팅

사회가 추구하는 공익적 가치와 기업이 추구하는 경제적 가치를 동시에 추구하는 코즈마케팅Cause Marketing이 주목받고 있다. 미국 하버드 대학의 마이클 포터Michael Porter와 마크 크레이머Mark Kramer 교수가 공유가치창출Creating Shared Value: CSV이라는 개념을 제시했는데 기업의 존재 목적이 단순한 이윤 창출이 아닌 경제적 가치와 사회적 가치를 동시에 창출하는 쪽으로 바뀌어야 하며 이러한 공유 가능한 가치를 창출하는 것은 기업의 몫이라고 주장했다(유재훈, 2012). 이러한 공유가치창출을 위한 하나의 마케팅적 방법론으로서 코즈마케팅이 새롭게 부각되고 있으며 코즈연계 마케팅Cause-Related Marketing이라고도 불리는데 기업과 사회적인 이슈 또는 비영리단체가 상호이익을 위해 연계하는 것을 말한다.

코즈마케팅과 기업의 사회적 책임Corporate Social Responsibility: CSR의 차이점은 사회적 책임의 경우 사회의 구성원으로서의 역할적 측면에 초점을 맞추는 반면 코즈마케팅은 기업이 소비자를 통해 기업이 추구하는 경제적 가치와 사회가 추구하는 공익적 가치를 동시에 추구한다는데 있다. 코즈마케팅의 형태로는 소비자들의 소비를 통한 기부, 온라인 플랫폼 활용, 기업의 재능기부 등이 있다.

읽을거리 6

코즈마케팅이 뜬다. 맛도 마음도 착해야 인기

공익적 활동을 마케팅과 접목시킨 '코즈마케팅'이 확산되는 분위기다. 특히 '먹고, 마시는' 제품을 다루는 식품·외식업체일수록 이러한 사회적 행보가 더욱 뚜렷하다.
기업의 사회적 활동이 기존의 일방적 기부를 넘어 고객과 함께하는 기부 형태로 진화하며 소비자와의 공감대 형성에도 큰 역할을 하고 있다.
대표적 SNS 소통 기업 도미노피자는 58만여 명의 팬을 보유하고 있는 페이스북을 통해 소비자 참여형 공익 이벤트 '사랑의 255℃'를 진행하고 있다.
'사랑의 255℃' 이벤트는 소비자들이 사회공헌 활동에 함께 참여할 수 있는 기회를 제공하고자 마련된 나눔 프로모션으로, 피자가 가장 맛있게 구워지는 온도인 255℃를 페이스북 '좋아요'에 접목해 누구나 쉽게 접근할 수 있도록 했다.
소비자들이 매주 페이스북을 통해 수혜 단체를 추천하고 관련 사연을 응모하면 응모 게시물 중 많은 호응을 얻은 단체에 피자 제조 시설이 탑재된 파티카(Party Car)가 방문, 즉석에서 요리한 도미노피자를 선물한다.
또 CJ푸드빌 빕스에서는 소외 · 결식 아동 지원을 위한 '러브스테이크 캠페인(Sharing your Love-steak campaign)'을 전개 중이다.
'러브스테이크 캠페인'은 소비자가 매장에서 빕스의 대표 메뉴인 '빕스 No.1스테이크'를 주문하면 수익금의 1%가 CJ그룹이 운영하는 사회복지재단 CJ도너스 캠프를 통해 소외 · 결식 아동에게 자동으로 기부된다. 행사는 전국 모든 빕스 매장에서 동시에 진행한다.
소비자가 구입 물품을 직접 기증하는 방식의 사회공헌 활동도 눈길을 끈다. 커피&번 프랜차이즈 로티보이는 일부 직영점을 중심으로 '서스펜디드 커피 운동'을 펼치고 있다.
'서스펜디드 커피 운동'이란 소비자가 커피점에서 자신이 마실 커피 외에 추가로 커피값을 지불해 놓으면 이를 노숙자와 실직자 등 불우이웃에게 기부하는 캠페인이다.
'착한 아메리카노'라는 이름으로 판매되는 이 메뉴는 커피 3잔으로 구성된 세트 구입 시 기존 가격에서 20% 할인 혜택을 제공하고 1잔은 자동으로 구입 매장에 기부가 되는 방식으로 판매된다.

출처: 머니위크(2013. 07. 17.).

이외에도 최근 미국에서는 일종의 사회적 기업인 'B코포레이션Benefit-corporation'의 새로운 실험이 주목받고 있다(조선비즈, 2013. 07. 23.). B코포레이션은 사회적 책임을 다하려는 기업에게 비영리단체 B랩B-Lab이 수여하는 인증 같은 것으로 공정하게 거래된 질 좋은 커피에 공정무역 인증을 주는 방식과 같다.

4) 녹색소비

전 세계적으로 환경문제를 지각하며 소비하는 '녹색소비green consumption'가 1970년대 이전부터 서서히 나타났고 현재는 세계 각국에서 많은 소비자들이 이에 대한 인식을 높게 가지면서 실천하는 하나의 흐름으로 나타나고 있다. 우리나라에서도 1980년대부터 확산되어 윤리적 소비 영역 중 가장 잘 알려져 있는 소비행동으로 환경친화적 소비pro-environment consumption라는 용어로도 사용되고 있다. 녹색소비는 쾌적한 환경을 누릴 소비자의 권리를 실현하기 위해 자신들이 실천해 나가야 하는 의무라고도 할 수 있다(천경희 외, 2010).

녹색생활이란 한 개인이 자원과 에너지의 과다사용을 줄이고 환경오염을 예방함으로써 현재 세대에서 다른 사람에게 뿐만 아니라 미래 세대의 삶과 환경도 배려하는 생활방식이다(채정숙 외, 2013). 윤리적 소비가 일반소비에 비해 이타주의적 측면에 초점이 맞추어져 있음을 고려한다면 환경친화적 소비나 친환경적 소비, 사회책임적 소비, 녹색소비, 그린소비 역시 윤리적 소비와 그 맥락을 함께 하는 소비행동 유형이라 할 수 있다.

지난 1997년 교토의정서가 채택된 이래 2008년부터 EU, 일본, 호주 등 전 세계 39개국이 온실가스 감축을 위한 직접 행동에 돌입 했지만 온실가스 다배출국들이 여전히 소극적인 자세를 보이고 있다. 21세기에 들어 지구온난화에 따른 이상기후 문제가 한층 더 부각되고 글로벌 차원의 저탄소 녹색사회로의 전환이 매우 중요하게 인식되고 있으나 천문학적인 비용과 기술적인 한계, 후발개도국의 반발 등이 걸림돌이 되고 있다. 그럼에도 불구하고 다음 10년 동안 인류는 삶의 전반에서 녹색사회로의 진전과 더불어 다양하고 의미 있는 변화를 겪게 될 것으로 보인다. 각국 정부와 기업의 천문학적인 투자, 제도와 규범의 변화가 맞물리면서 개인의 삶과 기업 비즈니스, 그리고 정부활동의 전 영역이 녹색사회를 향한 거대한 변화의 물결에 휩싸이게 될 것이기 때문이다(조용수, 2010). 정부의 정책 기준과 소비자들의 행동변화는 기업이 제품과 서비스를 만들고 판매하는 전 과정을 새롭게 구성하도록 만들 것이며 기업들은 녹색시대에 어울리는 제품과 서비스의 가치혁신을 통해 소비자 행동의 변화를 제안할 것이다. 정부와 기업, 그리고 소비자가 상호간 생각과 행동의 변화를 주고받으면서 미래 녹색사회를 향한 발걸음을 재촉하는 양상이 전개되는 것이다.

우리나라에서도 정부, 기업, 소비자 모두가 녹색경영과 녹색소비에 관심을 갖고 각종 정책과 행사를 시행하고 있으며 그 한 예로서 대한민국 친환경대전(http://www.g-growth.or.kr)이 있다. 2011년~2012년에는 (사)한국소비자업무협회와 한국환경산업기술원이 공동주최하고 환경부 등이 후원하여 '저탄소 녹색성장 박람회'라는 행사명으로 진행되었으며 대학생들의 녹색소비 실천을 위한 공모전이 함께 시행되었다.

읽을거리 7

'친환경소비 전진기지' 녹색매장 111곳 지정

친환경소비 페스티벌
지역별 녹색구매지원센터 운영 그린카드 550만 장 이상 발급

환경부는 한국환경산업기술원과 함께 다양한 제도를 운영하며 소비자에게 친환경소비를 독려하고 있다.
대표적인 것이 녹색매장이다. 녹색매장 지정제도는 전국의 백화점, 대형마트, 농수산물종합유통센터 등 다양한 유통매장 중 환경 친화적인 시설을 설치 · 운영하거나 친환경소비 확산에 기여하는 매장을 지정하는 제도다. 환경부와 한국환경산업기술원은 2011년부터 녹색매장 지정제도를 시행하고 있다. 소비자들이 친환경제품을 쉽게 접할 수 있도록 녹색매장을 지정해 친환경소비의 기회를 제공하고 있는 것.
녹색매장으로 지정된 매장에서는 환경마크 또는 우수재활용(GR)마크로 인증된 친환경제품을 구입할 수 있다.
녹색매장 제도는 2010년 백화점, 대형마트 등 대형 유통매장 대상으로 시범사업을 시작해 지정 기준과 절차를 마련했고 2011년부터 본격 도입했다. 현재 중소형 유기농 전문판매점, 환경표지 인증기업 대리점까지 지정 범위가 확대됐다. 이마트 서울 성수점을 1호점으로 시작해 올해 6월 현재 111개 매장이 지정됐다. 2009년 환경부 조사 결과에 따르면 일반매장을 환경친화적 유통매장으로 전환하면 대형마트는 매장당 618t, 백화점은 1,017t의 이산화탄소가 줄어드는 것으로 나타났다. 각각 소나무 5만 1,000그루, 8만 4,000그루를 심는 효과와 같다.
정부는 녹색구매지원센터를 통해 친환경소비도 촉진하고 있다. 녹색구매지원센터는 친환경제품 정보, 관련 교육 프로그램 등을 제공해 소비자의 친환경소비를 돕는다. 특히 청소년, 어린이, 주부 등 계층별로 특화된 교육 프로그램을 지역 네트워크를 활용해 제공하고 있다. 또한 지역 내 유통매장의 친환경제품 판매 현황 모니터링, 소비자 인식도 조사 등을 시행해 친환경제품에 대한 정보를 체계적으로 제공하고 있다. 현재 경기 안산에 녹색구매지원센터가 있으며 부산에서도 조만간 운영할 예정이다. 2015년까지 8개 지역에서 녹색구매지원센터를 열 계획이다.
그린카드도 소비자들에게 익숙한 친환경제도다. 그린카드는 소비자들이 친환경인증제품을 살 때마다 에코머니 포인트를 쌓아 공공시설 할인 및 무료 혜택을 제공받는 제도다. 2011년 7월 출시 이후 6개월 만에 100만 장을 돌파했고 현재 550만 장 이상이 발급됐다. 그린카드는 탄소포인트제와도 연계되어 △가정 내 전기 절약 시 인센티브를 제공하고 △그린포스가 구축된 매장에서 친환경제품을 구매 시 에코머니 포인트를 적립 △버스 · 지하철 등 대중교통 이용금액에 대해 월 5,000~1만 원까지 적립할 수 있다.

출처: 한국경제(2013. 06. 02.).

5) 가치소비

가치소비란 스스로 가치를 부여하거나 만족도가 높은 소비재는 과감히 소비하고 가격이나 만족도 등을 꼼꼼히 따져서 합리적으로 소비하는 것을 지칭한다. 가치소비 사회에서 소비자의 제품 및 서비스의 선택기준은 매우 다양하게 나타나고 있다. 즉, 우수한 품질을 갖추고 있으면서 동시에 가격이 저렴한가, 기술적 및 기능적 측면에서 차이가 있는가, 구매과정이 매력적이어서 만족을 얻을 수 있는가, 정서적 가치나 감성적 가치가 있는가 하는 것 등이다(채정숙 외, 2013). 소비의 시대에는 과시적인 소비가 곧 성공의 상징이었다. 물질주의적 가치가 가장 중요한 가치로 인정받았으나 이제 이러한 가치는 변하고 있다. 과다한 사치문화보다는 '품질과 오랜 수명, 그리고 오랫동안 변하지 않는 가치' 가 새롭게 강조되는 것이다. 이제 새로운 사치의 개념은 자아실현에 관한 것이며 삶의 대부분을 경험, 배움과 즐거움으로 채우고 싶은 욕구가 커지고 있다(박명희 외, 2013). 윤리적 소비를 실천하는 소비자들이 경제적 가치보다 감성적인 가치에 더 무게를 두고 경기침체와 물가 인상에도 불구하고 구매를 많이 하고 있다는 조사결과(경제투데이, 2013)를 보면 30대~40대가 중심이 되어 실천하고 있음을 알 수 있다. 소비자들은 인식과 표현의 양측면에서 자신의 이미지와 부합하는 제품들만을 진정한 것으로 여기고 알짜만을 가장 저렴한 비용으로 얻고자 한다.

이러한 가치소비가 메가 소비트렌드로 진행이 될지 지켜볼 일이다.

생각해 볼 과제

1. 자신이 생각하는 힐링의 개념과 목적을 설명하고 생활 속 힐링의 방법에 대해 서로 토론해 보자.
2. 윤리적 소비의 실천방법에 대해 팀별로 토론을 통해 모색해 보자.

CHAPTER 12

소비자의사결정의 적용

Consumer Decision Making

12장 소비자의사결정의 적용

우리는 앞에서 소비자의사결정의 중요한 7단계에 대해서 상세히 살펴보았다. 즉, 문제인식 – 정보탐색 – 구매 전 대안평가 – 구매 – 소비 – 소비 후 평가 – 처분의 각 단계별로 개념과 방법 등에 대해 공부하였다. 문제해결방식에 따른 몇 가지 의사결정 유형도 살펴보았으며 소비자의사결정에서 고려해야 할 사회 · 경제적 환경요인들과 최근의 소비트렌드까지 모두 고찰하였다.

이제 마지막으로 여기에서는 지금까지 학습한 모든 이론적인 것들을 적용하여 구체적인 상품을 대상으로 의사결정과정을 실습해 보기로 한다. 팀을 구성하여 본인이나 가족이 최근에 직접 구매한 적이 있는 제품을 대상으로 하거나 앞으로 구매할 제품 또는 이용할 서비스를 선택하고 가상의 상황을 설정한 후 실제로 필요한 정보탐색을 하며 각 단계별로 이론과 실제를 적용하여 실습을 해보자.

1. 구매 대상 및 적용 방법

구매 대상은 크게 상품의 성질에 따라 내구재와 비내구재, 서비스상품으로 분류할 수 있다. 내구재는 장기간에 걸쳐 여러 번 반복해서 사용할 수 있는 상품을 지칭한다. 비교적 고가상품이 많으며 잘못 구입할 경우 위험부담이 크고 곧바로 재구매를 할 수 없는 것이 대부분이다. 따라서 정보탐색과 대안평가 과정에서 매우 신중하게 접근할 필요가 있다. 즉, 광범위한 문제해결방식을 적용하여 의사결정의 모든 단계를 철저하게 거쳐가야 한다. 내구재의 예로는 가전제품, 가구류, 자동차, 고가의 카메라 등이 있다.

비내구재는 한 번 내지는 몇 번 사용함으로써 소비되는 상품을 칭하며 일상생활을 영위하는 데 필요한 대부분의 상품들이 이에 속한다고 볼 수 있다. 내구재에 비해 의사결정 과정을 비교적 간략하게 거쳐갈 수 있으나 상품의 종류에 따라 한정적 문제해결방식이나 습관적 문제해결방식을 이용하여 의사결정을 할 수 있다. 비내구재 상품의 예로는 식료품, 화장품, 고가를 제외한 일반 의류, 생필품 등이 있다. 그 외 서비스 상품은 무형의 상품으로 보험, 여가활동, 이미용 등이 있다.

많은 상품들 중에서 학습자인 대학생들이 관심을 갖고 주로 많이 사용하는 제품이나 자주 이용하는 서비스 상품 또는 장래 사회생활을 하면서, 더 나아가 결혼할 때 구입할 제품들을 대상으로 미리 구매 연습을 해 봄으로써 실제 구매를 할 경우 많은 도움이 될 것이다. 또한 여러 팀으로 나누어 중복되지 않게 다양한 상품을 대상으로 조사, 발표를 함으로써 다른 팀들의 구매 상품까지 간접적으로 실습이 가능하며 발표 후 상호 질의응답을 통해 서로의 의견을 공유하고 배울 수 있는 좋은 기회가 될 것이다.

2. 적용사례

저자들의 소속대학교 수업시간에 학생들이 직접 제작, 발표한 자료를 사례로 소개한다. 의사결정의 각 단계를 거치면서 학습한 이론들을 어떻게 적용했는지, 과정에 포함되지는 않았지만 필요한 예산을 어떻게 마련할 것인지, 그 외에도 현실에서 배운 이론을 적용할 때 과연 이론과 같이 적용이 가능한지 이러한 것들을 살펴보면서 제시한 사례들을 참조해보자. 그렇지만 이것은 하나의 예시이므로 학습자들은 다양한 아이디어로 더 발전된 구매 연습과제를 수행할 수 있을 것이다.

사례 1 카메라 구입

소비자의사결정
의사결정과정
카메라

INDEX
Chapter. 1 문제인식
Chapter. 2 예산설정
Chapter. 3 정보탐색
Chapter. 4 구매 전 대안평가
Chapter. 5. 구매
Chapter. 6. 소비
Chapter. 7. 소비 후 평가
Chapter. 8. 처분

누..누구 카메라 있는 사람 없나?

야! 아이고 아이고 정남아~! 시골 카메라를 들고 오면 어떻하노 내가 남사스러워 죽겠다 너때문에

야!! 카메라가 거기서 거기지 뭐가 다른데??

하 ~ 서울 온 김에 카메라 하나 사야겟다.
Chapter.

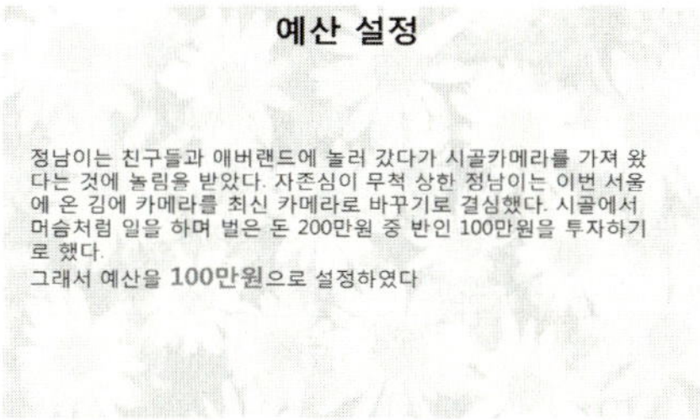

Chapter. 2 예산설정

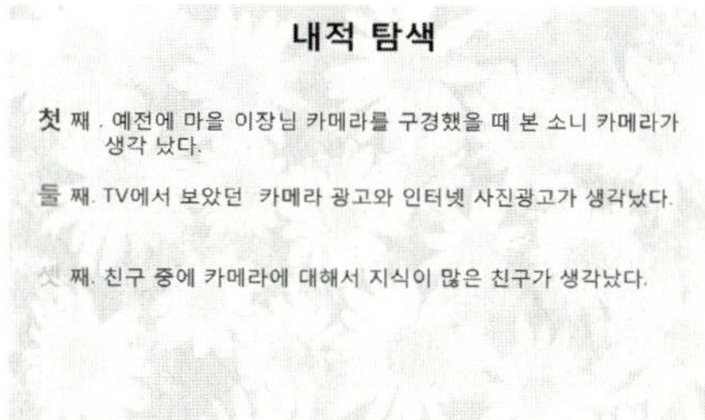

Chapter. 3 정보탐색 – 내적 탐색

Chapter. 3 정보탐색 – 내적 탐색

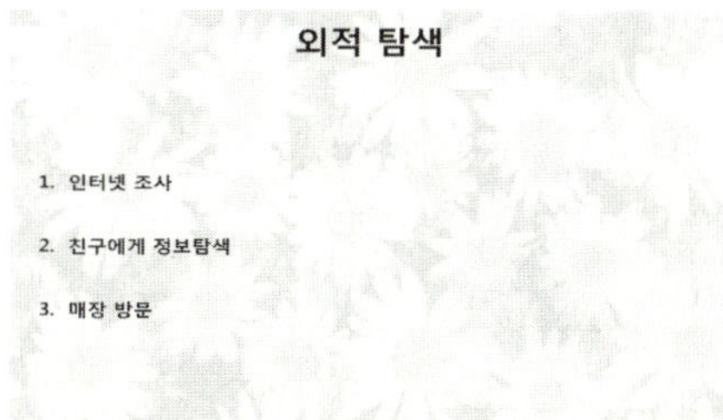

Chapter. 3 정보탐색 – 외적 탐색

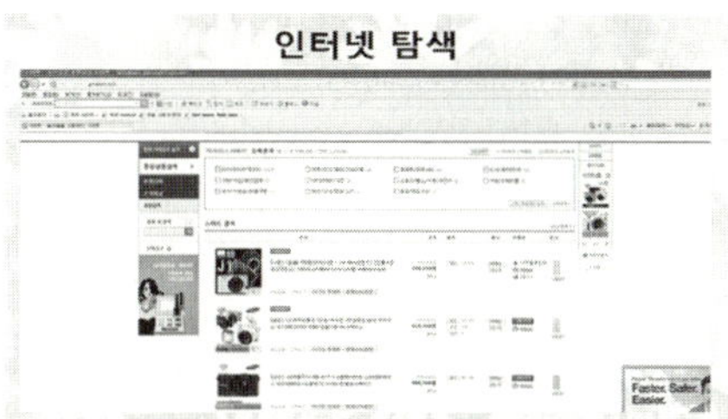

Chapter. 3 정보탐색 – 외적 탐색

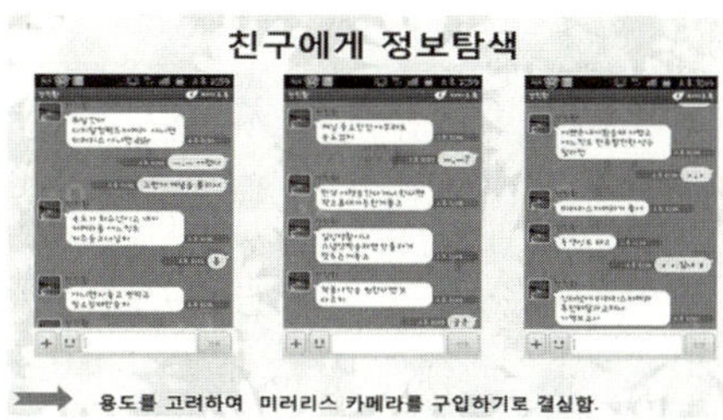

Chapter. 3 정보탐색 – 외적 탐색

매장 방문
Chapter. 3 정보탐색 - 외적 탐색

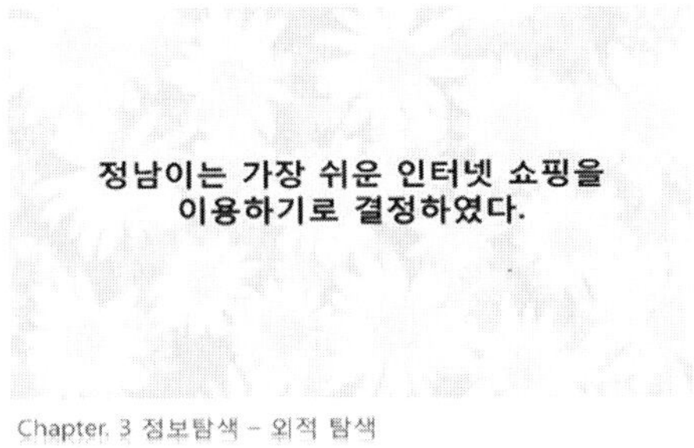
정남이는 가장 쉬운 인터넷 쇼핑을
이용하기로 결정하였다.
Chapter. 3 정보탐색 - 외적 탐색

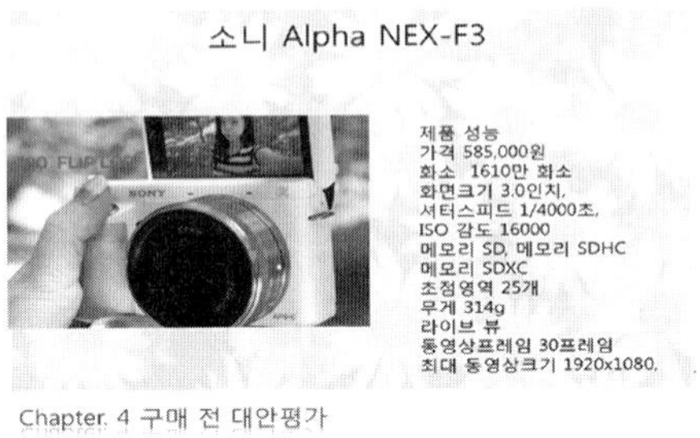
소니 Alpha NEX-F3
제품 성능
가격 585,000원
화소 1610만 화소
화면크기 3.0인치,
셔터스피드 1/4000초,
ISO 감도 16000
메모리 SD, 메모리 SDHC
메모리 SDXC
초점영역 25개
무게 314g
라이브 뷰
동영상프레임 30프레임
최대 동영상크기 1920x1080,
Chapter. 4 구매 전 대안평가

삼성전자 NX1000
제품 성능
가격 609,400원
화소 2030만 화소
화면크기 3.0인치
센서크기 1:1.5
셔터스피드 1/4000초
연사 8매, ISO 감도 12800
메모리 SD, 메모리 SDHC
메모리 SDXC
초점영역 15개, 무게 222g,
HDMI출력, 라이브 뷰, 먼지제거,
벌브지원, 손 떨림 방지
얼굴인식, 파노라마, 한글지원
동영상프레임 30프레임,
최대 동영상크기 1920x1080
Chapter. 4 구매 전 대안평가

파나소닉 루믹스 DMC-GX1
제품 성능
가격 710,100원
화소 1600만 화소,
화면크기 3.0인치
센서크기 4/3"
셔터스피드 1/4000초
연사 4.2매
ISO 감도 12800
메모리 SD, 메모리 SDHC,
메모리 SDXC,
초점영역 23개,
무게 318g
HDMI출력, 먼지제거
벌브지원, 손 떨림 방지
동영상프레임 30프레임
최대 동영상크기 1920x1080
Chapter. 4 구매 전 대안평가

캐논 EOS M
Canon
EOS
제품 성능
가격 869,000원
화소 1800만 화소
연사 4.3매
ISO 감도 12800
메모리 SD, 메모리 SDHC,
메모리 SDXC
화면크기3.0인치
무게 298g
셔터스피드 1/4000초
동영상프레임 30프레임
최대 동영상크기 1920x1080
Chapter. 4 구매 전 대안평가

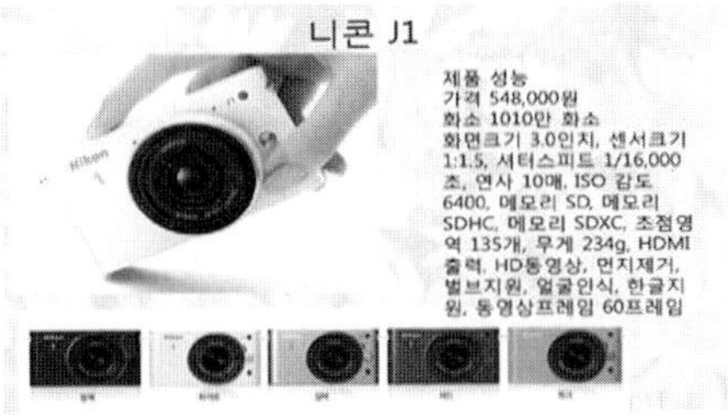

Chapter. 4 구매 전 대안평가

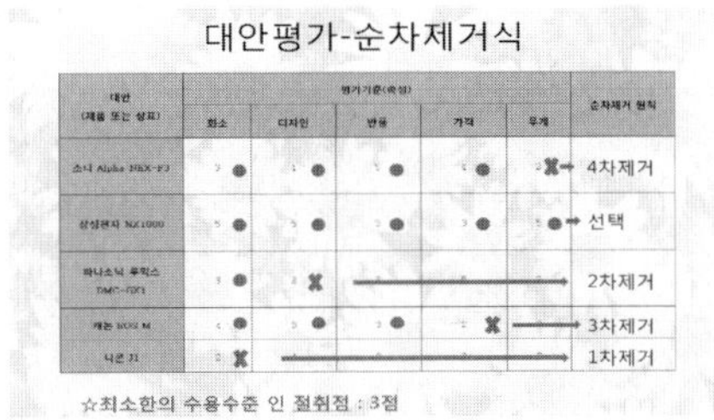

Chapter. 4 구매 전 대안평가

Chapter. 4 구매 전 대안평가

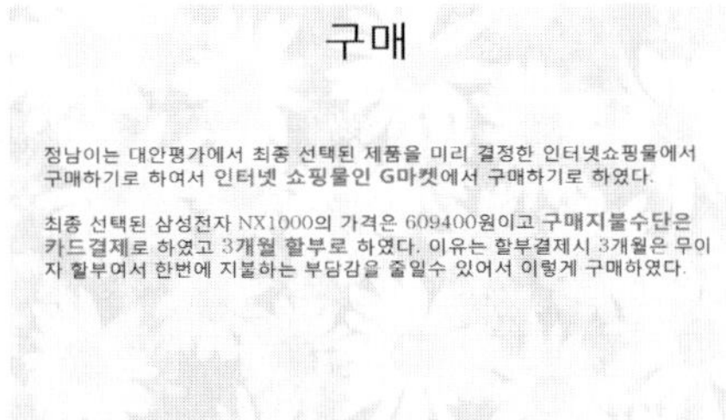

Chapter. 7 소비 후 평가

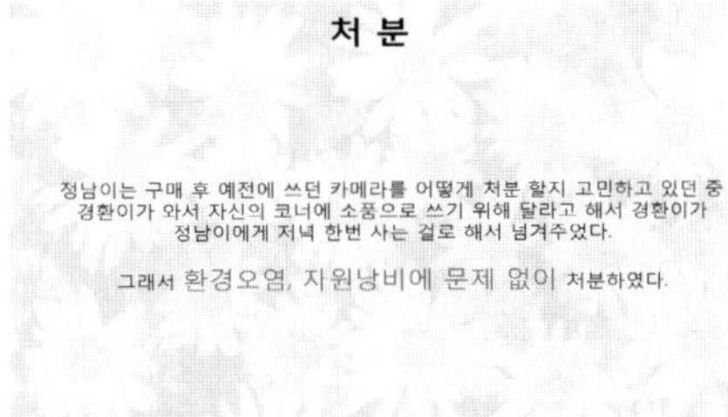

Chapter. 8 처분

사례 2 휴대폰 구입

합리적인
의사결정과정
-휴대폰 구입하기-

1. 문제인식
어느 날,
길을 가던 중
어떤 한 남자와
마주치게
되었다.

1. 문제인식
너무 잘생긴
한 남자에게
여자는 한눈에
반한다.

1. 문제인식
멀어져만 가는
그의 뒷모습에
다시 한번
반한 여자는
정신을
못 차리게
되는데..

1. 문제인식
폰은 이미 여자의 손에서 떠난 뒤였고,
액정은 깨져있었다.

1. 문제인식
절망에 빠진
그녀는 새 휴대
폰을 사려고
마음을 먹게 되
는데.....

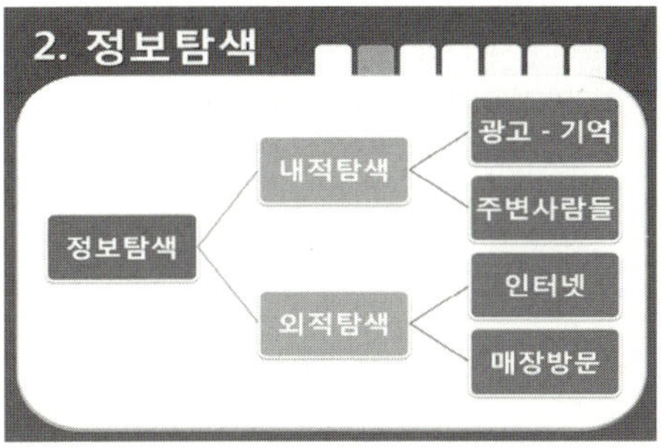
2. 정보탐색
정보탐색
내적탐색
외적탐색
광고 - 기억
주변사람들
인터넷
매장방문

2. 정보탐색
노트3가 새로 나왔다고 TV에 광고하던데..
어? 아영이랑 보라가 S4 좋다던데..
난 절대 번호도 안 바꾸고, 통신사는 SK로 살테야.

2. 정보탐색
아이폰5S
-내장형배터리
-지문인식 잠금해제
갤럭시S4
-폰 닫혔을 때에도 전화를 받을 수 있는 기능
옵G2
-쓸 수 있는 화면모드2개

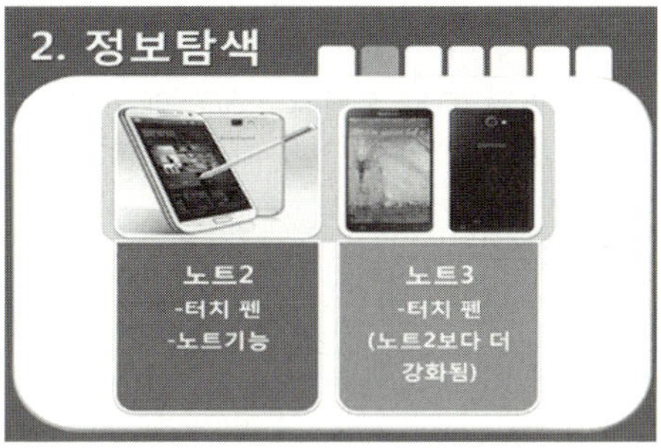
2. 정보탐색
노트2
-터치 펜
-노트기능
노트3
-터치 펜
(노트2보다 더 강화됨)

2. 정보탐색
시내에 있는 폰 대리점에 방문을 하여서
LTE A

2. 정보탐색
갤럭시노트2
매장에 진열된 상품들도 보고!

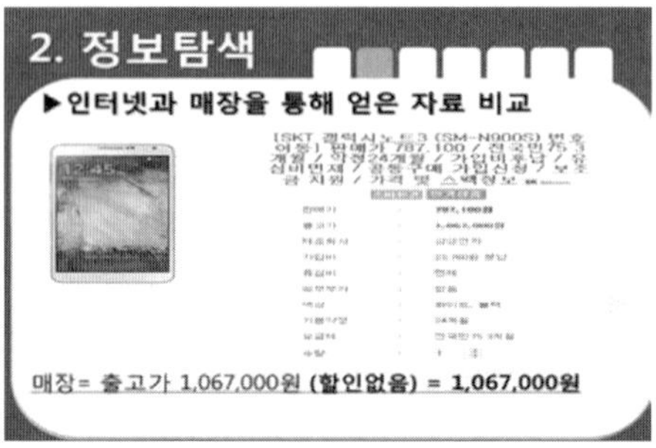

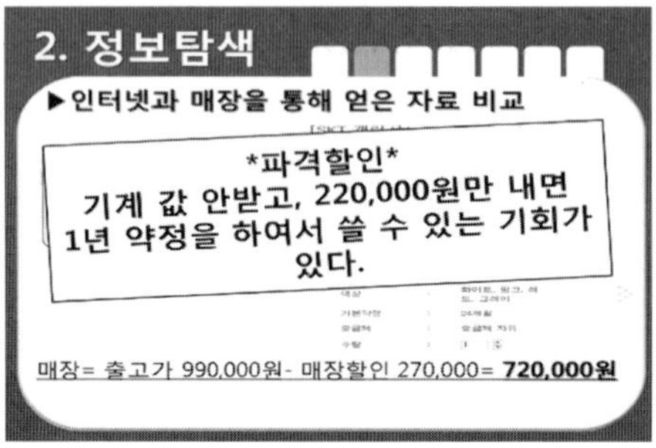

평가기준	속성평가	속성에 대한 신념강도					속성에 대한 태도점수				
		S4	G2	노트2	아이폰	노트3	S4	G2	노트2	아이폰	노트3
가격	30	4	4	5	4	2	120	120	150	120	60
기능	25	3	2	3	4	3	75	50	75	100	75
디자인	20	3	3	3	3	4	60	60	60	60	80
배터리	15	3	3	3	2	3	45	45	45	30	45
크기	10	2	3	4	2	3	20	30	40	20	30
합계							300	305	370	330	290

대안(상품)	평가기준(속성)					순차제거 원칙
	가격	기능	디자인	배터리	크기	
~~S4~~	~~4~~	~~3~~	~~3~~	~~3~~	~~2~~	4차제거
~~G2~~	~~4~~	~~2~~	~~3~~	~~3~~	~~3~~	2차제거
노트2	5	3	3	3	4	선택
~~아이폰~~	~~4~~	~~4~~	~~3~~	~~2~~	~~2~~	3차제거
~~노트3~~	~~2~~	~~3~~	~~4~~	~~3~~	~~3~~	1차제거

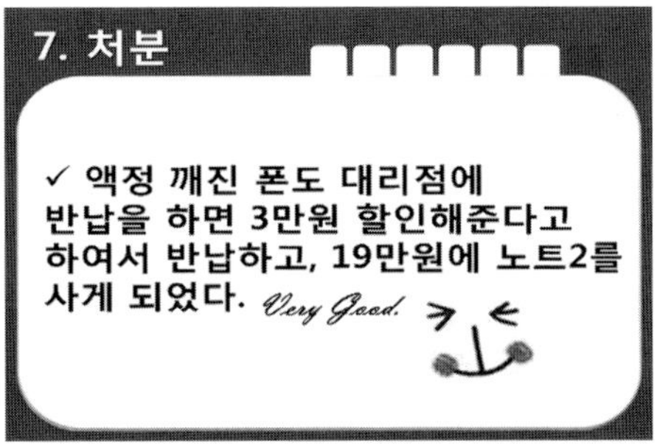

사례 3 스마트폰 구입

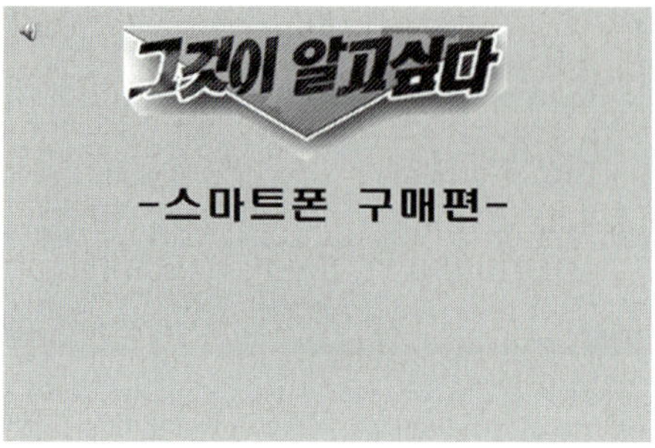

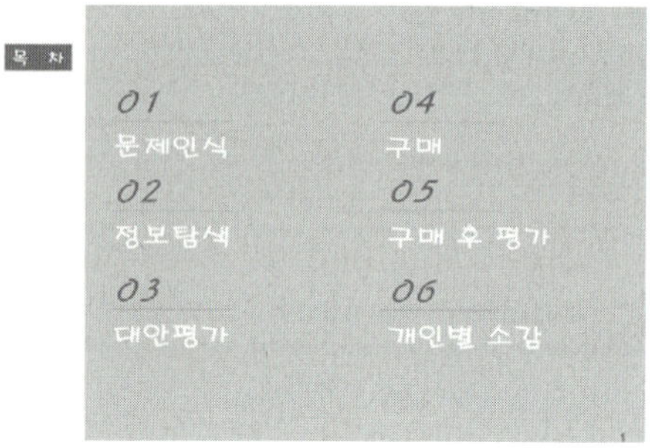

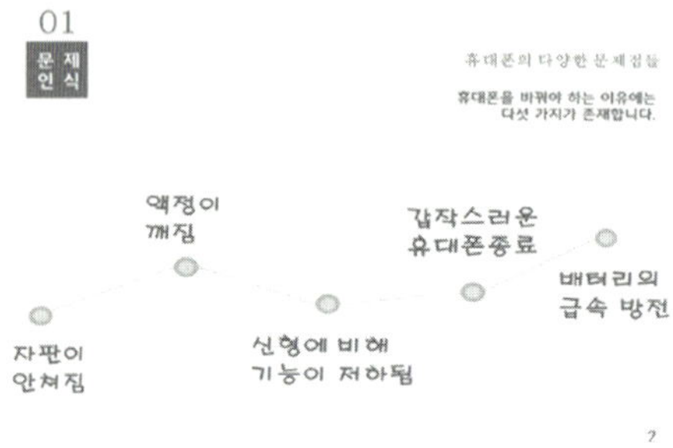

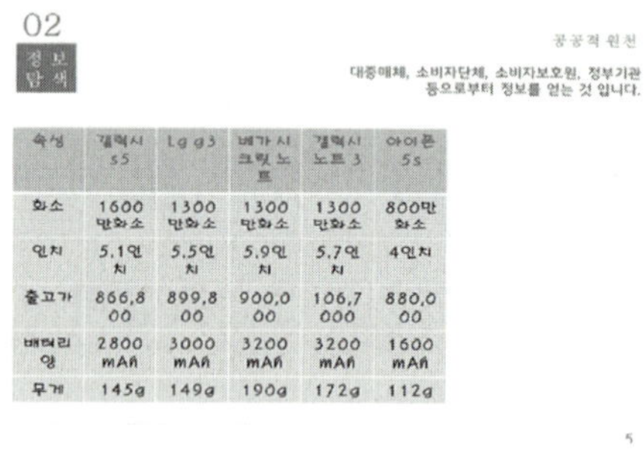

속성	갤럭시 s5	Lg g3	베가 시크릿 노트	갤럭시 노트 3	아이폰 5s
화소	1600만화소	1300만화소	1300만화소	1300만화소	800만화소
인치	5.1인치	5.5인치	5.9인치	5.7인치	4인치
출고가	866,800	899,800	900,000	106,7000	880,000
배터리 양	2800 mAh	3000 mAh	3200 mAh	3200 mAh	1600 mAh
무게	145g	149g	190g	172g	112g

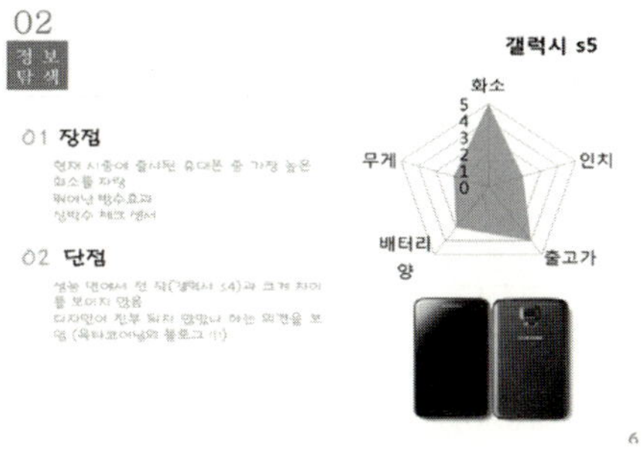

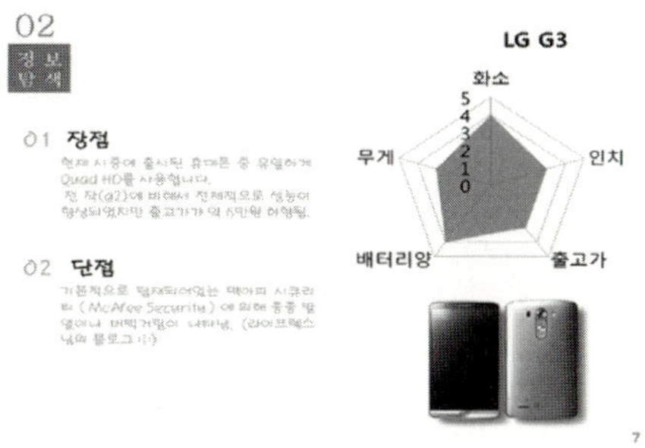

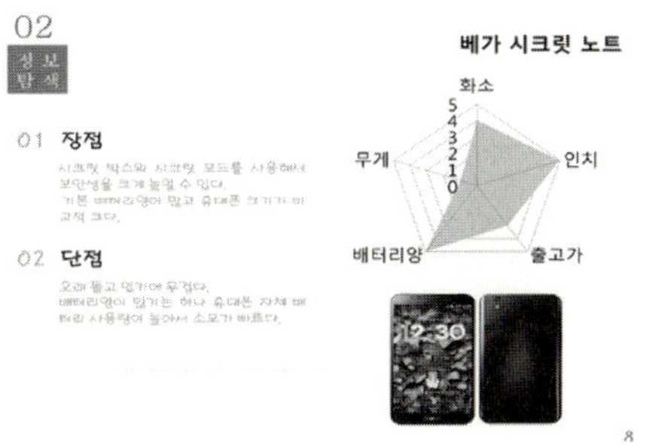

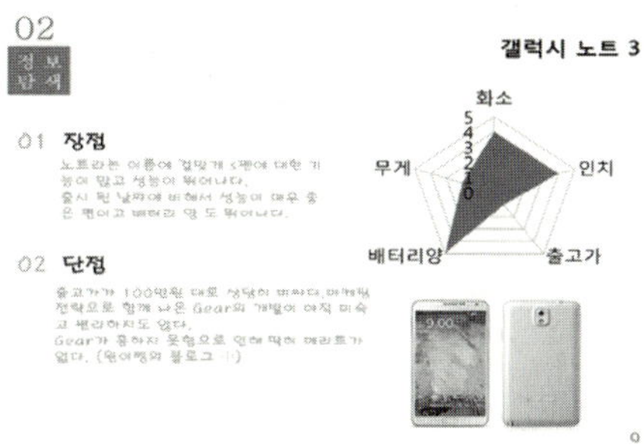

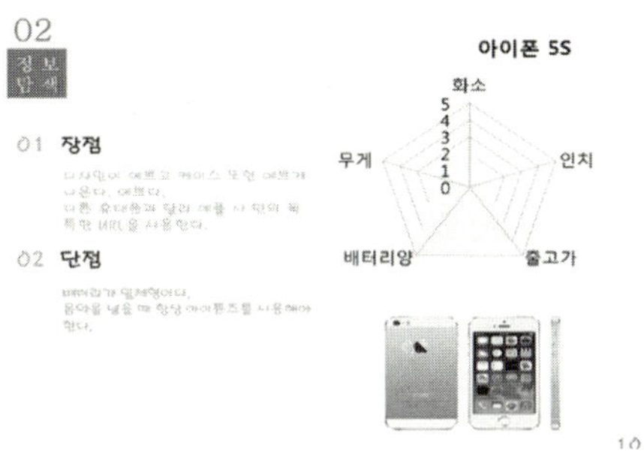

03
대안
평가

대안평가

비보상적 원칙으로 가중제거 원칙 사용 했습니다.

대안	평가기준(속성)					가중제거 원칙
	화소	인치	출고가	배터리양	무게	
갤럭시S5	5	2	4	3	2	4차제거
LG G3	4	3	3	4	3	2차제거
베가 시크릿 노트	4	5	3	5	1	선택
노트3	4	4	1	5	2	3차제거
아이폰5S	3	1	4	1	5	1차제거

1 평가척도는 5점(아주 나쁘다-아주 좋다) 이며 평가기준의 중요도는 순서대로 이다.

2 속성의 최소 수용수준은 3으로 한다.

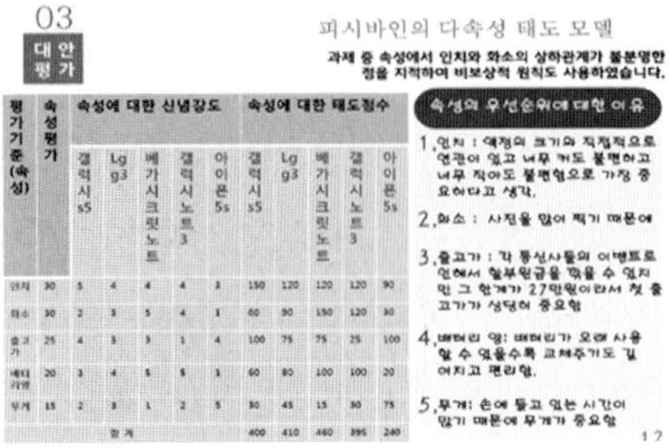
03
대안 평가
피시바인의 다속성 태도 모델
과제 중 속성에서 인치와 화소의 상하관계가 불분명한 점을 지적하여 비보상적 원칙도 사용하였습니다.
평가기준(속성)
속성평가
속성에 대한 신념강도
속성에 대한 태도점수
갤럭시s5
Lg g3
베가시크릿노트
갤럭시노트3
아이폰5s
인치 30 5 4 4 4 3 150 120 120 120 90
화소 30 2 3 5 4 1 60 90 150 120 30
출고가 25 4 3 3 1 4 100 75 75 25 100
배터리 양 20 3 4 5 5 1 60 80 100 100 20
무게 15 2 3 1 2 5 30 45 15 30 75
합계 400 410 460 395 240
속성의 우선순위에 대한 이유
1. 인치 : 액정의 크기와 직접적으로 연관이 있고 너무 커도 불편하고 너무 작아도 불편함으로 가장 중요하다고 생각.
2. 화소 : 사진을 많이 찍기 때문에
3. 출고가 : 각 통신사들의 이벤트로 인해서 할부원금을 깎을 수 있지만 그 한계가 27만원이라서 첫 출고가가 상당히 중요함
4. 배터리 양: 배터리가 오래 사용할 수 있을수록 교체주기도 길어지고 편리함.
5. 무게: 손에 들고 있는 시간이 많기 때문에 무게가 중요함
12

04
구 매
대리점 구매
원하는 제품을 직접 볼 수 있다.
다양한 휴대폰들과 비교 하며 구매가능 하다.
전문가로부터 정확한 특징을 알 수 있다.
인터넷 구매
저렴한 가격에 구매 가능하다.
내가 원하는 시간과 장소에서 구매 할 수 있다.
매장직원의 상술에서 벗어날 수 있다.
공동 구매
양질의 제품을 저렴한 가격에 구매 가능하다.
공동으로 구매함으로써 안전성을 확보할 수 있다.
결론 대리점에서 구매하는 것이 가장 효율적이라는 결론을 내림
13

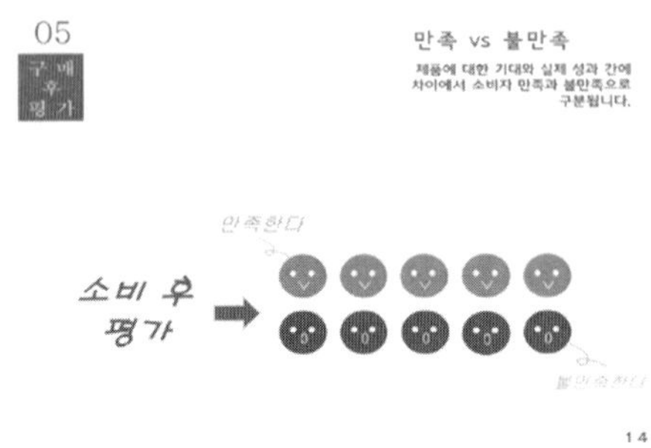
05
구매 후 평가
만족 vs 불만족
제품에 대한 기대와 실제 성과 간에 차이에서 소비자 만족과 불만족으로 구분됩니다.
만족한다
소비 후 평가
불만족한다
14

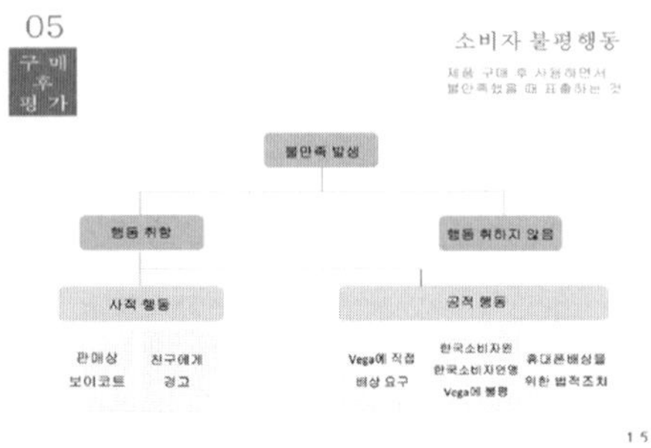
05
구매 후 평가
소비자 불평행동
제품 구매 후 사용하면서 불만족했을 때 표출하는 것
불만족 발생
행동 취함
행동 취하지 않음
사적 행동
공적 행동
판매상 보이코트
친구에게 경고
Vega에 직접 배상 요구
한국소비자원 한국소비자연맹 Vega에 불평
휴대폰배상을 위한 법적조치
15

사례 4 화장품 구입

"소비자의사결정론의
실 제
슈 퍼 스 타
파 운 데 이 션
구 매 하 기"

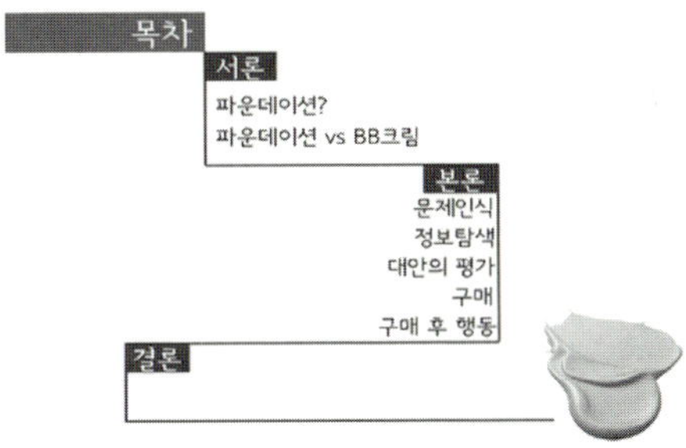

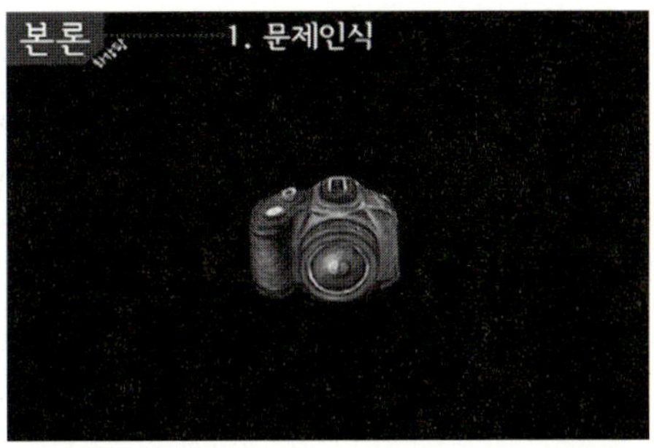

문제인식(2012)
FBS2 HD

문제인식(2012)
FBS2 HD
그래! 결심했어!!

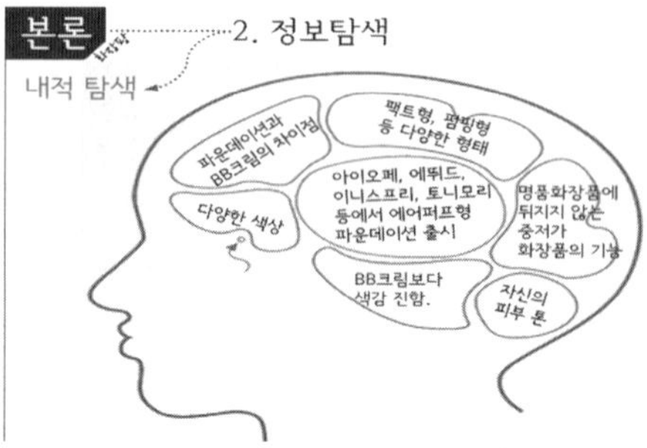
본론
2. 정보탐색
내적 탐색
파운데이션과 BB크림의 차이점
팩트형, 펌핑형 등 다양한 형태
다양한 색상
아이오페, 에뛰드, 이니스프리, 토니모리 등에서 에어퍼프형 파운데이션 출시
명품화장품에 뒤지지 않는 중저가 화장품의 기능
BB크림보다 색감 진함.
자신의 피부 톤

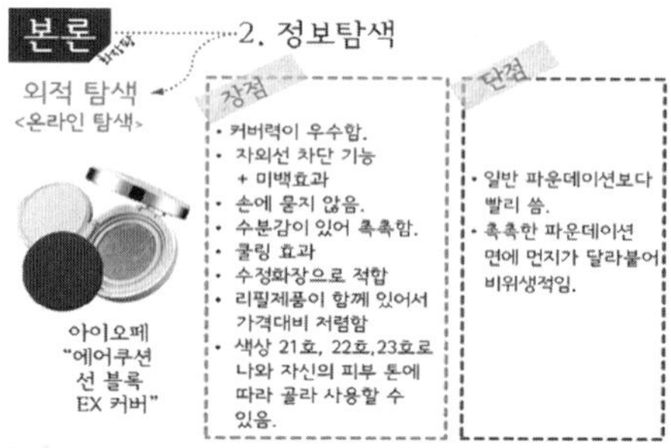
본론
2. 정보탐색
외적 탐색
<온라인 탐색>
아이오페 "에어쿠션 선 블록 EX 커버"
장점
• 커버력이 우수함.
• 자외선 차단 기능 + 미백효과
• 손에 묻지 않음.
• 수분감이 있어 촉촉함.
• 쿨링 효과
• 수정화장으로 적합
• 리필제품이 함께 있어서 가격대비 저렴함
• 색상 21호, 22호, 23호로 나와 자신의 피부 톤에 따라 골라 사용할 수 있음.
단점
• 일반 파운데이션보다 빨리 씀.
• 촉촉한 파운데이션 면에 먼지가 달라붙어 비위생적임.

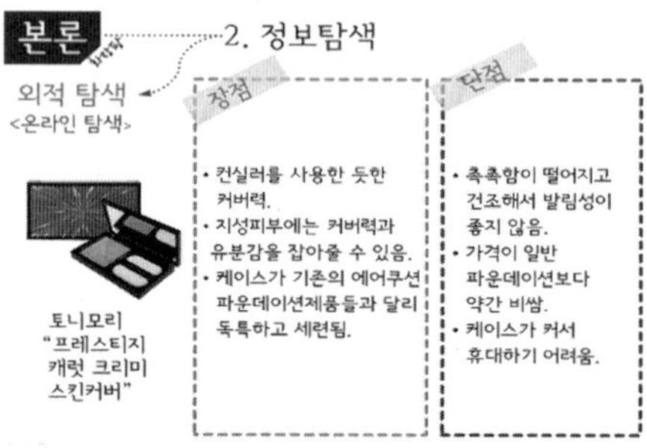
본론
2. 정보탐색
외적 탐색
<온라인 탐색>
토니모리 "프레스티지 캐럿 크리미 스킨커버"
장점
• 컨실러를 사용한 듯한 커버력.
• 지성피부에는 커버력과 유분감을 잡아줄 수 있음.
• 케이스가 기존의 에어쿠션 파운데이션제품들과 달리 독특하고 세련됨.
단점
• 촉촉함이 떨어지고 건조해서 발림성이 좋지 않음.
• 가격이 일반 파운데이션보다 약간 비쌈.
• 케이스가 커서 휴대하기 어려움.

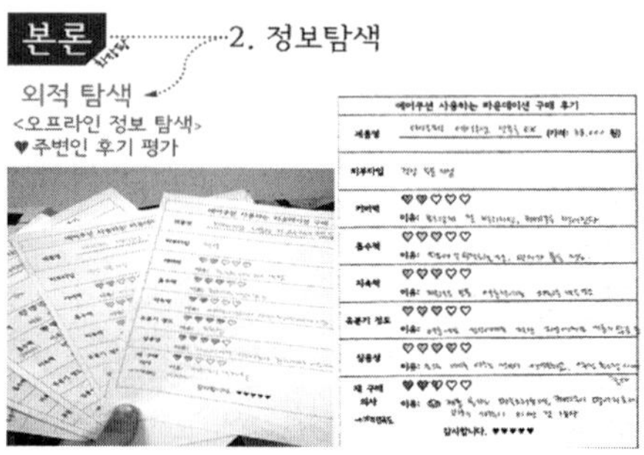
본론
2. 정보탐색
외적 탐색
<오프라인 정보 탐색>
♥주변인 후기 평가

본론 2. 정보탐색 → 외적 탐색 <오프라인 정보 탐색>

아이오페 "에어쿠션 선 블록 EX 커버"

♥주변인 후기 평가

커버력	우수함.
밀착력	촉촉하게 밀착이 잘 됨.
지속력	손에 쉽게 묻어나기 때문에 지속력이 떨어짐.
유분기정도	땀과 피지 등을 잘 잡아줌.
실용성	한 손안에 들어가 휴대가 편리함. 리필용이 있어서 실용적임.
재구매의사	재 구매할 의사 있음.

본론 2. 정보탐색 → 외적 탐색 <오프라인 정보 탐색>

더페이스샵 "네츄럴 선 에이큐 스마트 쿠션 선"

♥주변인 후기 평가

커버력	잡티와 여드름을 전부 가려주지 못함.
밀착력	에어쿠션으로 두드리니 흡수가 잘 됨.
지속력	3시간에 한 번씩 덧발라 줘야 함.
유분기정도	기름기가 좀 있어서 파우더를 발라야 함.
실용성	휴대용으로 가지고 다니며 메이크업을 수정하기에 좋음.
재구매의사	아이오페 제품을 이용하는 것이 더 좋을 듯 하여 재 구매 의사 없음.

본론 2. 정보탐색 → 외적 탐색 <오프라인 매장 탐색>

본론 2. 정보탐색 → 외적 탐색 <오프라인 매장 탐색>

본론 3. 대안평가 → 평가기준

커버력 · 유분기 정도 · 밀착력

지속력 · 가격 · 실용성

본론 3. 대안평가 → 순차제거원칙

대안 (제품)	평가기준 (속성)						선택
	커버력	유분기 정도	밀착력	지속력	가격	실용성	
아이오페 '에어쿠션 선블록 EX-커버'	5	5	4	3	3	4	○
이니스프리 '[illegible] 파운데이션'	~~4~~	~~5~~	~~3~~	~~2~~	~~3~~	~~4~~	~~3차 제거~~
토니모리 '[illegible] 크리미 스킨커버'	~~4~~	~~1~~	~~1~~	~~3~~	~~1~~	~~1~~	~~2차 제거~~
에뛰드 '수분가득 [illegible]'	~~4~~	~~4~~	~~3~~	~~3~~	~~4~~	~~1~~	~~4차 제거~~
더 페이스샵 '[illegible] 스마트 쿠션 선'	~~2~~	~~5~~	~~4~~	~~2~~	~~2~~	~~1~~	~~1차 제거~~

1)평가척도는 5점(아주 나쁘다-아주 좋다)이며 평가기준의 중요도는 순서대로이다. 2)속성의 최소 수용수준은 3으로 한다.

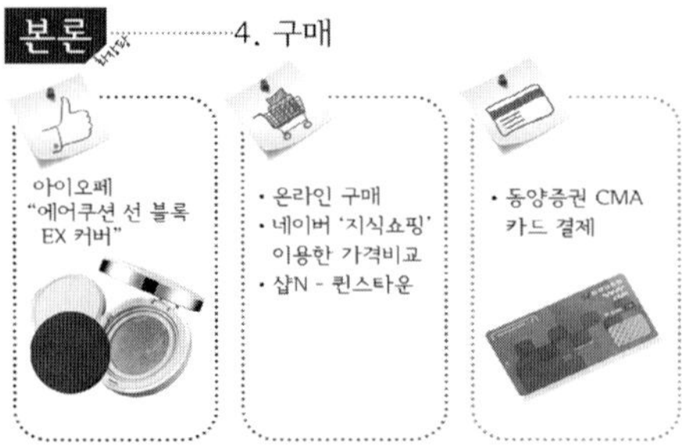
본론
4. 구매
아이오페
"에어쿠션 선 블록
EX 커버"
• 온라인 구매
• 네이버 '지식쇼핑'
이용한 가격비교
• 샵N - 퀸스타운
• 동양증권 CMA
카드 결제

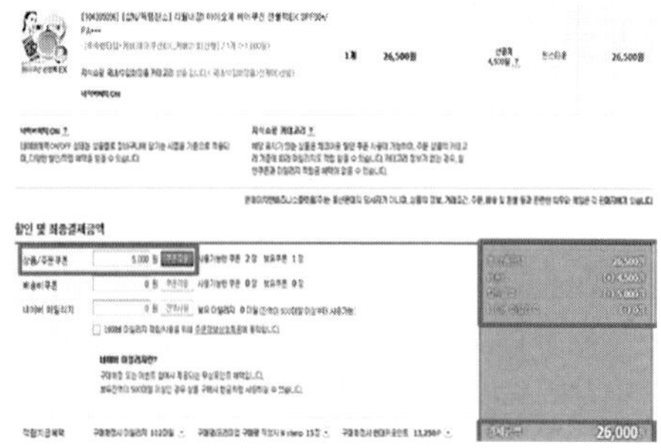
26,000

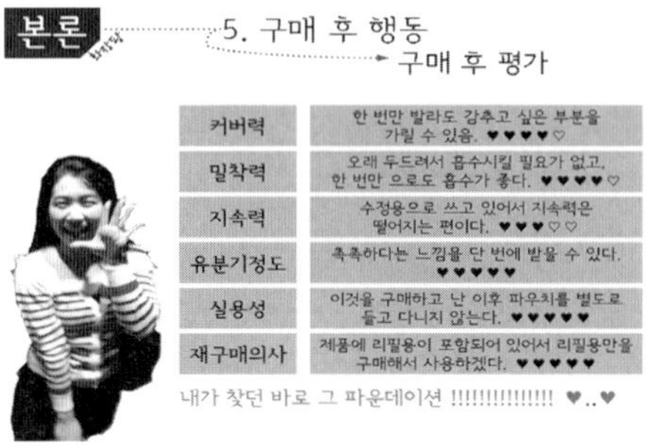
본론
5. 구매 후 행동
구매 후 평가
커버력
한 번만 발라도 감추고 싶은 부분을 가릴 수 있음. ♥♥♥♥♡
밀착력
오래 두드려서 흡수시킬 필요가 없고, 한 번만 으로도 흡수가 좋다. ♥♥♥♥♡
지속력
수정용으로 쓰고 있어서 지속력은 떨어지는 편이다. ♥♥♥♡♡
유분기정도
촉촉하다는 느낌을 단 번에 받을 수 있다. ♥♥♥♥♥
실용성
이것을 구매하고 난 이후 파우치를 별도로 들고 다니지 않는다. ♥♥♥♥♥
재구매의사
제품에 리필용이 포함되어 있어서 리필용만을 구매해서 사용하겠다. ♥♥♥♥♥
내가 찾던 바로 그 파운데이션 !!!!!!!!!!!!!!! ♥..♥

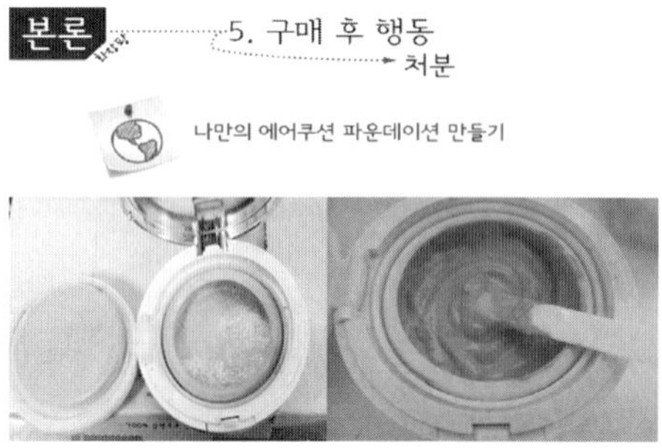
본론
5. 구매 후 행동
처분
나만의 에어쿠션 파운데이션 만들기

사례 5 놀이공원

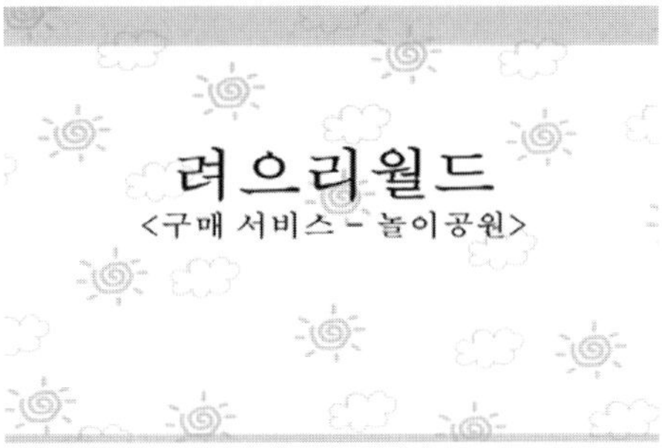
려으리월드
<구매 서비스 - 놀이공원>

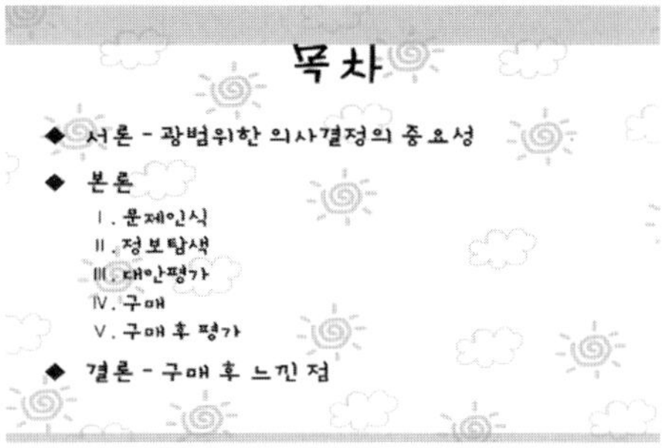
목차
◆ 서론 - 광범위한 의사결정의 중요성
◆ 본론
Ⅰ. 문제인식
Ⅱ. 정보탐색
Ⅲ. 대안평가
Ⅳ. 구매
Ⅴ. 구매 후 평가
◆ 결론 - 구매 후 느낀 점

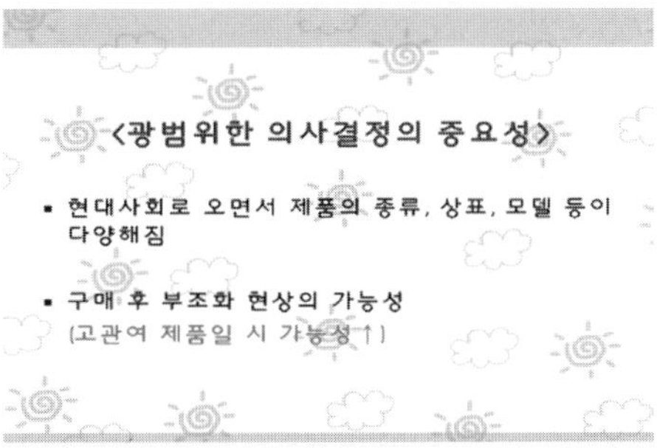
<광범위한 의사결정의 중요성>
▪ 현대사회로 오면서 제품의 종류, 상표, 모델 등이 다양해짐
▪ 구매 후 부조화 현상의 가능성
(고관여 제품일 시 가능성 ↑)

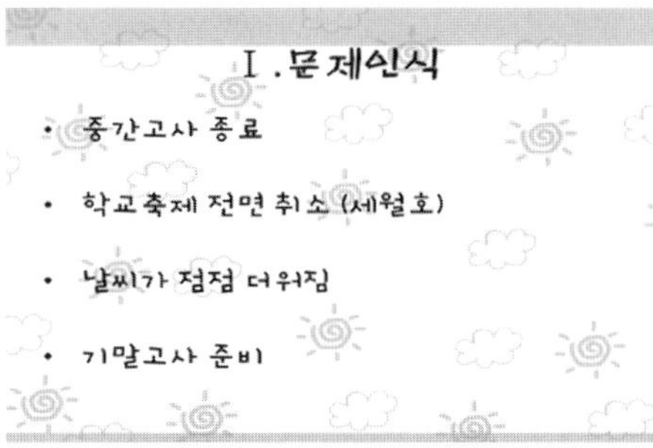
Ⅰ. 문제인식
• 중간고사 종료
• 학교축제 전면 취소 (세월호)
• 날씨가 점점 더워짐
• 기말고사 준비

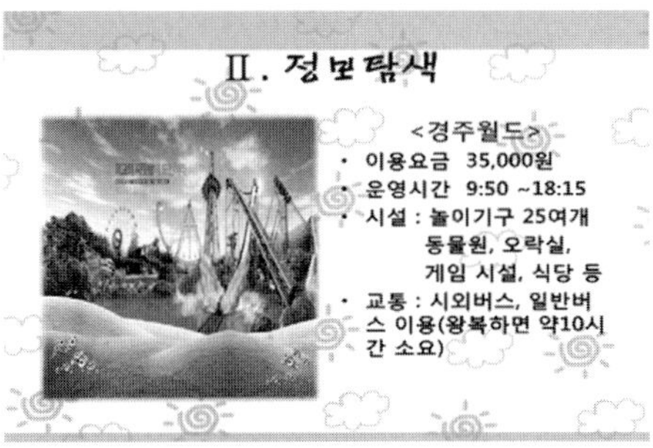
Ⅱ. 정보탐색
<경주월드>
• 이용요금 35,000원
• 운영시간 9:50 ~18:15
• 시설 : 놀이기구 25여개
동물원, 오락실,
게임 시설, 식당 등
• 교통 : 시외버스, 일반버스 이용(왕복하면 약10시간 소요)

Ⅱ. 정보탐색
주요 공연 및 이벤트
SPEED
K-POP 댄스퍼포먼스 'SPEED'
2014.05.01 ~ 2014.05.31
주중 오후 12시30분, 3시30분
주말 오후 02시30분, 5시30분
위자드 캐릭터 쇼
2014.05.01 ~
2014.05.31
주말 오후 1시, 3시30분
매직쇼
Magic Show
2014.05.01 ~ 2014.05.31
매일 오후 12시 30분

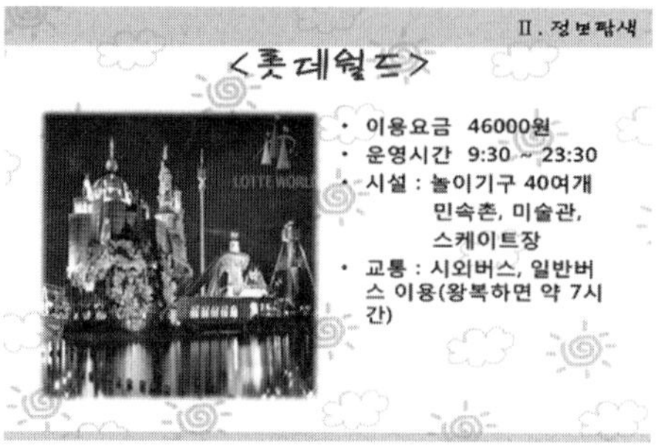
Ⅱ. 정보탐색
<롯데월드>
• 이용요금 46000원
• 운영시간 9:30 ~ 23:30
• 시설 : 놀이기구 40여개
민속촌, 미술관,
스케이트장
• 교통 : 시외버스, 일반버스 이용(왕복하면 약 7시간)

Ⅱ. 정보탐색
주요 공연 및 이벤트
리우 삼바 카니발 퍼레이드
2014.06.02 ~ 2014.08.24
매일 오후 2시, 5시
커플파티
2014.05.18 ~
2014.06.30
매주 일요일 오후6시
뮤믹스 라이브 밴드
2014.05.12 ~
2014.06.30
매일 오후 9시

Ⅱ. 정보탐색
<서울랜드>
• 이용요금 34000원
• 운영시간 9:30~20:00
• 시설 : 놀이기구 54개
동물원, 미술관,
과학관,
• 교통 : 시외버스, 일반버스 이용(왕복하면 약 11시간)

Ⅱ. 정보탐색
주요 공연 및 이벤트
캐릭터 페스티벌
2014.03.01 ~ 2014.06.01
매일 오후 2시
물축제
2014.06.01 ~ 2014.08.30
매일 오후 1시
스프링 카니발
매일 오후1시30분 4시30분

Ⅱ. 정보탐색
<에버랜드>
• 이용요금 46000원
• 운영시간 09:30~22:00
• 시설 : 놀이기구 46개
휴먼 스카이,
스카이 웨이
T 익스프레스
• 교통 : 일반버스, 고속버스 (왕복하면 8시간 32분)

Ⅱ. 정보탐색
주요 공연 및 이벤트
2014 EVERLAND
ROSE
FESTIVAL
로즈 페스티벌
2014.05.09 ~ 2014.06.15
상시 개방
문라이트 퍼레이드
2014.03.21 ~ 2014.11.02
매일 오후 10시 30분
로스트 밸리

Ⅲ. 대안탐색

<사전편찬식 원칙> - 비보상적 원칙

대안(제품)	평가기준(속성)					평가
	가격	거리(소요시간)	시설	운영시간	이벤트	
경주월드	5	4	3	3	1	2차 탈락
롯데월드	2	4	4	3	5	1차 탈락
서울랜드	3	1	5	4	4	1차 탈락
에버랜드	3	3	4	5	3	1차 탈락
이월드	5	5	3	2	2	선택

- 평가척도는 5점이며 평가기준의 중요도는 순서대로이다.
- 5점:매우 좋다 ~ 1점:매우 나쁘다

Ⅲ. 대안탐색

<순차제거 원칙>

대안(제품)	평가기준(속성)					평가
	가격	거리(소요시간)	시설	운영시간	이벤트	
경주월드	5	4	3	3	1	5차 제거
롯데월드	2	4	4	3	5	1차 제거
서울랜드	3	1	5	4	4	2차 제거
에버랜드	3	3	4	5	3	선택
이월드	5	5	3	2	2	4차 제거

- 평가척도는 5점이며 평가기준의 중요도는 순서대로이다.
- 5점:매우 좋다 ~ 1점:매우 나쁘다
- 속성의 최소 수용수준은 3으로 한다.

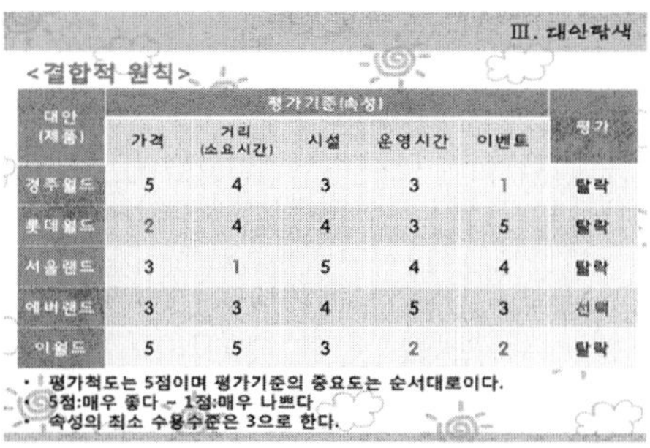
Ⅲ. 대안탐색

<결합적 원칙>

대안(제품)	평가기준(속성)					평가
	가격	거리(소요시간)	시설	운영시간	이벤트	
경주월드	5	4	3	3	1	탈락
롯데월드	2	4	4	3	5	탈락
서울랜드	3	1	5	4	4	탈락
에버랜드	3	3	4	5	3	선택
이월드	5	5	3	2	2	탈락

- 평가척도는 5점이며 평가기준의 중요도는 순서대로이다.
- 5점:매우 좋다 ~ 1점:매우 나쁘다
- 속성의 최소 수용수준은 3으로 한다.

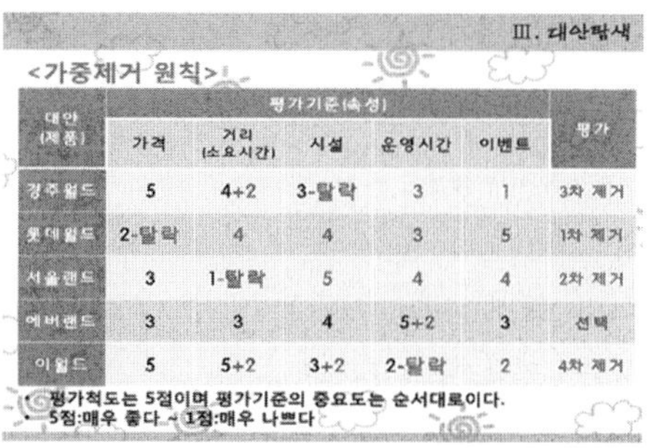
Ⅲ. 대안탐색

<가중제거 원칙>

대안(제품)	평가기준(속성)					평가
	가격	거리(소요시간)	시설	운영시간	이벤트	
경주월드	5	4+2	3-탈락	3	1	3차 제거
롯데월드	2-탈락	4	4	3	5	1차 제거
서울랜드	3	1-탈락	5	4	4	2차 제거
에버랜드	3	3	4	5+2	3	선택
이월드	5	5+2	3+2	2-탈락	2	4차 제거

- 평가척도는 5점이며 평가기준의 중요도는 순서대로이다.
- 5점:매우 좋다 ~ 1점:매우 나쁘다

Ⅲ. 대안탐색

<피시바인의 다속성 태도 모델> - 보상적 원칙

평가기준(속성)	속성평가(ei)	속성에 대한 신념강도(bi)					속성에 대한 태도점수(bi.ei)				
		경주월드	롯데월드	서울랜드	에버랜드	이월드	경주월드	롯데월드	서울랜드	에버랜드	이월드
가격	40	5	2	3	3	5	200	80	120	120	200
거리(소요시간)	30	4	4	1	3	5	120	120	30	90	150
시설	15	3	4	5	4	3	45	60	75	60	45
운영시간	10	3	3	4	5	2	30	30	40	50	20
이벤트	5	1	5	4	3	2	5	25	20	15	10
합계							400	315	285	335	425

- 속성평가는 속성에 대한 가중치로 100을 기준으로 한다.

Ⅳ. 구매

<대안 탐색 결과>

- 비보상적 원칙 - 사전편찬식 원칙 : 이월드 선택
- " - 순차제거 원칙 : 에버랜드 선택
- " - 결합적 원칙 : 에버랜드 선택
- " - 가중제거 원칙 : 에버랜드 선택
- 보상적 원칙 - 피시바인의 다속성 태도 모델 : 이월드 선택

<최종 결과>

- 탐색결과 에버랜드가 가장 많이 나오기는 했으나 비용을 가장 중요하게 여길 수 밖에 없는 가난한 조원들은 어쩔 수 없이 피시바인의 다속성 태도 모델의 결과인 이월드를 선택함

Ⅳ. 구매

<구매>

- 구매 일시 - 2014년 5월 25일
- 구매 서비스 - 이월드 이용
- 구매 비용 - 33,000 (자유이용권)
  1,100 • 2 = 2,200 (교통비, 왕복)
  6,900 (점심식사)
  6,000 (간식비)
  3,000 (오락비)

  →총 51,100원 (1인)

Ⅴ. 구매 후 평가

만족했던 점

동물농장 신설로 동물 구경이 가능해졌음

포토존이 많아서 사진찍기가 편했음

83타워 케이블카랑 전망대 이용이 무료라서 좋았음

불만족했던 점

동물농장 관리가 소홀했던지 냄새가 좀 심해서 불편했음

놀이기구 담당직원이 적어 회전율이 좋지 못했음 (대기시간이 길었음)

당일 날 우천으로 인해 운행하지 않는 기구가 많았음

Ⅴ. 구매 후 평가

<종합 평가>

- 놀이공원에서 놀던 중에 비가 와서 갑자기 탈 수 없게 된 놀이기구가 많았다. 특히나 기대했던 무지개 쇼 또한 취소되어서 실망이 컸다. 또한 비가 오기 전에도 전반적으로 놀이공원 관리가 잘 되지 않는 것 같아 아쉬웠다.

→ 부정적 불일치

〈구매 후 느낀 점〉

→ 광범위한 의사결정을 완벽히 했다고 생각했음에도 불구하고 부정적 불일치 결과가 나옴. 좀더 폭넓은 정보탐색의 중요성을 느낌.

사례 6 자취방

그녀의 자취방

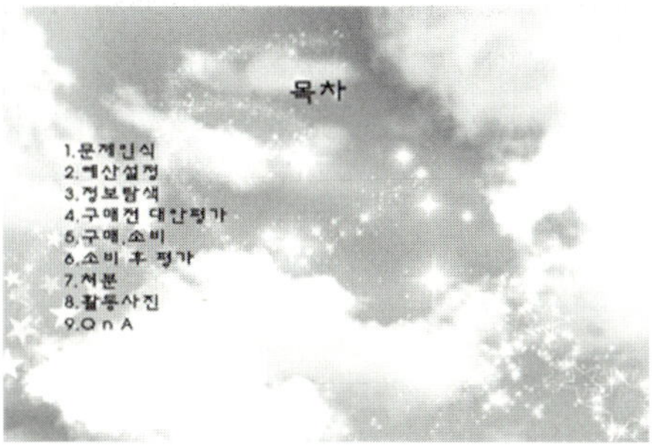
목차
1.문제인식
2.예산설정
3.정보탐색
4.구매전 대안평가
5.구매,소비
6.소비 후 평가
7.처분
8.활동사진
9.Q n A

<1.문제인식>
드디어 나도 여자친구가 생겼으니까 같이 놀 큰 방을 구해야겠어?!
EVERY FACE

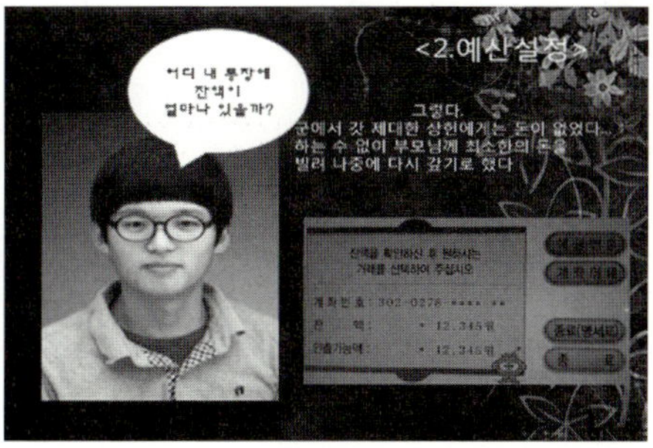
<2.예산설정>
어디 내 통장에 잔액이 얼마나 있을까?
그렇다.
군에서 갓 제대한 상헌에게는 돈이 없었다...
하는 수 없이 부모님께 최소한의 돈을 빌려 나중에 다시 갚기로 했다

<3.정보탐색>
내가 전에 살았던 집은 가격은 10달에 130만원이고 거리는 생대까지 25분 정도였지
병훈이네 집은 현금대신 노동력을 지불하고 생대까지는 20분 정도였는데…

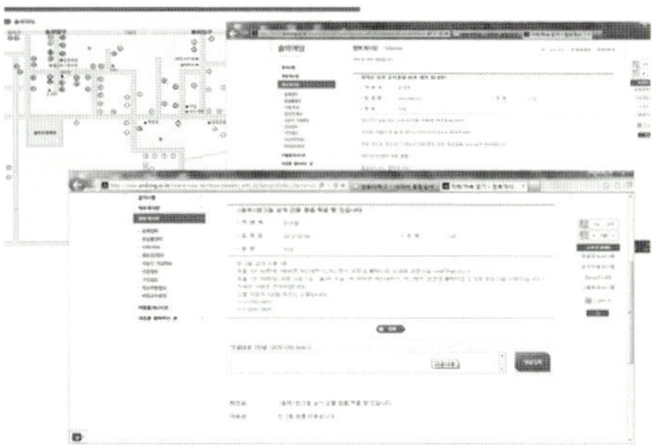

모델명 / 속성	H원룸	S원룸	k원룸	W 원룸	C 원룸
가격	무료	130만원 (10달기준)	월 38만원	360만원 (10달 기준)	400만원 (10달기준)
거리	20분	25분	5분	10분	15분
넓이					
내부시설	기름보일러 세금x	심야전기 인터넷요금	전기세,수도세, 풀옵션	풀옵션,세금x	풀옵션,세금x
디자인 (외관)					

4.대안평가

순차제거 원칙에 따른 대안평가(절취점:3점)

모델명 / 속성	H원룸	S원룸	K원룸	W원룸	C원룸
가격	5	4	3	1	2
거리	2	1	5	4	3
넓이	4	3	4	3	3
내부시설	3	3	4	5	5
디자인	3	3	3	3	3

4.대안평가

모델명 / 속성	H원룸	S원룸	K원룸	W	
가격	5	4	3	1	2
거리	2	1	5	4	3
넓이	4	3	4	3	3
내부시설	3	3	4	5	5
디자인	3	3	3	3	3

4.대안평가

모델명 / 속성			K원룸
가격	5	4	3
거리	2	1	5
넓이	4	3	4
내부시설	3	3	4
디자인	3	3	3

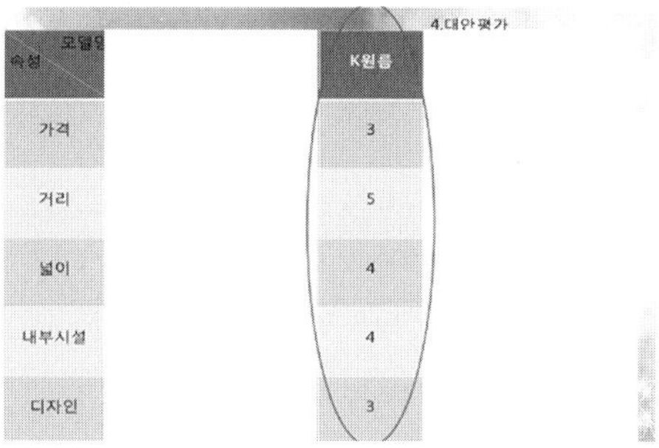
4.대안평가
모델명 / 속성
K원룸
가격 3
거리 5
넓이 4
내부시설 4
디자인 3

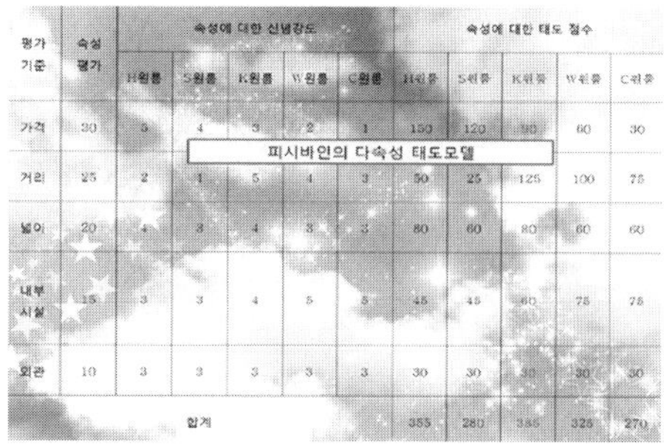
피시바인의 다속성 태도모델

평가기준	속성평가	속성에 대한 신념강도					속성에 대한 태도 점수				
		H원룸	S원룸	K원룸	W원룸	C원룸	H원룸	S원룸	K원룸	W원룸	C원룸
가격	30	5	4	3	2	1	150	120	90	60	30
거리	25	2	1	5	4	3	50	25	125	100	75
넓이	20	4	3	4	3	3	80	60	80	60	60
내부시설	15	3	3	4	5	5	45	45	60	75	75
외관	10	3	3	3	3	3	30	30	30	30	30
합계							355	280	345	325	270

<5.구매,소비>
순차제거 방식과 피시바인의 다속성 태도모델 방식의 결과가 모두 K원룸이니 K원룸으로 계약하겠어
EVERY FACE

<6.구매후 평가>
가격도 적당해
학교와 가까워서 좋아
여자친구랑

단언컨대,
집입니다.

사례 7 애완견 구입

이오의
친구를
소개합니다!
소비자의사결정론

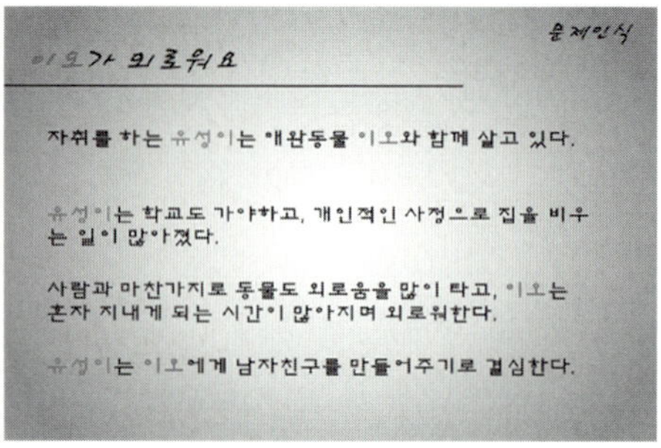
문제인식
이오가 외로워요
자취를 하는 유성이는 애완동물 이오와 함께 살고 있다.
유성이는 학교도 가야하고, 개인적인 사정으로 집을 비우는 일이 많아졌다.
사람과 마찬가지로 동물도 외로움을 많이 타고, 이오는 혼자 지내게 되는 시간이 많아지며 외로워한다.
유성이는 이오에게 남자친구를 만들어주기로 결심한다.

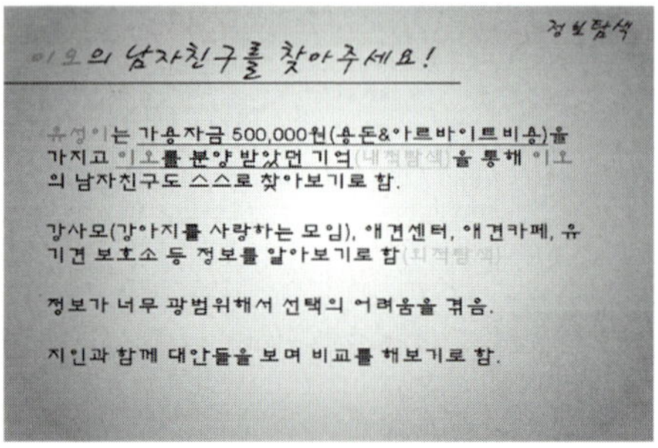
정보탐색
이오의 남자친구를 찾아주세요!
유성이는 가용자금 500,000원(용돈&아르바이트비용)을 가지고 이오를 분양 받았던 기억(내적탐색)을 통해 이오의 남자친구도 스스로 찾아보기로 함.
강사모(강아지를 사랑하는 모임), 애견센터, 애견카페, 유기견 보호소 등 정보를 알아보기로 함(외적탐색)
정보가 너무 광범위해서 선택의 어려움을 겪음.
지인과 함께 대안들을 보며 비교를 해보기로 함.

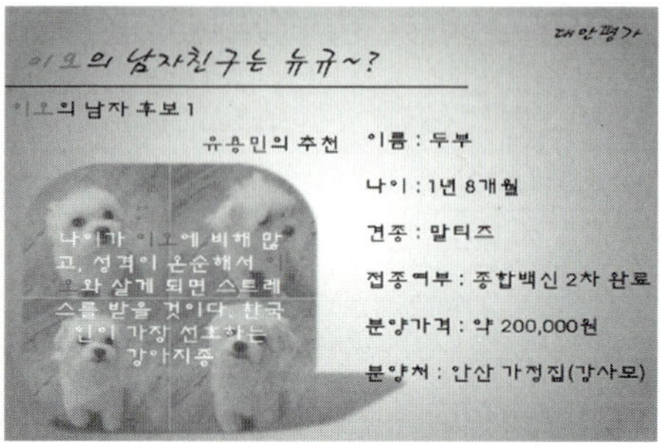
대안평가
이오의 남자친구는 뉴규~?
이오의 남자 후보 1
유용민의 추천
나이가 이오에 비해 많고, 성격이 온순해서 이오와 살게 되면 스트레스를 받을 것이다. 한국인이 가장 선호하는 강아지종
이름 : 두부
나이 : 1년 8개월
견종 : 말티즈
접종여부 : 종합백신 2차 완료
분양가격 : 약 200,000원
분양처 : 안산 가정집(강사모)

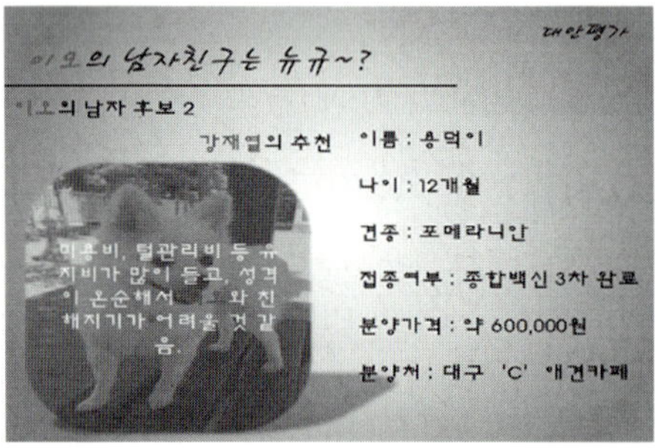
대안평가
이오의 남자친구는 뉴규~?
이오의 남자 후보 2
강재열의 추천
미용비, 털관리비 등 유지비가 많이 들고, 성격이 온순해서 이오와 친해지기가 어려울 것 같음.
이름 : 용덕이
나이 : 12개월
견종 : 포메라니안
접종여부 : 종합백신 3차 완료
분양가격 : 약 600,000원
분양처 : 대구 'C' 애견카페

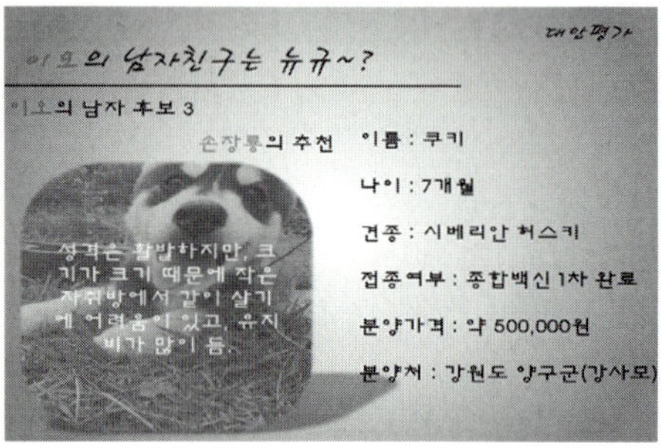
대안평가
이오의 남자친구는 뉴규~?
이오의 남자 후보 3
손장룡의 추천
성격은 활발하지만, 크기가 크기 때문에 작은 자취방에서 같이 살기에 어려움이 있고, 유지비가 많이 듦.
이름 : 쿠키
나이 : 7개월
견종 : 시베리안 허스키
접종여부 : 종합백신 1차 완료
분양가격 : 약 500,000원
분양처 : 강원도 양구군(강사모)

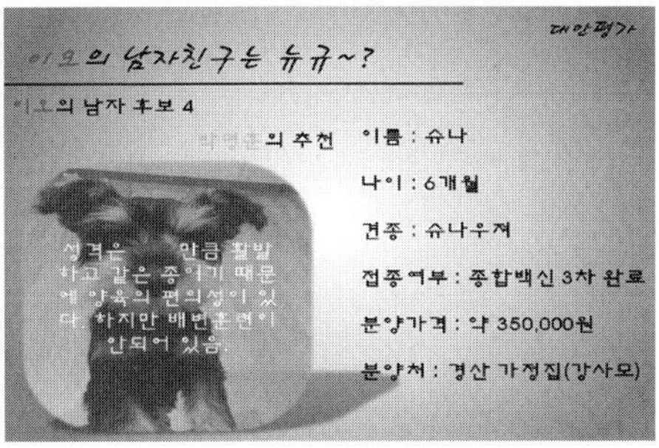

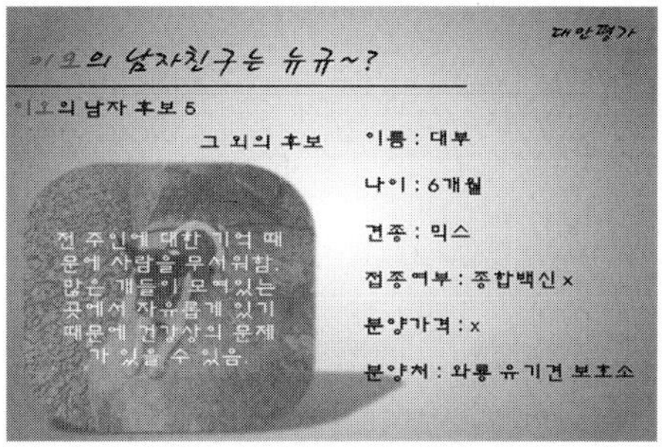

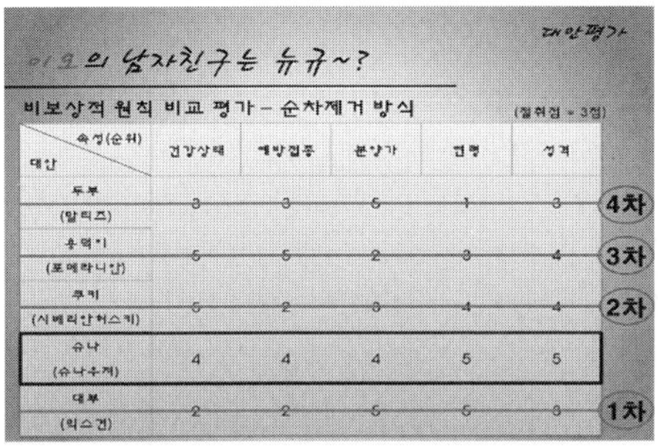

대안 \ 속성(순위)	건강상태	예방접종	분양가	친화	성격	
두부 (말티즈)	3	3	5	1	3	4차
홍덕이 (포메라니안)	5	5	2	3	4	3차
쿠키 (시베리안허스키)	5	2	3	4	4	2차
슈나 (슈나우저)	4	4	4	5	5	
대부 (믹스견)	2	2	5	5	3	1차

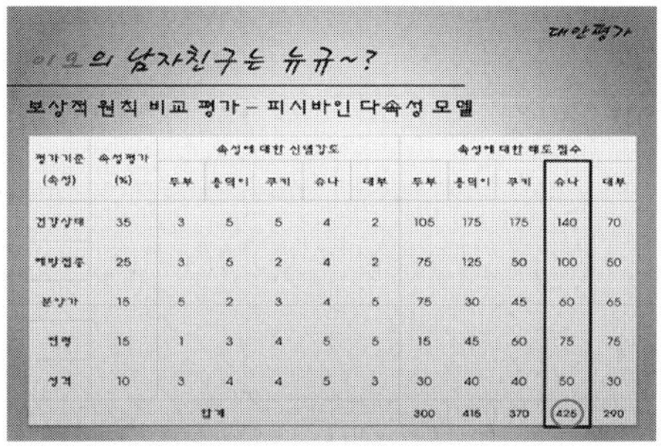

평가기준 (속성)	속성평가 (%)	속성에 대한 신념강도					속성에 대한 태도 점수				
		두부	홍덕이	쿠키	슈나	대부	두부	홍덕이	쿠키	슈나	대부
건강상태	35	3	5	5	4	2	105	175	175	140	70
예방접종	25	3	5	2	4	2	75	125	50	100	50
분양가	15	5	2	3	4	5	75	30	45	60	65
친화	15	1	3	4	5	5	15	45	60	75	75
성격	10	3	4	4	5	3	30	40	40	50	30
합계							300	415	370	425	290

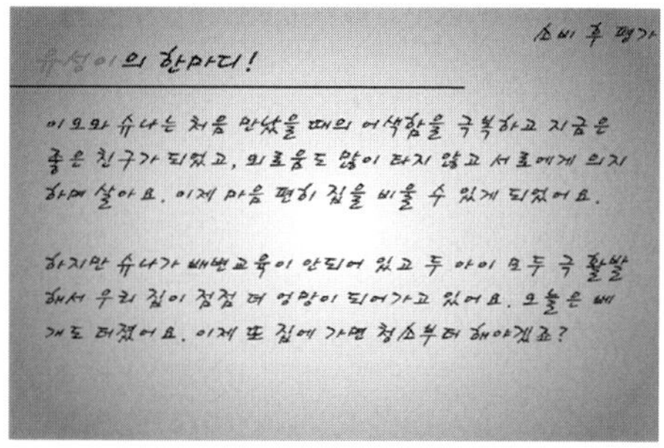

생각해 볼 과제

1. 사례들을 참조하여 팀별로 의사결정과정 실습을 해 보고 한 학기동안 학습한 이론을 총 정리해 보자.

참고문헌

강석후 (2001). 가족의 구매의사결정에서 성별역할관념론과 자원이론에 대한 연구. 한국마케팅저널, 3(1), 1-29.

강성호 (2004). 프로슈머 파워. 아름다운 사회.

강이주, 김영신, 허경옥 (1999). 가계경제학의 이해. 서울: 신정.

강찬구, 전상인, 안신현 (2013). 새로운 성장동력으로 부상하는 안티에이징. 삼성경제연구소.

강형일, 김대희, 김현우, 안삼영, 허재선 (2005). 환경, 인류 그리고 지속가능한 사회. 서울: 월드사이언스.

고유상 (2012). 헬스케어 3.0 건강수명 시대의 도래. SERI 연구보고서. 삼성경제연구소.

곽홍탁 (2004). 21세기를 위한 환경교육의 실제. 파주: 도서출판 동화기술.

권혜진, 김난도 (2010). 소비자의 소비스트레스 수준과 관련 요인 분석. 소비자정책교육연구, 6(4), 1-23.

기획예산처 (2004). "공공부문 혁신, 이제는 고객이다!" -금년 하반기 75개 정부산하 기관 고객만족도조사 실시-.

김경훈, 김정홍, 이우형 (2004). 한국인 트렌드. 책바치.

김기옥, 김난도, 이승신 (2004). 디지털 사회의 소비자정보론. 서울: 시그마프레스.

김기옥, 정순희 (1994). 개방시대의 소비자 선택모델-신고전선택이론의 한계와 대안적 모델모색-. 소비자학연구, 5(2), 145-156.

김기옥, 정순희, 허경옥, 김혜선 (2012). 시장경제와 소비자. 서울: 교문사.

김나정 (2005). 감성마케팅. LG그룹 사보(디지털라이프@LG).

김난도 (2003). 소비합리성의 개념에 대한 연구. 소비자학연구, 14(3), 85-105.

김난도, 전미영, 이향은, 이준영, 김서영 (2012). 트렌드코리아 2013. 서울: 미래의 창.

김대식, 노영기, 안국신 (2004). 현대경제학원론. 서울: 박영사.

김동기, 이용학, 이성호 (2012). 신소비자행동-디지털시대의 마케팅전략 적용. 서울: 박영사.

김동승, 전영옥, 임양이, 강명수, 김용식, 류경 (2005). 식품구매론. 파주: 광문각.

김민정, 박진선 (1997). 생활양식과 구매유형에 관한 연구. 소비자학 연구, 8(1), 1-21.

김봉관 (1999). 소비자의 문제인식스타일과 정보탐색 및 점포선택행동과의 관계. 마케팅관리연구, 4(1), 155-181.

김상우 (1985). 소비자 정보와 교육이 소비자 선택에 미치는 인지적 효과에 관한 연구. 서울대학교 대학원 석사학위논문.

김상일 (2003). 신세대 소비자, 모순의 소비 코드를 읽어라. LG 주간경제, 30-34.

김상일 (2004). 대한민국 소비 트렌드. 서울: 원앤원북스.

김상일 (2004). 웰빙 열풍을 읽는 3개의 코드. LG경제연구원. CEO Report.

김상일 (2005). 가치 소비자들이 몰려온다. LG경제연구원. 주간경제 816호.

김상일 (2005). 한국형 소비 트렌드의 5가지 신조류. LG경제연구원.

김성표 (2013). 2013년 국내 10대 트렌드. CEO Information 제860호. 삼성경제연구소.

김세범, 허남일, 이승희, 박유식, 장형유 (2011). 최신 소비자행동. 서울: 명경사.

김소연, 김선미(2012), 의료 소비자의 건강 라이프스타일 유형에 따른 온라인 정보탐색에 관한 연구. 소비문화연구, 15(2), 75-97.

김수영 (2000). 대형할인매장 이용자의 충동구매에 관한 연구, 대구효성가톨릭대학교 대학원 석사학위논문.

김영신, 강이주, 이희숙, 정순희, 허경옥 (2011). 새로 쓰는 소비자의사결정. 파주: 교문사.

김영신, 서정희, 송인숙, 이은희, 제미경 (2000). 공공이익 증진을 위한 마케팅과 소비자연구의 새로운 관심. 서울: 시그마프레스.

김영신, 서정희, 송인숙, 이은희, 제미경 (2012). 소비자와 시장환경. 서울: 시그마프레스.

김영신, 이희숙, 유두련, 이은희, 김상욱 (2002). 소비자정보 관리의 이해. 서울: 시그마프레스.

김영한, 임희정 (2003). 스타벅스 감성 마케팅. 서울: 넥서스BOOKS.

김용서 (2002). 과소비의 폐해와 그 대책의 문제점. 과소비추방범국민운동본부.

김용준 (1993). 비싼 제품이 과연 좋은가? 객관적 품질과 가격의 상관관계분석. 소비자학연구, 4(1), 3-19.

김재문 (2001). 새로운 소비패턴 7가지. LG 주간경제, 28-35.

김정근, 이은미, 이민훈, 이승철 (2012). 실버세대를 위한 젊은 비즈니스가 뜬다. 삼성경제연구소.

김종구, 박성용 (1997). 소비문화에 관한 연구. 한국소비자보호원 연구보고서.

김종대 (2012). 스마트 컨슈머가 이끄는 특별한 소비트렌드. Weekly 포커스, LG Business insight, 26-32.

김종순, 강황선 (2004). 환경거버넌스-지속 가능한 발전을 위한 환경관리 네트워크의 구축. 서울: 집문당.

김주헌 (2000). 국제마케팅. 서울: 문영사.

김중태 (2012). 욕망을 측정하라. 서울: 한스미디어.

남승규 (1999). 소비자심리학. 서울: 학지사.

남승규 (1999). 충동구매행동과 개인적 가치. 한국심리학회지, 12(1), 1-11.

농림부 (2005). 한우브랜드경영지침서.

대한상공회의소 (2004). 산업구조의 변화와 뜨는 직업, 지는 직업.

문숙재, 여윤경 (2005). 소비 트렌드와 마케팅. 서울: 신정.

문인철 (2001). 전자상거래에서의 소비자보호법 입법동향. 한국인터넷전자상거래학회 춘계세미나논문집, 22.

박광희 (1995). 중독적 구매행동에 관한 연구. 소비자학연구, 6(1), 85-97.

박명숙 (1991). 소비자 효율성에 관한 연구. 동국대학교 대학원 박사학위 논문.

박명희, 박명숙 (1992). 소비자 효율성에 관한 연구-구매이득과 품질만족을 중심으로. 소비자학연구, 3(1), 16-30.

박명희, 박명숙, 제미경, 박미혜, 정주원, 최경숙 (2013). 가치시대의 소비자의사결정. 파주: 교문사.

박명희, 송인숙, 박명숙 (2005). 토론으로 배우는 소비자의사결정론. 파주: 교문사.

박세범, 박종호 (2012). 소비자행동. 서울: 북넷.

박장환 (2000). 경제사상사의 이해. 서울: 학문사.

박정현 (2011). 한국소비자들의 7가지 라이프스타일. LGERI 리포트, LG 경제연구원, 2-26.

박종원 (2003). 온라인 시대의 소비자행동. 서울: 법문사.

박진영 (1997). 가족외식구매 의사결정에 있어서 자녀의 영향력에 관한 연구. 관광 연구, 9.

박혜선, 김기옥 (1988). 인간생태적 접근방법에 의한 소비자행동연구-주택정보탐색행동을 중심으로. 한국가정관리학회지, 6(1), 95-116.

박홍립 (1995). 경제학원론. 서울: 박영사.

백경미 (1998). 현대소비문화와 한국소비문화에 관한 고찰. 소비자학 연구, 9(1), 17-32.

백주현, 주지호 (2003). 베이직 경제학, 개념과 원리. 서울: 무역경영사.

백희영, 오명숙, 천종희, 문현경, 윤진숙, 이심열, 정효지 (2005). 건강한 미래를 위한 식생활 길라잡이. 서울: 신광출판사.

서성한, 김영재, 최현규 (2012). 소비자행동론. 서울: 박영사.

손상희 (1997). 소비사회와 청소년 소비문화. 한국가정관리학회지, 15(4), 341-353.

손영석 (2004). 마케팅관리. 서울: 세학사.

송미영, 김기옥 (1991). 소비자가 인지한 가격분산과 실제의 가격분산. 소비자학 연구, 2(1), 36-48.

송순영 (1998). 신세대 소비행태에 관한 연구. 한국소비자보호원 연구보고서.

송인숙 (1993). 도시 여성소비자의 보상구매행동. 성심여자대학교 생활과학연구논집, 13(1), 5-25.

송인숙 (1993). 소비자의 구매중독성향 및 영향 요인. 서울대학교 대학원 박사학위 논문.

송인숙 (2003). 소비자의 구매충동 제어전략에 관한 연구. 대한가정학회지, 41(12), 103-116.

송인숙 (2005). 소비윤리의 내용과 차원 정립을 위한 연구. 소비자학연구, 16(2), 37-55.

송인숙, 이기춘 (1994). 구매중독성향에 영향을 미치는 요인의 인과적 검토. 소비자학연구, 5(2), 157-172.

시사경제용어사전 (2010.11.).

신종칠, 전종근, 홍성태, 김동진 (2004). 신경제시대의 Kotler 마케팅. 서울: 시그마프레스.

안광호 (2011). 정서지배 소비자행동. 파주: 학현사.

안광호, 곽준식 (2011). 행동경제학 관점에서 본 소비자의사결정. 파주: 학현사.

안광호, 하영원, 박홍수 (2003). 마케팅원론. 파주: 학현사.

안신현 (2012). 부상하는 1인 가구의 4대 소비 트렌드. 삼성경제연구소.

안종수 (1997). 가족의 구매의사결정에 관한 연구. 한국관광산업학회, 11.

예종석, 김진병 (1990). 우리 나라 정보탐색자에 관한 연구. 소비자학연구, 1(1), 159-188.

오정훈 (1999). 외환위기 이후 소비트렌드. LG 주간경제, 4-7.

우병현 (2005). 미샤 3,300원의 신화. 이지앤.

유광우 (2001). 지각된 공정성과 불평 후 행동의 관계에 관한 이론적 연구, 한국사회과학회 사회과학연구. 창간호, 395-413.

유두련 (2002). 유전자재조합식품과 소비자보호. 한국가정관리학회지, 20(4), 89-102.

유두련 (2003). 소비의식과 문제점-과소비 현상을 중심으로. 대구가톨릭대학교 사회과학연구소 심포지엄 자료집.

유두련 (2013). 자아존중감에 따른 친환경의식과 친환경소비행동에 관한 연구. 소비자정책교육연구, 9(3), 85-105.

유두련, 김정희, 박영미 (2003). 재활용행동에 관한 연구: 규범적 접근을 중심으로. 한국가정관리학회지, 21(6), 69-79.

유명의, 안혜자 (2001). 의복재활용 행동에 관한 연구. 소비문화연구, 4(1), 107-126.

유재훈 (2012). 코즈마케팅, 공익과 실익의 접점을 찾으려면. LG경제연구원.

유현정, 김기옥 (1995). 정보원 속성과 정보내용의 측면에서 평가한 소비자정보원의 질 수준-무선전화기 구입소비자가 내린 평가를 중심으로. 한국가정관리학회지, 13(3), 14-25.

유현정, 김수진, 김영림, 안보름, 전현진 (2012). 무엇이 소비를 후회스럽게 하는가?. 소비자정책교육연구, 8(2), 103-129.

윤성준 (2002). 온라인 소비자 행동의 이론과 실증. 서울: 집문당.

윤운현 (2005). 소비자행동론. 서울: 도서출판 석정.

이규현 (2003). 소비자 행동론-마케팅전략적 접근. 서울: 경문사.

이기문 (2001). 마켓쇼크. 서울: 바다출판사.

이기춘 (1991). 가정경제학. 파주: 교문사.

이기춘 (1999). 소비자교육의 이론과 실제. 파주: 교문사.

이기춘 (2000). 소비자교육학. 파주: 교문사.

이기춘 외 15인 (2002). 소비자학의 이해. 파주: 학현사.

이기춘, 박명희, 윤정혜, 손상희, 김경자, 성영애 (1998). 소비자재무설계론. 파주: 학현사.

이기춘, 박명희, 이승신, 송인숙, 이은희, 제미경 (2005). 소비자상담의 이론과 실무. 파주: 학현사.

이미숙 (2004). 생활양식으로서의 웰빙(Well-Being): 이론과 적용의 뿌리 찾기. 한국생활과학회지, 13(3), 477-484.

이범주 (2002). 인터넷 환경하의 소비자 불평행동에 관한 연구. 서울대학교 대학원 석사학위논문.

이상규 (2002). 퓨전 스타일 소비자를 잡아라. LG 주간경제, 19-25.

이상민 (2002). 감성디자인 감성브랜딩. 서울: 김앤김북스.

이상협 (2003). 환경친화적 가정자원 관리 행동과 환경의식. 환경지식, 환경교육. 한국가정관리학회지, 21(1), 91-102.

이상협, 김영신 (2001). 소비자들의 이동전화 구매 시 품질평가와 소비자만족. 소비문화연구, 4(3), 1-20.

이상환, 이재철 (2001). 서비스마케팅. 서울: 삼영사.

이승신, 김시월 (2004). 소비자 그리고 소비문화. 서울: 신정.

이승신, 류미현. 황은애 (2004). 소비자교육과 정보. 서울: 신정.

이승철, 강찬구, 이민훈, 이은미 (2013). 힐링을 힐링하다-힐링열풍의 배경과 발전방향-. 삼성경제연구소.

이연숙, 양세정, 주인숙 (2000). 가계재무관리의 이해. 서울: 신정

이유재 (2004). 서비스마케팅. 파주: 학현사.

이은미 (2013). 인구와 가계통계로 본 1인 가구의 특징과 시사점. 삼성경제연구소.

이은희, 이기춘 (1991). 소비자정보요구와 관련요인에 관한 연구. 대한가정학회지, 29(1), 159-176.

이인식 (2002). 21세기 키워드. 파주: 김영사.

이일경, 이기춘 (1992). 소비자정보원에 따른 정보탐색량과 구매 후 만족에 관한 연구-서울특별시 주부소비자의 냉장고구매를 중심으로. 한국가정관리학회지, 10(1), 27-42.

이정민 (2003). 쇼핑중독 집단의 심리적 특성: 자기개념, 우울증, 충동성을 중심으로. 성신여자대학교대학원 석사학위 논문.

이종근, 정재운 (2013). 웨어러블의 미래, 패션에서 길 찾아야. LGERI 리포트, LG Business Insight, 2-15.

이지평 (2003). 소비불황 극복을 위한 감성경영. LG경제연구원, 주간경제 739호.

이지훈 (2005). 소비심리와 실제소비. SERI 경제포커스 (제33호). 삼성경제연구소.

이학식, 안광호, 하영원 (2001). 소비자행동. 파주: 법문사.

이학식, 안광호, 하영원 (2012). 소비자행동-마케팅전략적 접근. 파주: 법문사.

이학식, 임지훈, 백형조 (2003). 반복구매상황에서 기대-불일치 패러다임에 관한 연구: 예상자신감의 조정적 역할. 소비자학연구, 14(2), 85-113.

이현주, 박광희 (2001). 케이블 TV를 통한 홈쇼핑 시 의류제품의 충동구매에 관한 연구. 계

명대학교 생활과학연구소 과학 논집, 27, 139-154.

이희경 (2000). 청소년의 충동구매 경향성과 자아존중감 및 불안간의 관계, 서강대학교 교육대학원 석사학위논문.

임종원, 김재일, 홍성태, 이유재 (2011). **소비자행동론**. 서울: 경문사.

장경혜 (1996). 사회책임적 의류처분행동에 관한 연구. 한양대학교 대학원 박사학위 논문.

전인수 (1998). **서비스마케팅**. 서울: 석정.

전지현 (2010). 가치소비에 대한 탐색적 연구-가치와 양면적 의복소비행동과의 관계. 충남대 박사학위논 문.

정 준 (1997). 소비자의 실상과 바람직한 소비문화의 모색. 한국소비자보호원 연구보고서, 97-03.

정순희 (2007). **소비자학-프로슈머론-이론과 실제**. 서울: 신정.

정연승 (2001). 신유통혁명의 전개와 대응. CEO Information 제299호, 삼성경제연구소.

정창덕 (2004. 10). 유비쿼터스 패러다임의 이해. 소비자시대, 한국소비자원.

조 갑 (2010). 한 · 중소비자의 충동구매 결정요인에 관한 비교연구: 대학생의 의류제품소비를 중심으로. 전주대학교 석사학위논문.

조용수 (2010). LG ERI의 미래생각(4), 미래녹색사회를 향한 대장정. LG경제연구원.

조은정 (2002). 한국이 15명의 시장이라면?. 지식공작소.

채정숙 (1999). 라이프스타일의 비교문화적 연구. **소비자학연구**, 10(1), 79-98.

채정숙, 유두련, 김정희 (2004). **정보사회의 소비자와 시장**. 서울: 신정.

채정숙, 김정숙, 유두련, 김정희, 강혜경 (2006). **소비자의사결정 로드맵**. 서울: 신정.

채정숙, 김정숙, 유두련, 김정희, 박명숙, 김인숙 (2013). **생활경제와 소비자트렌드**. 서울: 신정.

천경희, 홍연금, 윤경애, 송인숙(2010). **착한 소비, 윤리적 소비**. 서울: 시그마프레스.

최남숙 (2004). **환경 교육과 환경보전 행동**. 파주: 교문사.

최덕철 (2003). **서비스마케팅**. 서울: 학문사.

최병용 (2000). **소비자행동론의 이해와 적용**. 서울: 박영사.

최윤홍, 임창욱 (2004). **소비자행동론**. 파주: 학현사.

최재희 (2004. 03). '웰빙'을 알자. 잘먹고 잘 사는 것만이 웰빙 아니다. 소비자 시대. 10-11.

편창규 (2004. 03). **소비자행동동기이론**. 서울: 효산경영연구소.

하영원 (2012). **의사결정의 심리학**. 파주: 21세기북스.

한국소비자원 (2004.03). 집중기획, 웰빙이란 무엇인가. **소비자시대**, 10-21.

한국은행 (2005. 12). 2005년 4/4분기 소비자동향 조사결과.

허경옥 (2000). **정보사회와 소비자**. 파주: 교문사.

허경옥 (2002). 소비자불만 및 대응행동 비교, 분석: 전자상거래와 일반거래에서 구매제품을 중심으로. **소비문화연구**, 5(1), 85-112.

허경옥 (2004). 소비자 구매행동유형과 환경에 대한 태도 및 환경친화적 행동. **한국생활과학회지**, 13(4), 569-579.

홍연금 (2009). 우리나라 윤리적 소비자에 대한 사례연구. 가톨릭대학교 박사학위 논문.

홍희숙, 류성민 (2009). 웰빙 라이프스타일 소비자의 탈물질주의 가치 성향 및 의류상품 추구 혜택. **소비 문화연구**, 12(2), 39-66.

황용철, 김동훈 (2011). **소비자행동-이론과 사례**. 서울: 형설출판사.

DMC 리포트 (2012). 2012년 한국인의 디지털 라이프스타일. DMC Media.

Anderson, E. W., & Sullivan, M. W. (1993). Consequences of Customer Satisfaction for Firms. *Marketing Science*, 12 (Spring), 125-143.

Anderson, R. D. (1983). Consumer Dissatisfaction: The Effort of Disconfirmed Expectancy on Perceived Product Performance. *Journal of Marketing Research*, 10, 38-44.

Assael, H. (1984). *Consumer Behavior and Marketing Action*, 2nd ed.. Boston, Massachusetts: Kent Publishing Company.

Bearden, W. O., & Etzel, M. J. (1982). Reference group influence on product and brand purchase decisions. *Journal of Consumer Research*, 9 (Sep), 183-194.

Bearden, W. O., & Teel, J. E. (1983). Selected Determinants of Consumer Satisfaction and Complaint Reports. *Journal of Marketing Research*, 20 (Feb), 21-28.

Betty, S. E., & Smith, S. M. (1987). "External Search Effort: An Investigation Across Several Product Categories". *Journal of Consumer Research*, 14 (June), 83-95.

Blackwell, R. D., Miniard, P. W., & Engel, J. F. (2001). *Consumer Behavior*(9th). Harcourt College Publishers.

Blau, P. M. (1964). *Exchange and Power in Social Life*. NY: John Wiley.

Blood, R. O., & Wolfe, D. M. (1960). *Husband and Wife: the Dynamics of Married Living, Glencoe*. Illinois: The Free Press.

Bourne, F. S. (1958). Group influence in marketing and public relations, in R. Likert & S.P. Hayes, Basil, eds.. Some application of Behavioral Research, Switzerland: UNESCO.

Bruner II Gordon C. (1986). "Problem Recognition Styles and Search Patterns: An Empirical Investigation". *Journal of Retailing*, 62, Fall.

Bruner II Gordon C. (1988). and Pomazal Richard J., "Problem Recognition: The Crucial First Stage of The Consumer Decision Process". *The Journal of Consumer Marketing*, 5:55, Winter.

Bruner II Gordon C. (1990). "Problem Recognition Style: Is it need specific or a generalized personality trait?". *Journal of Consumer Studies and Home Economics*, 14.

Capon, N., & Burke, M. (1980). Individual Product Class and Task-Related Factors in Consumer Information Processing. *Journal of Consumer Research*, 7 (December). 314-326.

Claxton, J. D., Fry, N., & Protis, B. (1974). A Taxonomy of Prepurchase Information Gathering Patterns. *Journal of Consumer Research*, 1 (December). 35-42.

Cohen, D. (1981). *Consumer Behavior*. NY: Random House.

Cort, G. S., & Dominquez, L. V. (1977). Cross Shopping and Retail Growth. *Journal of Marketing Research*, 14 (May), 187-192.

Davis, H. L. (1976). "Measurement of Husband-Wife Influence in Consumer Decision Process". *Journal of Marketing Research*, 8 (August), 305-312.

Davis, H. L., & Rigaux, B. P. (1974). "Perception of Marital Roles in Decision Process". *Journal of Consumer Research*, 1 (June), 51-61.

Day, R. L. (1984). Modeling Choices Among Alternative Responses to Dissatisfaction. *Advance in Consumer Research*, 11, 496-499.

Dewey, J. (1910). *How We Think, D.C.* Health and Company, Boston.

Ekstrin, K. M., Tanusuhaj, P. S., & Foxman, E. R. (1987). "Children's Influences in Family Decisions and Consumer Socialization: A Reciprocal View". *Advances in Consumer Research*, 14, 283-287.

Engel, J. F., Blackwell, R. D., & Miniard, P. W. (1993). *Consumer Behavior*, 7th. ed.. The Dryden Press.

Fishbein, M. (1963). An Investigation of the Relationship between Beliefs about an Object and the Attitude toward that Object. *Human Relations*, 16 (August), 233-240.

Fishbein, M. (1967). *Attitude and the Prediction of Behavior, Readings in Attitude and Measurement*. NY: Wiley, 477-492.

Flemming, H. (1972). *Consumer Choice Behavior*. New York: The Free Press.

Gardner, M. P., & Rook, D. (1988). Effect of Impulse Purchase on Consumer' Affective States, in Michael J. Houston ed.. *Advances in Consumer Research*, 15, 127-130.

Garman, T., & Forgue, R. (1997). *Personal Finance*. 5th Ed. NY: Houghton Mifflin Company.

Geistfeld, L. V., Maynes, S. E., & Duncan, G. (1990). Informational imperfection in local consumer market: a preliminary analysis. Advances in Consumer Research, 180-185.

Goldman, A., & Johansson, J. K. (1978). Determination of search for lower price. An Empirical Assessment of the Economic of Information Theory. *Journal of Consumer Research,* 5 (December), 176-186.

Hanson, J. W. (1980). A Proposed Paradigm for Consumer Product Disposition Processes. *Journal of Consumer Affairs*, 14(1), 49-67.

Harrell, G. D., & McConocha, D. M. (1992). Personal Factors Related to Consumer Product Disposal Tendencies. *The Journal of Consumer Affairs*, 26(2), 397-417.

Hawkins, D. I., Coney, K. A., & Best, R. J. (1980). *Consumer Behavior*. Business Publications, Inc., Dallas.

Hawkins, D., Mothersbaugh, D., & Best, R. J. (2007). *Consumer Behavior: Building Marketing Strategy*. 10th ed., McGraw-Hill.

Holbrook, M. B., & Maier, K. A. (1978). A Study of the Interface between Attitude Structure and Information Acquisition Using a Questionnaire-based Information Display Sheet, in H. Keith Hunt, ed.. *Advances in Consumer Research*, 5, 93-99.

Holton, R. H. (1958). The Distinction Between Convenience Goods, Shopping Goods and Specialty Goods. *Journal of Marketing Research*, 23 (July), 53-56.

Howard, J. A., & Sheth, J. N. (1969). *The Theory of Buying Behavior*. Wiley.

Hunt, H. K. (1991). Consumer Satisfaction, Dissatisfaction and Complaining of Behavior. *Journal of Social Issue*, 47, 109.

Hunt, H. K. (1993). CS/D & CB Research Suggestions and Observations for the 1990's. *Jour-*

nal of Consumer Satisfaction, Dissatisfaction and Complaining Behavior, 6, 40-42.

Jacoby, J. (1984). Perspectives on Information Overload, *Journal of Consumer Research*, 10 (March), 432-435.

Jacoby, J., & Jaccard, J. J. (1981). The Sources, Meaning and Validity of Consumer Complaint Behavior: A Psychological Analysis. *Journal of Retailing*, 57(3).

Jacoby, J., Berning, C. K., & Dietvorst, T. F. (1977). What about disposition?. *Journal of Marketing*, 41, 22-28.

Jenkins, R. L. (1979). The Influence of Children in Family Decision-Making: Parents Perception. *Advances in Consumer Research*, 7, 413-418.

Kahneman, D. & Tversky, A. (1984). Choice, Values, and Frames. *American Psychologist*, 39, 341-350.

Kahneman, D., & Tversky, A. (1979). Prospect Theory: An Analysis of Decision under Risk. *Econometrica*, 47(2), 263-291.

Kelly, R. F., & Stephenson, R. (1966). The Semantic Differential: An Information Source for Designing Retail Patronge Appeals. *Journal of Marketing*, 3 (October), 43-47.

Kiel, G. C., & Layton, R. A. (1981). Dimensions of Consumer Information Seeking. *Journal of Marketing Research*, 18 (May), 235-239.

Kretch, D., Ctruchfield, R. S., & Norman, L. (1974). *Elements of Psychology*, 3rd. ed.. NY: Alfred A. Knopf.

Lancaster, K. (1971). *Consumer demand: A New Approach*. NY: Columbia University Press.

Locander, W. B., & Hermann, P. W. (1979). The Effect of self-confidence and Anxiety on Information Seeking in Consumer Risk Reduction. *Journal of Marketing Research*, 16 (May), 268-274.

Loudon, D. L., & Bitta D. J. (1993). *Consumer Behavior concepts and applications*, 4th. ed.. McGraw-Hill Inc.

Lussier, D. A., & Olshavsky, R. W. (1979). Task Complexity and Contingent Processing in Brand Choice. *Journal of Consumer Research*, 6 (September). 154-165.

Maynes, E. S. (1976). *Decision-Making for Consumers: An Introduction to Consumer Economics*. NY: MacMillon Publish Co., Inc.

McClelland, D. (1965). "Achievement and Entrepreneurship: A Longitudinal Study". *Journal of Personality and Social Psychology*, April 1.

McCullough, J., & Best, R. (1980). Consumer Preferences for Food Label Information; A Basis for Segmentation. *The Journal of Consumer Affairs*, 14 (1). 181-192.

McGuire, W. J. (1976). "Some Internal Psychological Factors Influencing Consumer Choice". *Journal of Consumer Research*, March, 2.

Miniard, P. W., & Cohen, J. E. (1983). Modeling Personal and Normative Influences in behavior. *Journal of Consumer Research*, 10 (Sep). 169-180.

Moore, W. L., & Lehman, D. R. (1980). "Individual Differences in Search Behavior for a Nondurable". *Journal of Consumer Research*, 7 (December), 296-307.

Moschis, G. P. (1985). "The Role of Family Communication in Consumer Socialization of Children and Adolescents". *Journal of Consumer Research*, 11 (March), 898-907.

Moschis, G. P. (2007). Stress and Consumer behavior. *Journal of Academy of Marketing Science*, 35, 430-444.

Moshis, G. P., & Moore, R. L. (1978). Family Communication and Consumer Socialization. *Advances in Consumer Research*, 6, 395-362.

Mowen, J. C. (1990). *Consumer Behavior*, 2nd. ed.. Macmillan Publishing Company.

Munsinger, G. M., Weber, J. E., & Hansen, R. W. (1984). "Joint Home Purchasing Decision in Husbands and Wives". *Journal of Consumer Research*, 11.

National Endowment For Financial Education (1994). Financial Planning Program: Workbook. In partnership with US Department of Agricultural Extension Service and Participating Land-Grant University Cooperative Extension Services.

National Foundation for Consumer Credit (1996). Smart Money Management. 8611 Second Avenue. Suite 100, Silver Spring.

Nicosia, F. M., & Mayer, R. N. (1976). Toward a Sociology Consumption, *Journal of Consumer Rearch*, 65-75.

Oliver, R. L. (1980). A Cognitive Model of the Antecedents and Consequences of Satisfaction Decisions, *Journal of Marketing Research*, Nov., 460-469.

Oliver, R. L. (1994). Measurement and Evaluation of Satisfaction Process in Retail Setting,

Journal of Marketing Research, 57, 27.

Olshavsky, R., & Granbois, D. (1979). "Consumer Decision-Making -Fact or Fiction-", *Journal of Consumer Research*, 6, September.

Prahasto, J. E., & Mitchell, L. G. (1986). "Family Communication Influences in The Development of Consumer Behavior: Some Additional Findings", *Advances in Consumer Research*, 13, 898-907.

Quain, B. (2004). 프로슈머 파워. 강성호 역. 서울: 아름다운 사회.

Rhee, Young-ju (2007). A study on the psychological aspects of impulsive buying. *Journal of Consumer Studies*, 18(1), 149-169.

Rook, D. W. (1987). The Buying Impulse, *Journal of Consumer Research*, 14 (September). 189-199.

Schaning, C. M., & Sciglimpaglea, D. (1980). The Influence of Cognitive Personality Traits and Demographics on Consumer Information Acquisition, *Journal of Consumer Research*, 8 (September). 208-216.

Schiffman, L. G., & Kanuk, L. L. (1991). *Consumer Behavior*, 4th. ed.. Prentice-Hall Inc.,

Schiffman, L. G., & Kanuk, L. L. (2000). *Consumer Behavior* (7th ed). Prentice-Hall Inc.

Sheth, N. J. (1999). *Consumer Behavior*. The Dryden Press.

Singh, J. (1988). Consumer Complaint Intentions and Behavior: Definition and Taxonomical Issues. *Journal of Marketing*, 52.

Singh, J. (1990). A Typology of Consumer Dissatisfaction Response Styles. *Journal of Retailing*, 66 (1). 57-99.

Smith, M. T. (1989). *How to control your spending, Money Guide Basics of Personal Finance*. The Tine Inc. Magazine Company.

Solomon, M. R. (2001). 소비자행동론. 리대용, 이상빈 공역. 서울: 대영사.

Spiro, R. L. (1982). "Persuasion in Family Decision-Making", *Journal of Consumer Research*, 9 (March), 393-402.

Stern, H. (1962). The significance of impulsive buying today. *Journal of Marketing*, 26(2), 59-62.

Swagler, R. M. (1979). *Consumer and Market*. 2nd ed.. Lexington, Massachusetts: D. C. Health and Company.

Swinyard, W. R., & Sim, P. C. (1987). Perception of Children's Influence on Family Decision Processes. *The Journal of Consumer Marking Association*, 4 (winter), 25-38.

Tsiros, M., & Vikas, M. (2000). Regret: A Model of Its Antecedents and Conseguences in Consumer Decision Making. *Journal of Consumer Research*, 26(March), 401-417.

Walters, C. G. (1978). *Consumer Behavior*. 3rd ed.. Homewood, Ill.: Irwin.

Westbrook, R .A. (1980). Interpersonal Affective Influences on Consumer Satisfaction with Products. *Journal of Consumer Research*, 9, 148-163.

Westbrook, R. A., & Newman, J. W. (1978). An Analysis of Shopper Dissatisfaction for Major Household Appliances. *Journal of Marketing Research*, 15, 456-457.

〈보도자료, 신문, 잡지〉

금융감독원 보도자료 (2014. 07. 01). '금융민원 · 상담전화 1332' 원스톱 서비스 확대.

금융감독원 보도자료 (2014. 07. 01). 인터넷 블로그 금융상품 추천글? 알고보니 광고.

산업통상자원부 보도자료 (2005. 12. 20). 제품용안전표지 22개 국가표준으로 제정.

산업통상자원부 보도자료 (2006. 03. 10.). 국내 주요기업의 윤리경영 수준 3년째 지속 증가.

서울 파이낸스 (2014. 03. 01). TV홈쇼핑 6개社, 작년 매출 · 영업이익 두 자릿수 증가.

세계파이낸스 (2013. 05. 22.). 굿모니터링, 4개 도시서 프로슈머 양성교육 무료 실시.

영남일보 (2014. 04. 19.). 1인 가구가 소비판도를 바꾼다.

이투데이 (2013. 06. 14.). 다문화사회, 한국인은 갑

조선일보 (2005. 02. 04.). 공기업 16%, 사기업 6% 윤리개선.

조선일보 (2014. 07. 18). 로열티 대신 월 회비만 … 관행 깬 신세계 편의점.

파이낸셜뉴스 (2004. 06. 03). 포스코 윤리경영 캐릭터 도입-신세계 이어 국내 두 번째.

패션비즈 (2014. 07. 04). 모바일 쇼핑, '모루밍족'을 잡아라.

한국경제 (2014. 06. 20.). 1인가구 모인 '셰어하우스' 뜬다.

한국경제매거진 (2012. 05. 23.). 힐링 비즈니스가 뜬다.

헤럴드경제 (2013. 04. 08.). '3040 감성소비족' 이 윤리적 소비 이끈다.

환경부 보도자료 (2013. 09. 02.). 2012년 공공기관 녹색제품 1조 7270억 원 구매.

〈사이트〉
국가기술표준원 http://www.kats.go.kr
국가통계포털 http://kosis.kr
국가통합인증마크 KC http://www.kats.go.kr/kcmark
국가표준인증종합정보센터 http://www.stand.go.kr
국립농산물품질관리원 http://www.naqs.go.kr
국립수산물품질관리원 http://www.nfqs.go.kr
금융감독원 http://www.fss.or.kr
녹색제품정보시스템 http://www.greenproduct.go.kr
농림축산식품부 http://www.mafra.go.kr
농식품정보누리 http://www.foodnuri.go.kr
산림청 http://www.forest.go.kr
산업통상자원부 http://www.motie.go.kr
삼성경제연구소 http://www.seri.org
소비자물가정보서비스 http://price.consumer.or.kr
쇠고기이력제 http://www.cattle.mtrace.go.kr
스마트컨슈머 http://www.smartconsumer.go.kr
식품의약품안전처 http://www.mfds.go.kr
에너지관리공단 http://www.kemco.or.kr
우수식품정보시스템 http://www.goodfood.go.kr
제품안전정보센터 http://www.safetykorea.kr
축산물브랜드 종합정보서비스 http://www.hqbrand.net
축산물안전관리인증원 http://www.ihaccp.or.kr
축산물품질평가원 http://www.ekape.or.kr
축산유통종합정보센터 http://www.ekapepia.com
탄소(환경)성적표지 http://www.edp.or.kr
탄소포인트제 http://www.cpoint.or.kr
통계청 http://kostat.go.kr
한국건강기능식품협회 http://www.hfoods.or.kr

한국건설생활환경시험연구원 http://www.kcl.re.kr

한국소비자단체협의회 http://www.consumer.or.kr

한국소비자원 http://www.kca.go.kr

한국식품연구원 http://www.kfri.re.kr

한국온라인쇼핑협회 http://www.kolsa.or.kr

한국표준협회 http://www.ksa.or.kr

한국환경공단 http://www.keco.or.kr

한국환경산업기술원 http://el.keiti.re.kr

한국환경산업기술원 환경표지 http://el.keiti.re.kr/service/index.do.

한국환경포장진흥원 http://www.kepi-pack.com

해양수산부 http://www.mof.go.kr

CEO를 위한 상상력 발전소 http://www.SERICEO.org

KOTRA http://www.kotra.or.kr

LG경제연구소 http://www.lgeri.com

LG그룹사보 http://life.lg.co.kr

T-Price http://tprice.go.kr

찾아보기

인명

내용

저 자 약 력

김정숙

영남대학교 가정대학 가정학과 졸업

영남대학교 대학원 가정학과 졸업(석사)

영남대학교 대학원 경제학과 졸업(석사)

영남대학교 대학원 가정관리학과 졸업(박사, 소비자학 전공)

현재 제주대학교 생활환경복지학부 교수

유두련

효성여자대학교 가정학과 졸업

효성여자대학교 대학원 가정관리학과 졸업(석사)

Justus-Liebig-Universität Giessen대학교 대학원(독일) 졸업(석 · 박사, 소비자학 전공)

Georgia 주립 대학교(미국) 교환교수

현재 대구가톨릭대학교 가족소비자학과 교수

김정희

경북대학교 사범대학 가정교육과 졸업

경북대학교 대학원 가정학과 졸업(석사)

경북대학교 대학원 가정학과 졸업(박사, 소비자학 전공)

현재 안동대학교 생활환경복지학과 교수

채정숙

경북대학교 사범대학 가정교육과 졸업

경북대학교 대학원 가정학과 졸업(석사)

동국대학교 대학원 가정학과 졸업(박사, 소비자학 전공)

McGill대학교(캐나다) 교환교수

현재 대구대학교 가정복지학과 명예교수

소비자주권시대의 소비자의사결정

2014년 9월 5일 1판 1쇄 인쇄
2014년 9월 10일 1판 1쇄 발행

지 은 이 김정숙 유두련 김정희 채정숙
펴 낸 이 최용구
펴 낸 곳 도서출판 신정

주 소 (140-846) 서울시 용산구 원효로 89길 19(원효로1가)
전 화 3211-4782 · 0266(영업부), 3211-4783(편집부), 3211-4784(팩스)
이 메 일 shinjeong72@naver.com
홈페이지 www.sjbook.co.kr
등 록 2001년 5월 11일 제13-702호

기획마케팅 최용구 · 장만동 · 송대용
책임편집 석기은 · 최윤정 · 황가연
표지디자인 SDY

ISBN 978-89-5912-337-7 93590

정가 18,000원